# 裏松固禅「宮室図」詳解

藤田勝也 編・著

中央公論美術出版

# 目次

# 本文篇

# 序

本書の目的は、裏松固禅が編輯した『宮室図』の全容を影印、紹介し、内容について詳細な注解を施し、さらに関連する作品をめぐって論究し、もってその意義を明らかにすることにある。

裏松固禅による宮廷・住宅史に関する研究として『大内裏図考証』『皇居年表』などはよく知られ、早くから取り上げられていて、研究成果は豊富に蓄積されている。また、これまで未公刊であった、おもに公家住宅を対象にした『院宮及私第図』は、編著者によって全篇が紹介された。いっぽう『大内裏図考証』の図面版ともいうべき『宮室図』については未公刊であり、一部の研究者にのみ知られるだけであったから、具体的かつ詳細に紹介されるのは、本書がはじめてということになる。

本書は、図版篇と本文篇の二部構成である。図版篇では、宮内庁書陵部所蔵の『宮室図』を中心に、原色図版によって全篇を掲載するとともに、東京国立博物館所蔵本の全容をトレース図によって紹介した。本文篇では、まず諸本の全体像と対応関係を図総覧として示したうえで、掲載される図のすべてについて、内容に詳しく分析・検討を加えた解説を施した。ついで成立時期、諸本の全体構成や特徴について考察した。さらに、『大内裏図考証』や『院宮及私第図』といった固禅の他の作品との関係を読み解いた。加えて『都城院宮之図』『宮門図』や『古図抄出』など、『宮室図』に深く関わる作品、『宮室図』から派生した作品を取り上げ、『宮室図』がもつ意義、その重要性について論じた。また参考図版として、系統を異にする宮内庁書陵部蔵本のほか、右記の『都城院宮之図』『宮門図』の全篇を掲載した。

『宮室図』は絵巻物から抄出した図を多く掲載する。しかも建物以外は適宜省略し、建物についてとくに注目して描くという特徴がある。まさに建物に関する図の集成という性格が濃厚であって、建築史、住宅史の重要資料ということができる。さらに絵巻物からの抄出図を多く掲載するという編輯方針、研究方法は、当時の故実研究のみならず公家社会を鋭く反映し、美術史や日本史などの分野にも新たな知見を提供するものと考えられる。今後、幅広い分野から新たな論点が少なからず提示され、また一方で本書の修正すべき点は正されることを切に願うとともに、本書によって、『宮室図』が身近な存在として親しまれ、日本の文化と歴史の理解にいささかなりとも役立てられれば幸いである。

藤田 勝也

# 図・記事名目次

# 凡例

一、本書は図版篇と本文篇の二部からなる。

［図版篇］

一、図版篇には、宮内庁書陵部が所蔵する『宮室図』全三軸（宮内庁三巻本と略す）および『摹古絵巻』巻六三、巻七三、巻七〇の三軸（ただし巻七〇は一部で、それらを摹古絵巻本と略す）を原色図版で影印・掲載した。

一、『宮室図』宮内庁三巻本は全三軸で、各軸の外題に「一」「二」「三止」とあり、本書では「一」を巻一、「二」を巻二、「三止」を巻三とした。

一、『摹古絵巻』の内容を東京国立博物館が所蔵する『宮室図』全六軸（東博六巻本と略す）のそれと照らして、本書では『摹古絵巻』巻六三を『宮室図』の巻四、同巻七三を『宮室図』の巻五、同巻七〇（の一部）を『宮室図』の巻六とした。

一、原色図版は、宮内庁三巻本の巻一、巻二、巻三、摹古絵巻本の巻四、巻五、巻六の順に掲載した。

一、宮内庁三巻本の法量は縦五〇〇㎜であり、原色図版の縮小率は約二六％である。

一、摹古絵巻本の法量は、巻四が縦三九八㎜、巻五が縦四〇〇㎜、巻六が縦三九六㎜であり、原色図版の縮小率は約三三％である。

一、収載される図・記事の各項に、巻一、巻二、巻三、巻四、巻五、巻六の順に通番号を施した。この番号は、本書ではすべて〈 〉で示す。

一、番号とともに記した図・記事名は、編者によるものである。

一、摹古絵巻本の次の箇所に線の歪みがみられる。〈62〉と〈63〉の境界線、〈74〉の左右の外枠線、〈75〉の左右の外枠線、〈77〉と〈78〉の境界線、〈78〉と〈79〉の境界線、〈79〉と〈80〉の境界線。いずれも写真撮影に起因するもので、原図に歪みはなく、ほぼ直線である。

一、原色図版の次に、東博六巻本のすべてを、トレース図によって掲載した。

一、東博六巻本のトレース図は、図中文字も含め藤田が作成・監修した。

［本文篇］

一、本文篇では、『宮室図』宮内庁三巻本を基本に、摹古絵巻本、東博六巻本、東京国立博物館が蔵する『宮室図』全八軸（東博八巻本と略す）の全データを比較対照した「図総覧」を掲げるとともに、収載される図・記事について詳細な解説を施し（「図解説」）、さらに『宮室図』の全体像とその意義について論じた（「総論」）。

一、「図総覧」では、原色図版で施した番号、図・記事をもとに整理した。

一、「総論」の末尾に、『宮室図』東博八巻本ならびに、『宮室図』に深く関連する資料として「総論」で紹介した、宮内庁書陵部が蔵する『都城院宮之図』全二軸、『宮門図』全一軸の都合三点を、「参考図版」として掲げた。

# 図版篇

# 宮室図（宮内庁三巻本）原色図版

巻一

〈1〉陽明門

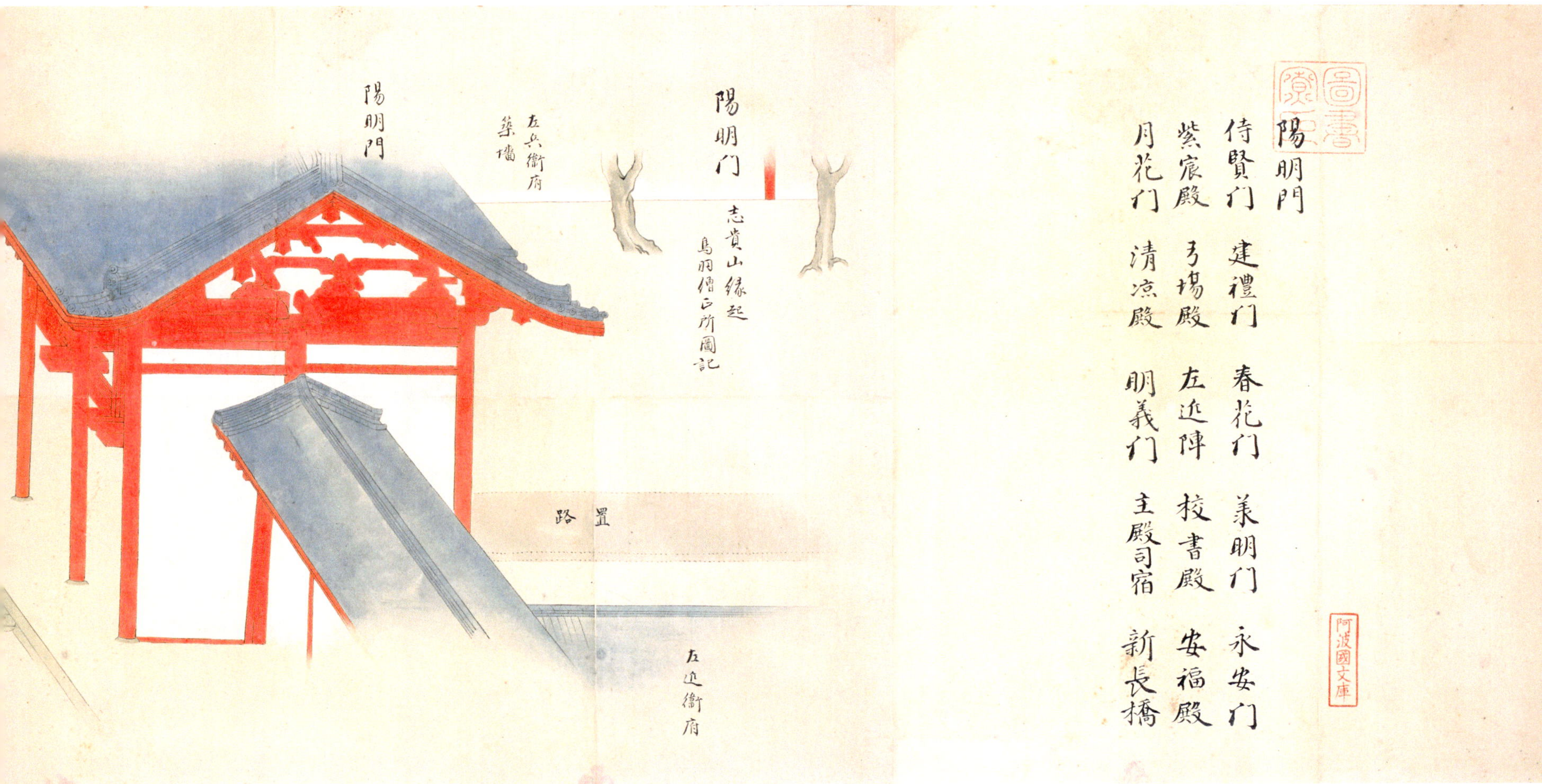
陽明門
侍賢门
建禮门
春花门
永安门
紫宸殿
弓場殿
左近陣
校書殿
安福殿
月花门
清涼殿
明義门
主殿司宿
新長橋
阿波國文庫
陽明门
志賀山縁起
陽明門
左近衛府

〈1〉陽明門

西
郁芳門圖
年中行事
朝覲行幸
年中行事
待賢門
建禮門

〈2〉待賢門

〈3〉待賢門・春花門・建礼門

〈4〉建礼門

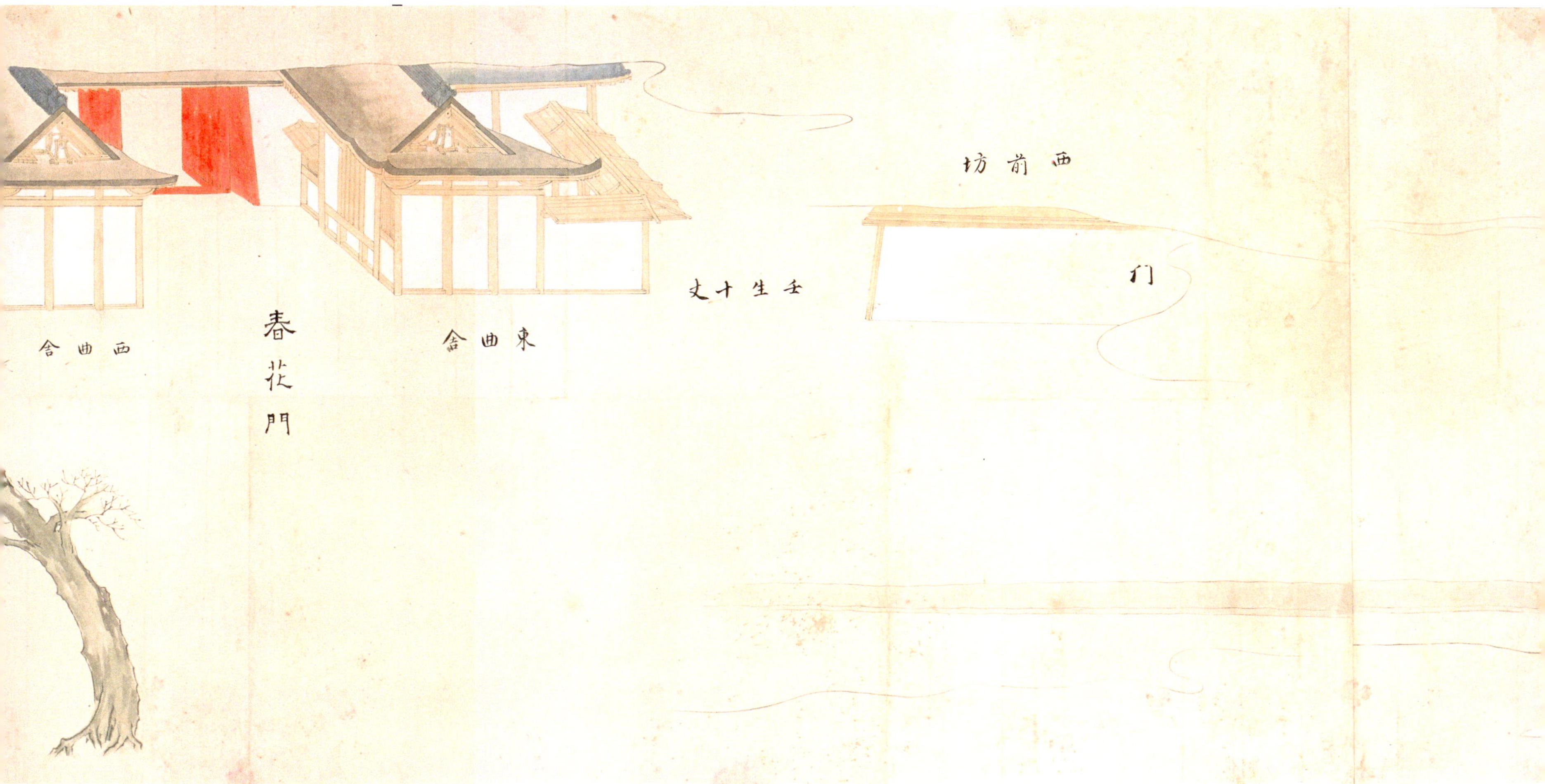


〈3〉待賢門・春花門・建礼門

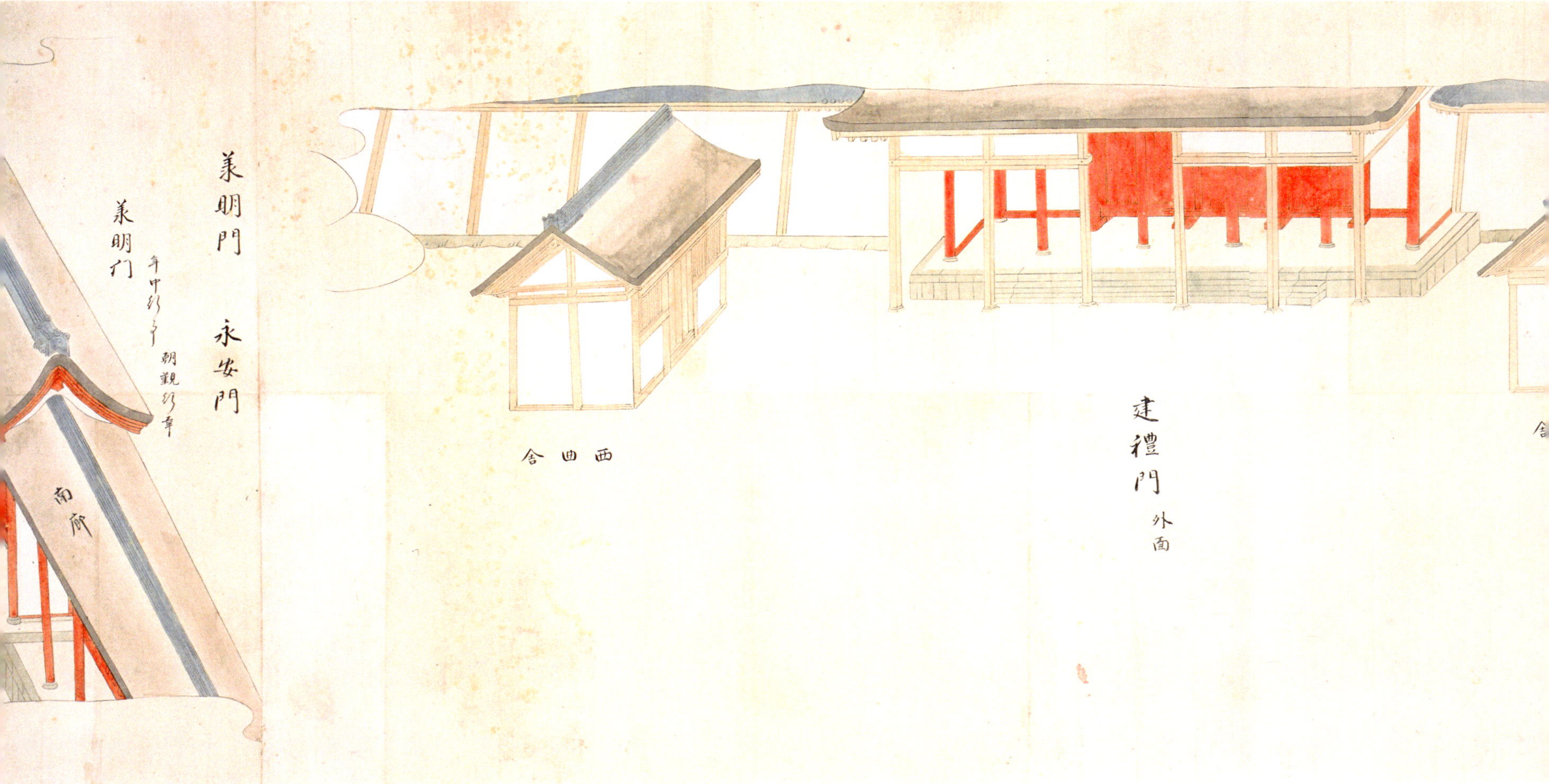


〈3〉待賢門・春花門・建礼門

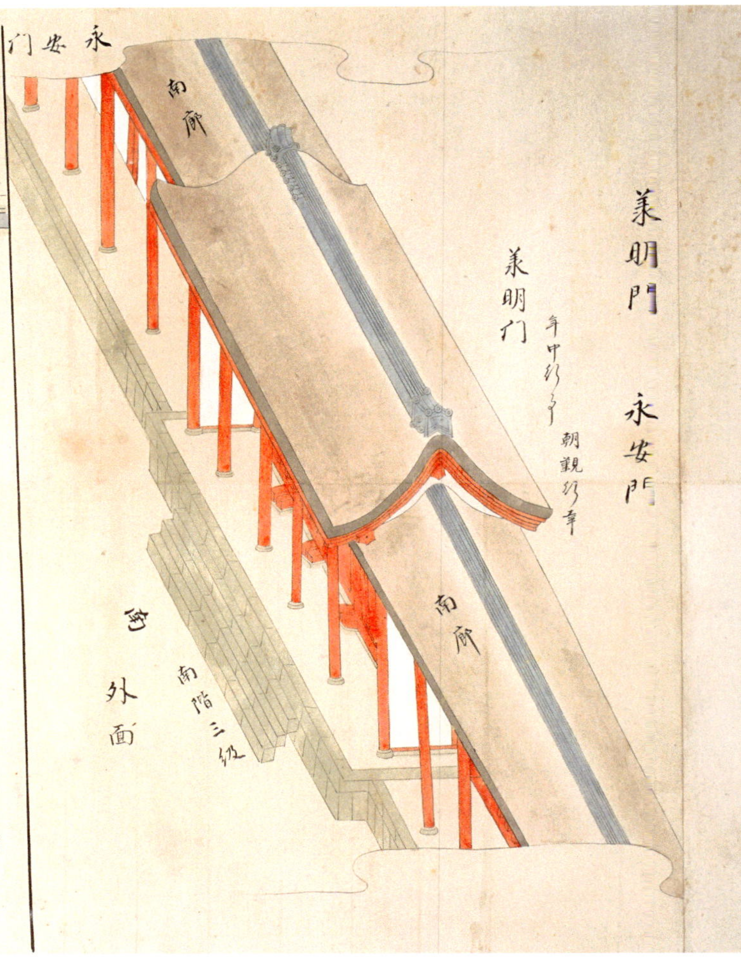


〈5〉承明門

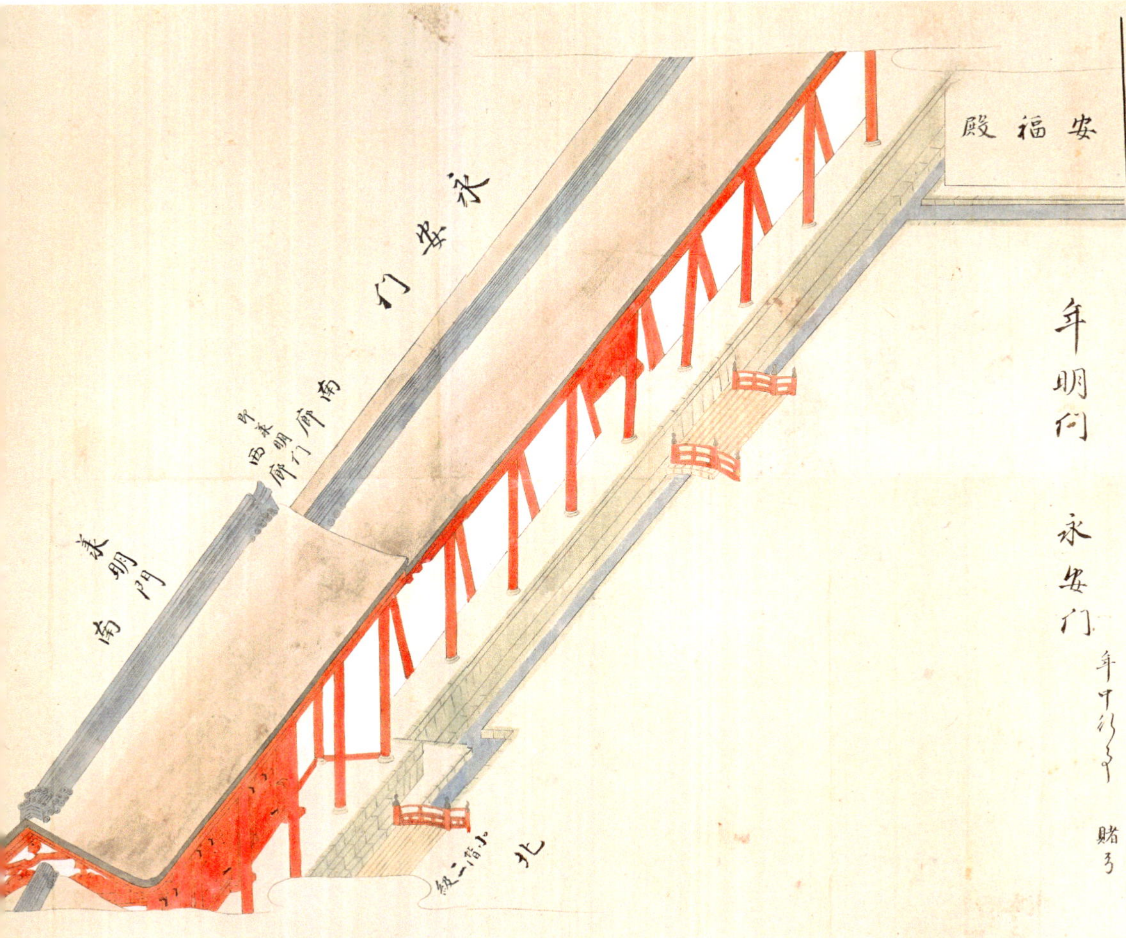


〈6〉承明門・永安門

〈7〉紫宸殿 1

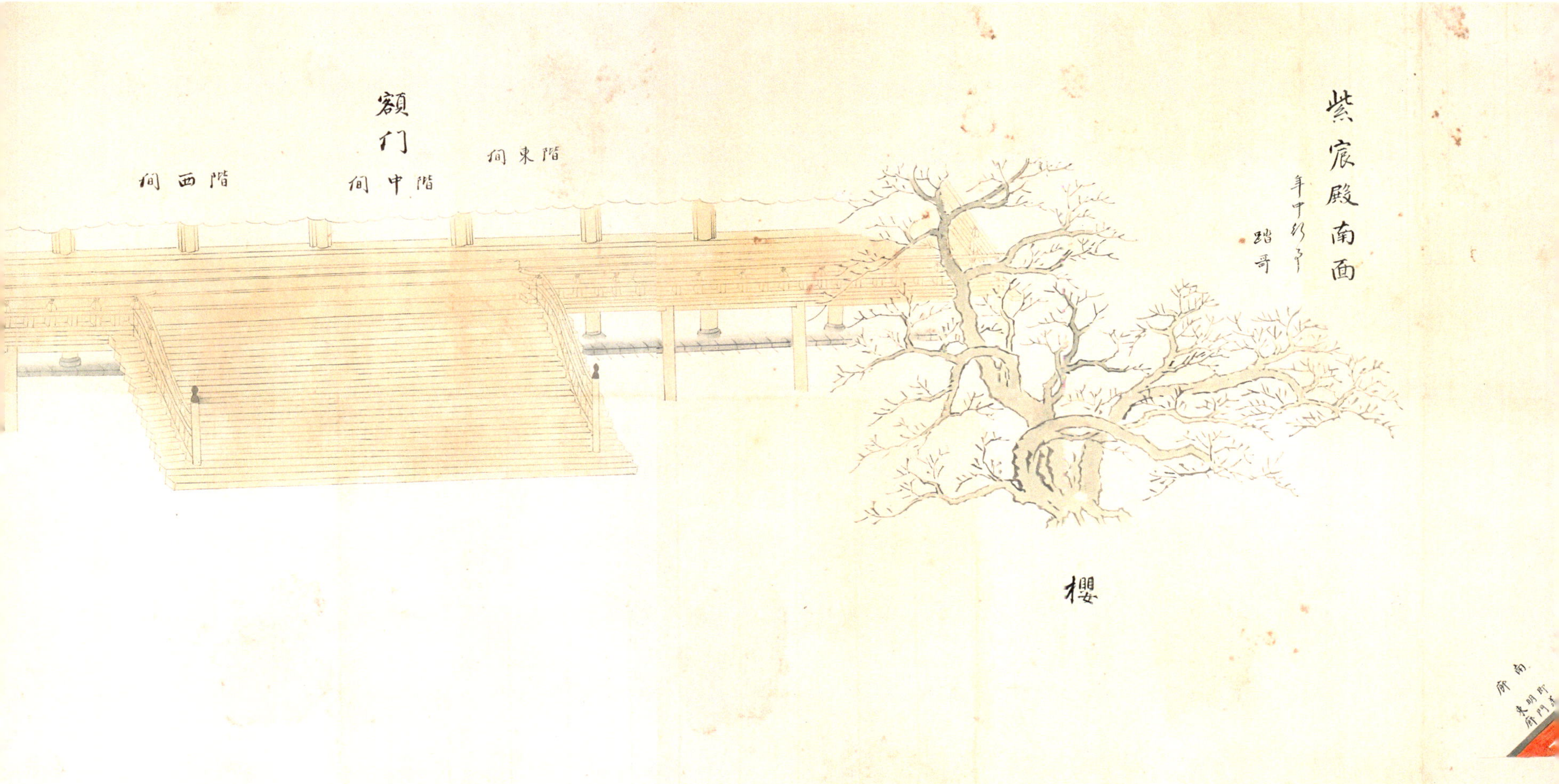


〈7〉紫宸殿 1

〈8〉紫宸殿 2

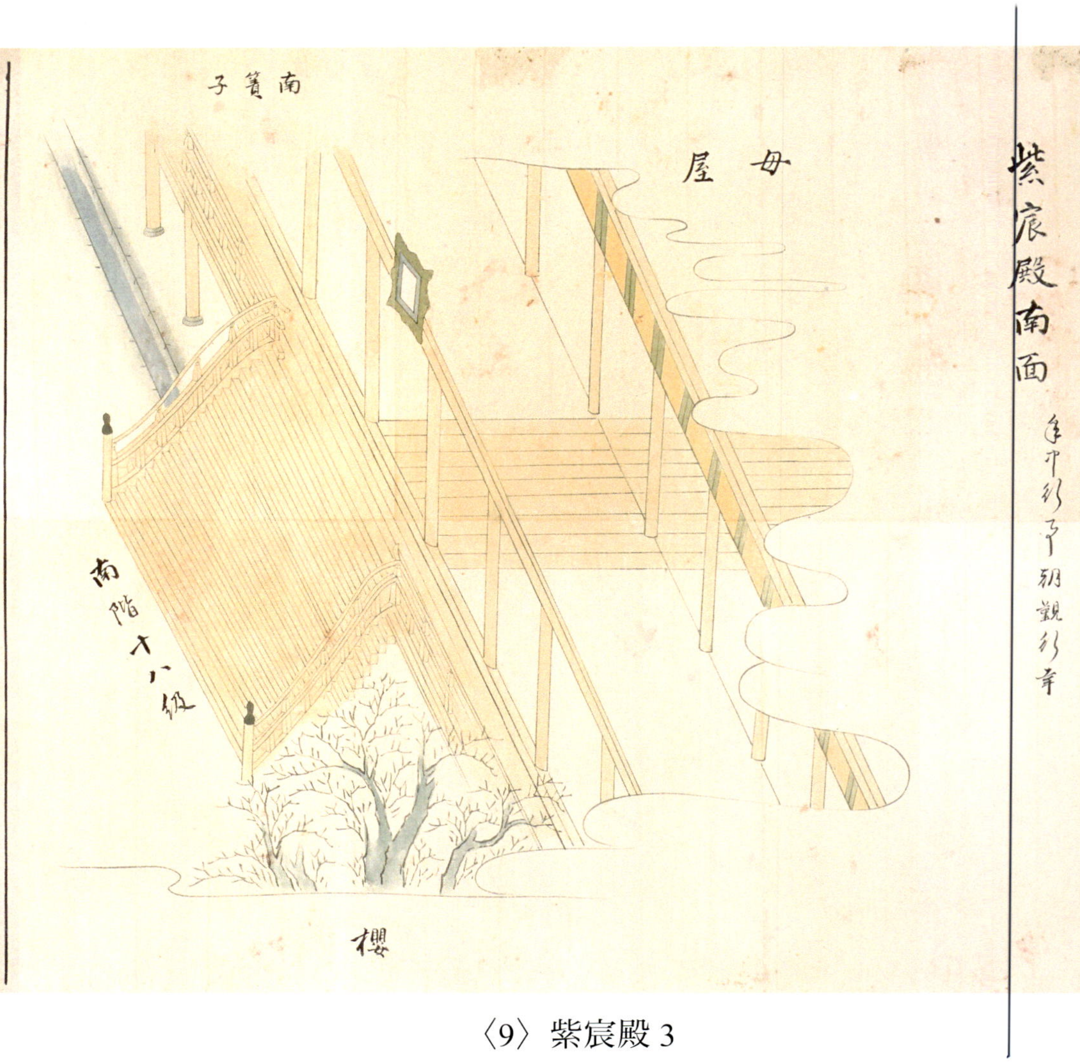


〈9〉紫宸殿 3

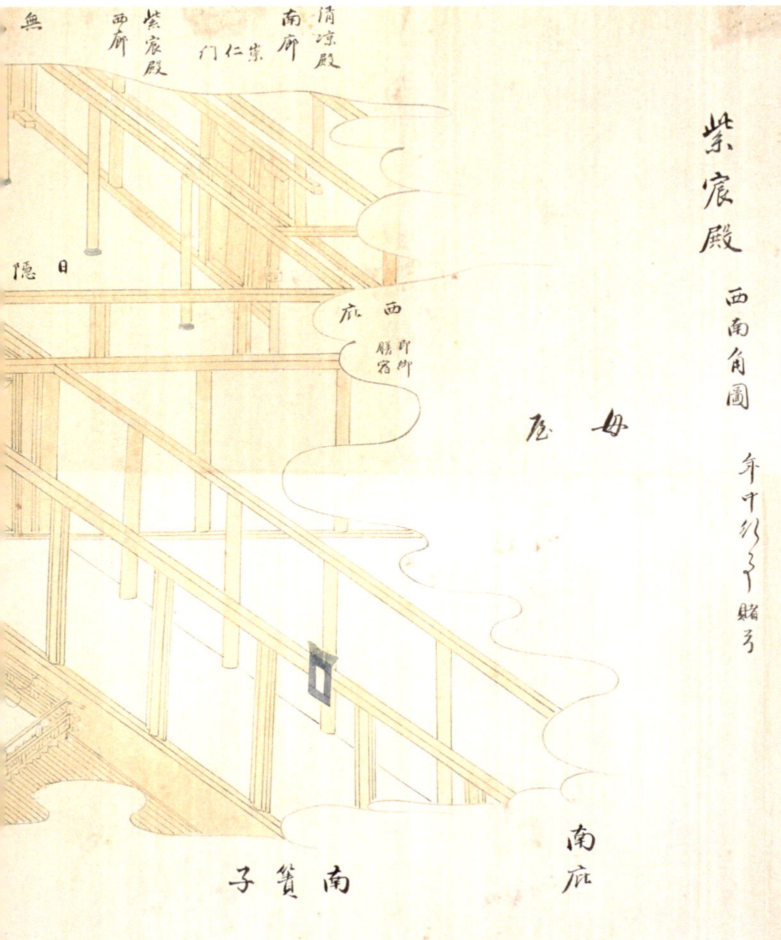


〈10〉紫宸殿 4

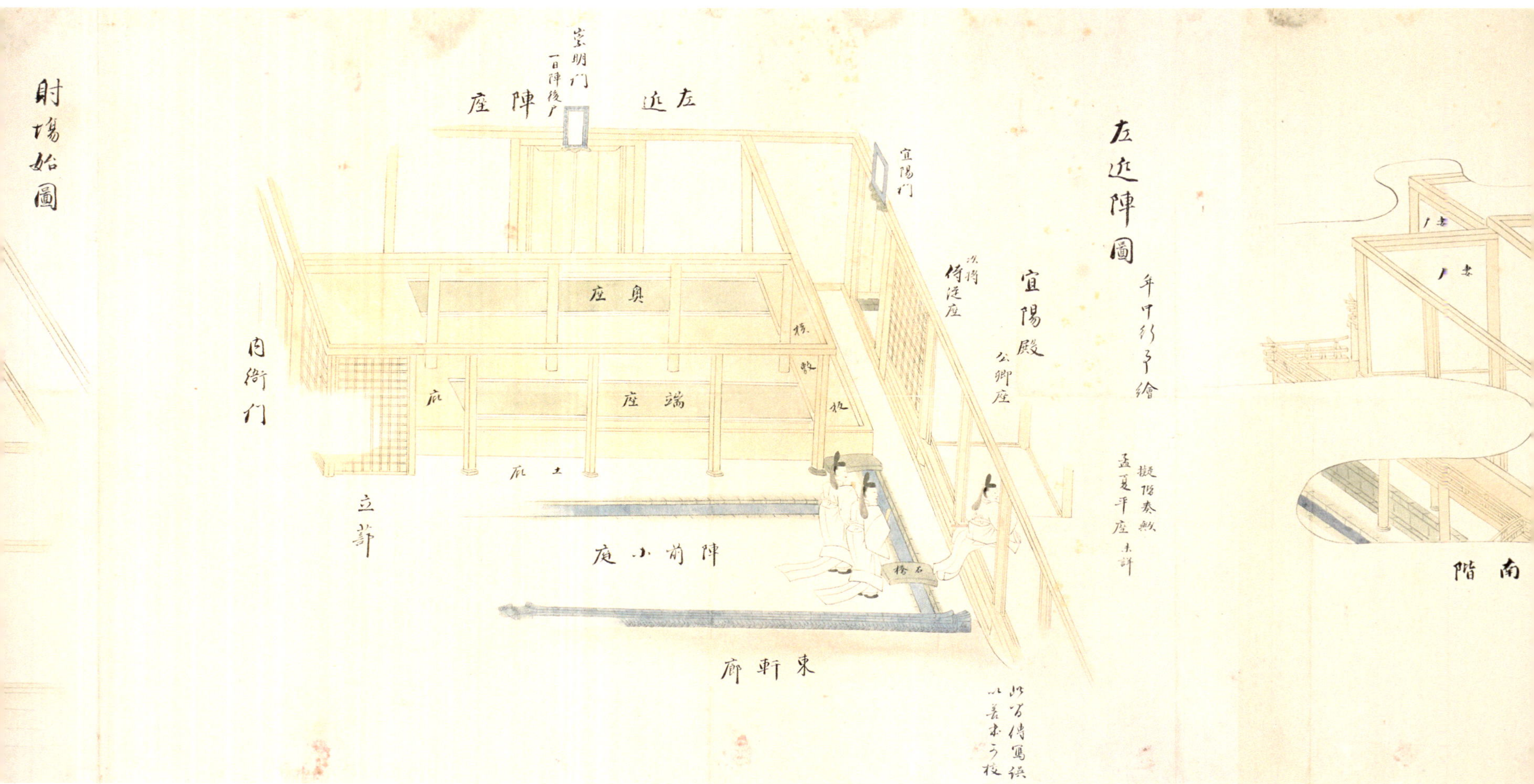


〈12〉左近陣

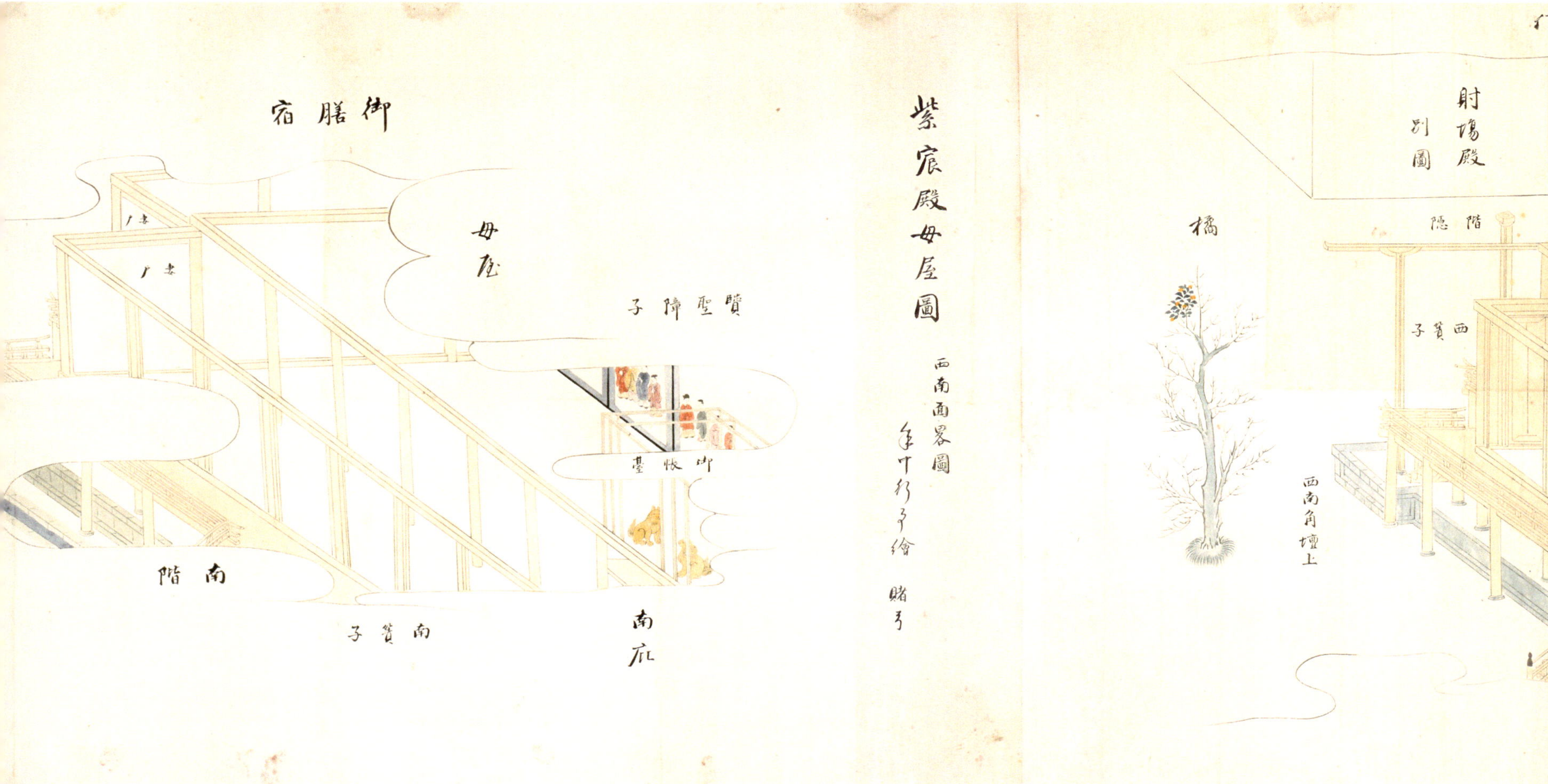


〈11〉紫宸殿 5

〈13〉弓場殿

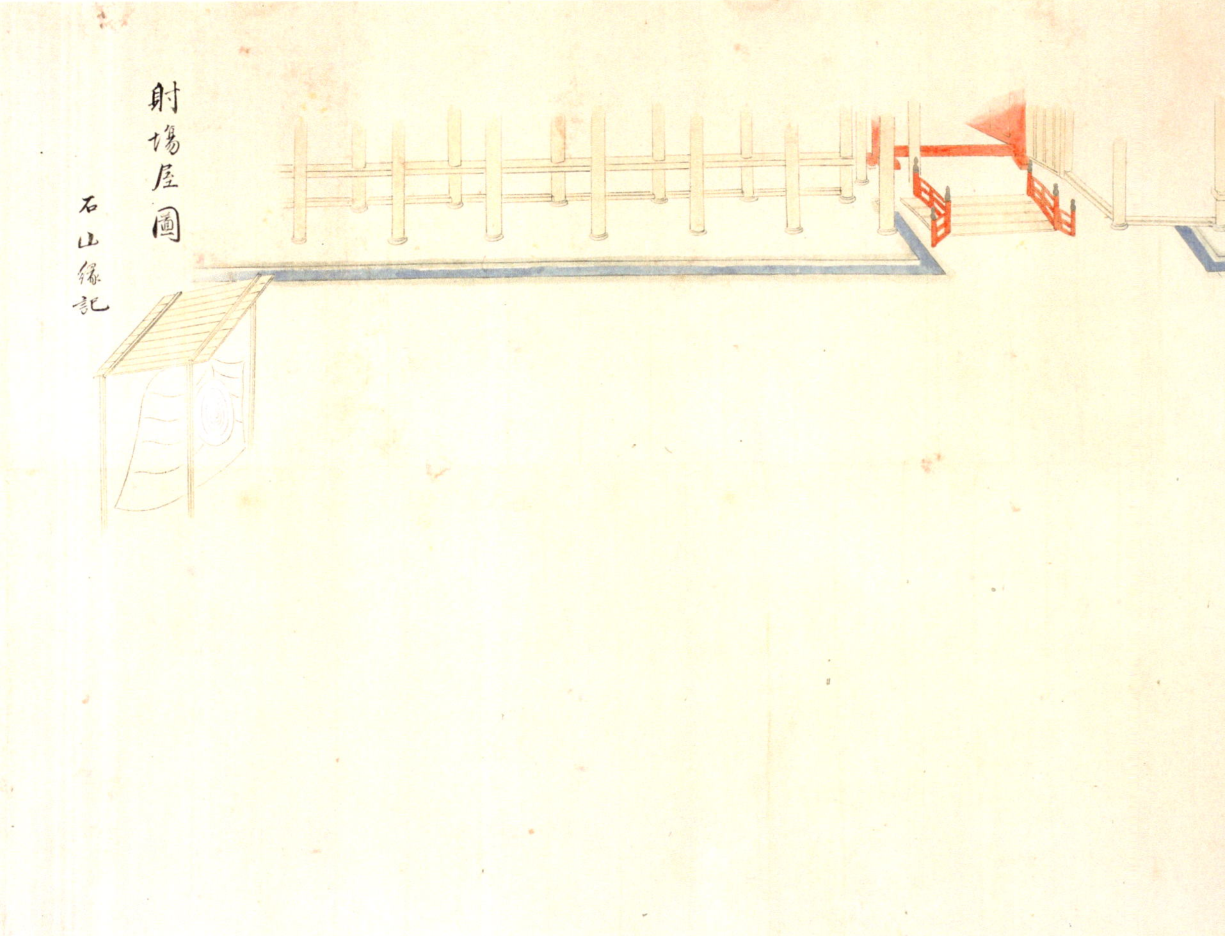


〈13〉弓場殿

〈14〉紫宸殿西北廊・弓場殿・清涼殿

〈15〉紫宸殿 6

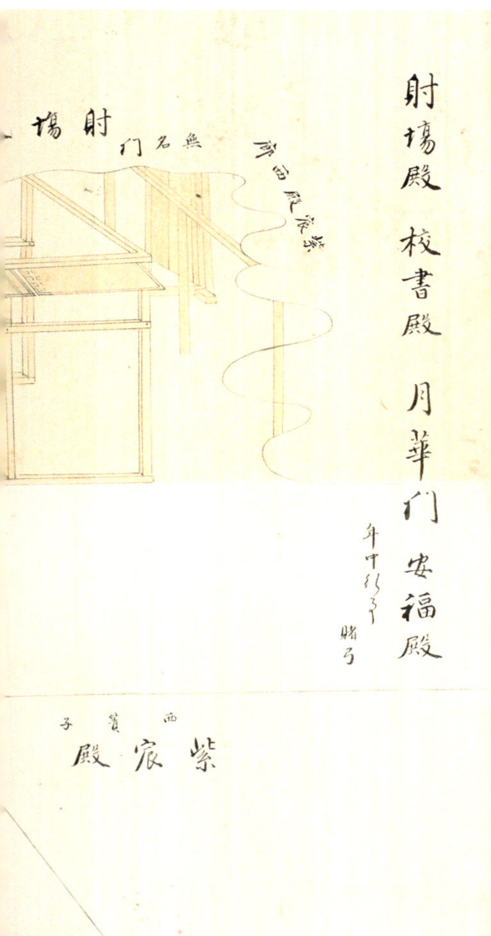


〈16〉弓場殿・校書殿・月華門・安福殿

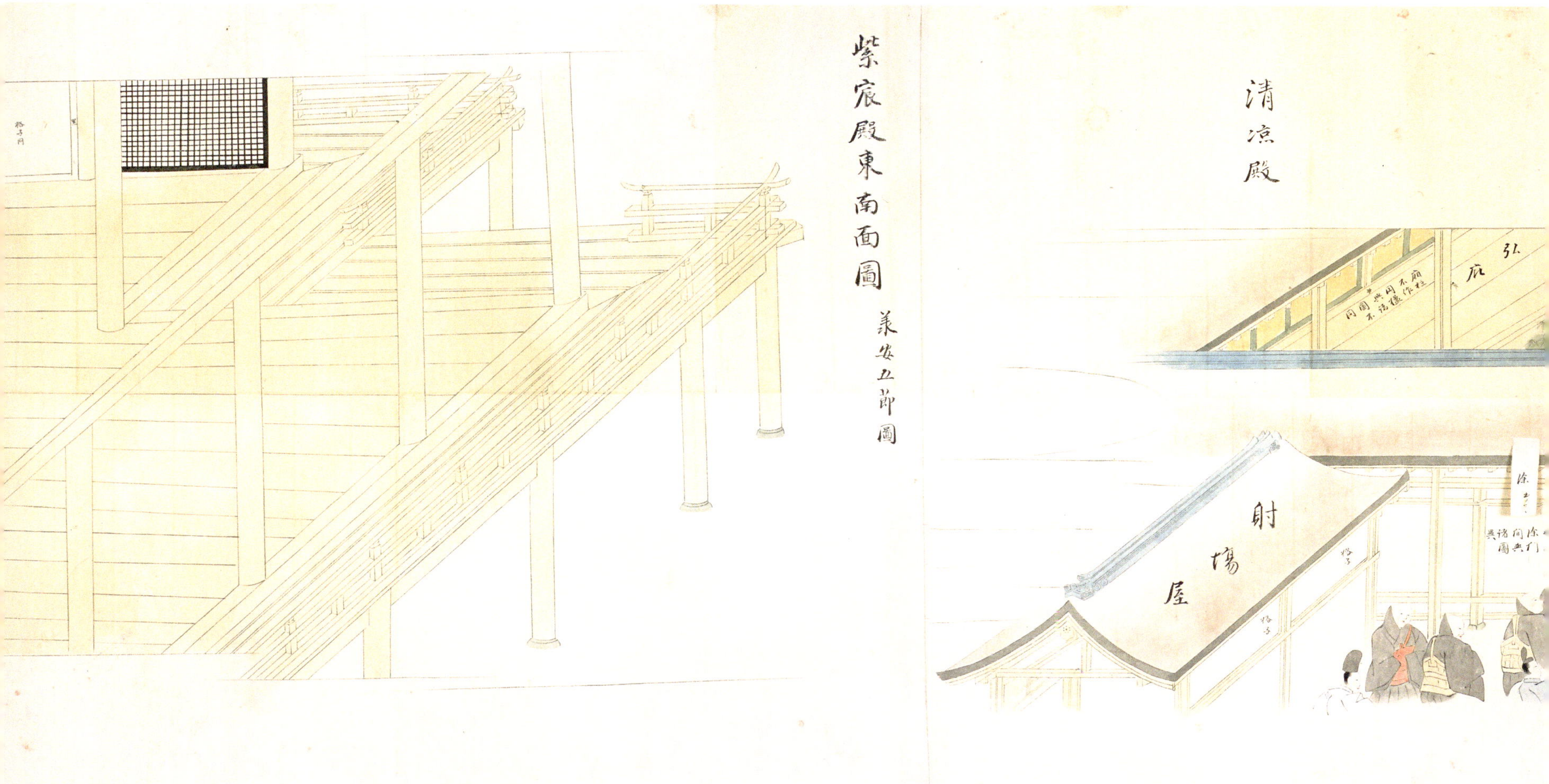


〈15〉紫宸殿 6

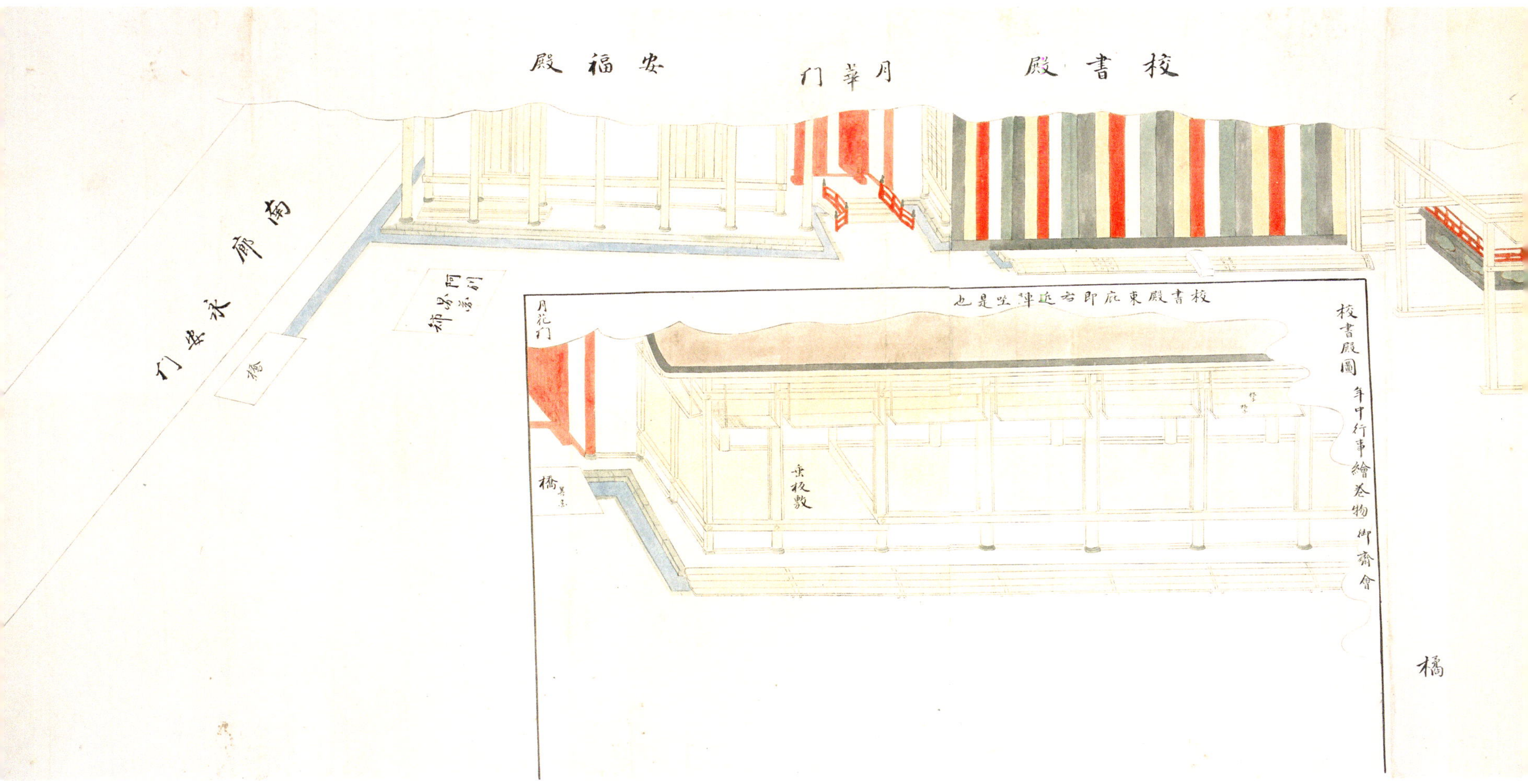


〈17〉校書殿

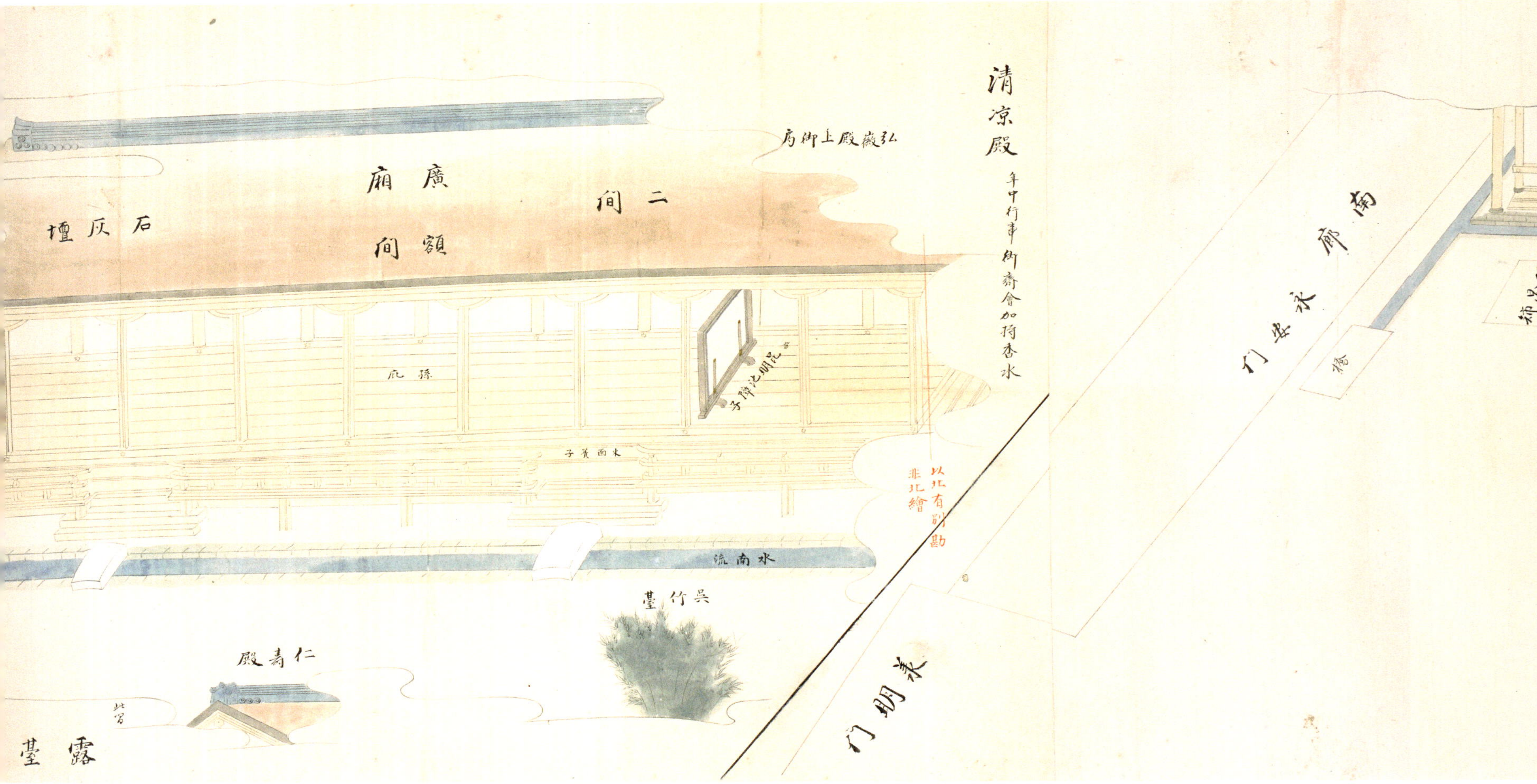


〈18〉清涼殿 1

〈20〉清涼殿 3

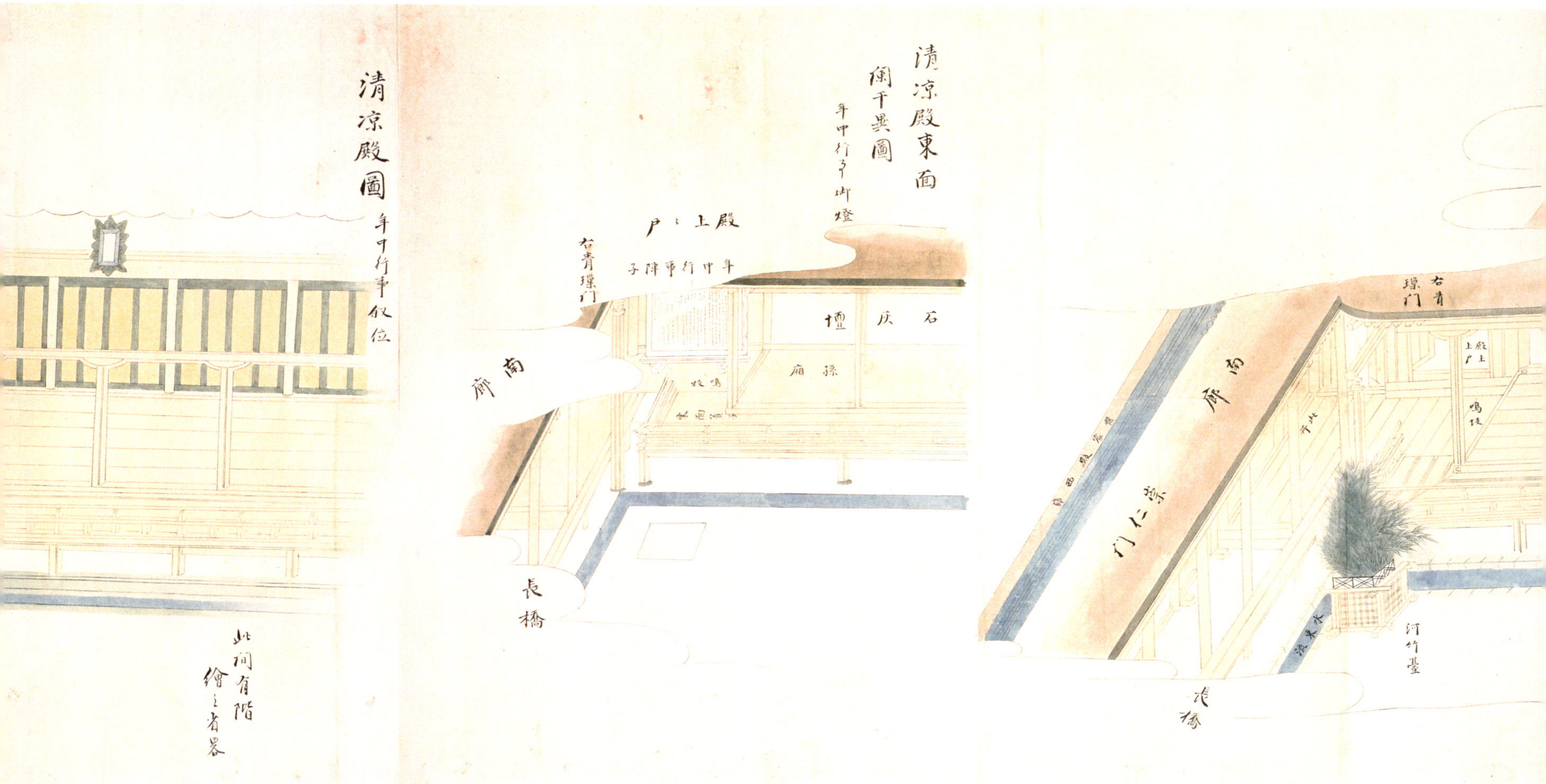


〈19〉清涼殿 2

〈22〉清涼殿 5

〈21〉清涼殿 4

〈22〉清涼殿 5

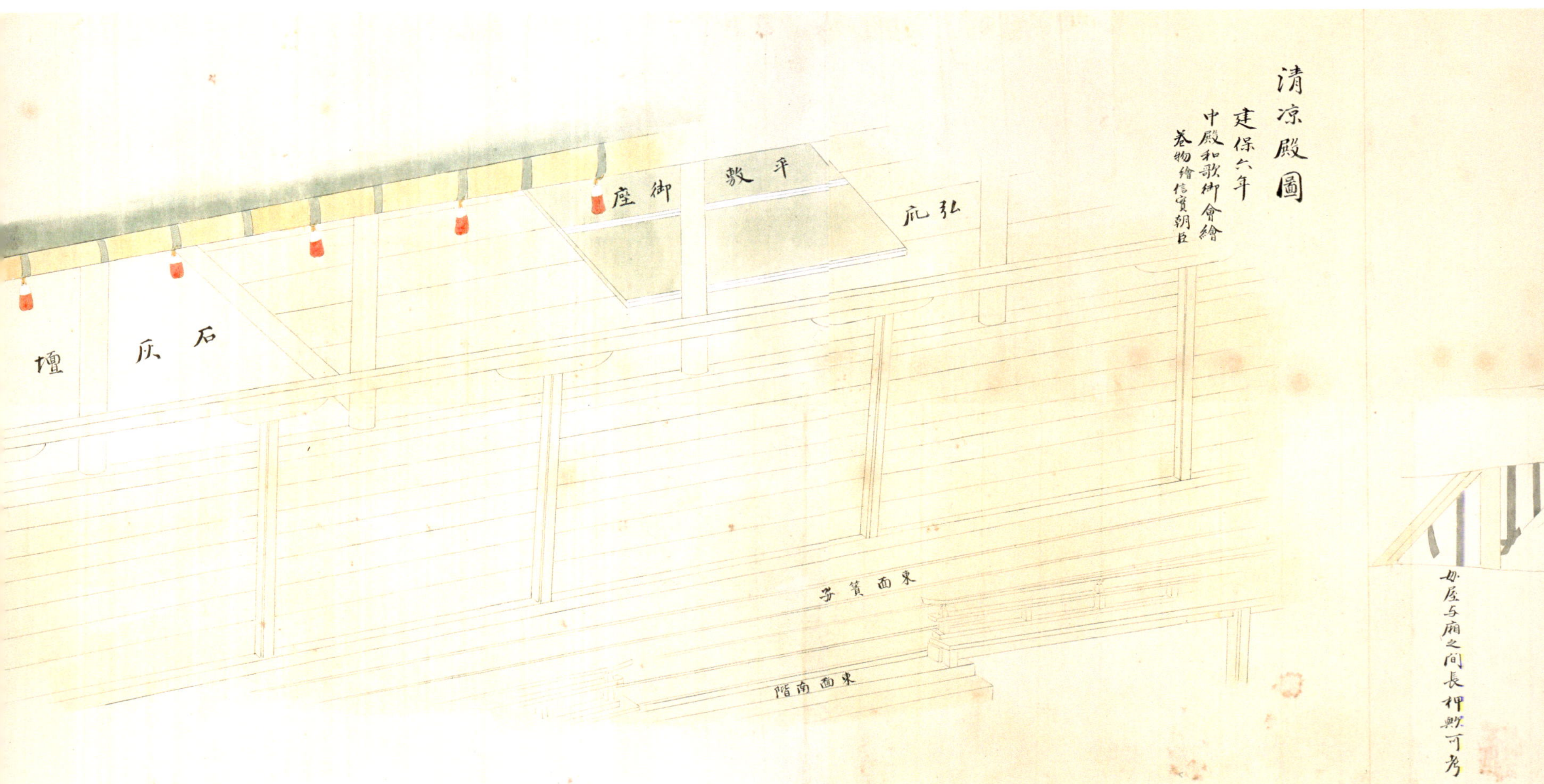


〈24〉清涼殿 7

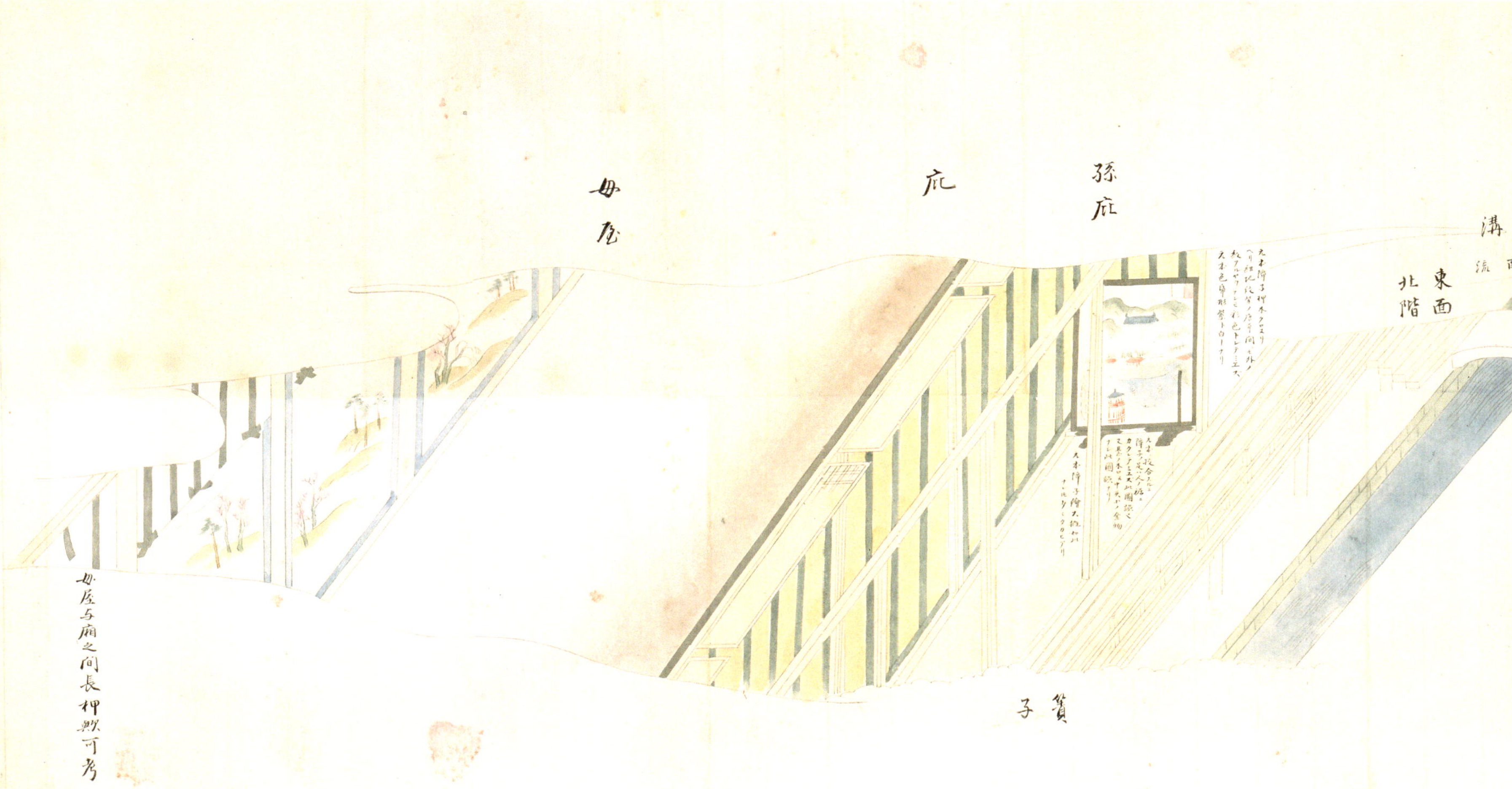


〈23〉清涼殿 6

〈24〉清涼殿 7

〈25〉清涼殿 8

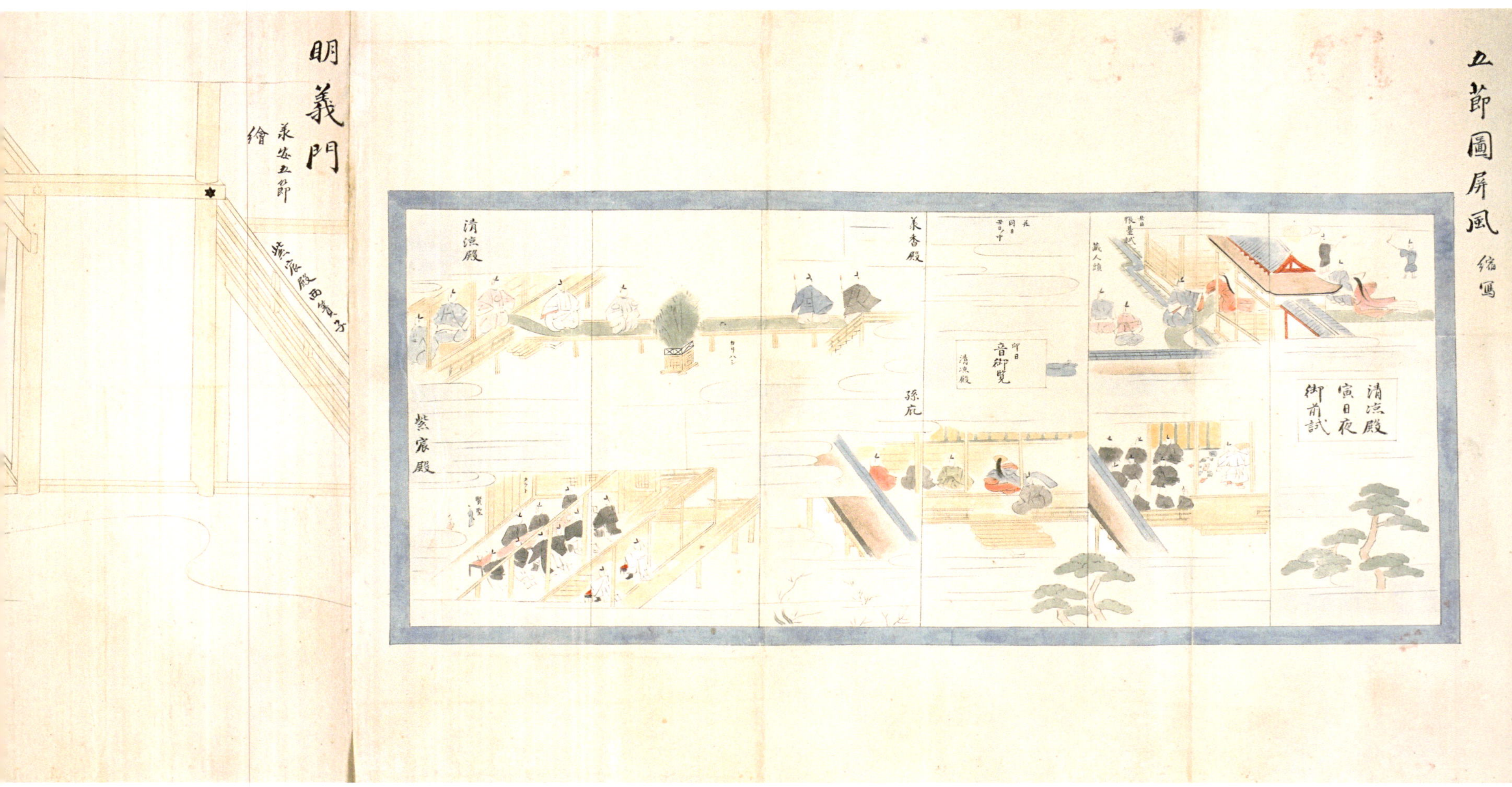


〈27〉清涼殿 10（五節図屏風）

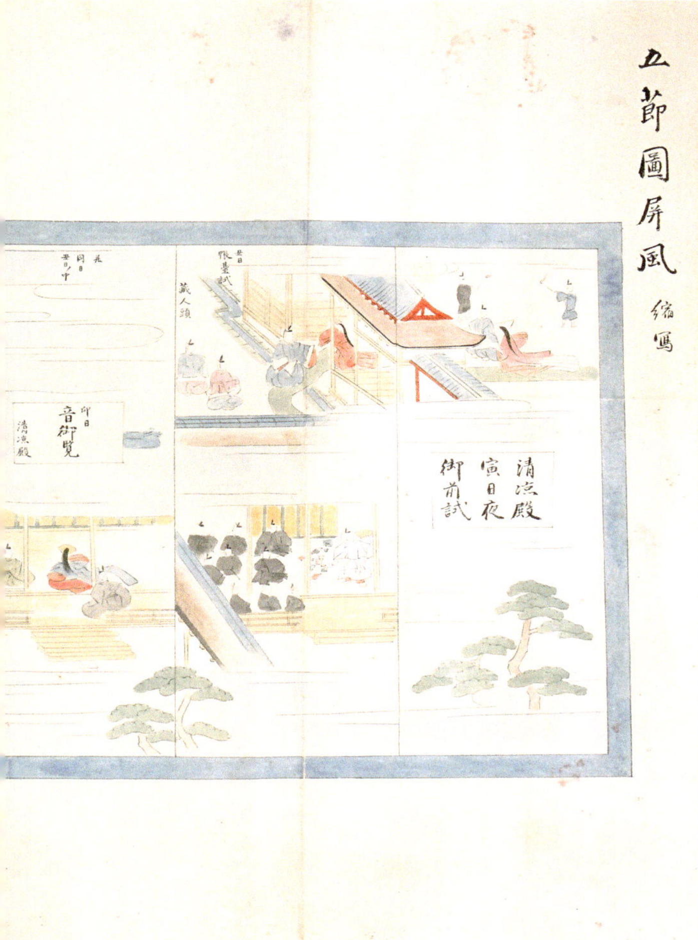


〈27〉清涼殿 10（五節図屏風）

〈26〉清涼殿 9

〈28〉清涼殿 11（明義門西方）

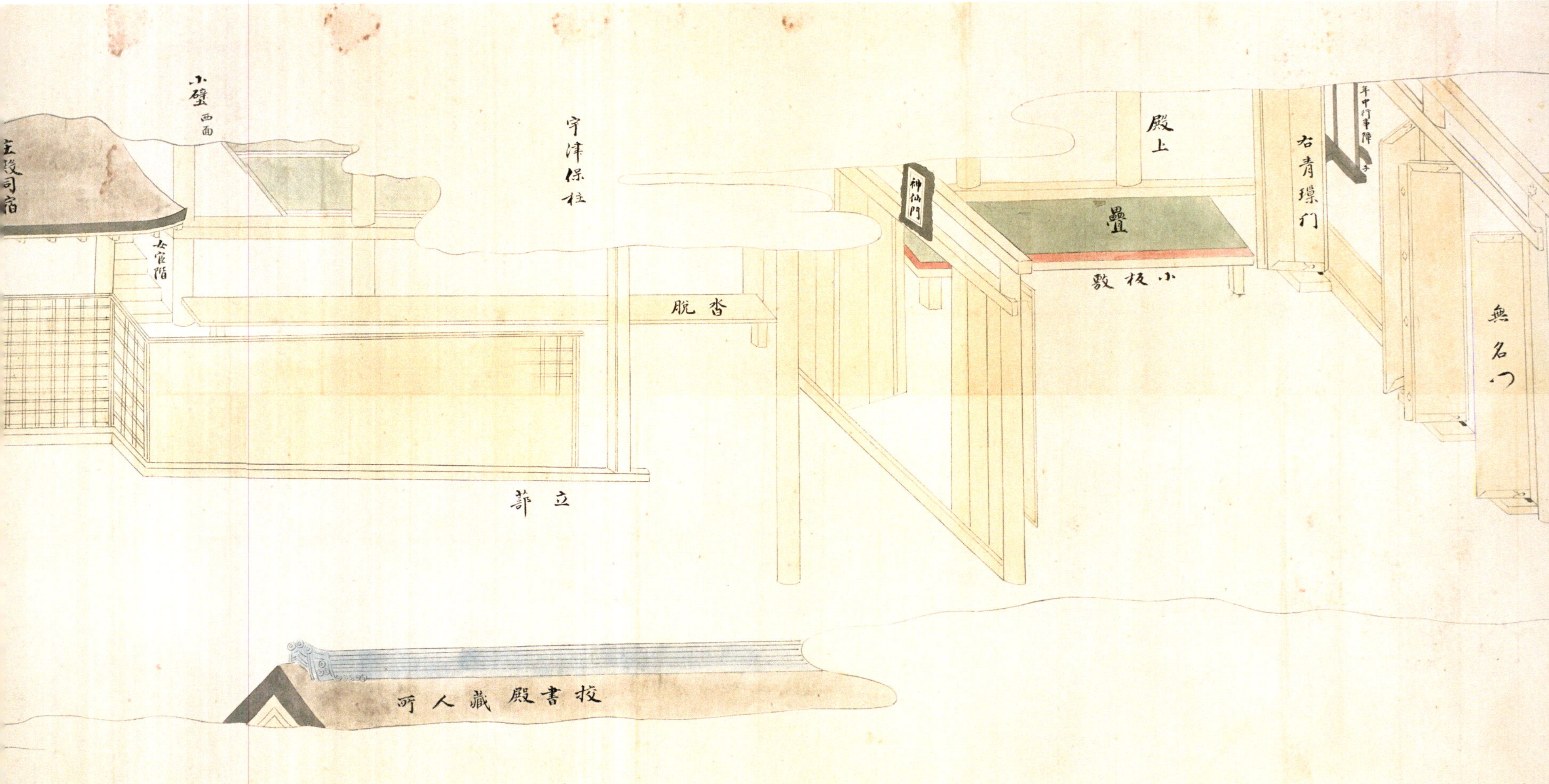


〈28〉清涼殿 11（明義門西方）

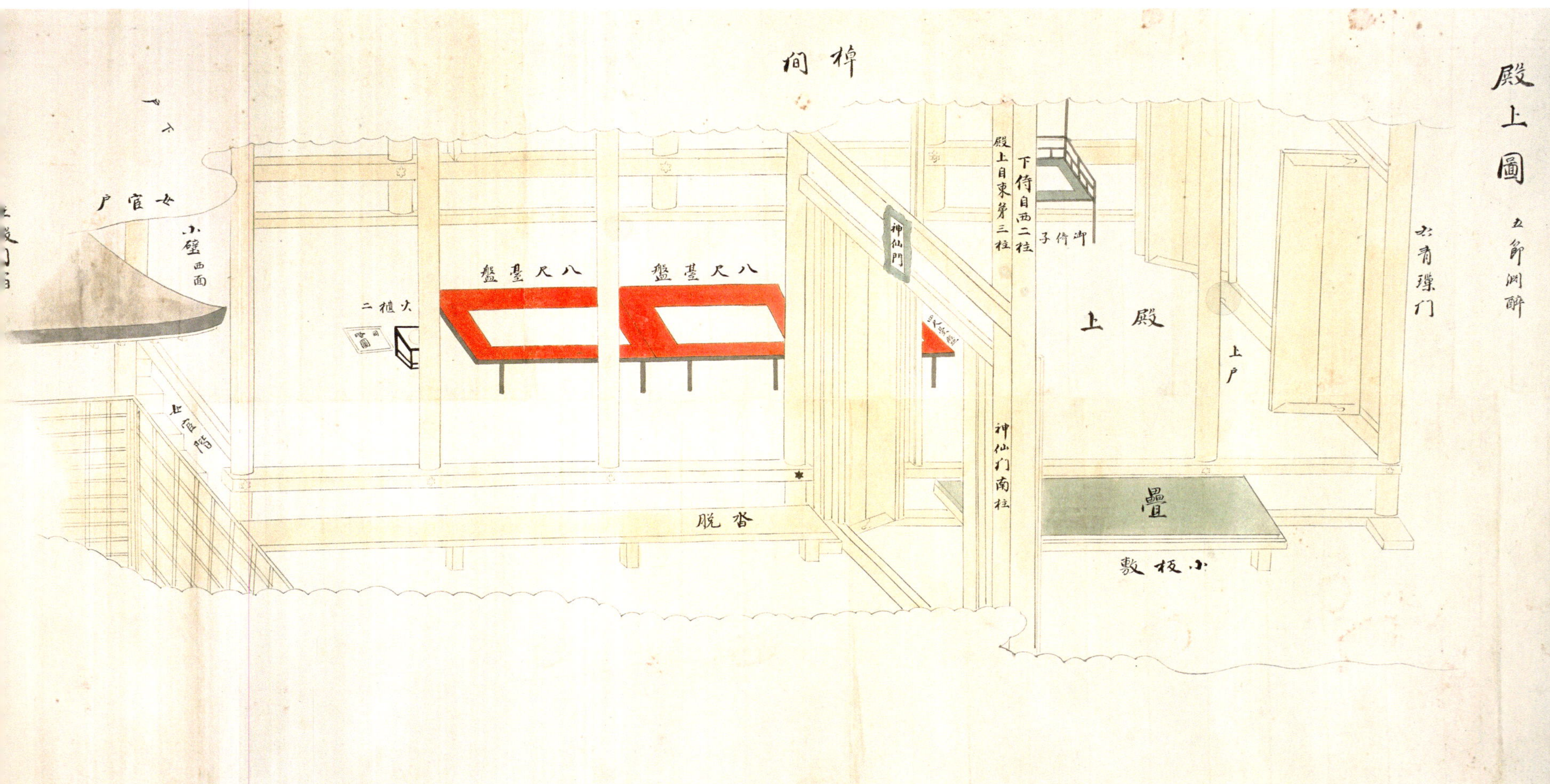


〈29〉清涼殿 12（殿上）

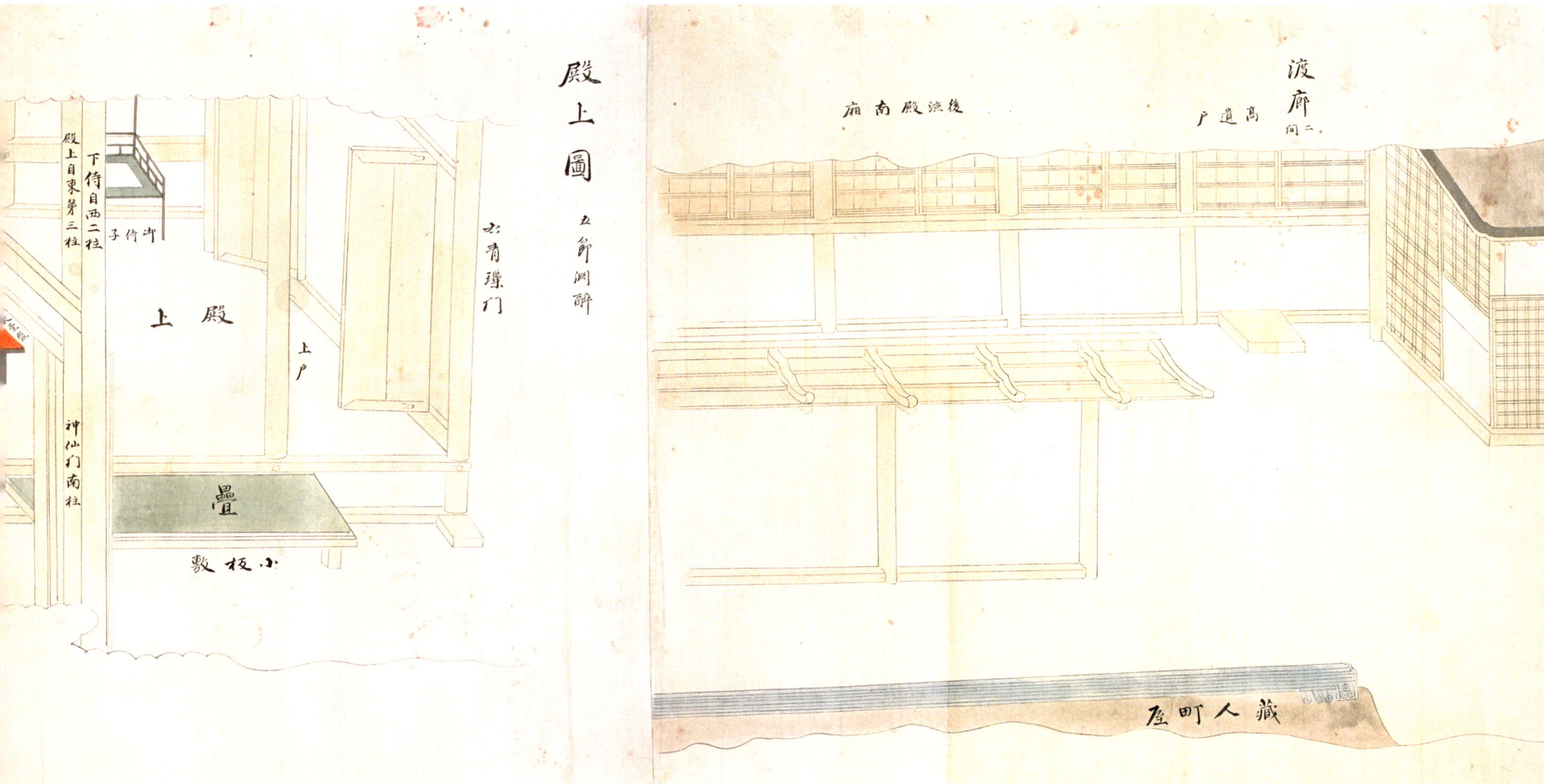


〈29〉清涼殿 12（殿上）

〈30〉清涼殿 13（清涼殿新長橋）

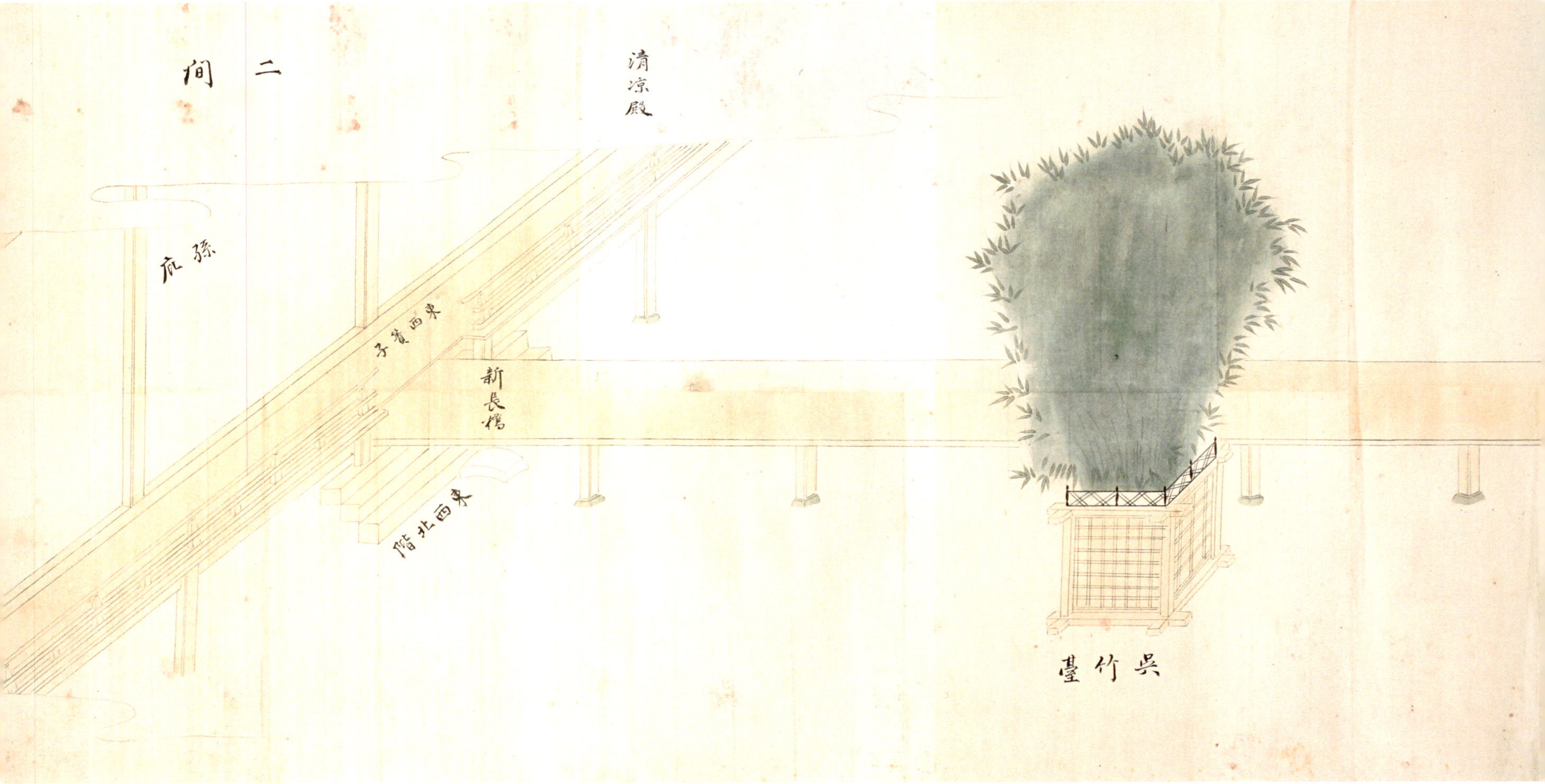


〈30〉清涼殿 13（清涼殿新長橋）

額
間
阿波國文庫

巻二

〈31〉朱雀門 1

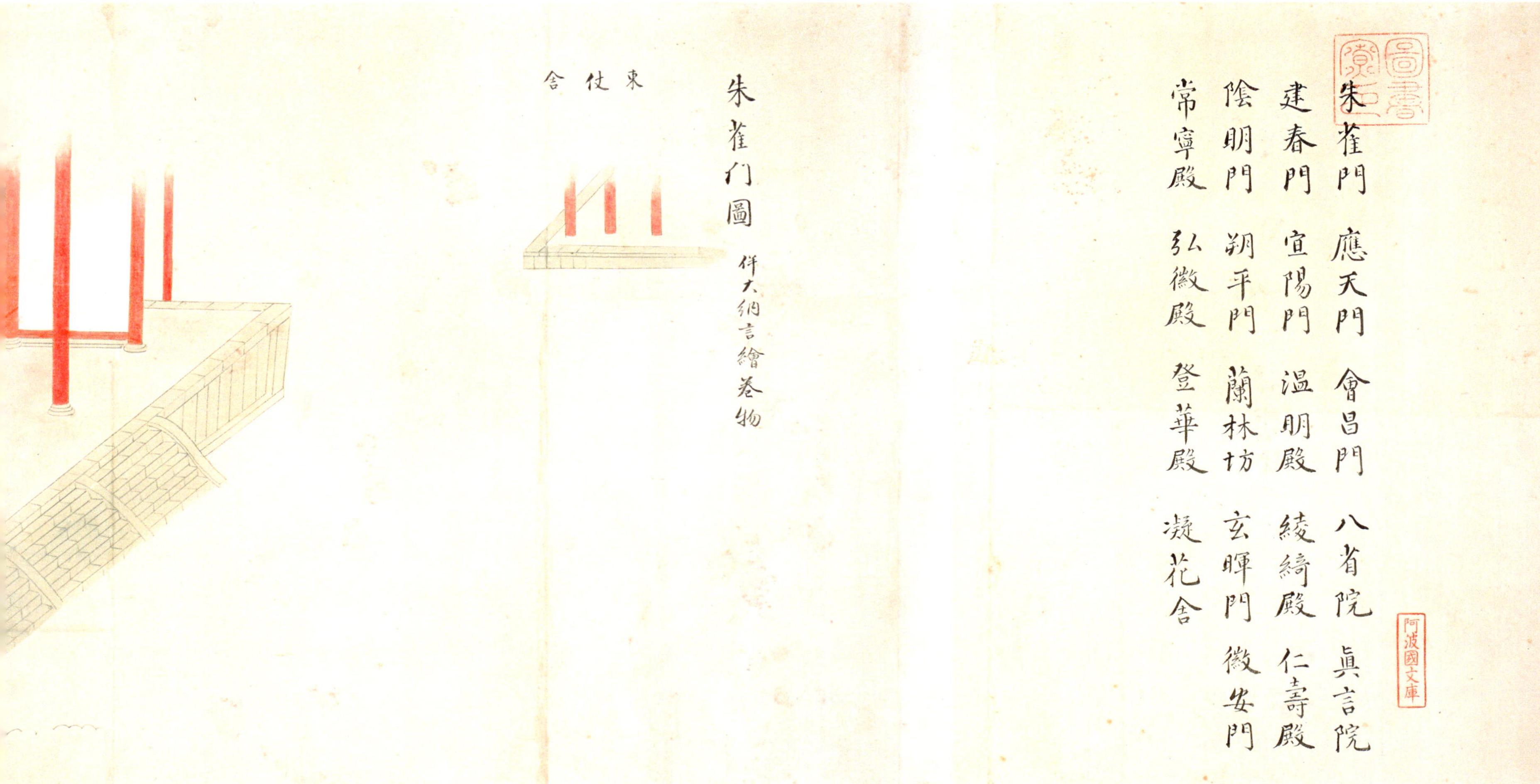


〈31〉朱雀門 1

〈32〉朱雀門 2

〈32〉朱雀門 2

〈33〉八省院 1（応天門・翔鸞楼）

〈35〉八省院 3（大極殿ほか）

〈34〉八省院 2（会昌門）

〈35〉八省院 3（大極殿ほか）

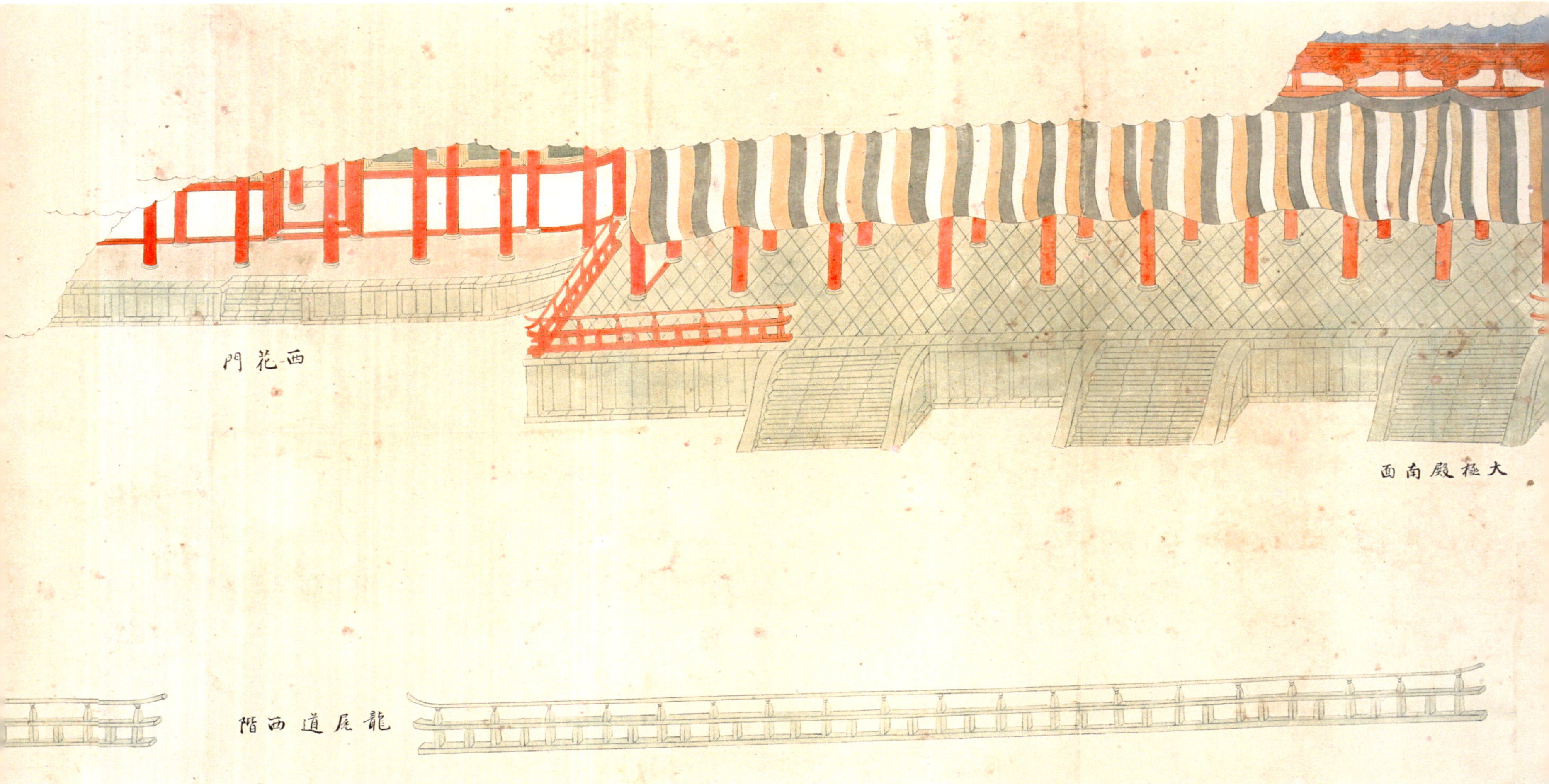


〈35〉八省院 3（大極殿ほか）

〈37〉真言院

〈36〉八省院 4（小安殿・昭慶門）

〈36〉八省院 4（小安殿・昭慶門）

〈37〉 真言院

〈38〉建春門・宣陽門

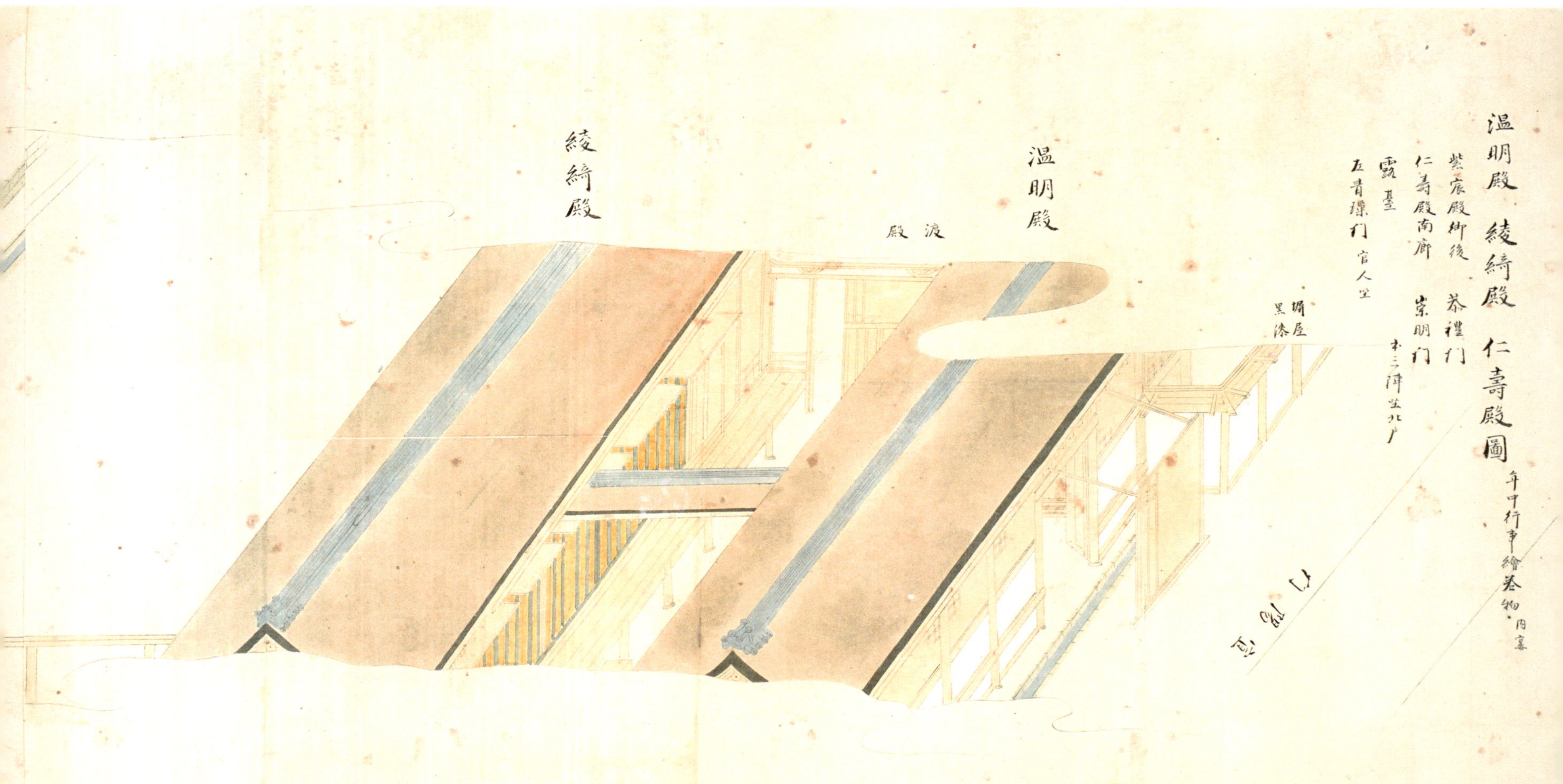


〈39〉温明殿・綾綺殿・仁寿殿

〈38〉建春門・宣陽門

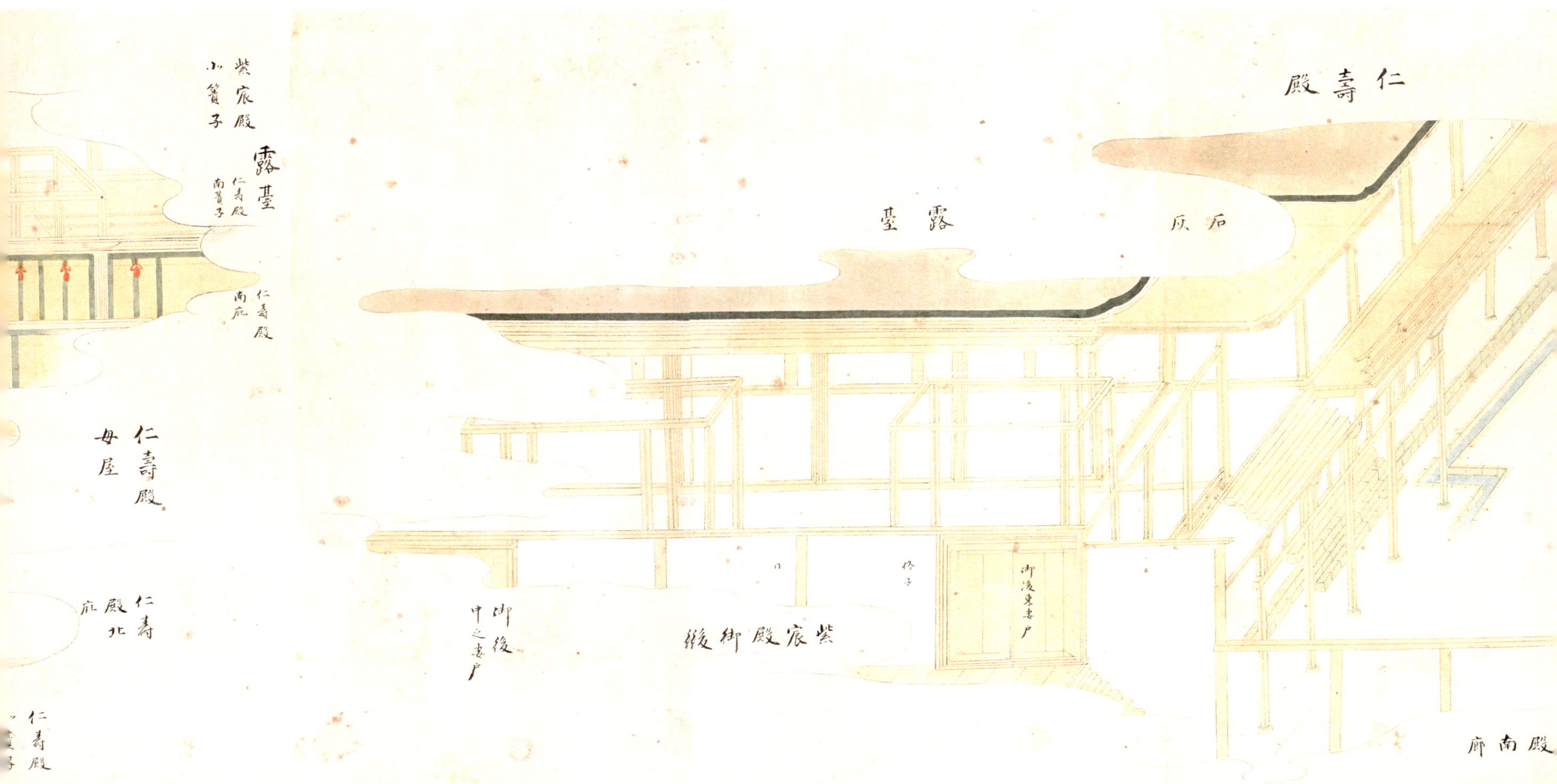


〈39〉温明殿・綾綺殿・仁寿殿

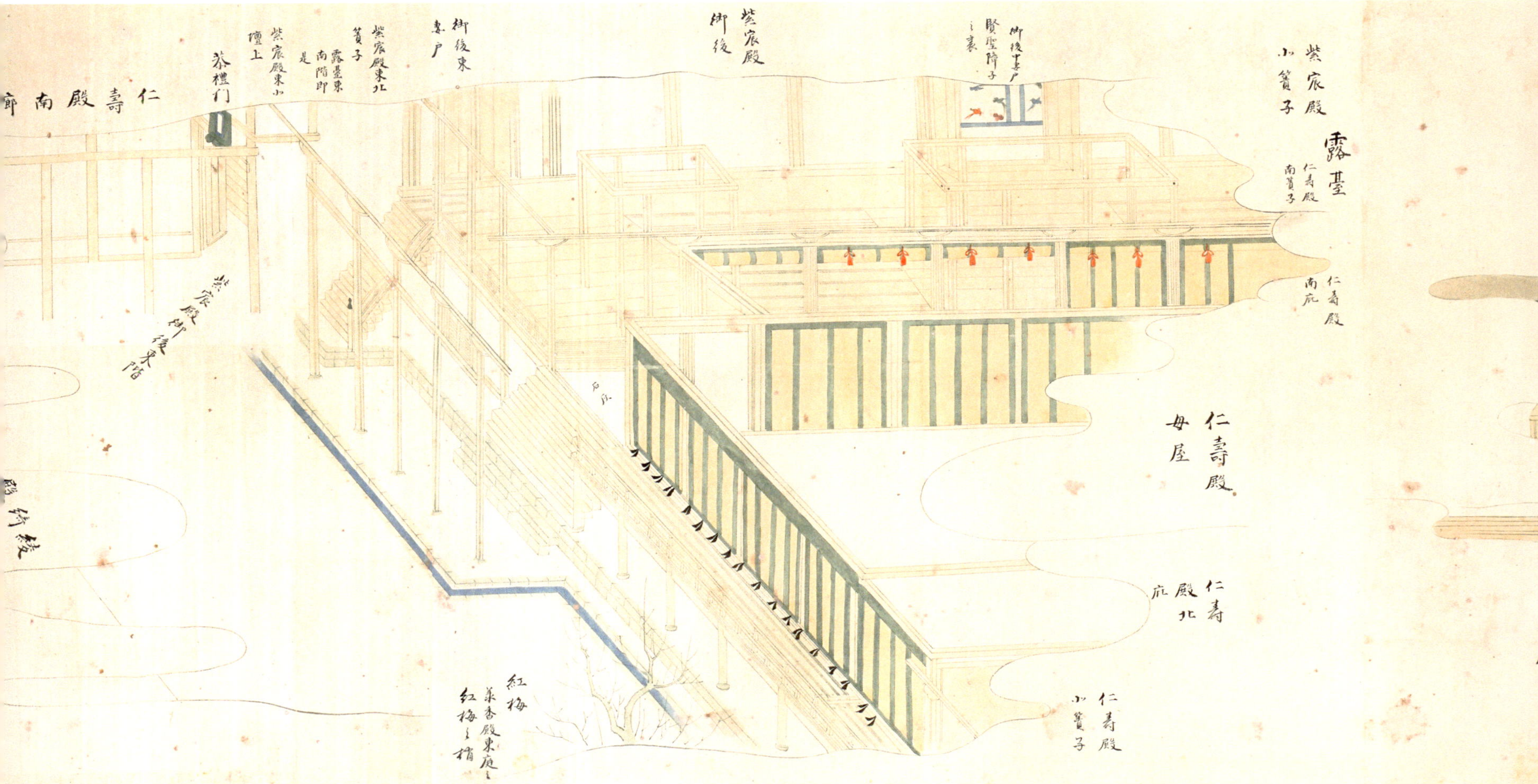


〈40〉仁寿殿

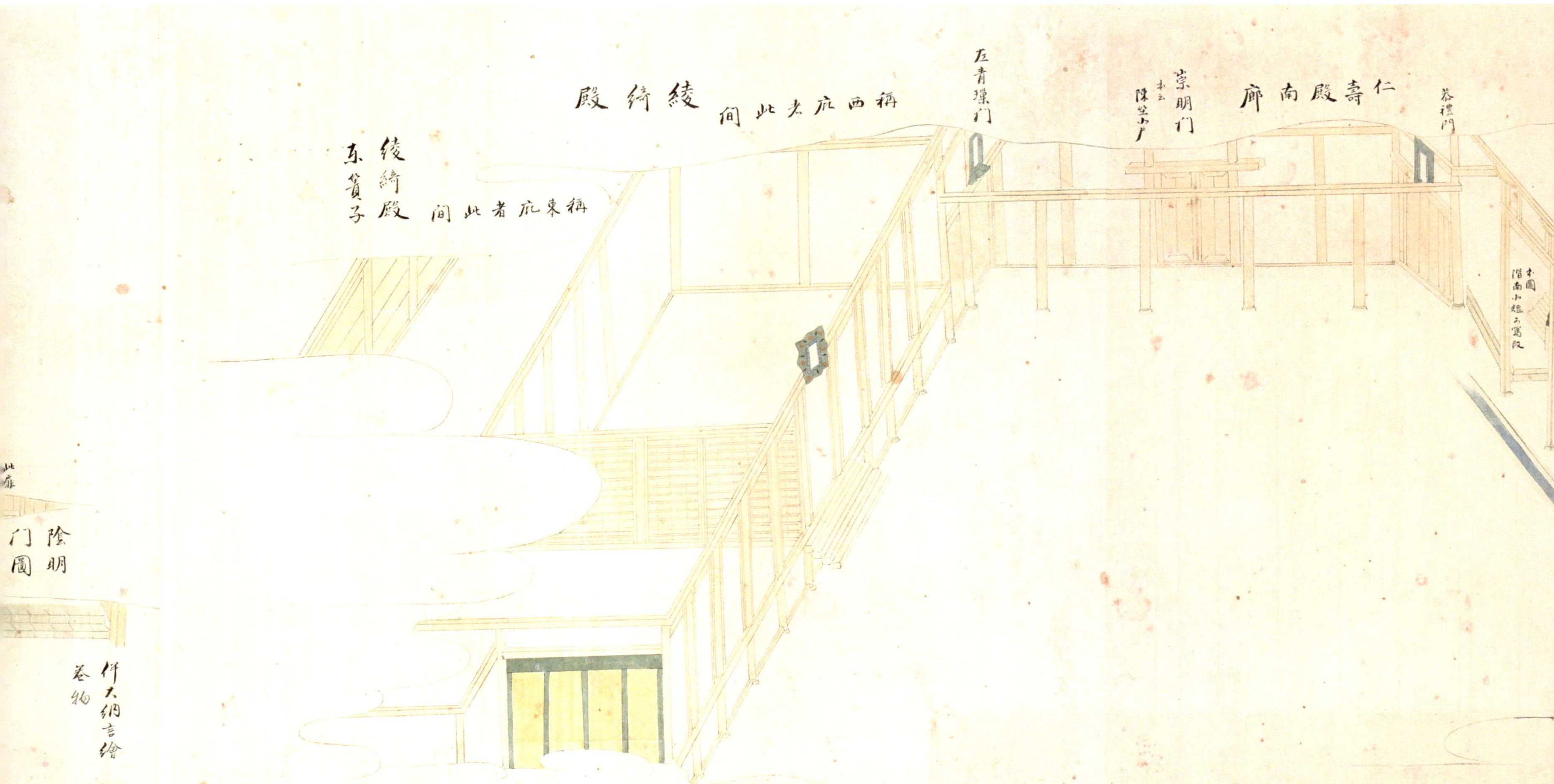


〈41〉仁寿殿・綾綺殿

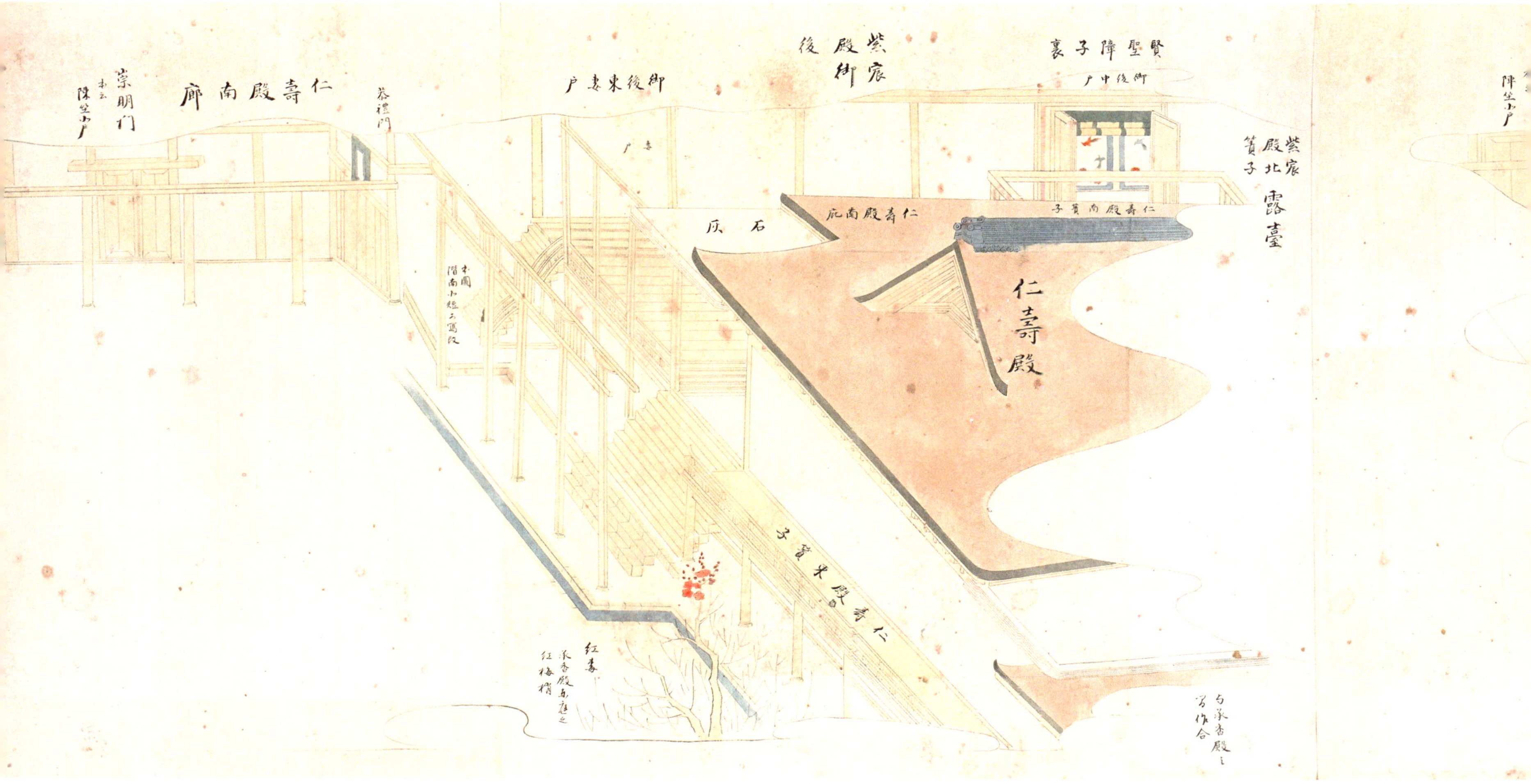


〈41〉仁寿殿・綾綺殿

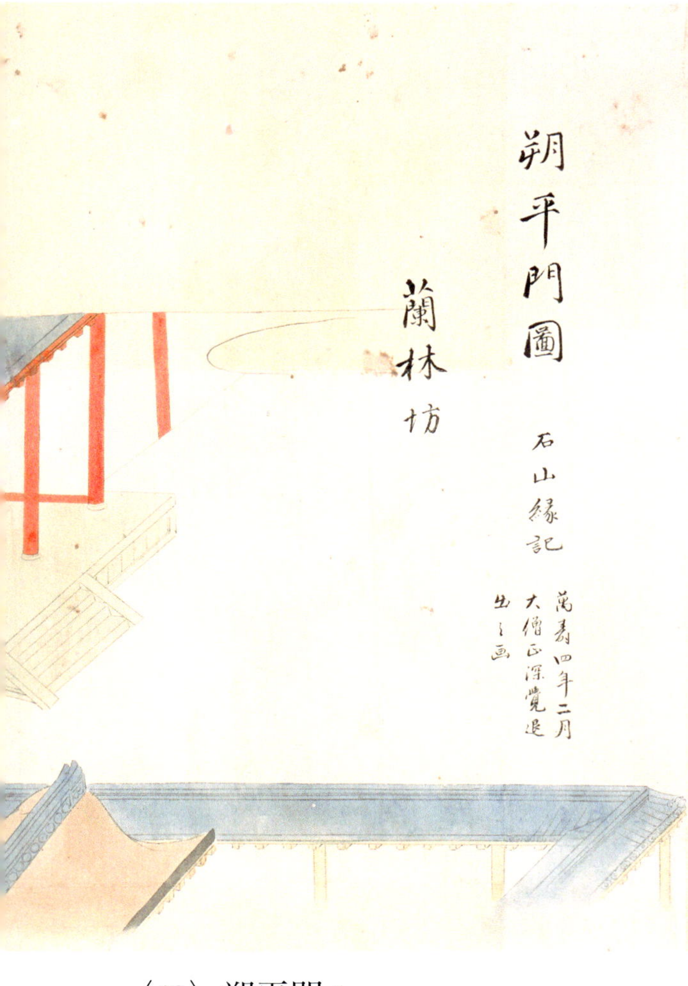


〈43〉朔平門 1

〈42〉陰明門

〈43〉朔平門 1

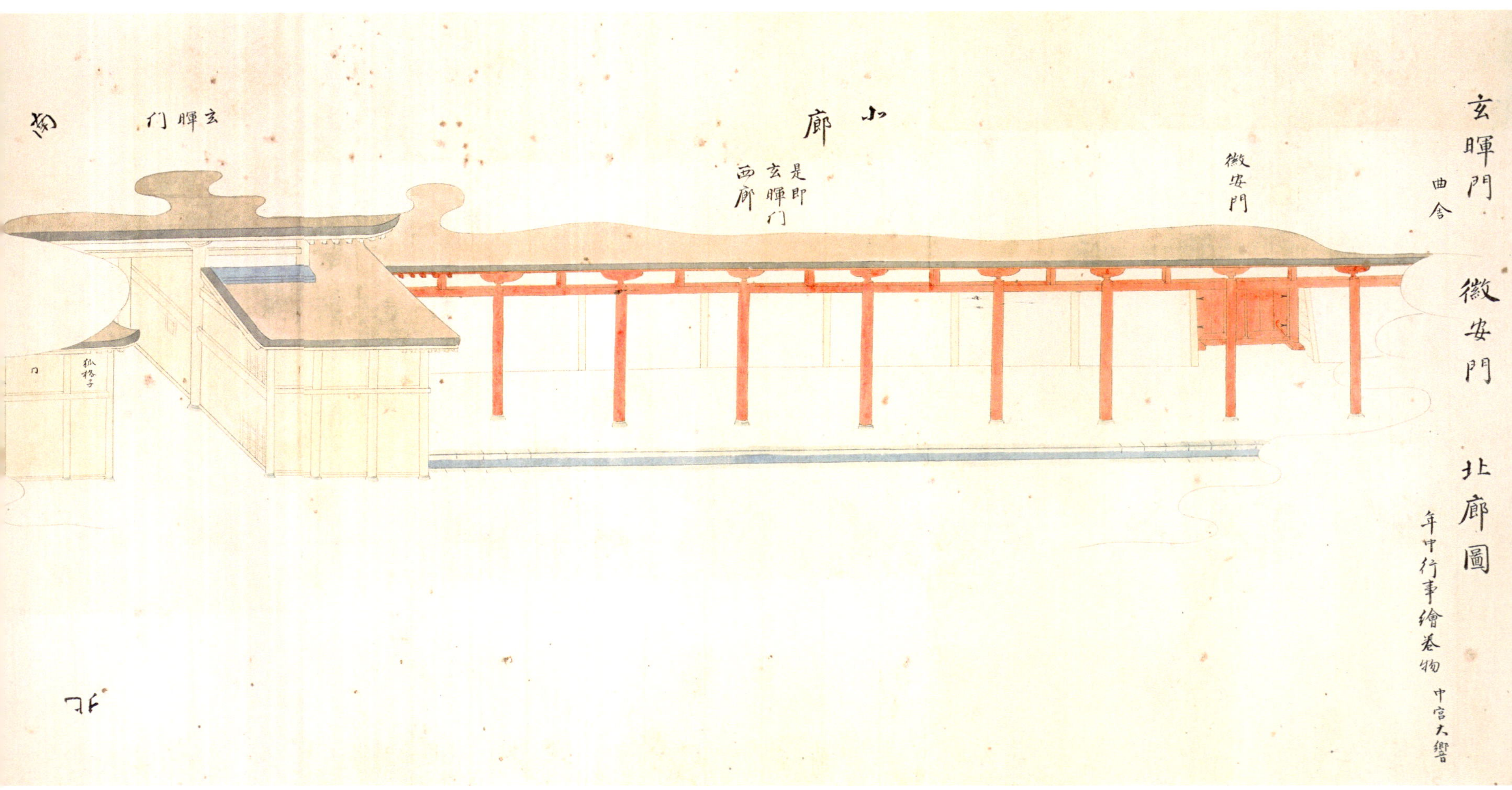


〈45〉玄暉門・徽安門・北廊

〈44〉朔平門 2

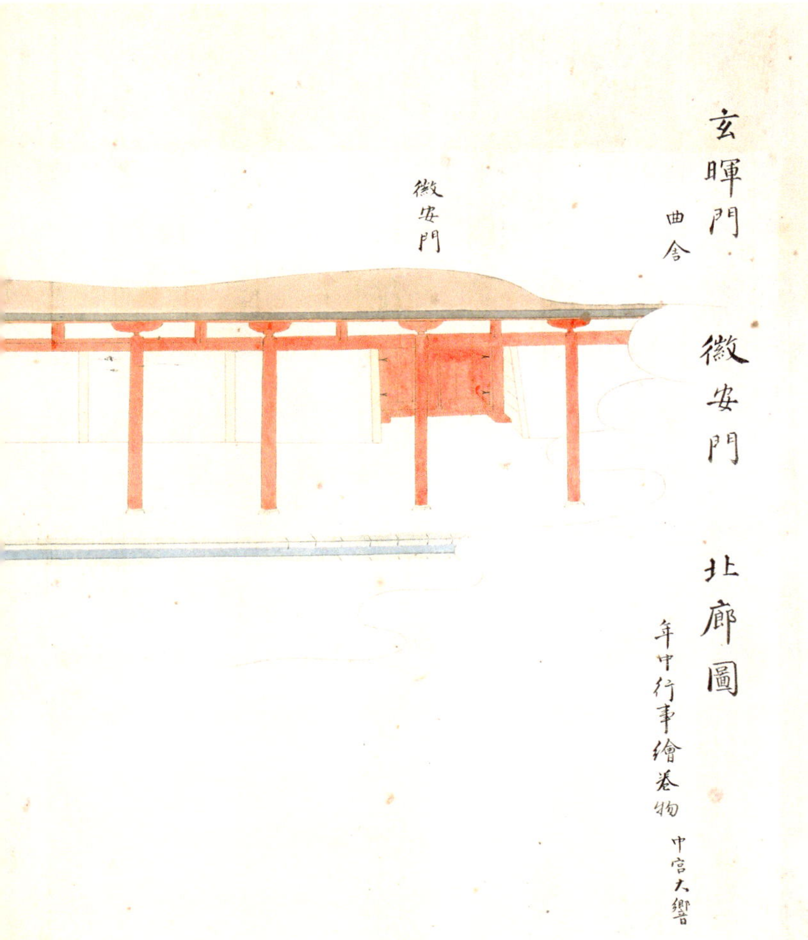


〈45〉玄暉門・徽安門・北廊

〈46〉玄暉門 1

〈47〉玄暉門 2

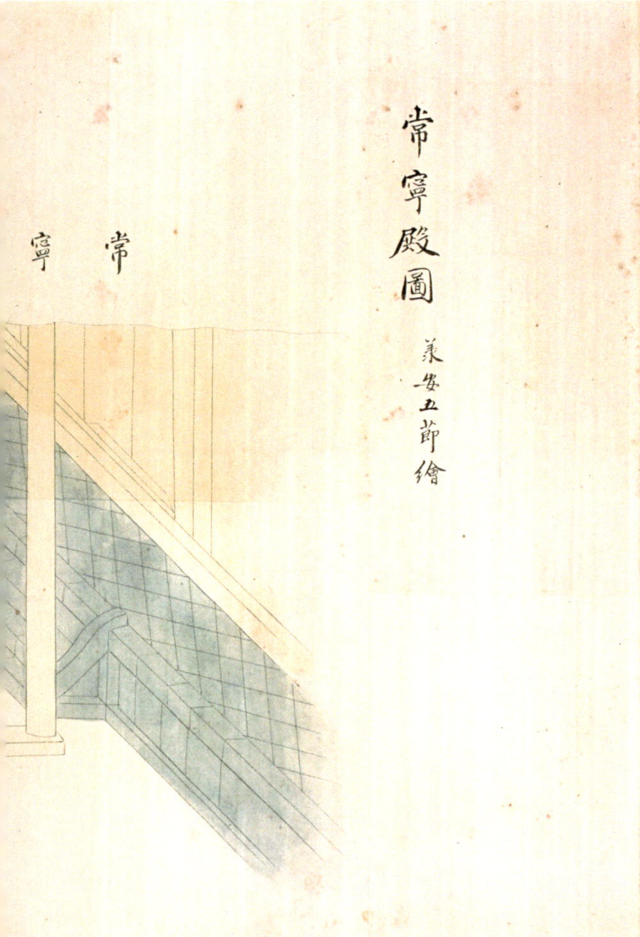


〈48〉常寧殿

〈47〉玄暉門 2

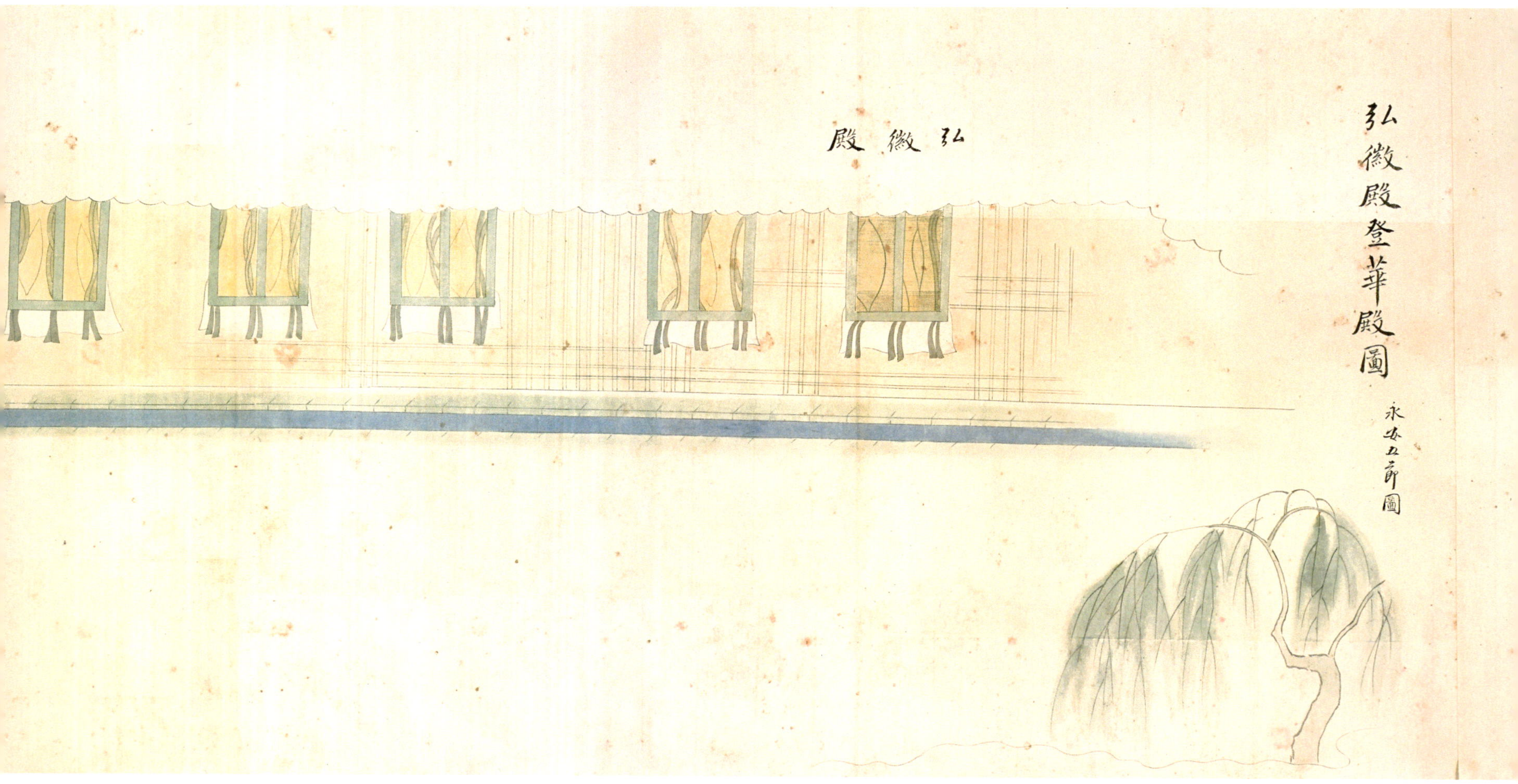


〈49〉弘徽殿・登華殿

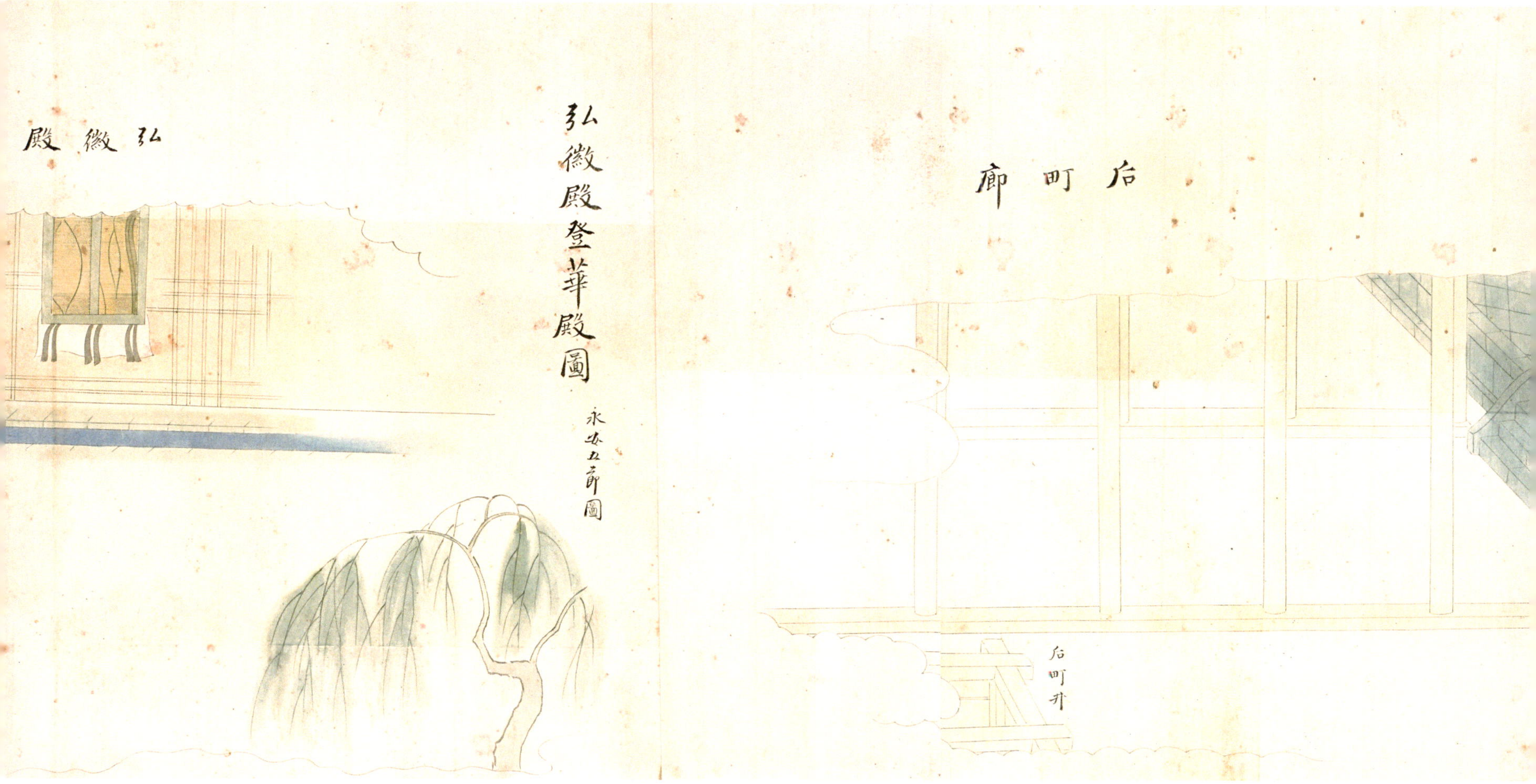


〈49〉弘徽殿・登華殿

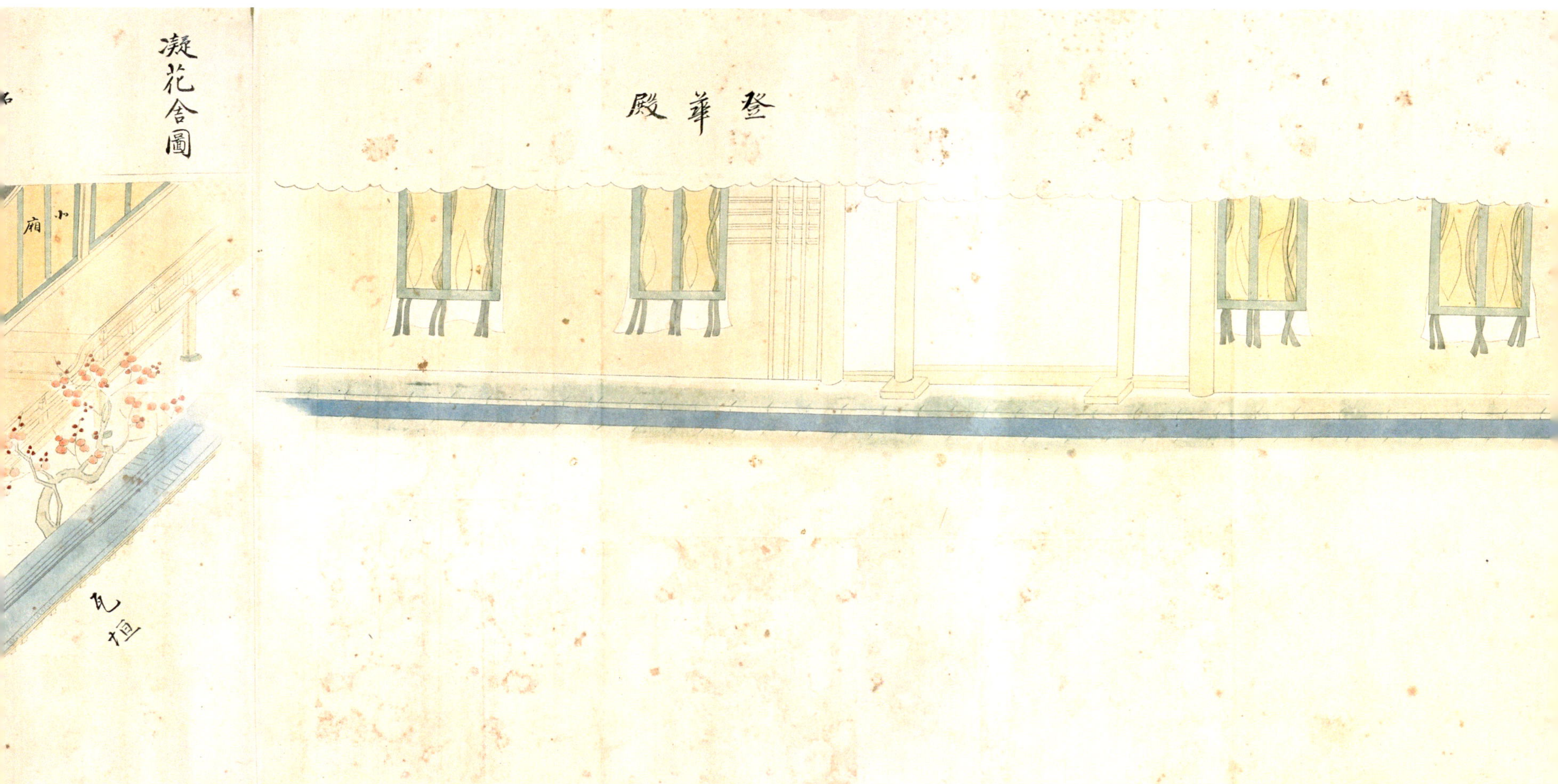

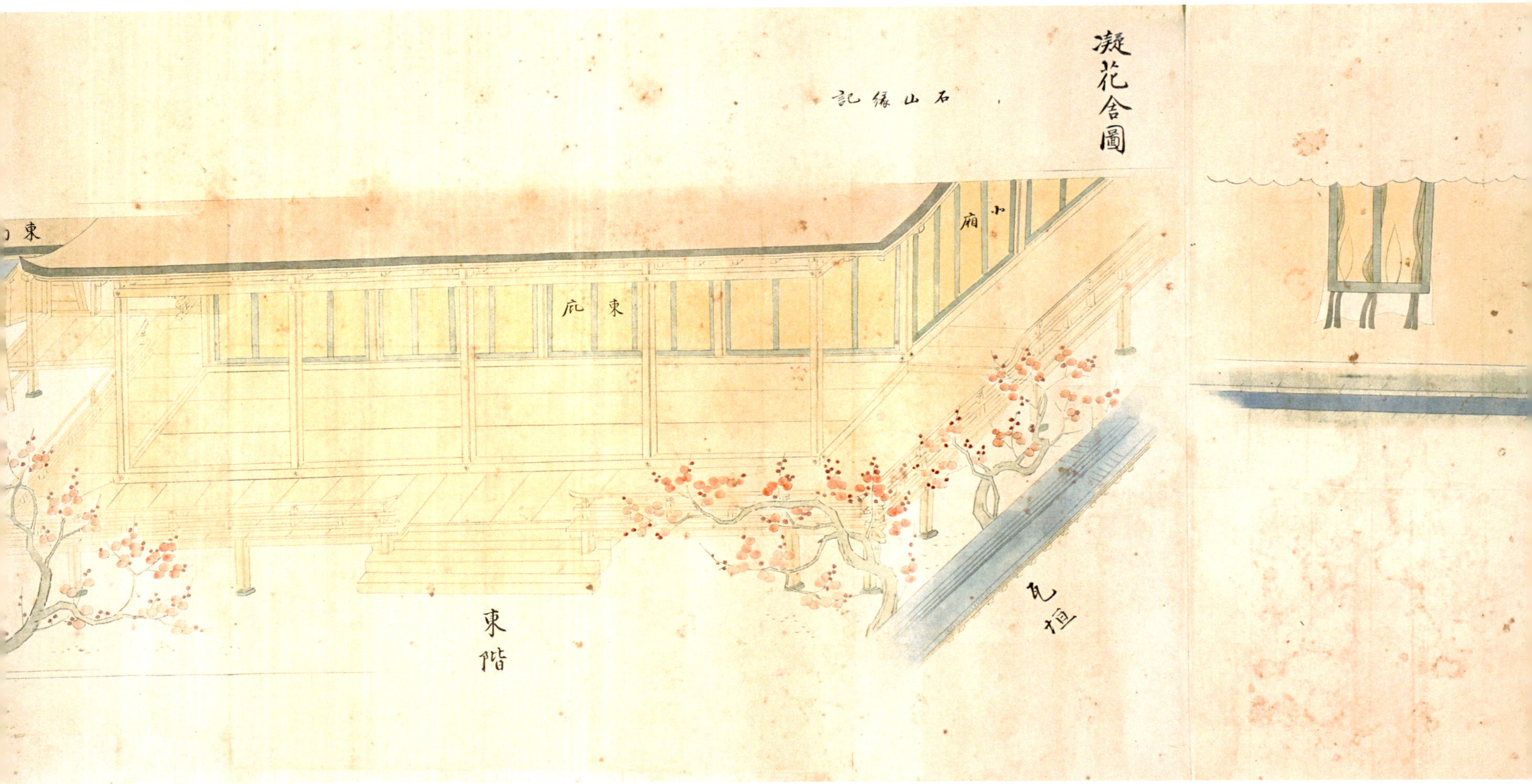


〈50〉凝花舎

飛香舎
阿波國文庫

巻三

〈51〉仙洞御所 1

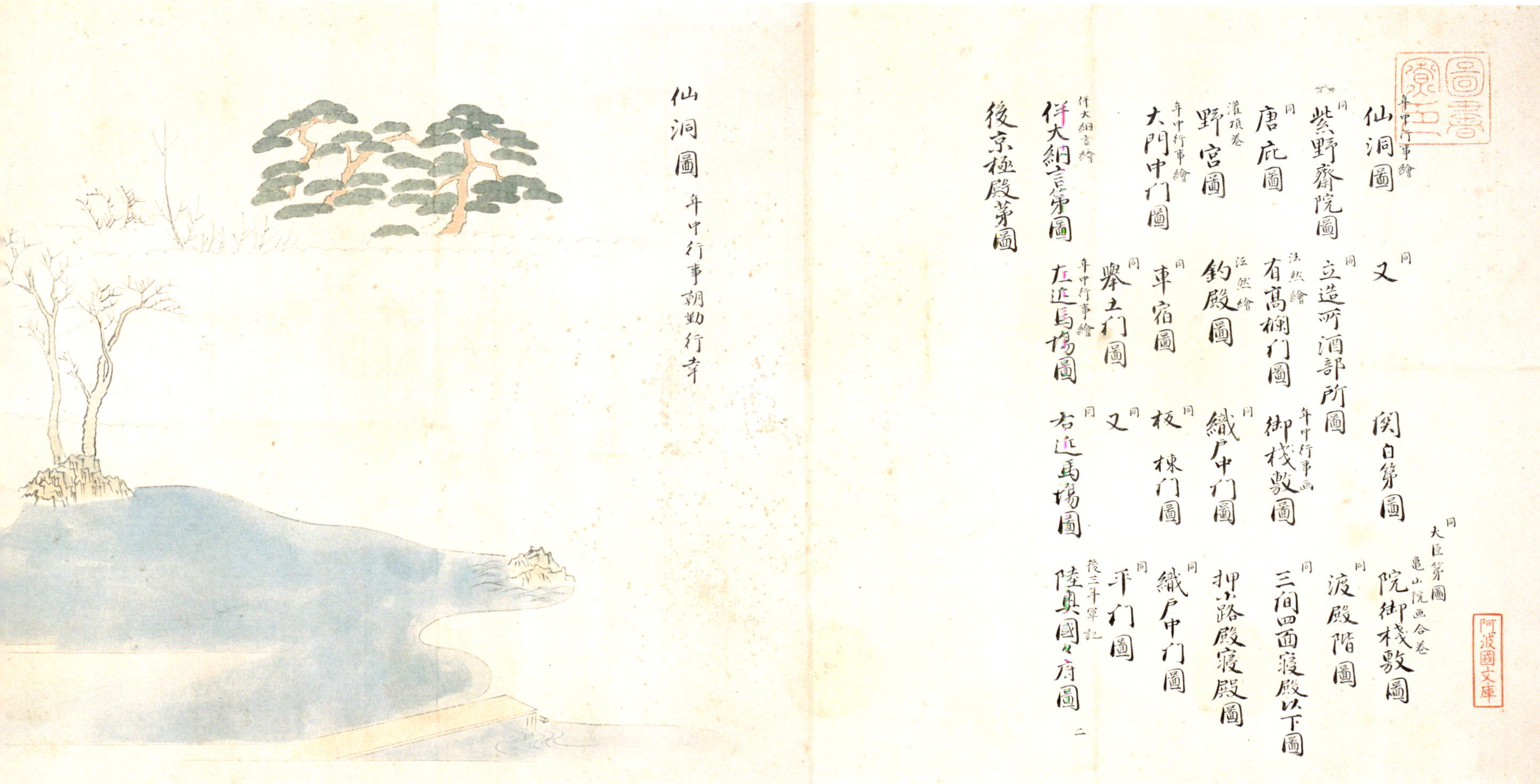


〈51〉仙洞御所 1

〈51〉仙洞御所 1

〈52〉仙洞御所 2

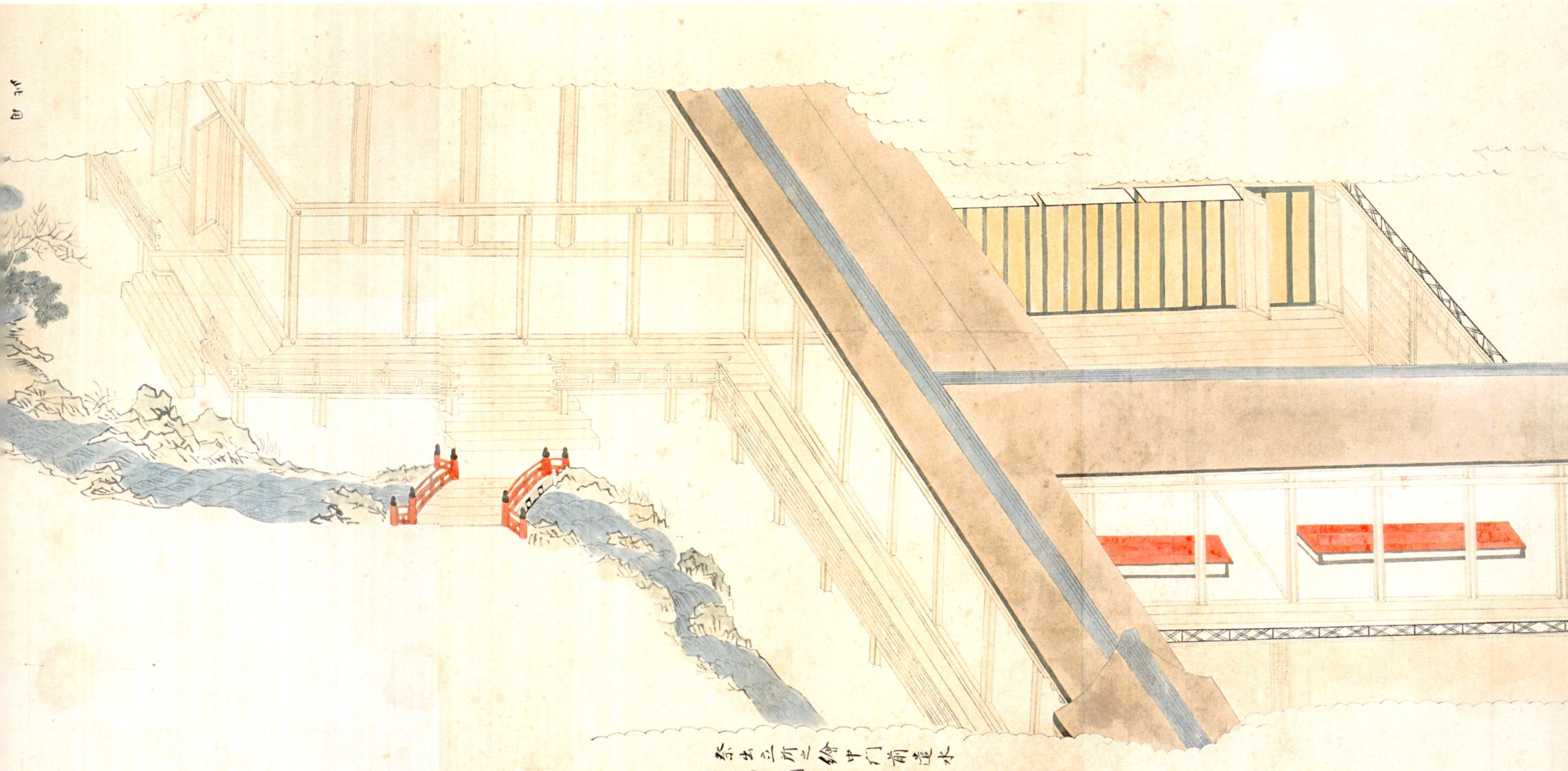

〈53〉東三条殿 1

〈53〉東三条殿 1

〈54〉東三条殿 2

〈54〉東三条殿 2

〈54〉東三条殿 2

〈54〉東三条殿 2

〈56〉関白賀茂詣の馬場舎　〈55〉院御桟敷

| 〈55〉 |
| --- |
| 〈56〉 |

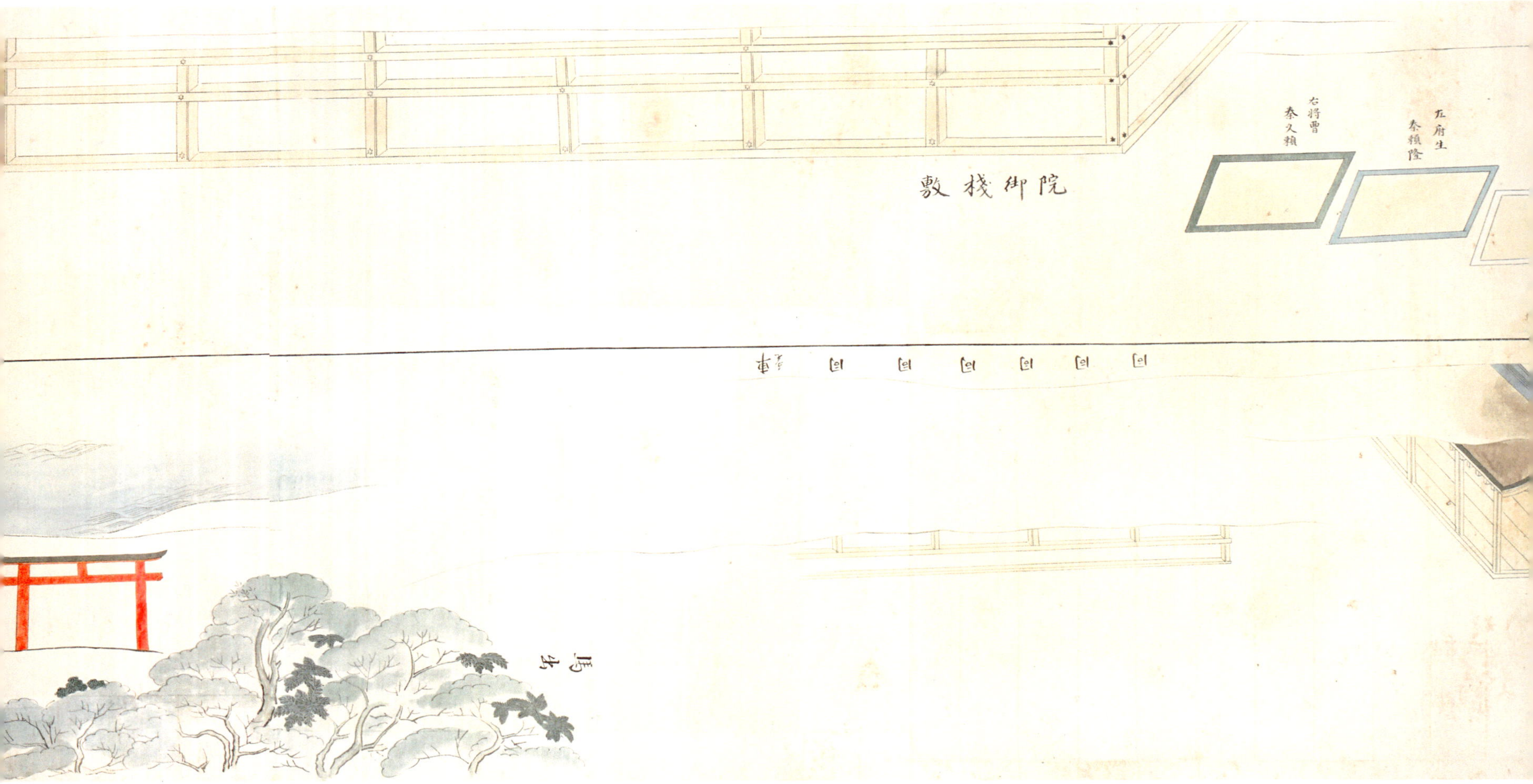


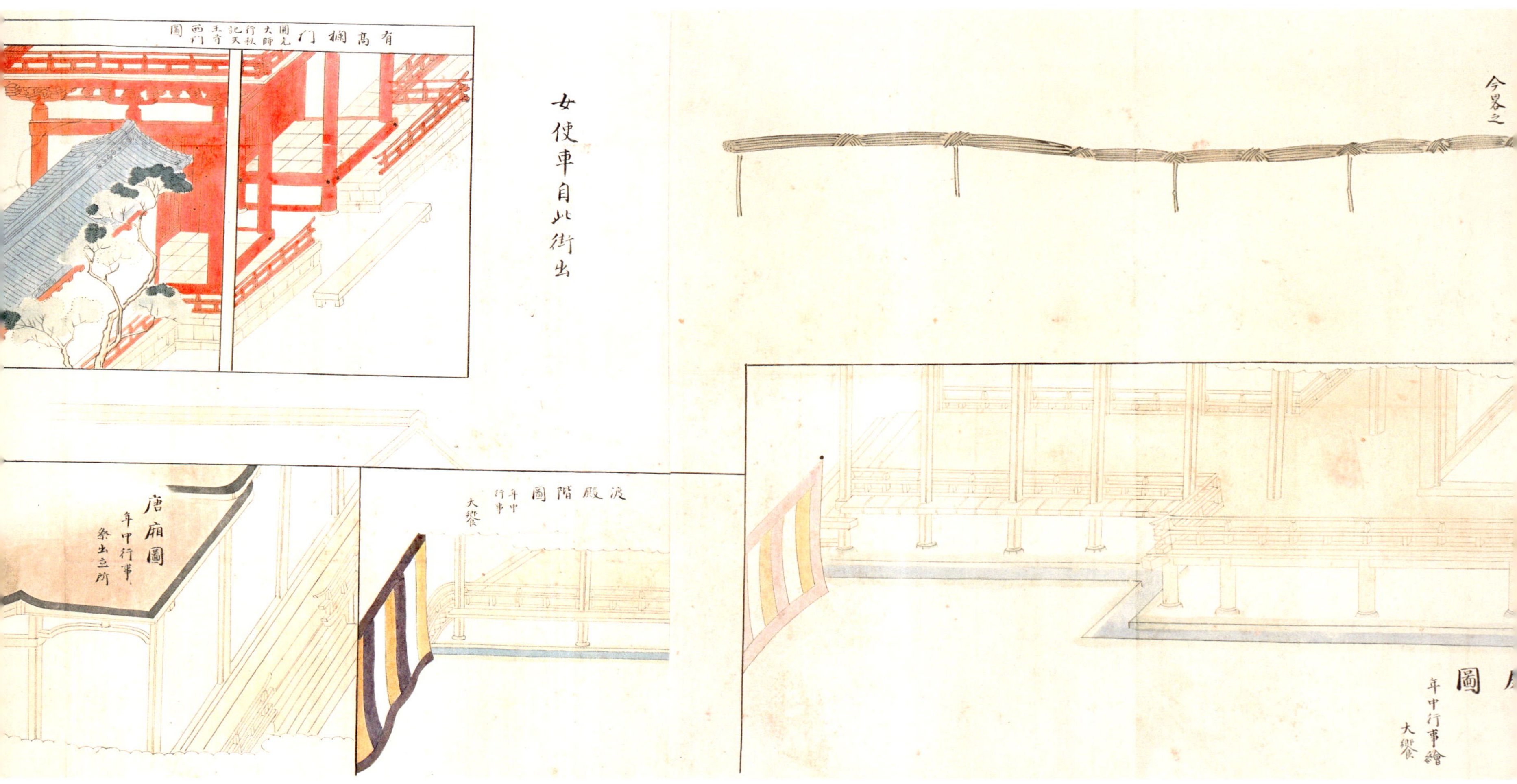


〈60〉四天王寺西門

〈58〉東三条殿 4（渡殿階）

〈57〉東三条殿 3

〈59〉東三条殿 5（唐庇）

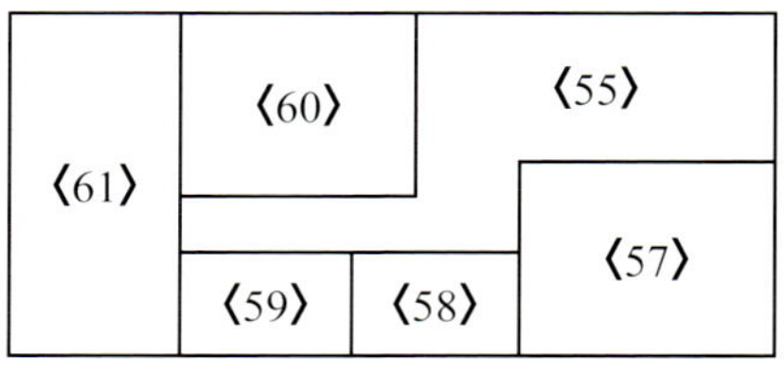

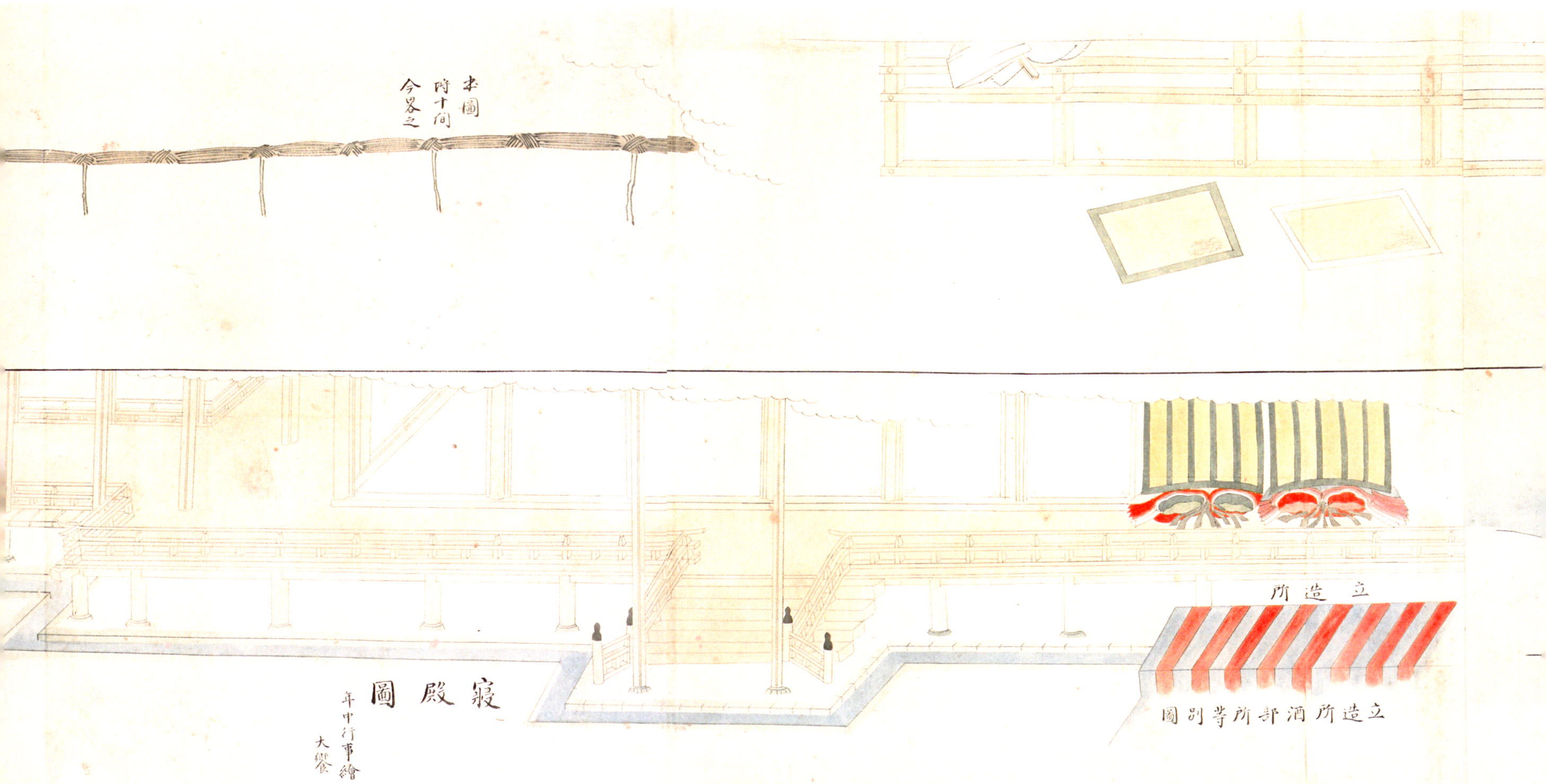


〈57〉東三条殿 3

〈61〉賀茂祭の桟敷

〈61〉賀茂祭の桟敷

〈61〉賀茂祭の桟敷

〈61〉賀茂祭の桟敷

〈61〉賀茂祭の桟敷

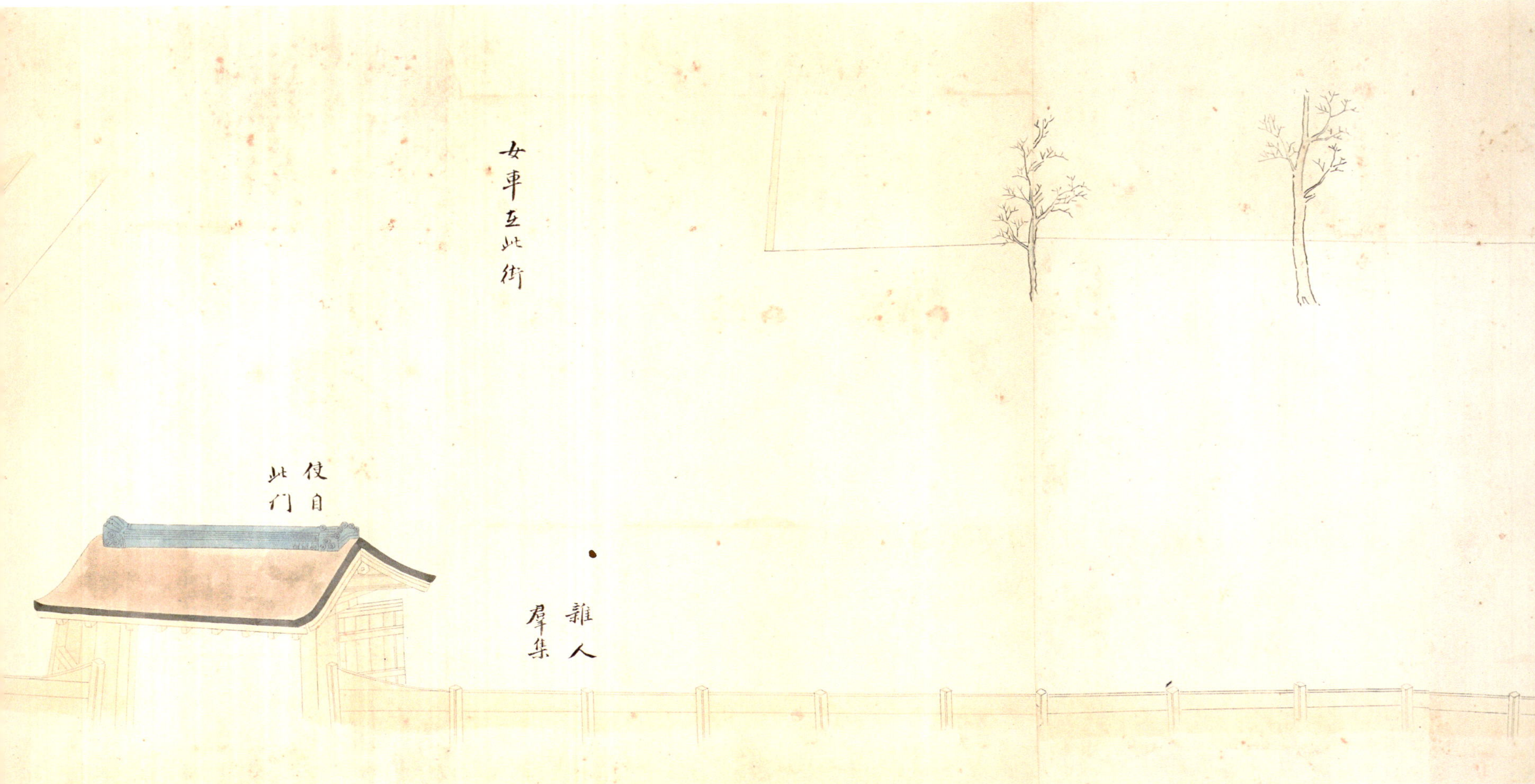


〈61〉賀茂祭の桟敷

阿波國文庫

# 宮室図（摹古絵巻本）原色図版

巻四（巻六三）

〈62〉『年中行事絵巻』巻 3 闘鶏の貴族邸

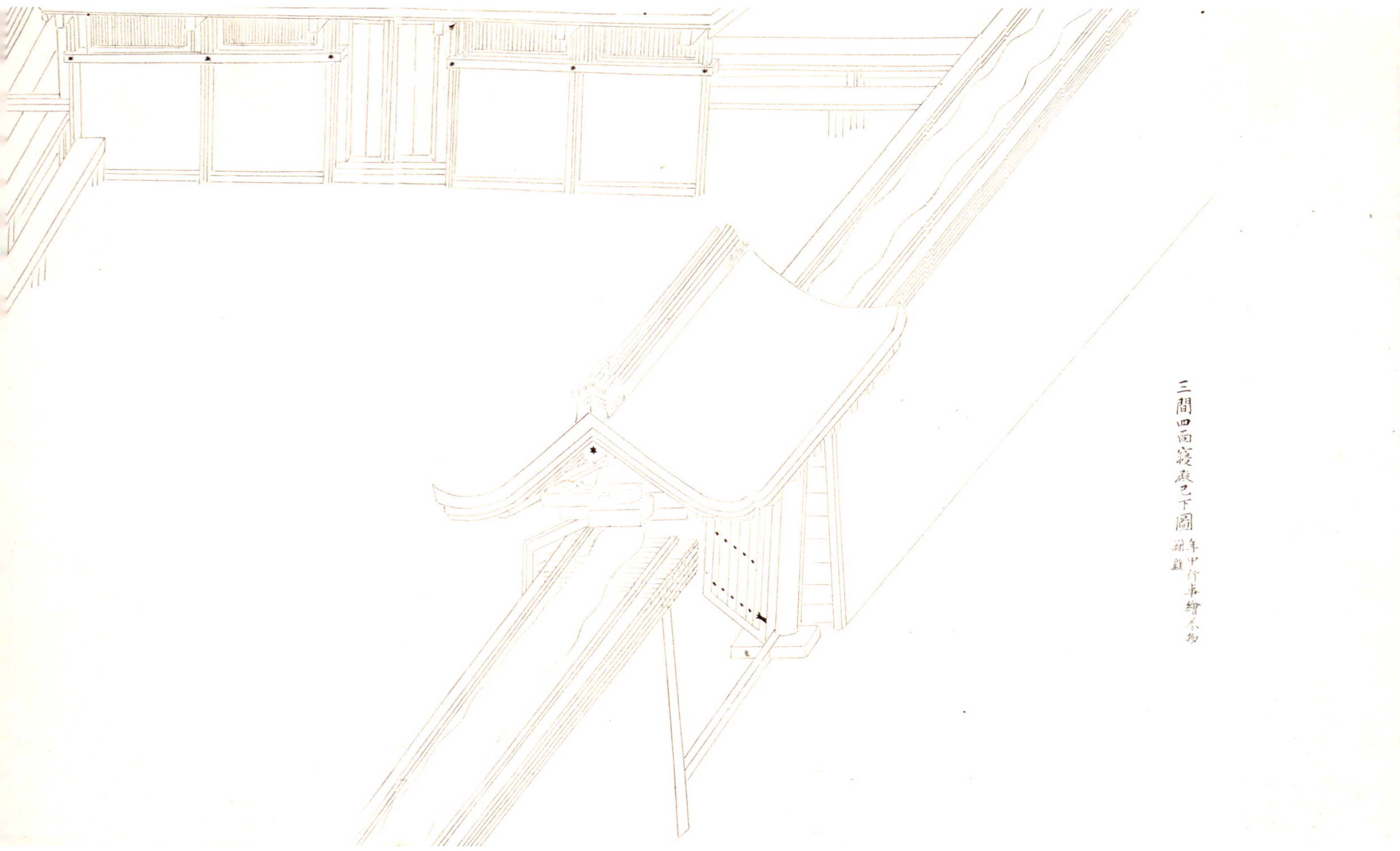


〈62〉『年中行事絵巻』巻 3 闘鶏の貴族邸

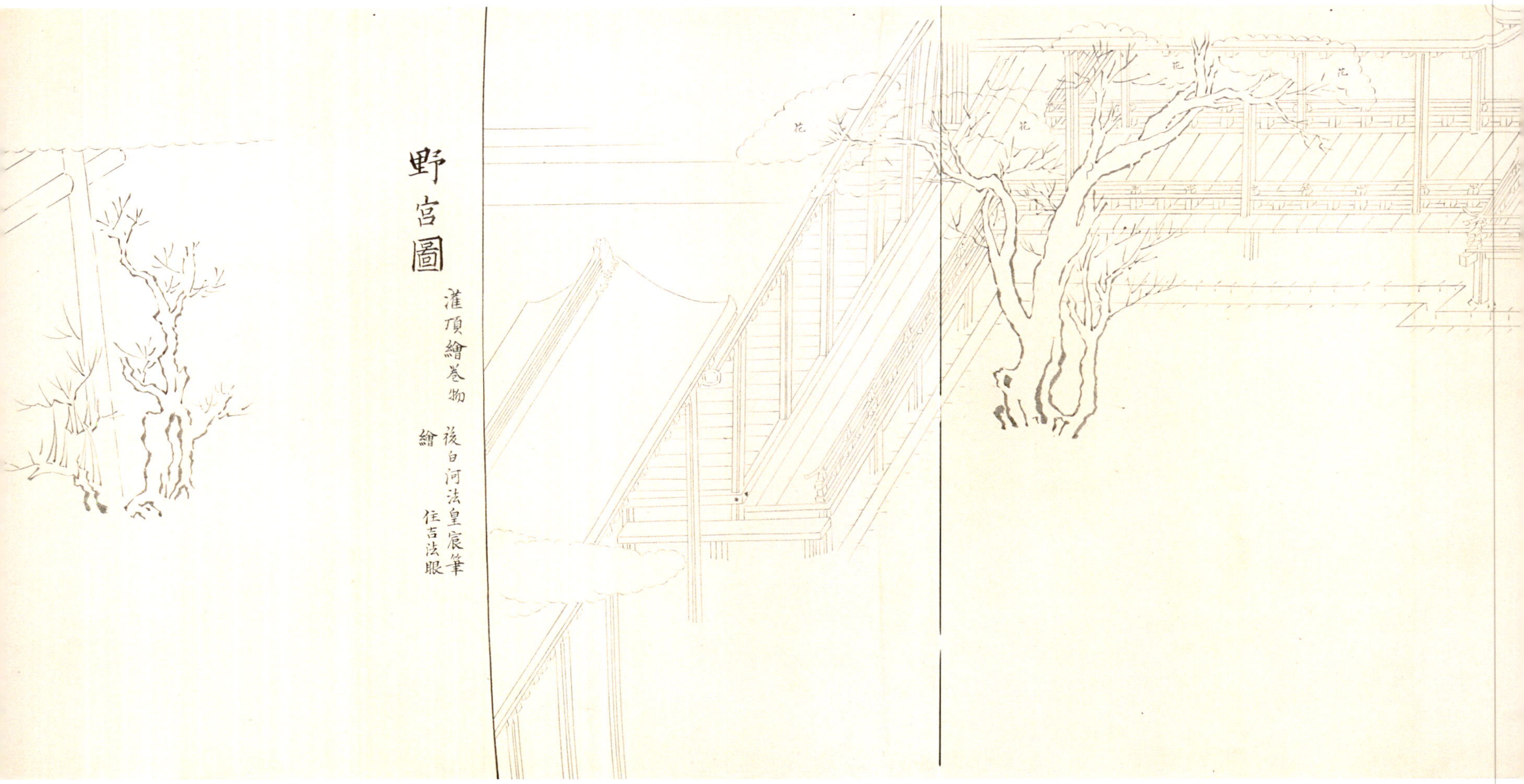


〈63〉野宮

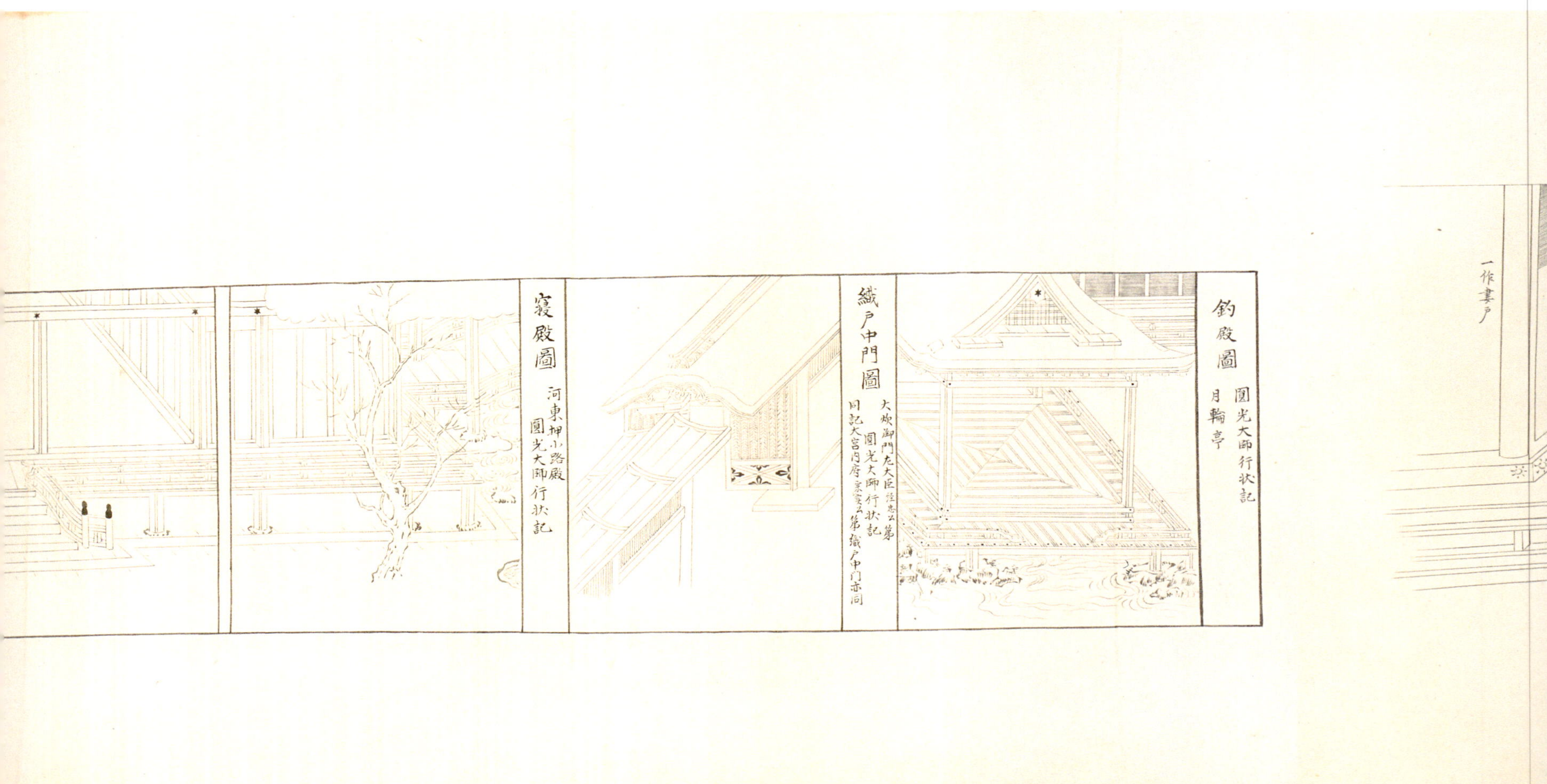


〈66〉白川押小路殿寢殿　〈65〉織戸中門 1　〈64〉釣殿

〈63〉野宮

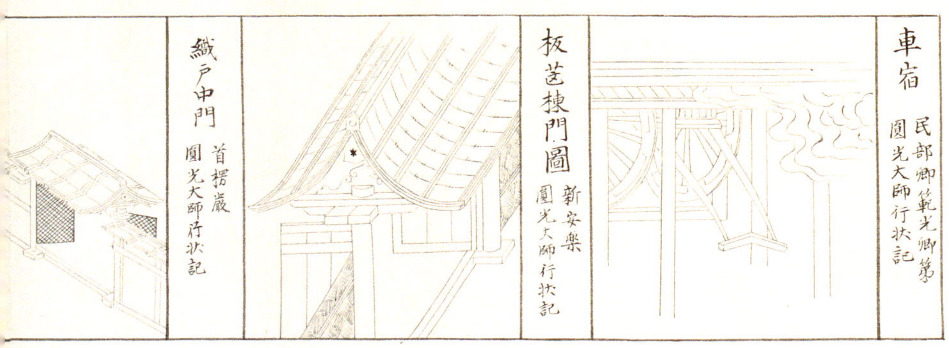

〈69〉織戸中門 2　〈68〉板葺棟門　　〈67〉車宿

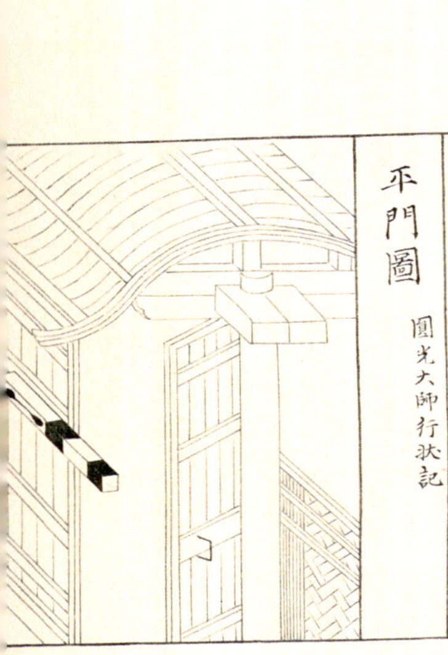


〈72〉平唐門

〈71〉上土門 1

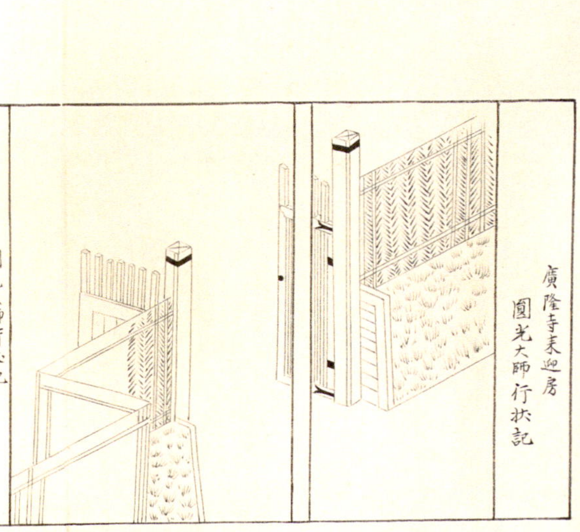


〈70〉広隆寺来迎房の門

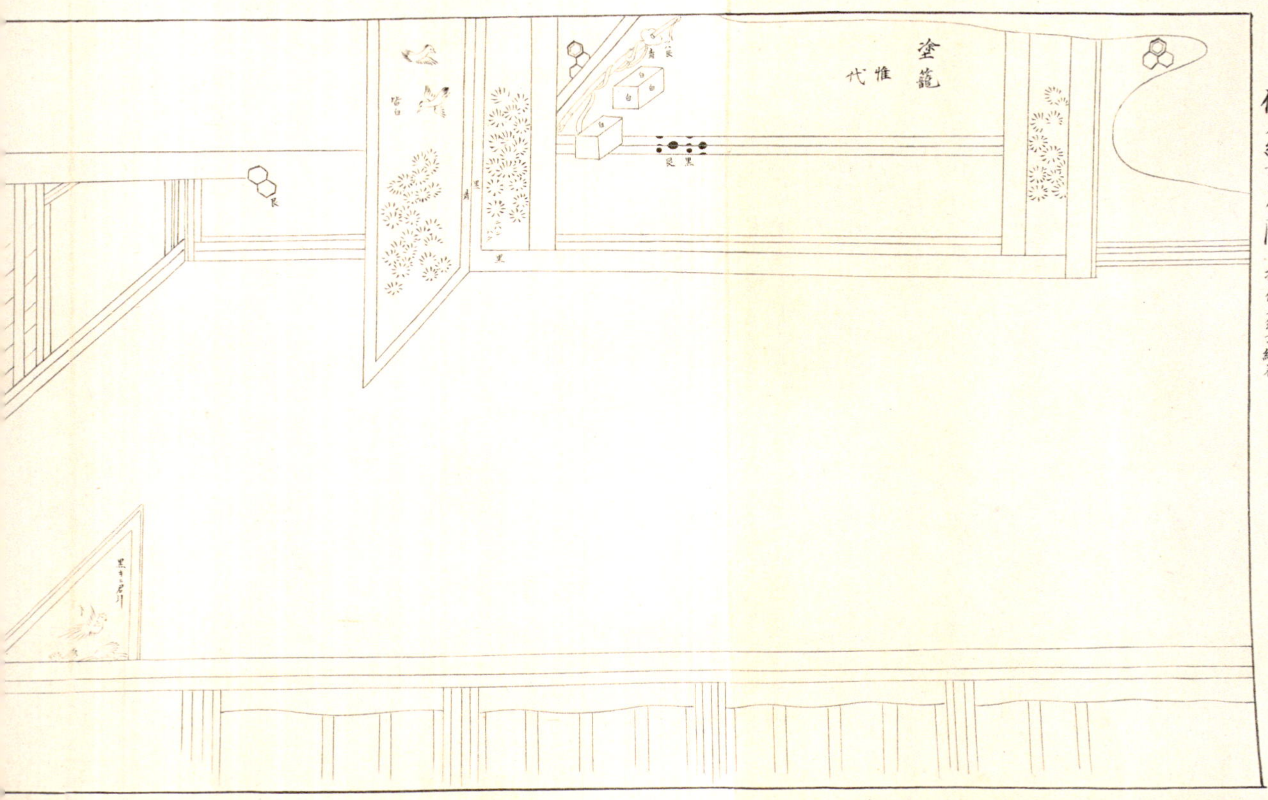


〈75〉伴大納言邸

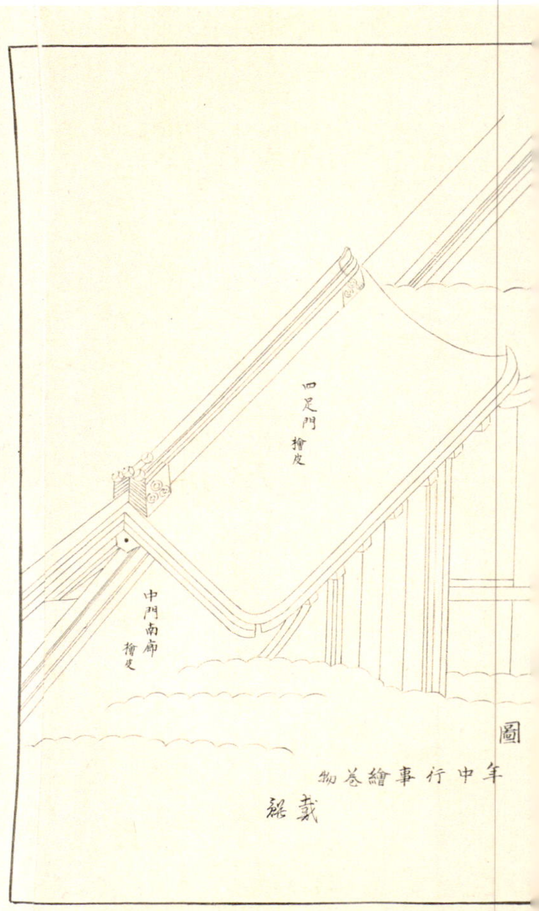

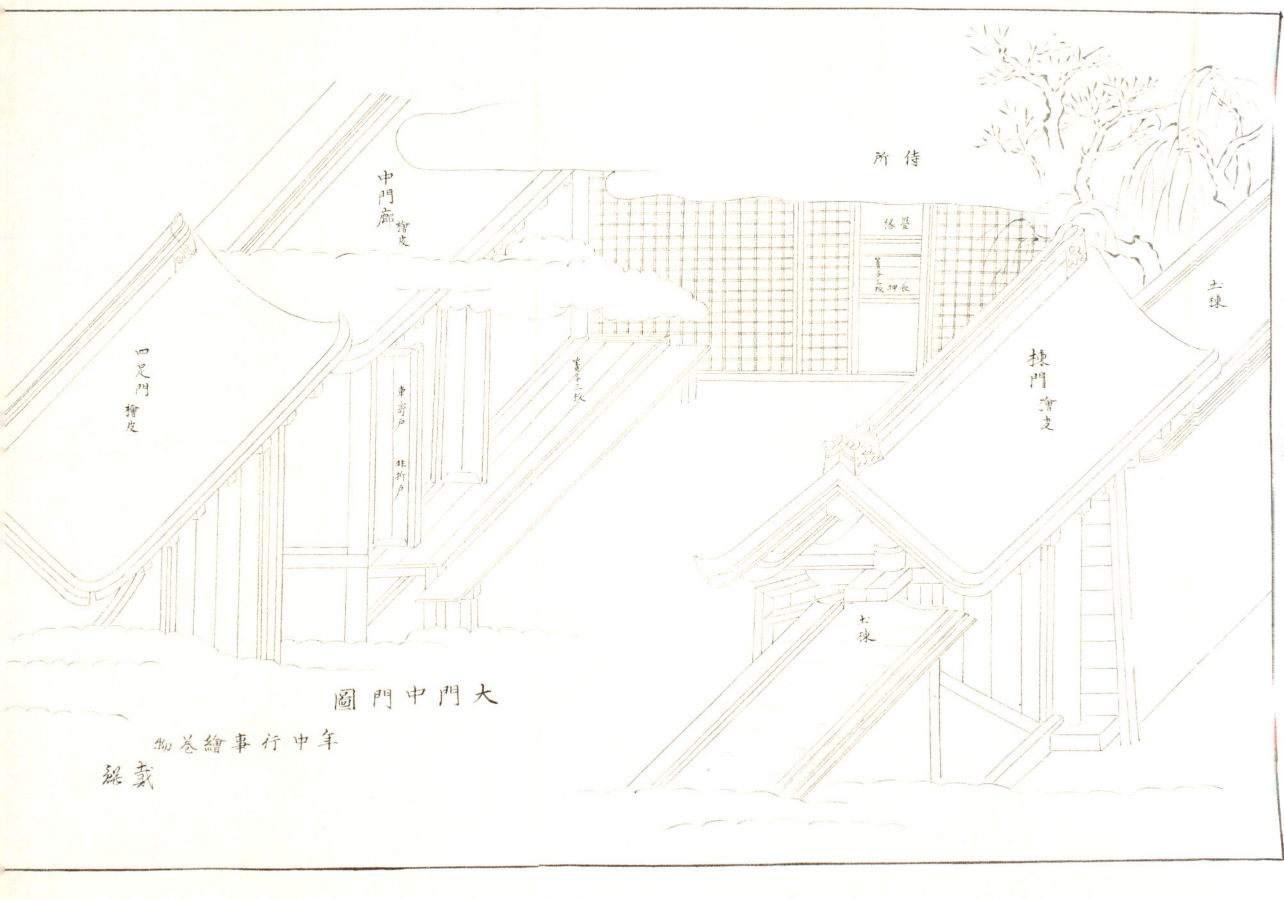


〈74〉六月祓の表門と中門

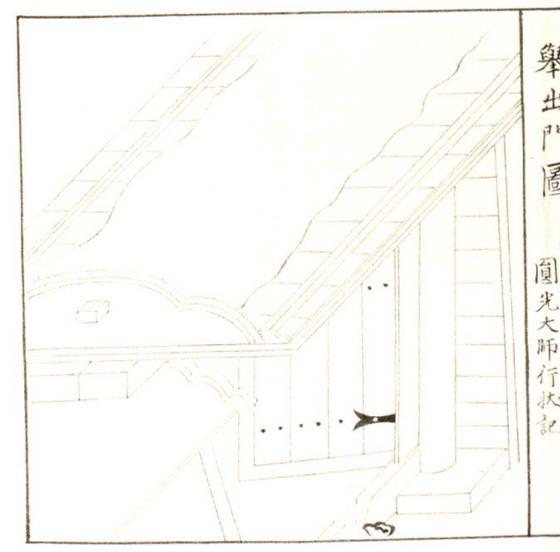


〈73〉上土門 2

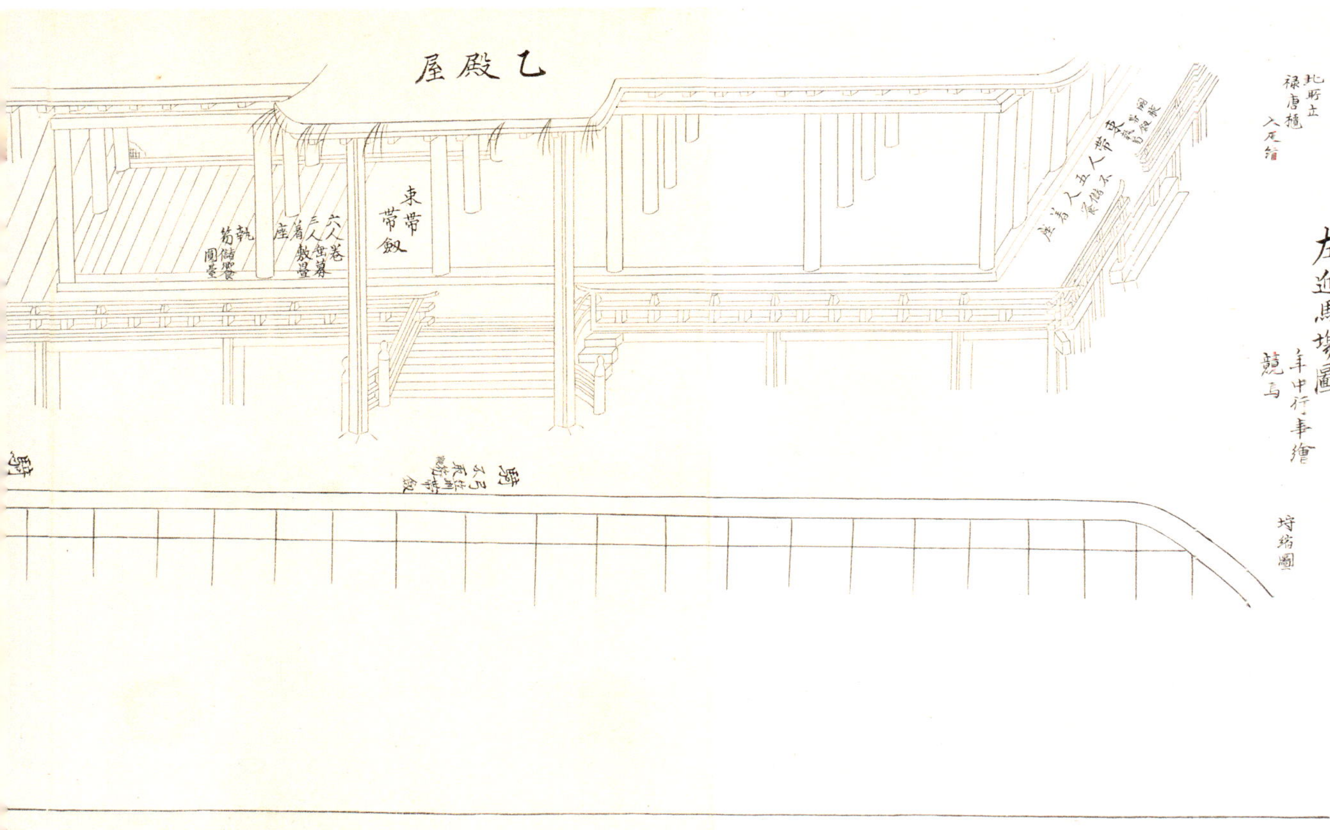

〈76〉左近馬場

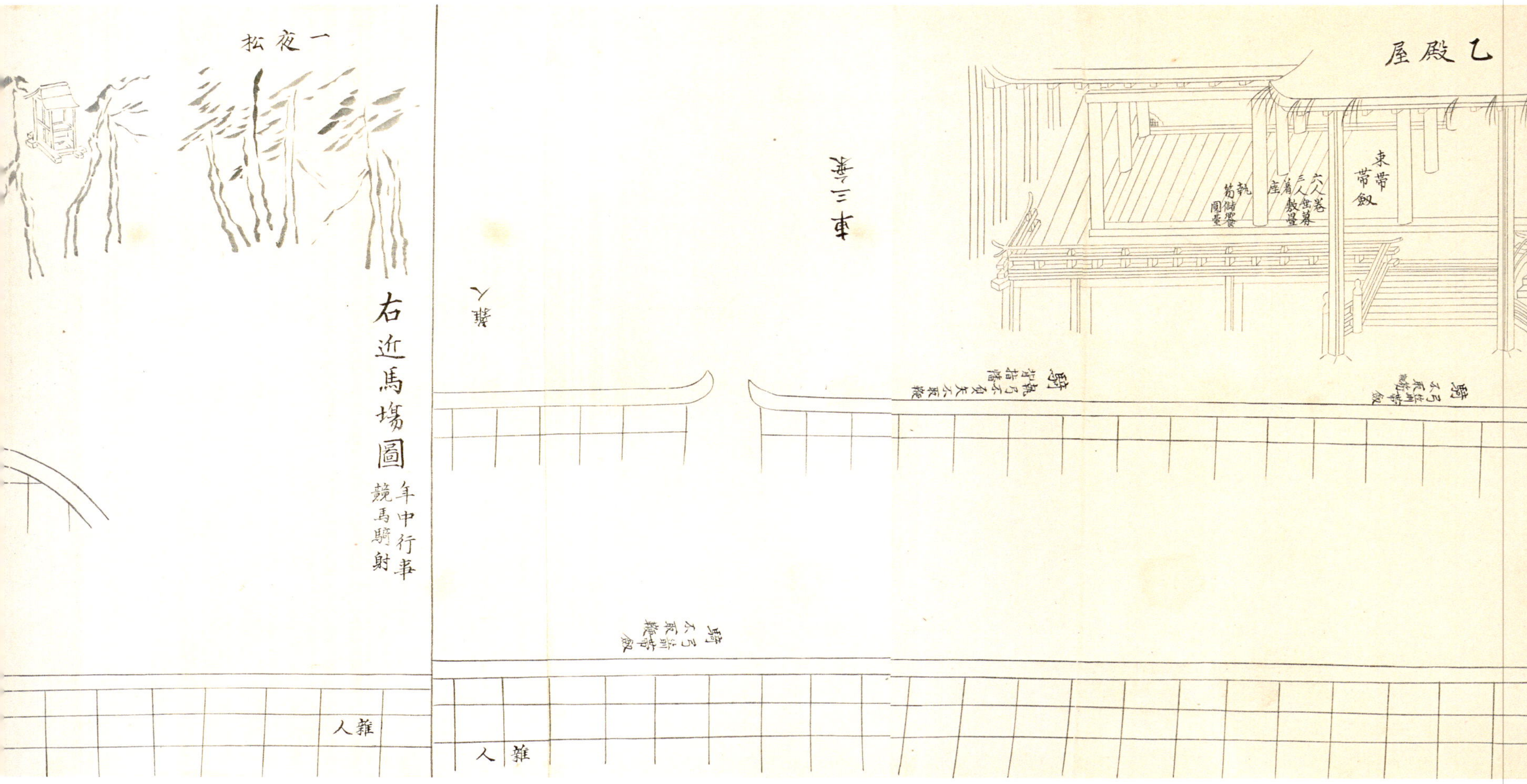


〈76〉左近馬場

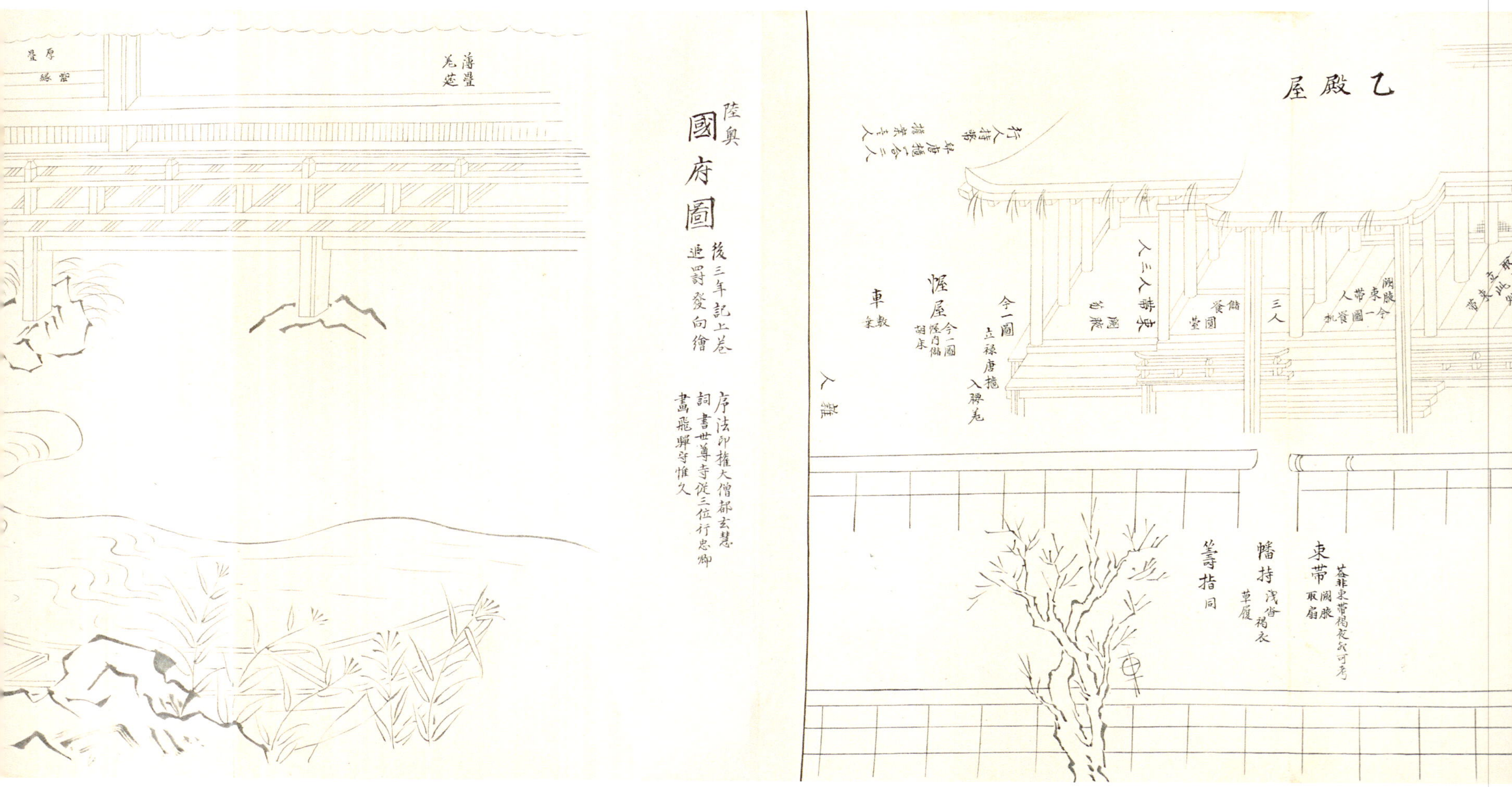


〈78〉陸奥国国府 1

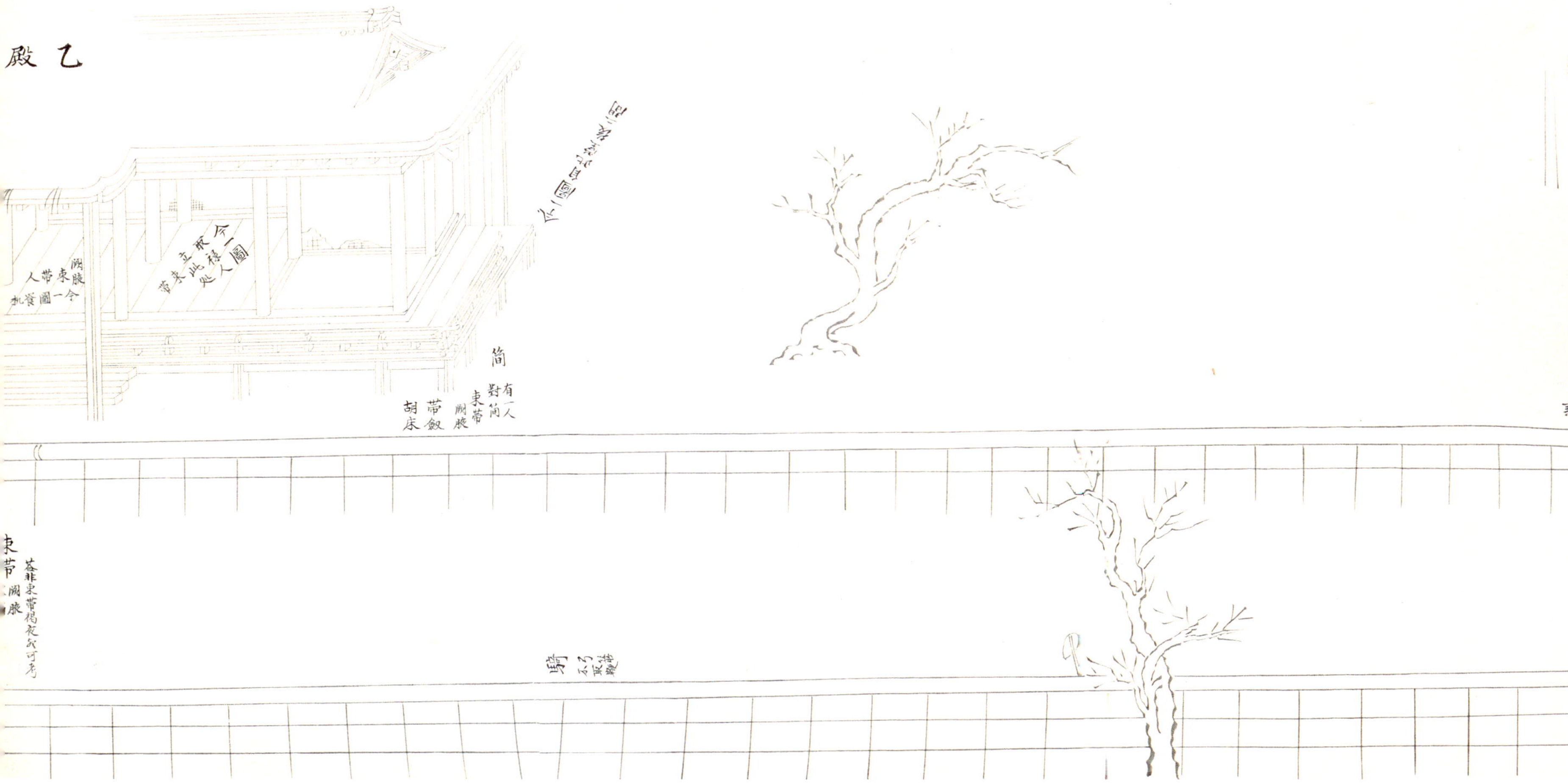


〈77〉右近馬場

〈78〉陸奥国国府 1

〈78〉陸奥国国府 1

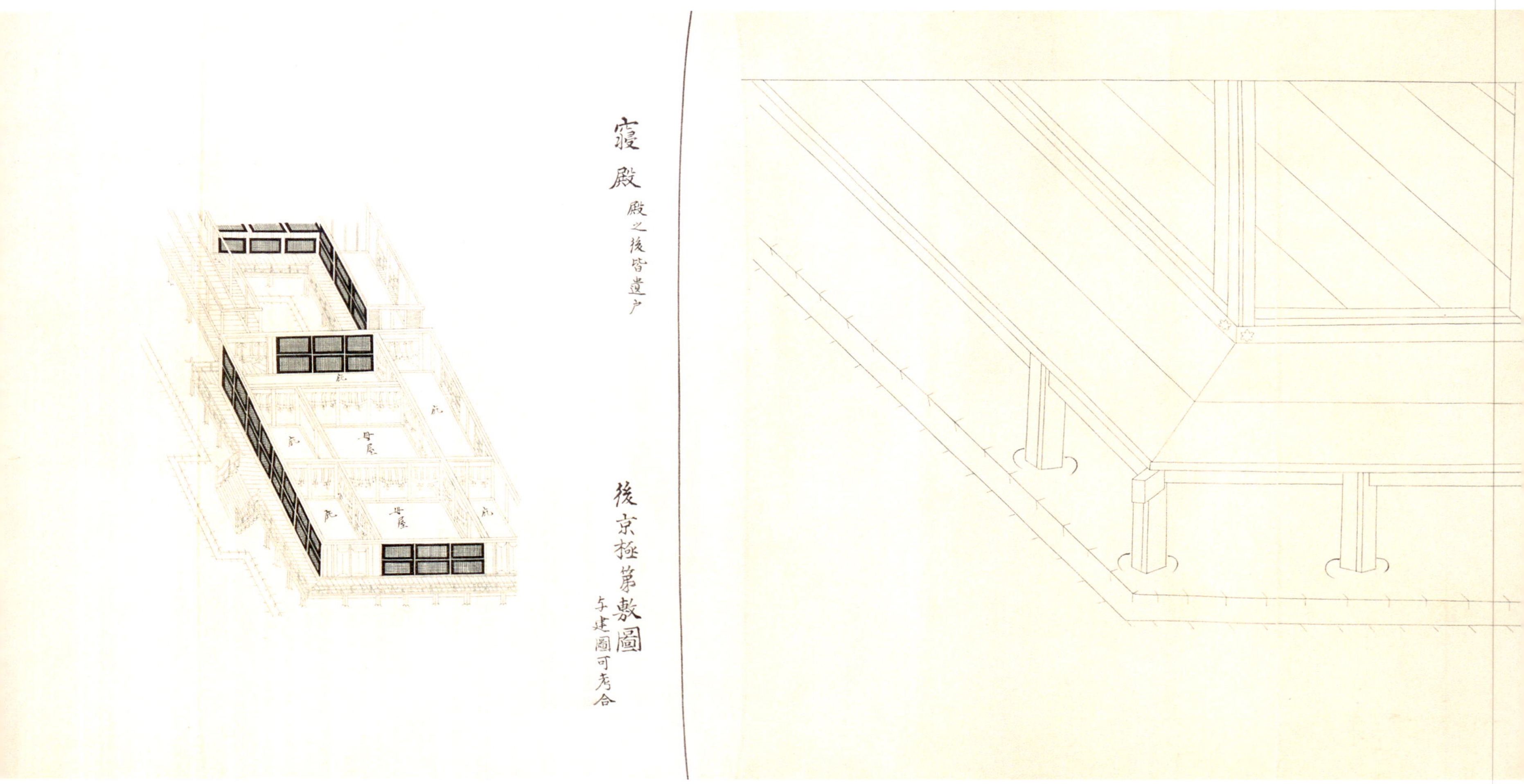


〈80〉九條家寝殿一郭に関する諸図

〈79〉陸奥国国府 2

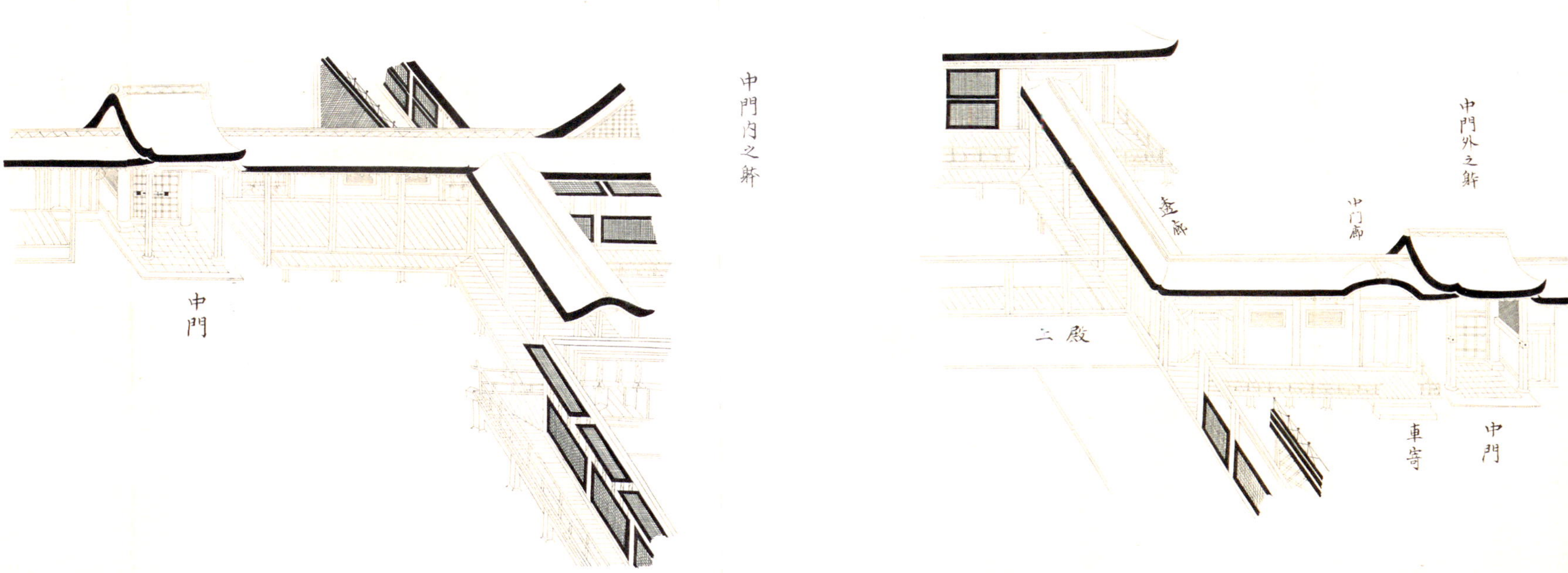


〈80〉九條家寝殿一郭に関する諸図

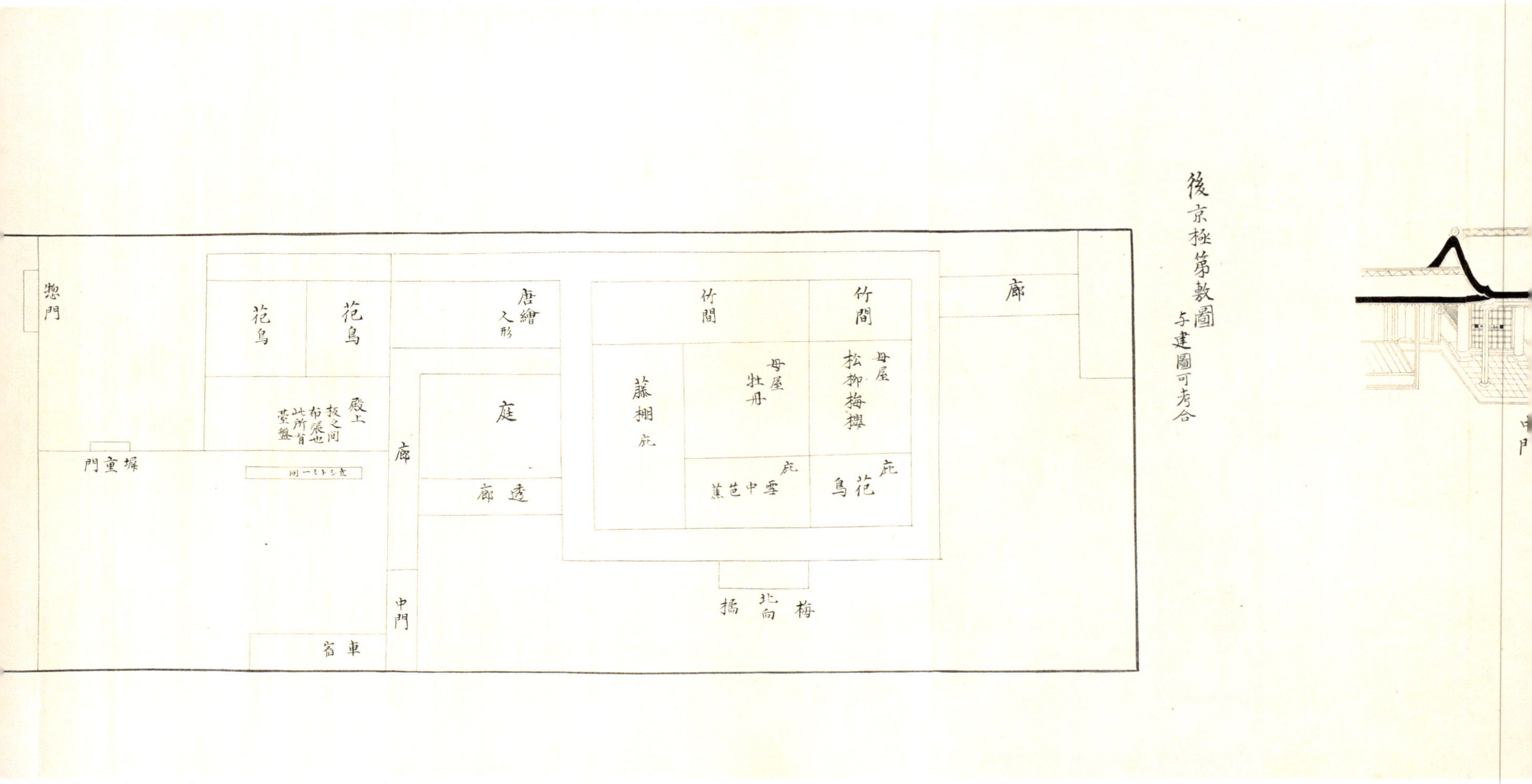

〈80〉九條家寝殿一郭に関する諸図

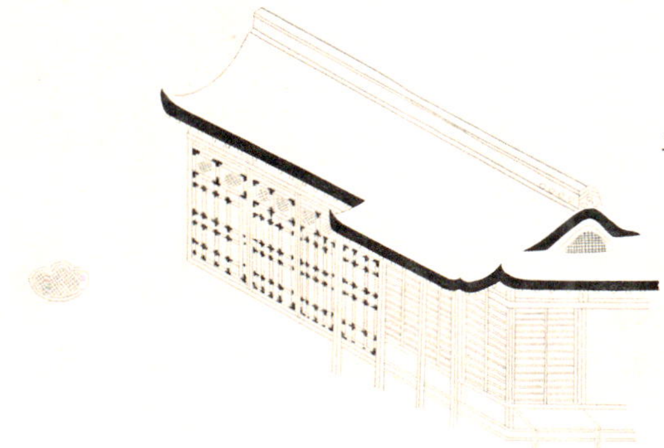

車宿

破風

巻五（巻七三）

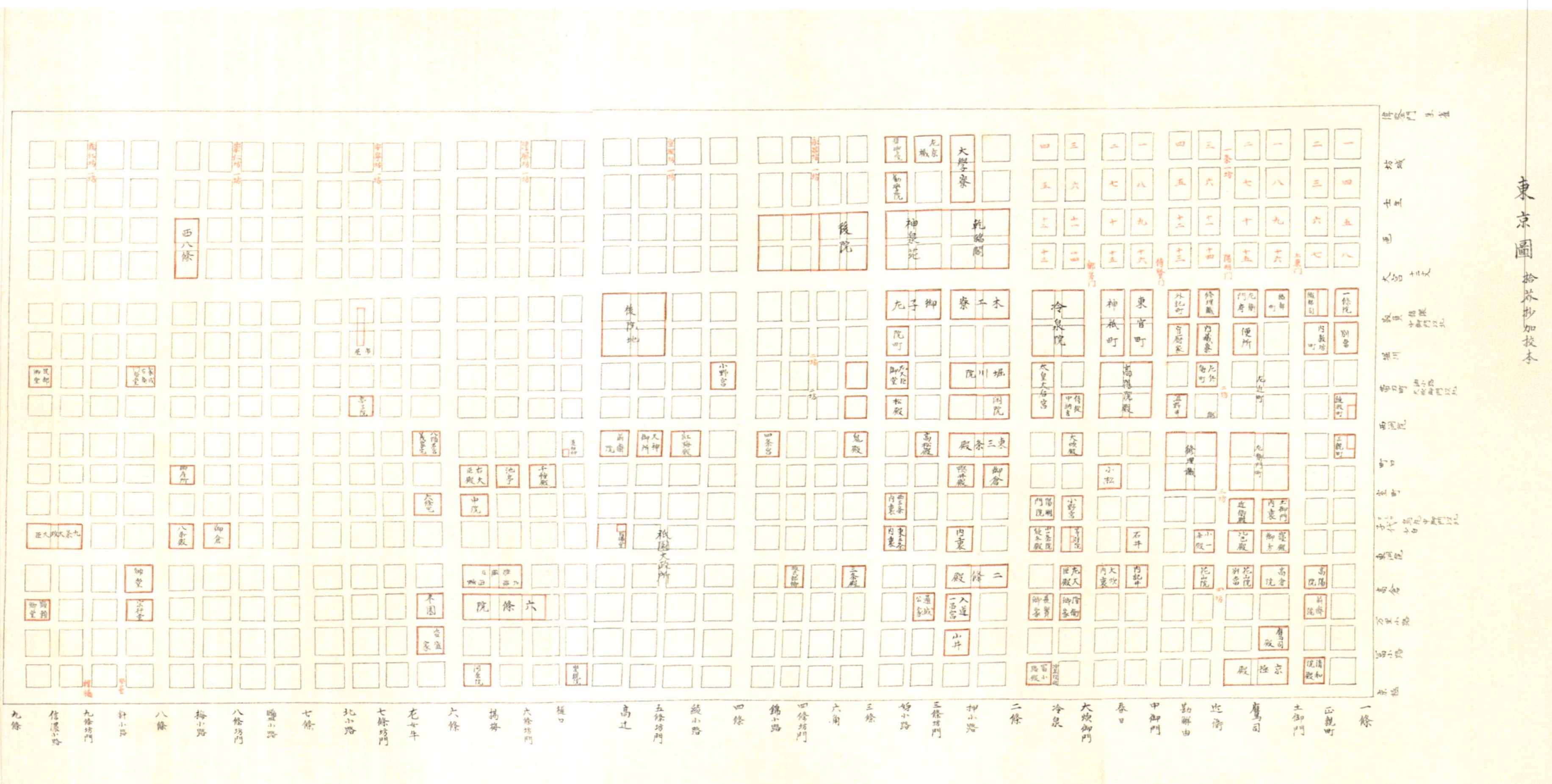


〈81〉平安京左京１

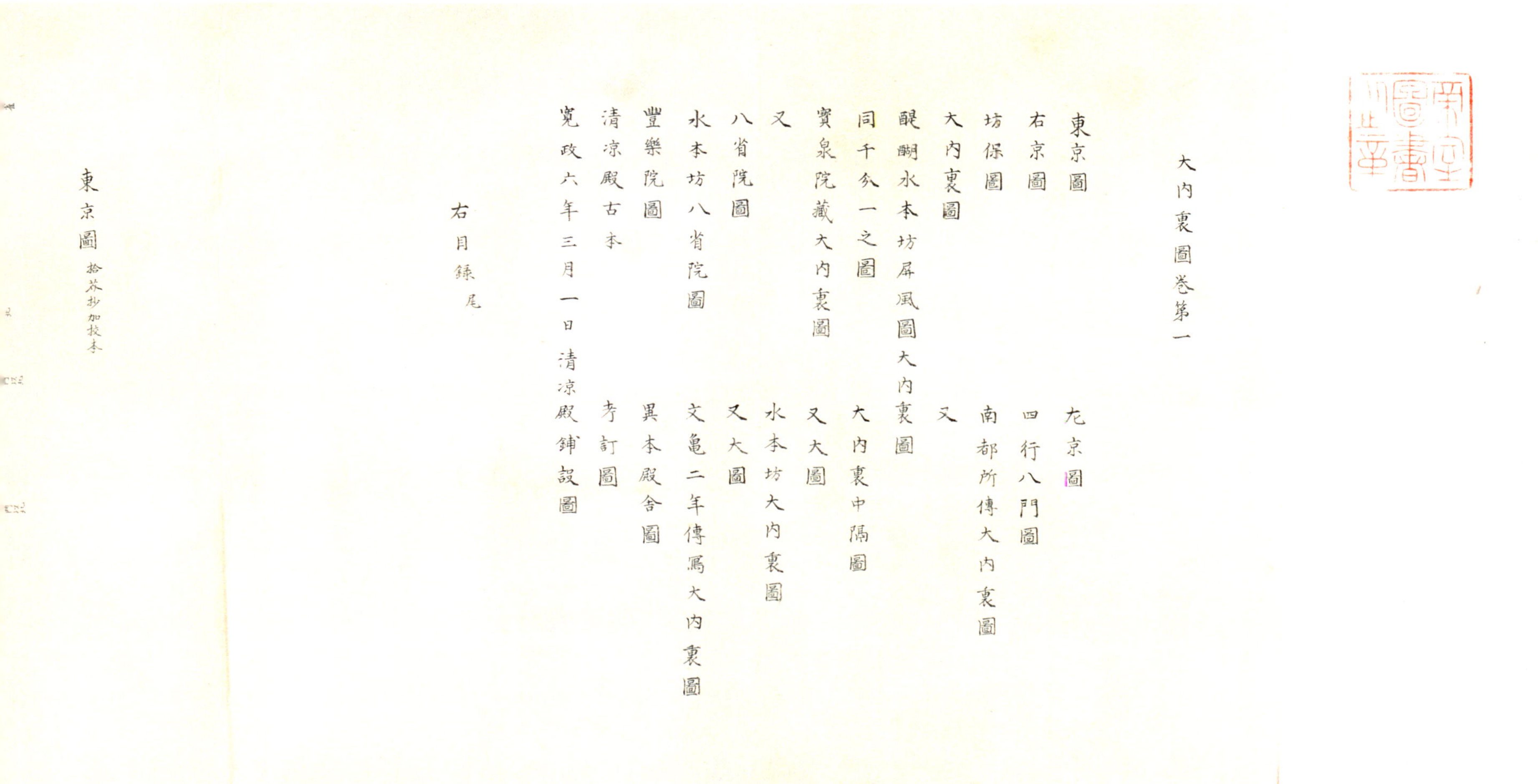
大内裏圖巻第一
東京圖　左京圖
右京圖　四行八門圖
坊保圖　南都所傳大内裏圖
大内裏圖　又
醍醐水本坊屏風圖大内裏圖
同千分一之圖　大内裏中隔圖
實泉院藏大内裏圖　又大圖
又　水本坊大内裏圖
八省院圖　又大圖
水本坊八省院圖　文亀二年傳寫大内裏圖
豊樂院圖　異本殿舎圖
清凉殿古本　考訂圖
寛政六年三月一日清凉殿鋪設圖
右目録尾
東京圖　拾芥抄加校本

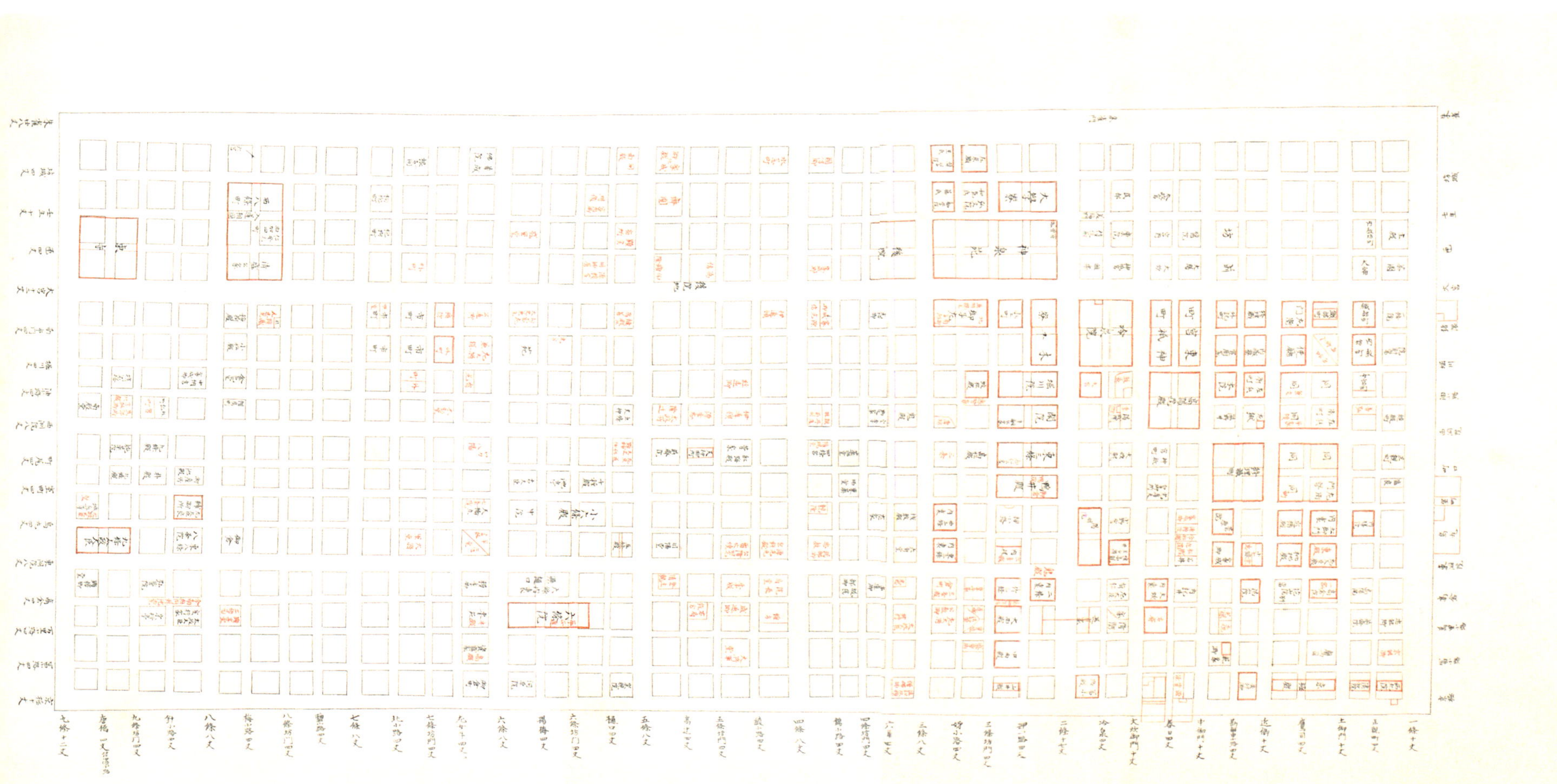

〈82〉平安京左京 2

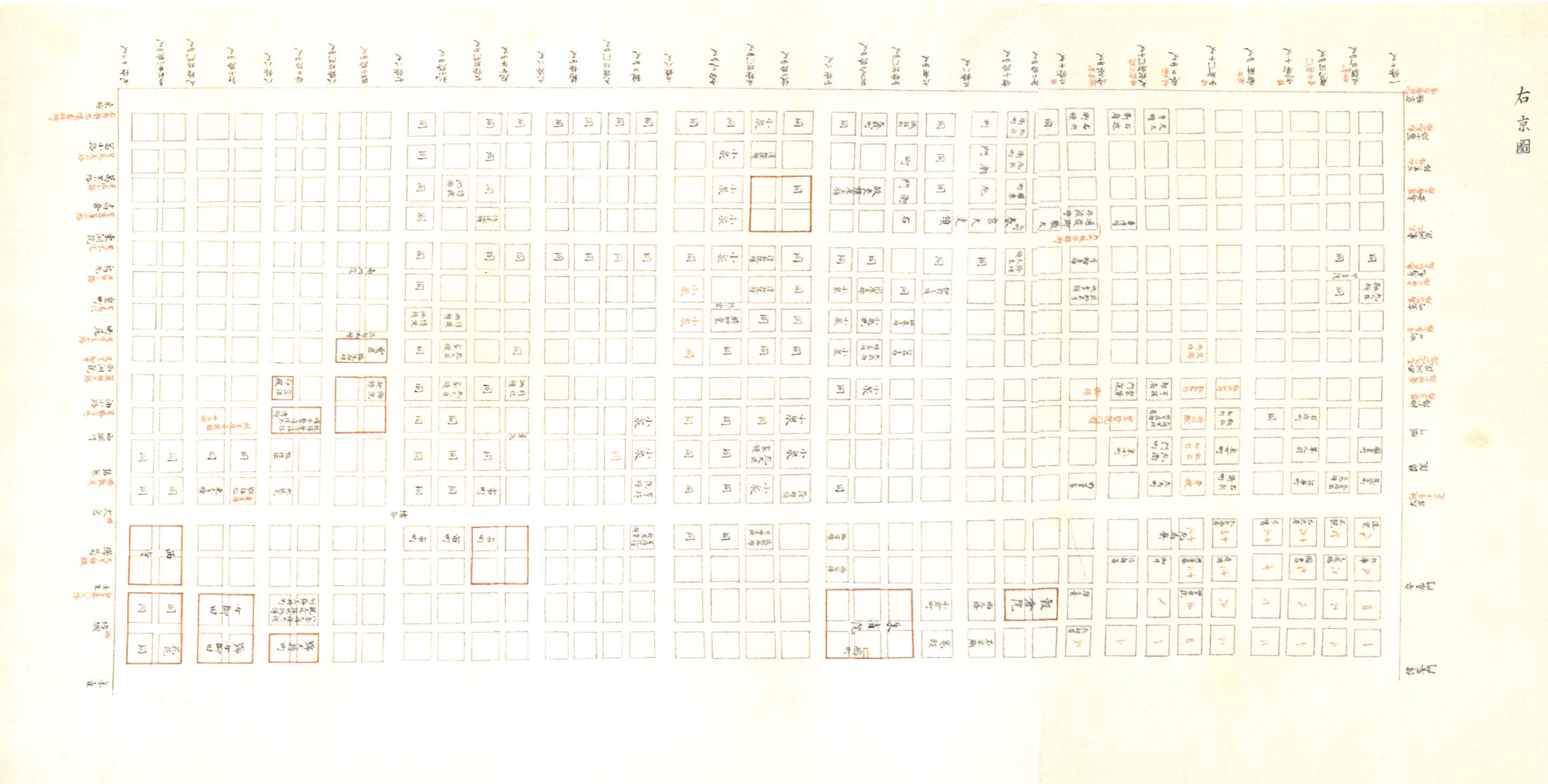


〈83〉平安京右京

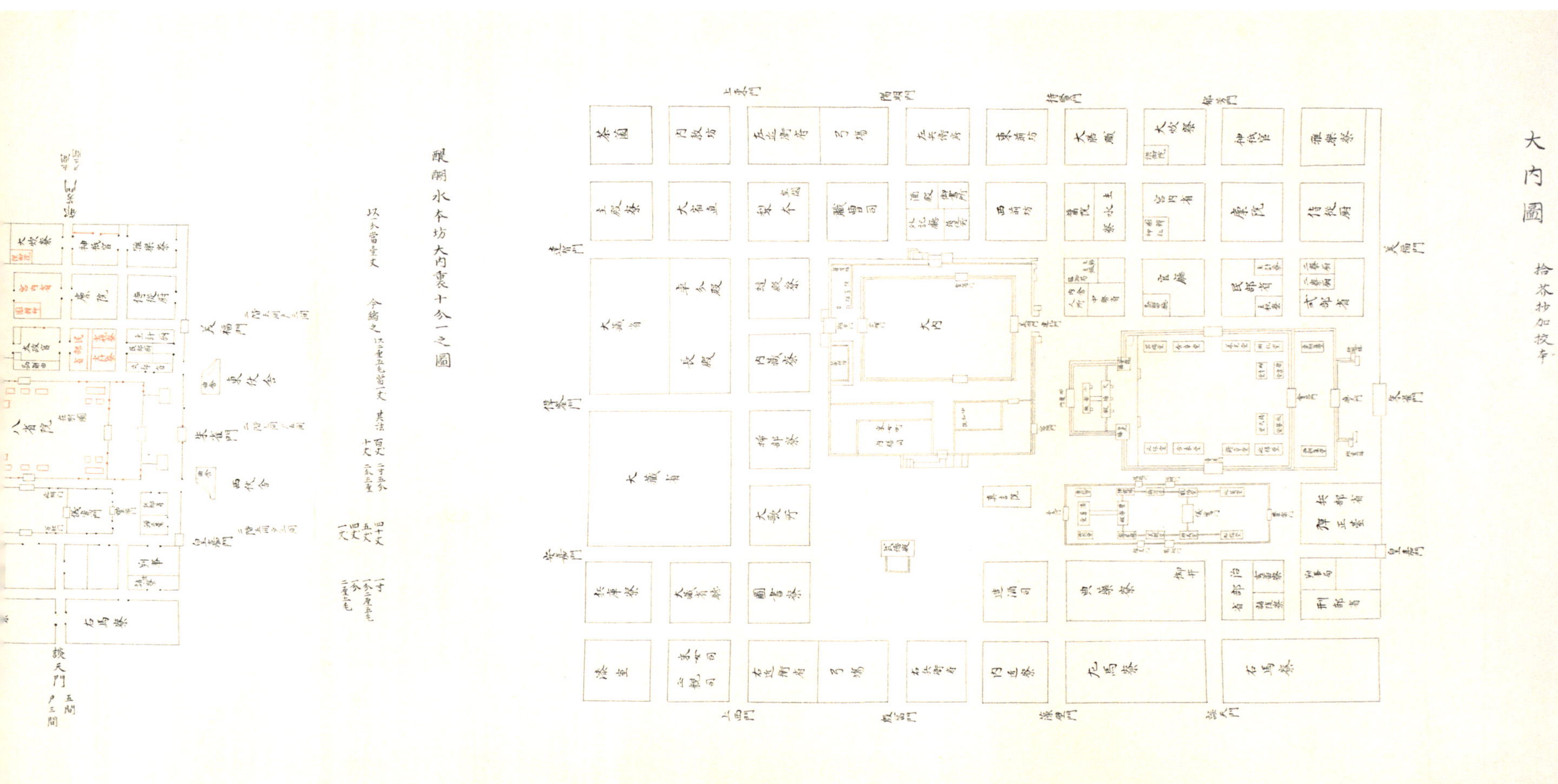


（〈89〉平安宮 4）

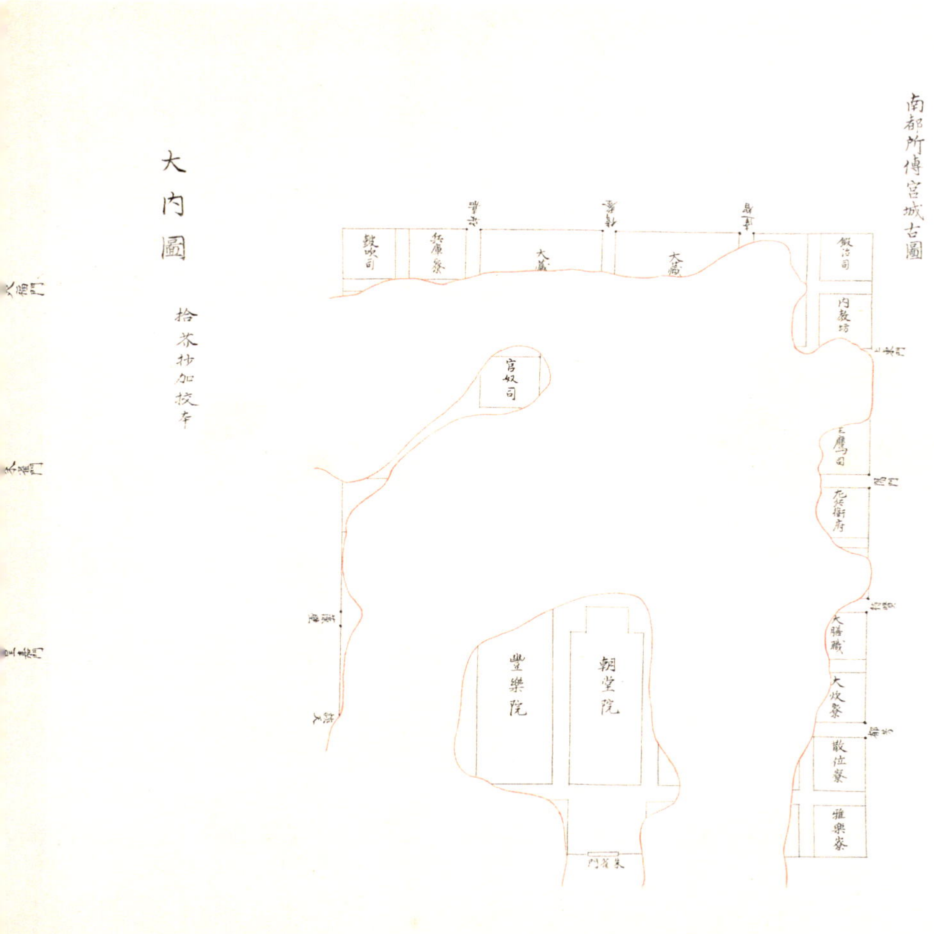


〈86〉平安宮 1

〈85〉坊保

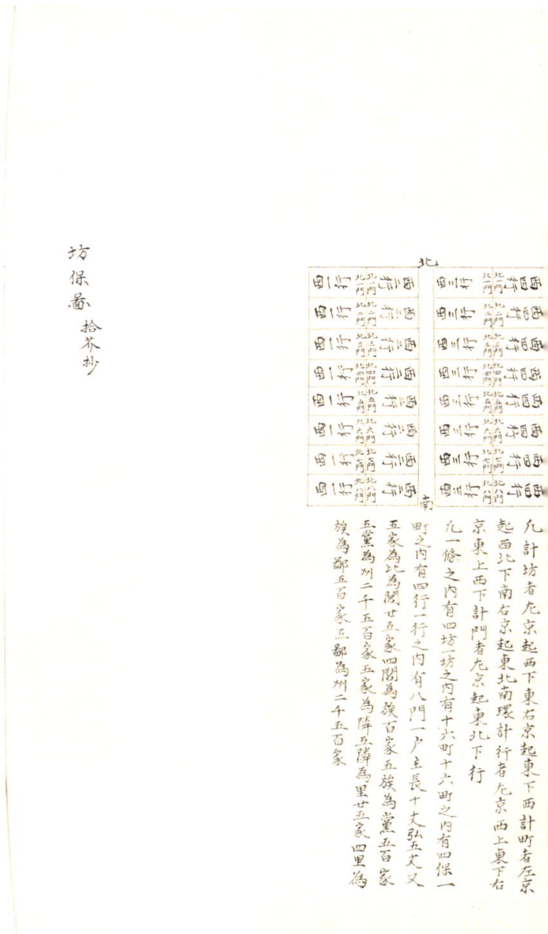

〈84〉四行八門

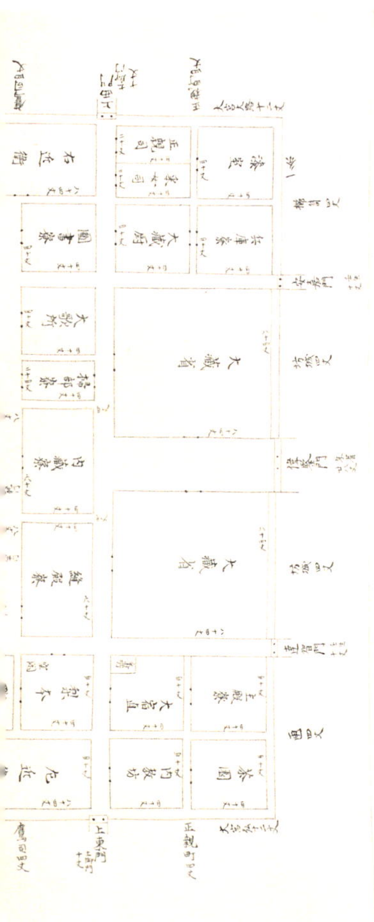

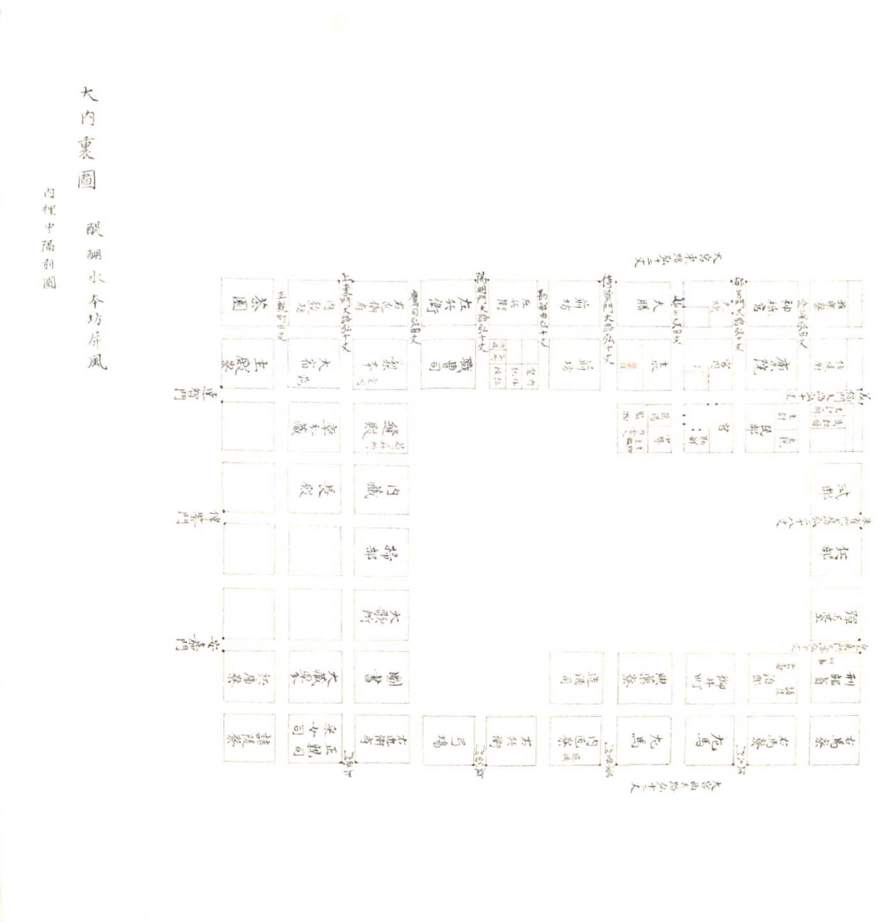


（〈88〉平安宮 3）

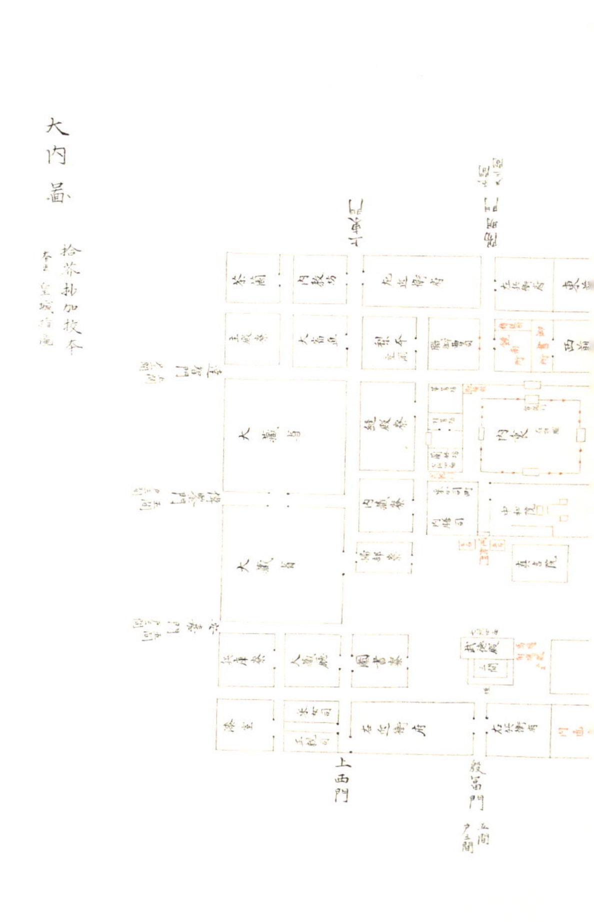


（〈87〉平安宮 2

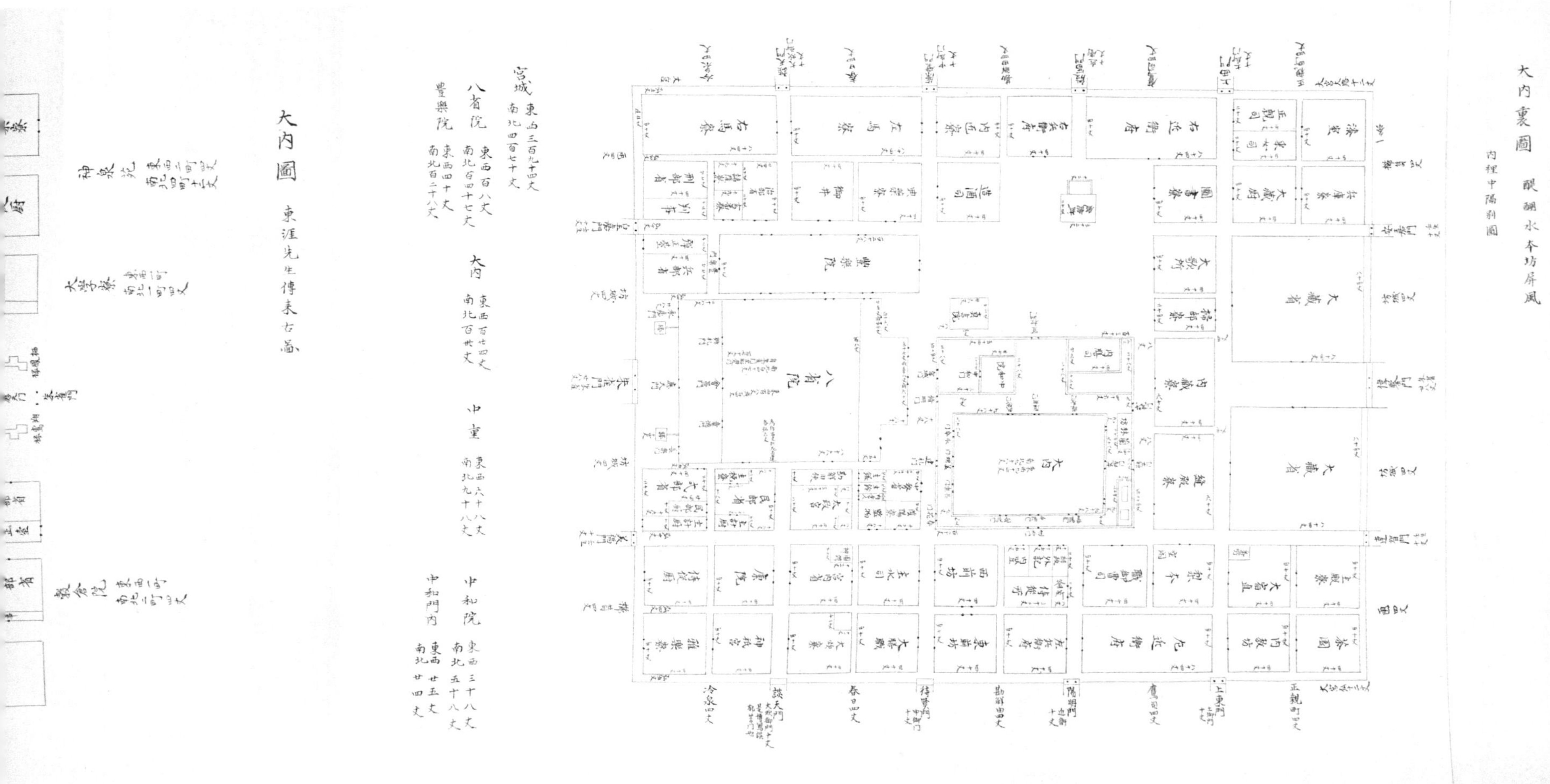


(〈90〉平安宮 5)

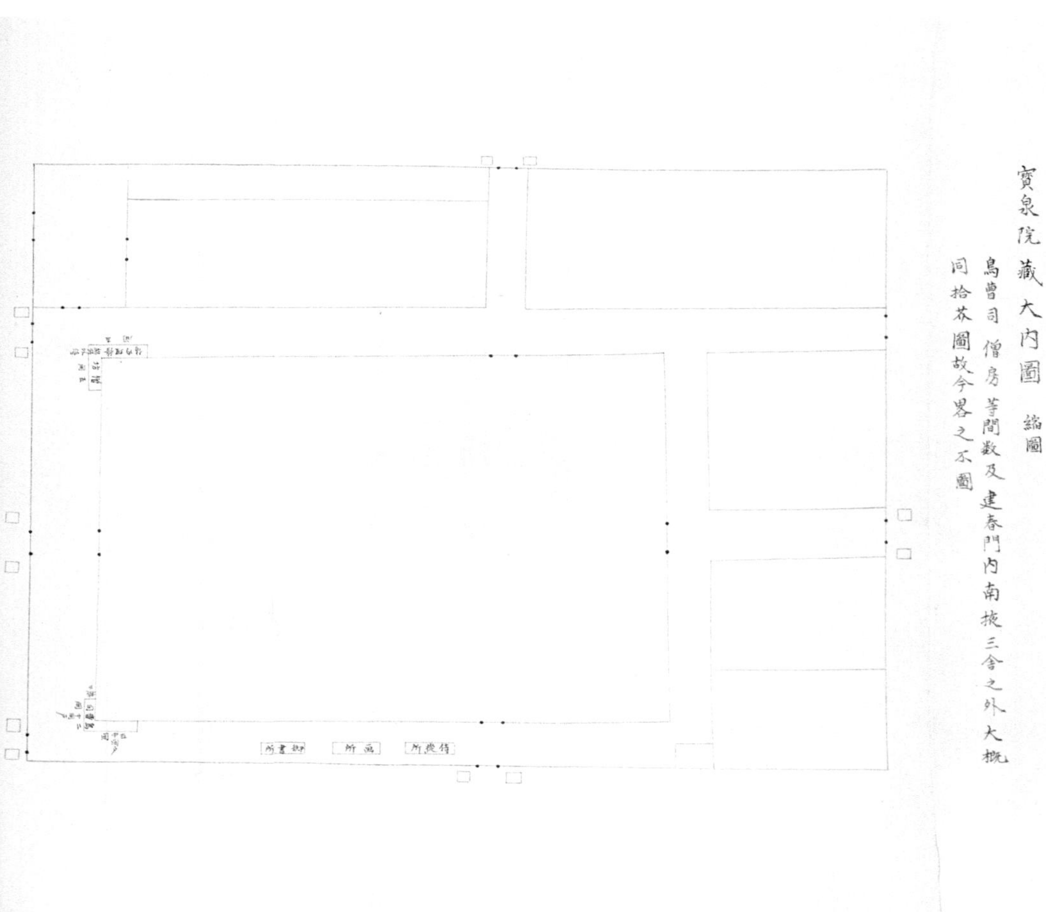


〈94〉内裏 1

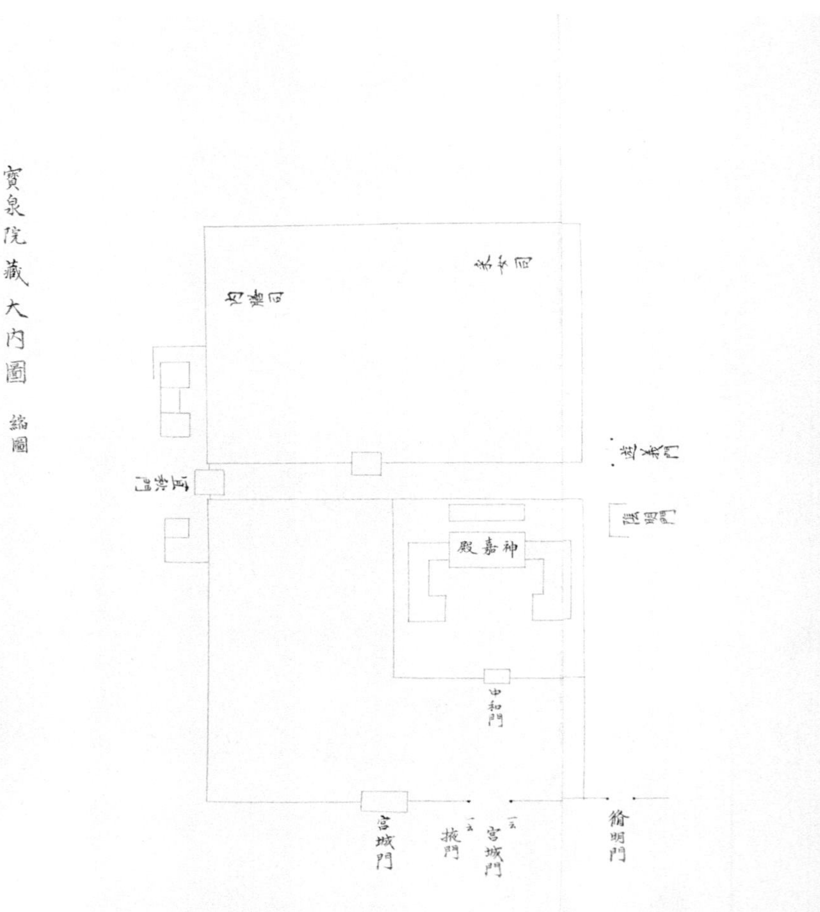


〈93〉平安宮中和院

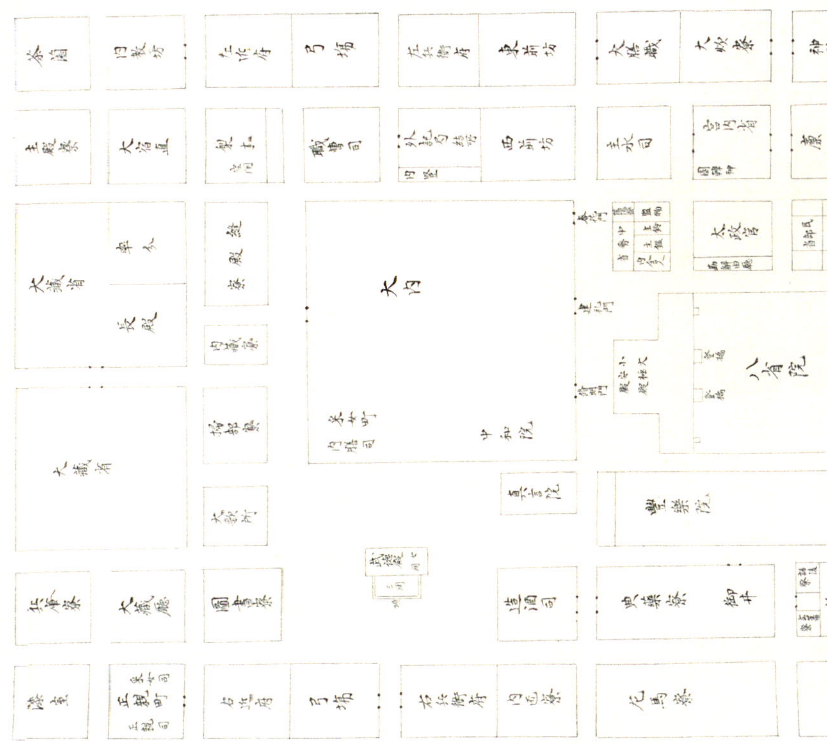

〈91〉平安宮 6

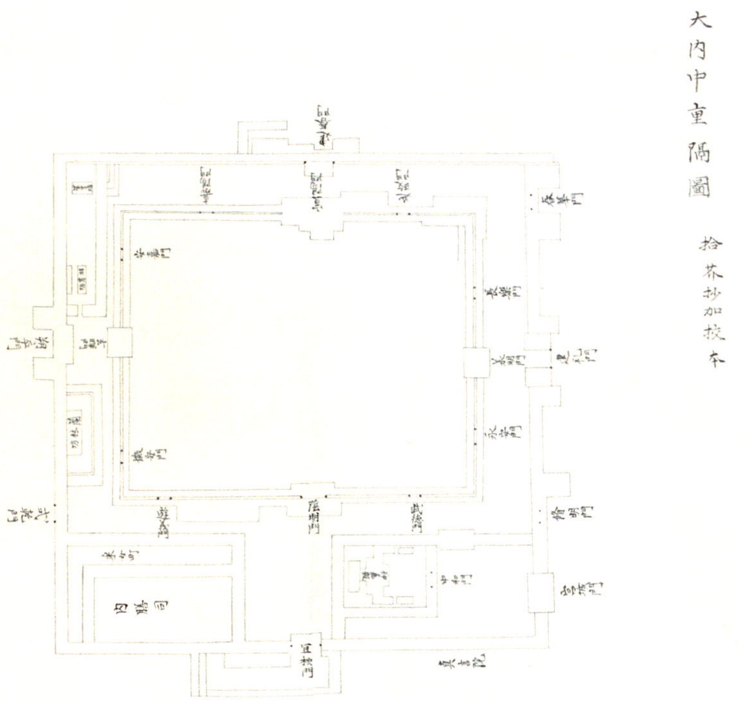


〈92〉平安宮中重隔

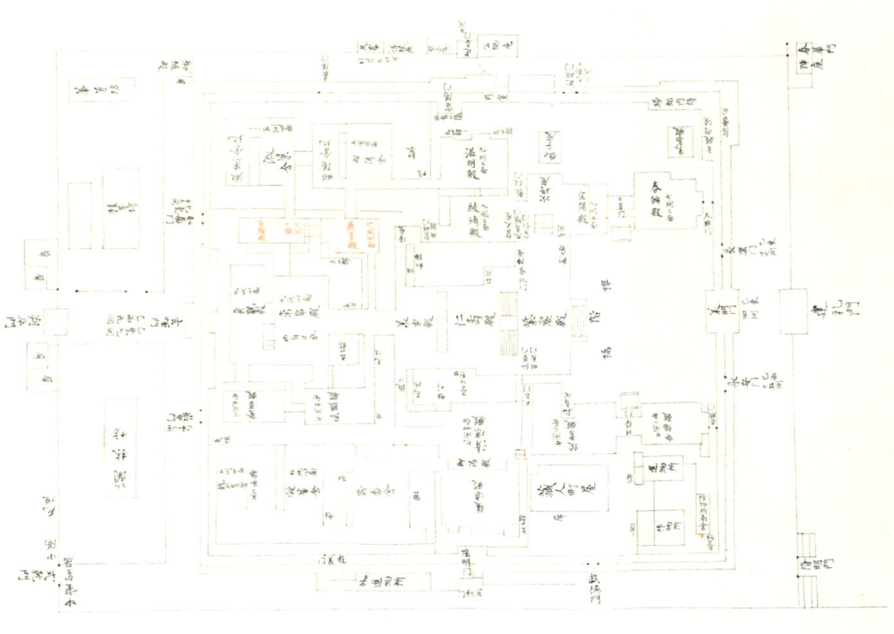

〈95〉内裏 2

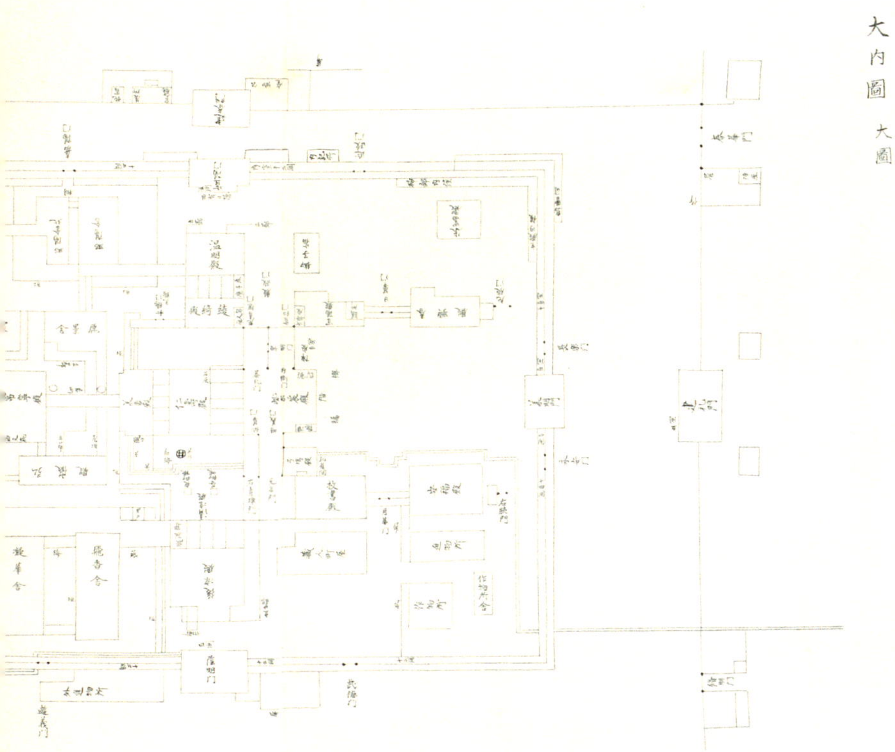


〈96〉内裏 3

〈97〉内裏 4

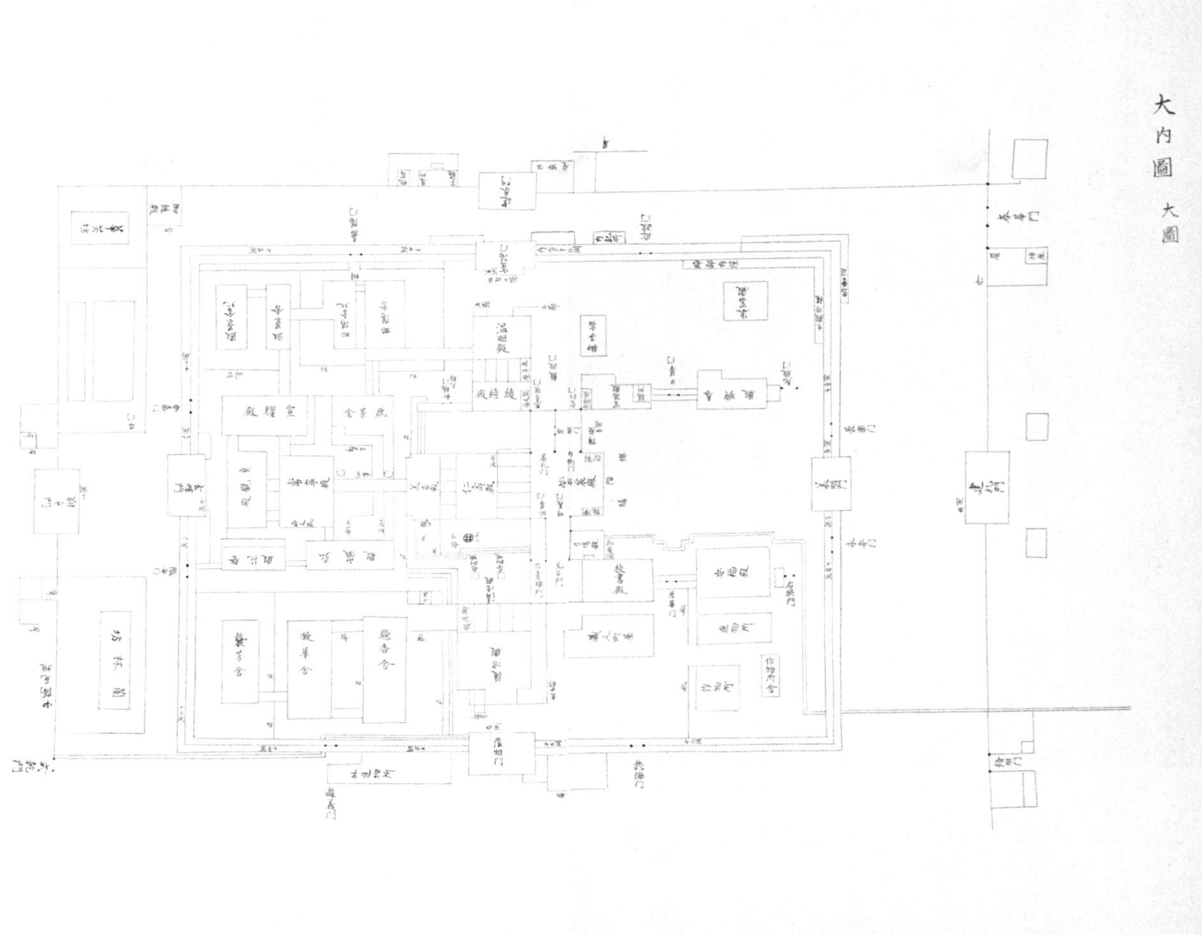


〈96〉内裏 3

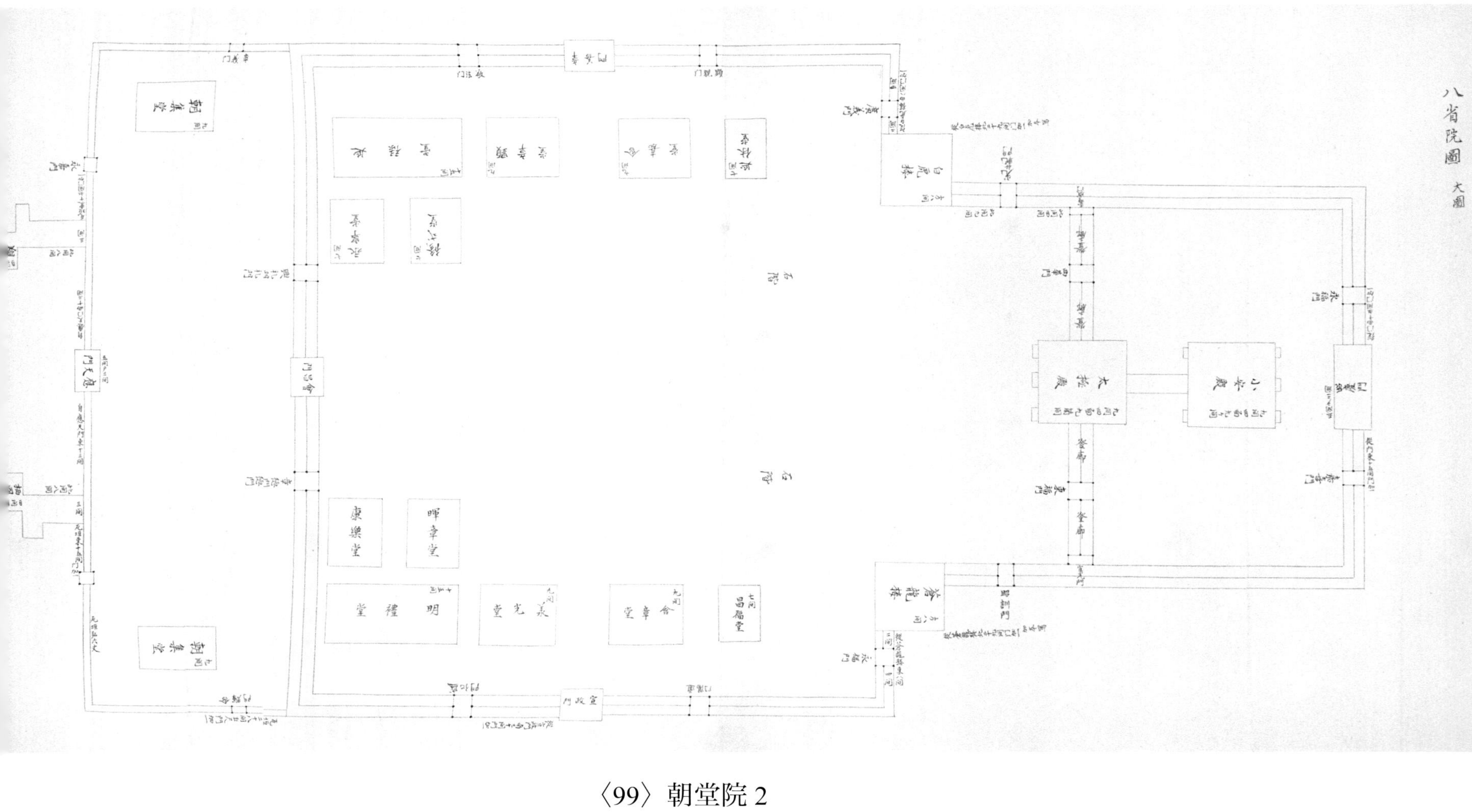


〈99〉朝堂院 2

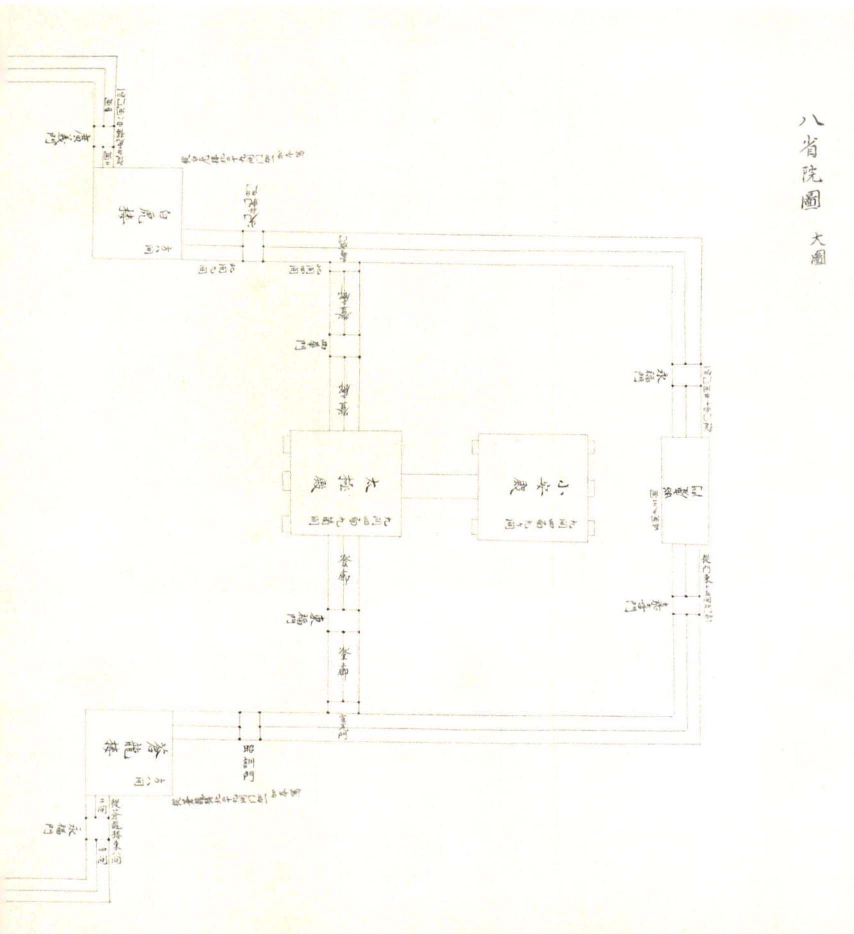


〈99〉朝堂院 2

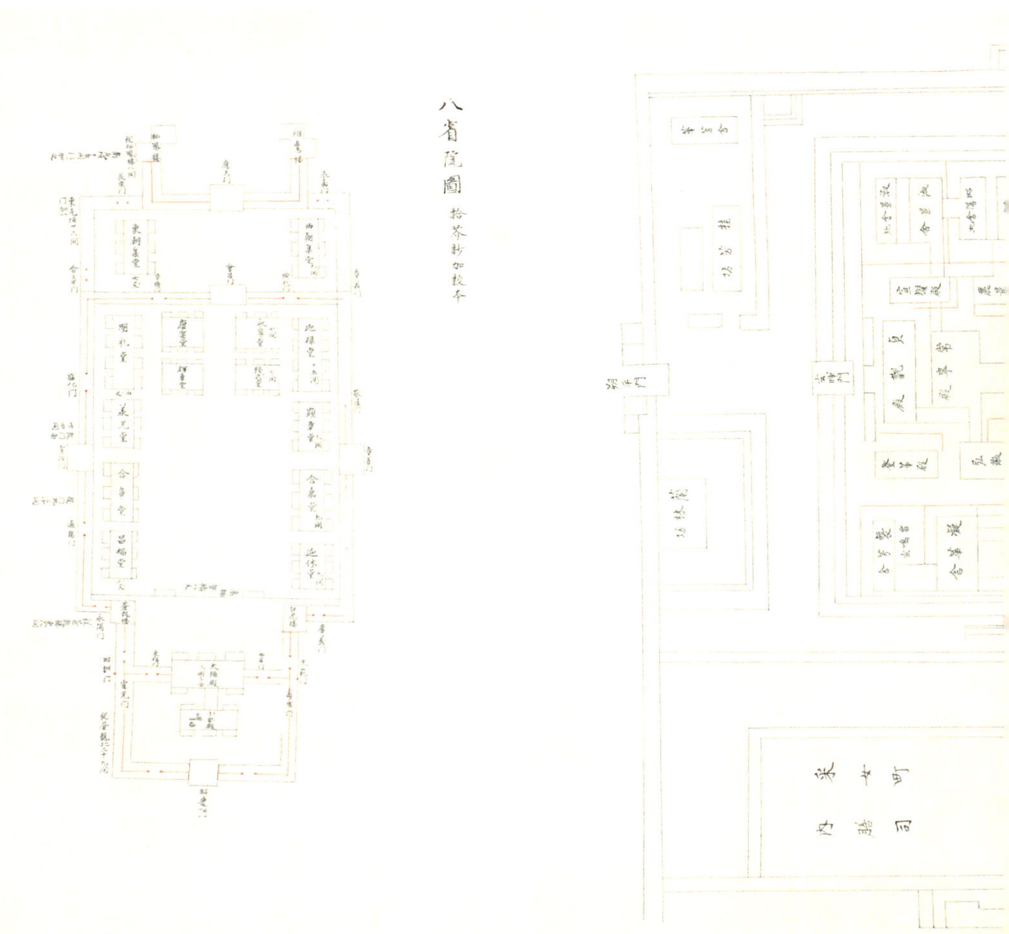


〈98〉朝堂院 1

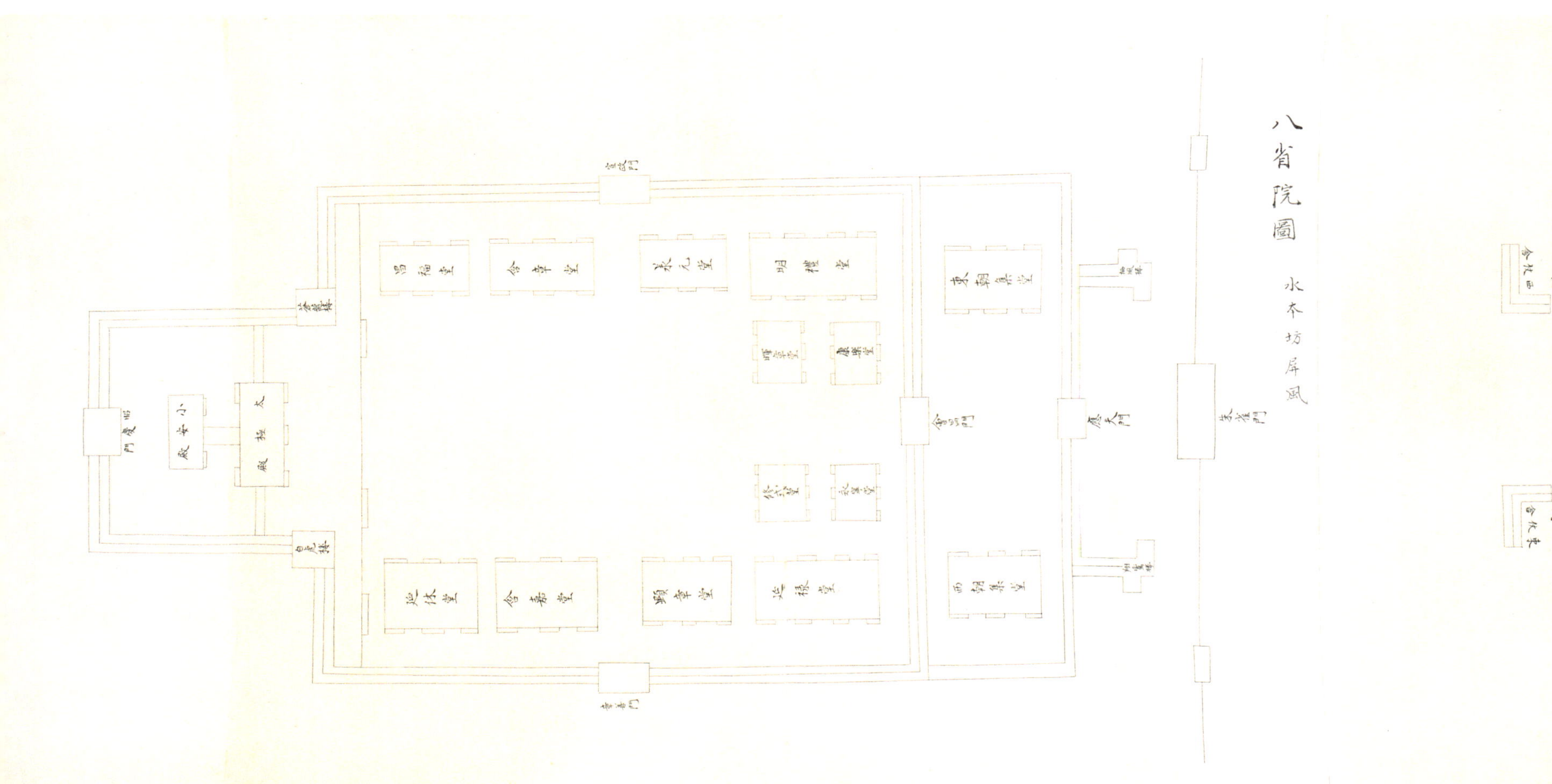


〈100〉朝堂院 3

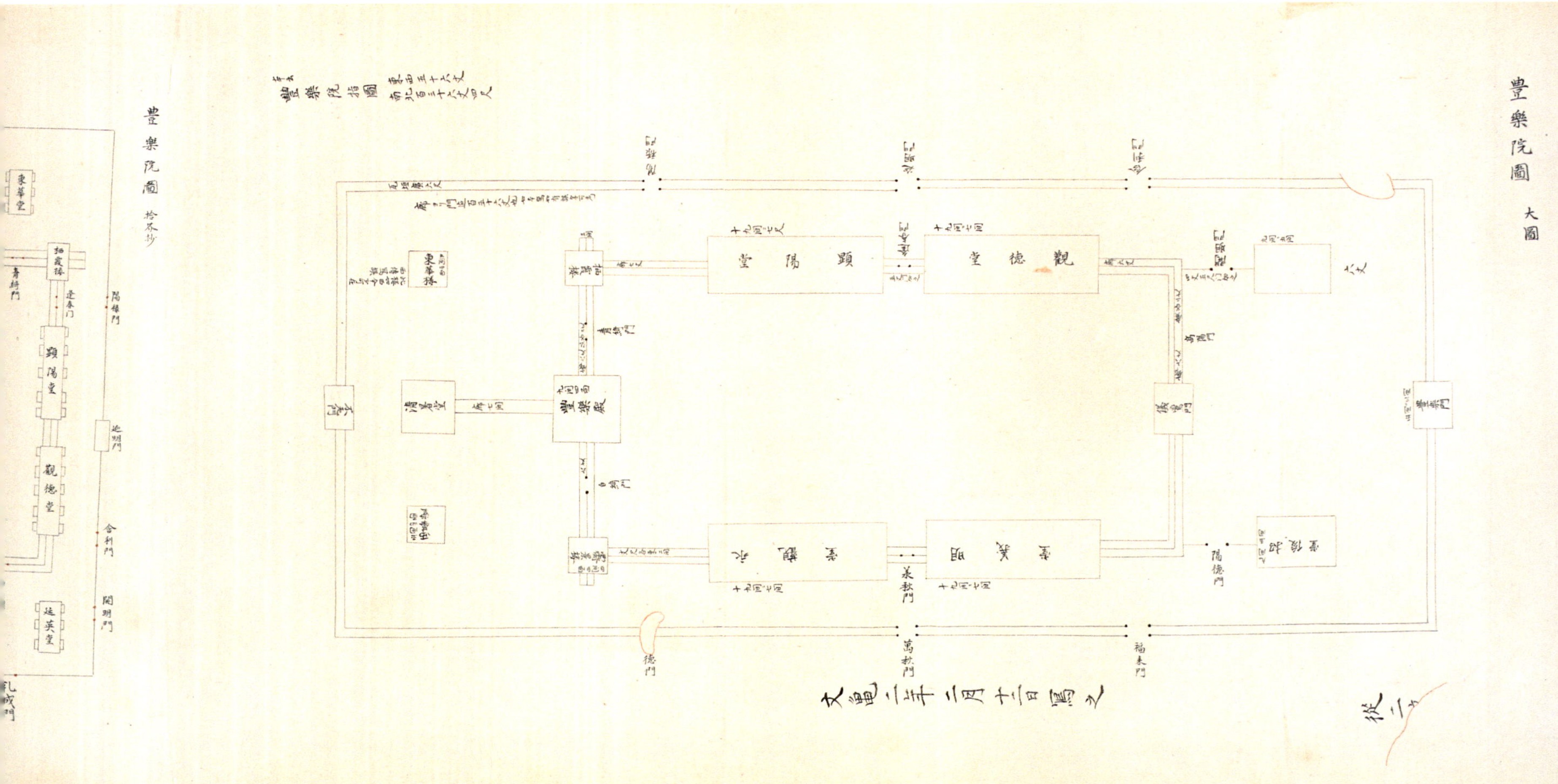

〈101〉豊楽院 1

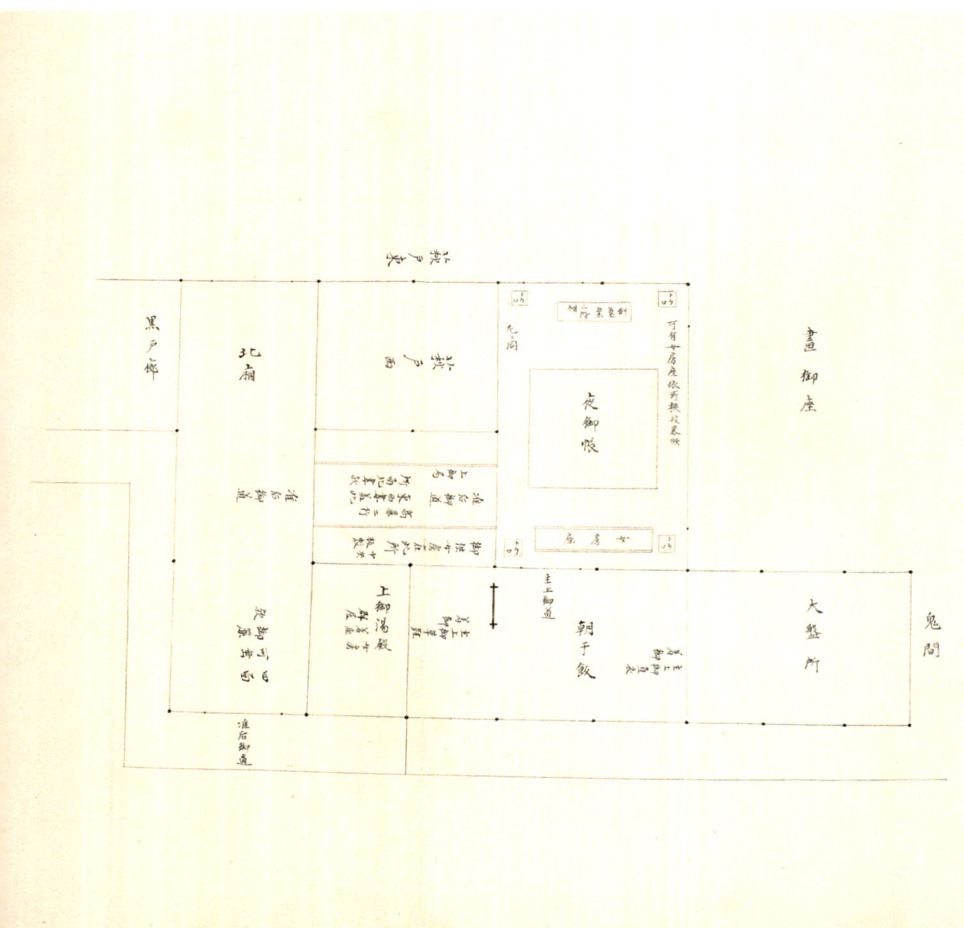

〈106〉清涼殿 3

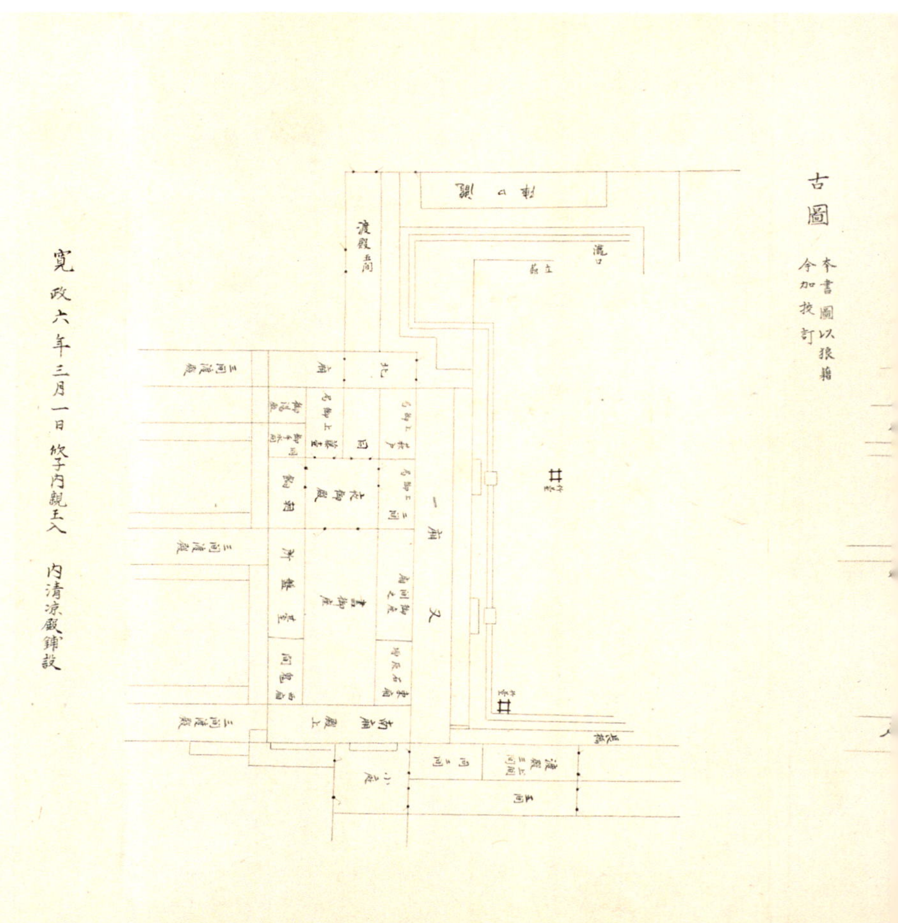

〈105〉清涼殿 2

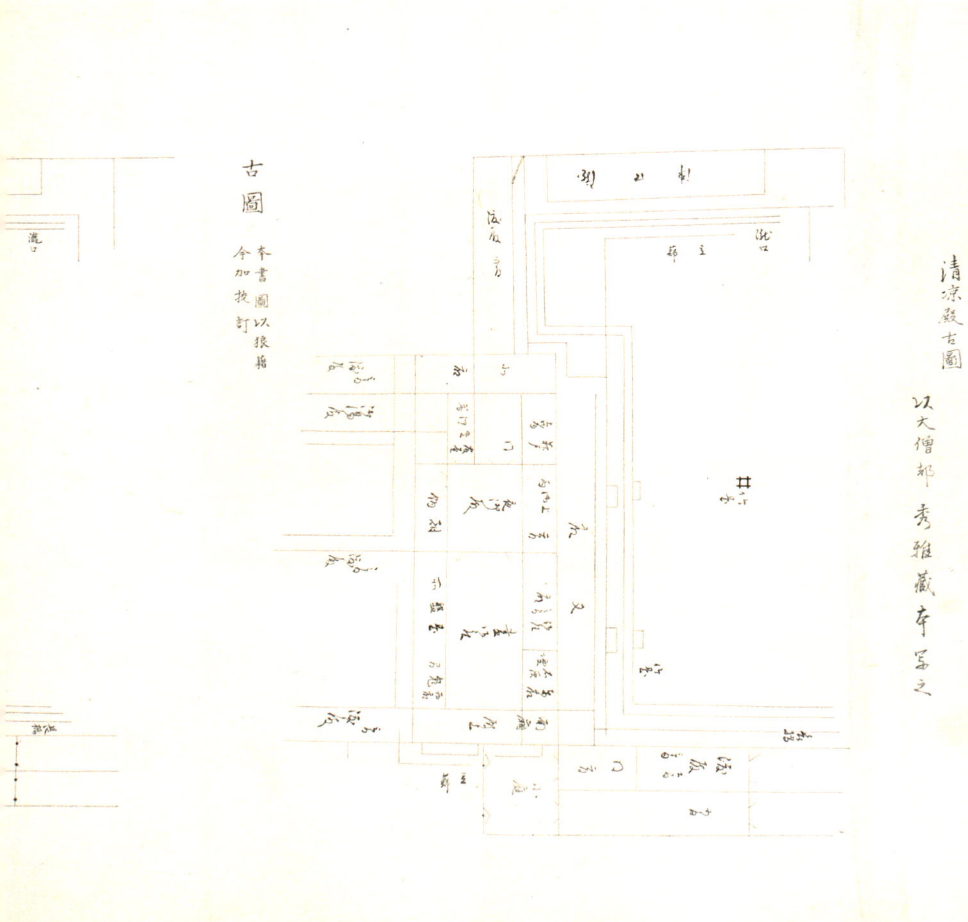


〈104〉清涼殿 1

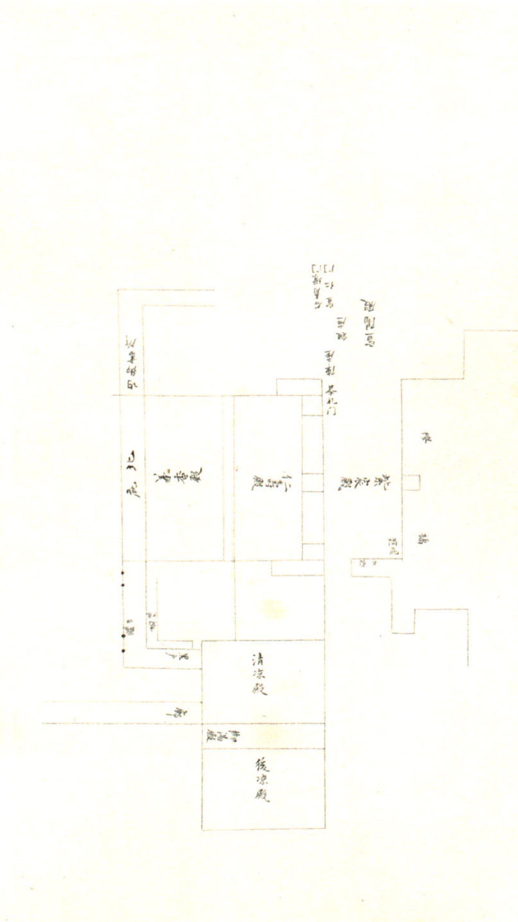


〈103〉内裏 5

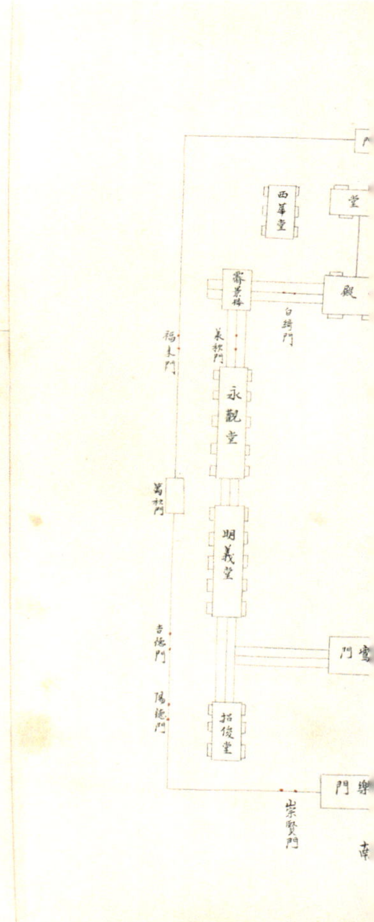


〈102〉豊楽院 2

巻六（巻七〇の一部）

〈107〉東三条殿 6

殿門巻第二


右目録

客殿圖

山槐記仁安二年四月九日齋院禊□定于春本院用毛車
入東門大宮西面門也可用南檻而近例如此弁内鳥居東面鳥井辨弁尤大史中原信時降立客
殿巽座辨西史東其間二許丈以北面予當史前程下疏雜色留鳥井外西行當辨南向相揖西進
経客殿北到予西方一間北砌下拄昇沓脱々沓悉縢昇長押着
西庇北面々々

又

〈108〉斎院客殿 1

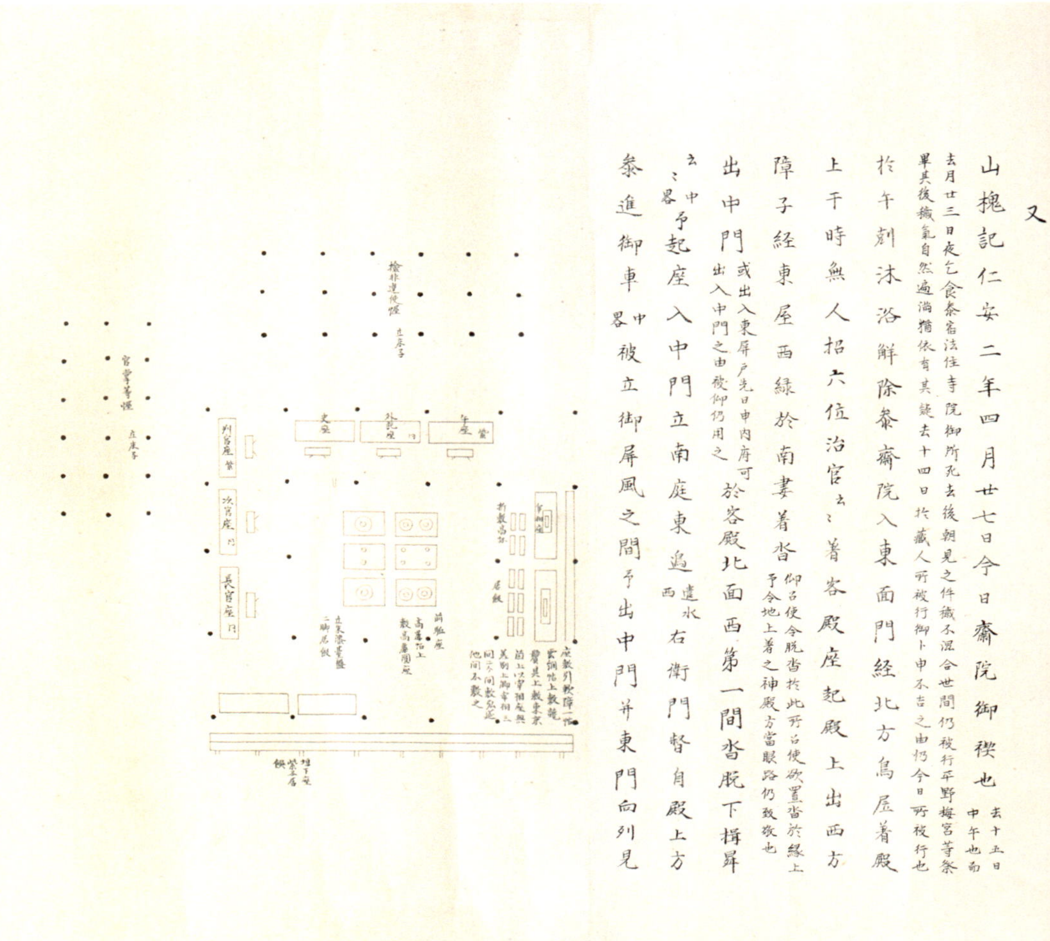
又
山槐記仁安二年四月廿七日今日斎院御禊也（去十五日中午也而去月廿三日夜乞食参宿法住寺院御所死去後朝見之件穢不混合世間仍被行平野梅宮等祭畢其後穢氣自然遍満猶依有其疑去十四日於藏人所被行御卜申不吉之由仍今日所被行也）
於午剋沐浴解除参斎院入東面門経北方鳥居着殿
上于時無人招六位治官〻〻着客殿座起殿上出西方
障子経東屋西縁於南妻着沓（御召使令脱沓於此所召使欲置沓於縁上予令地上着之神殿方當眼路仍致敬也）
出中門（或出入東屏戸先日申内府可出入中門之由被仰仍用之）於客殿北面西第一間沓脱下揖昇
（中略）予起座入中門立南庭東辺（遣水西）右衛門督自殿上方
参進御車（中略）被立御屏風之間予出中門并東門向列見

〈109〉斎院客殿 2

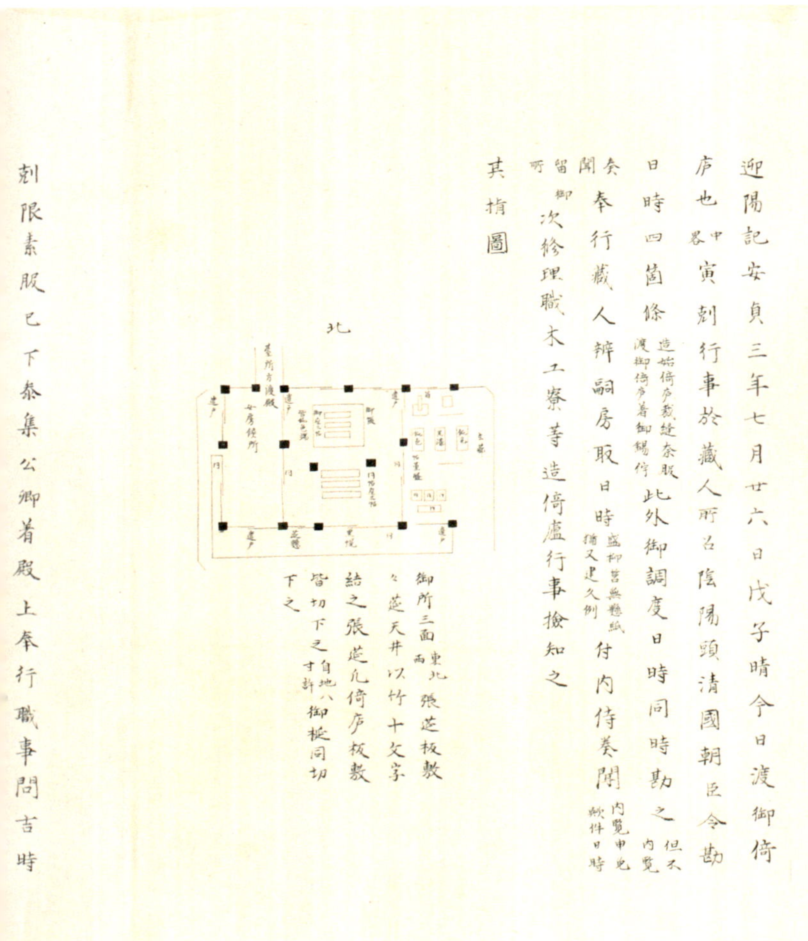
迎陽記安貞三年七月廿六日戊子晴今日渡御倚
廬也（中略）寅剋行事於藏人所召陰陽頭清國朝臣令勘
日時四箇條（造始倚廬裁縫奈服　渡御倚廬着御錫紵）此外御調度日時同時勘之（但不内覧）
奏聞　奉行藏人辨嗣房取日時（盛柳筥無懸紙　猶又建久例）付内侍奏聞（内覧申也　歟件日時）
留御所　次修理職木工寮等造倚廬行事撿知之
其指圖
御所三面（東北西）張莚板敷
〻莚天井以竹十文字
結之張莚凡倚廬板敷
皆切下之自地八寸許御擬同切
下之
刻限素服已下参集公卿着殿上奉行職事問吉時

〈110〉倚廬

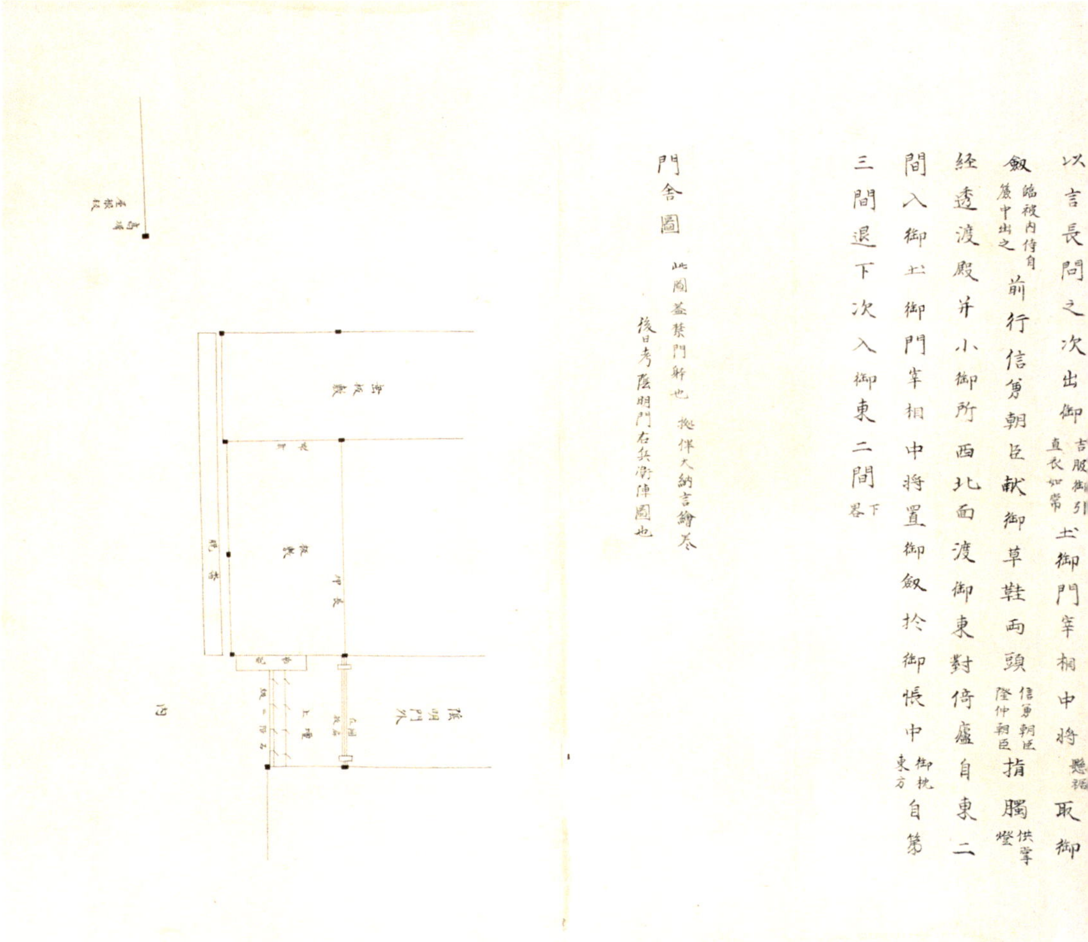
以言長問之次出御吉服御引直衣如常　土御門宰相中將懸裾取御
劔臨被内侍自簾中出之　前行信勇朝臣獻御草鞋兩頭信勇朝臣隆仲朝臣指燭供掌燈
經透渡殿并小御所西北面渡御東對倚廬自東二
間入御土御門宰相中將置御劔於御帳中御枕東方自第
三間退下次入御東二間下格
門舎圖
此圖蓋禁門新也　挑伴大納言繪巻
後日考陰明門右兵衛陣圖也

〈111〉門舎図

# 宮室図（東博六巻本）トレース全図

# 凡例

一、東博六巻本（全六軸）の内容を複製、掲載した。

一、図はトレースし、図中文字は翻刻した。

一、図中文字の字数、行数、図と記事との位置関係など、すべて原本にできる限り忠実に示した。

一、異体字・俗字・略字の類いは正字に直した。また、誤記の疑いのある箇所には、左もしくは右脇に（　）カッコ書きで正した。

一、図中に朱線や、朱書の文字があるが、すべてモノクロで示した。

一、使用の便宜を優先したため、原図を縮小している。巻一～四については、すべて同じ縮尺で統一して掲載（縮小率約二七％）、上（巻五）、下（巻六）については、天地幅が一三〇㎜になるよう、適宜、調整している。

一、各項に施した番号1～111は、原色図版のそれに対応する。

一、東博六巻本の巻一は宮内庁三巻本では巻二、東博六巻本の巻二は宮内庁三巻本では巻一に相当する。そのため巻一は〈31〉からはじまり、つぎに巻二が〈1〉からはじまる。

一、東博六巻本では、〈2〉、〈8〉、〈20〉～〈22〉、〈27〉、〈62〉、〈79〉、〈80〉を欠くため、欠番となる。

（巻一）

# 宮室圖

裏松入道所輯

一

（外題）

朱雀門　應天門　會昌門　八省院　眞言院

建春門　宣陽門　温明殿　綾綺殿　仁壽殿

陰明門　朔平門　蘭林坊　玄暉門　徽安門

常寧殿　弘徽殿　登華殿　凝花舎

〈31〉朱雀門 1

〈33〉八省院 1（応天門・翔鸞楼（しょうらんろう））

〈32〉朱雀門 2

〈34〉八省院 2（会昌門）

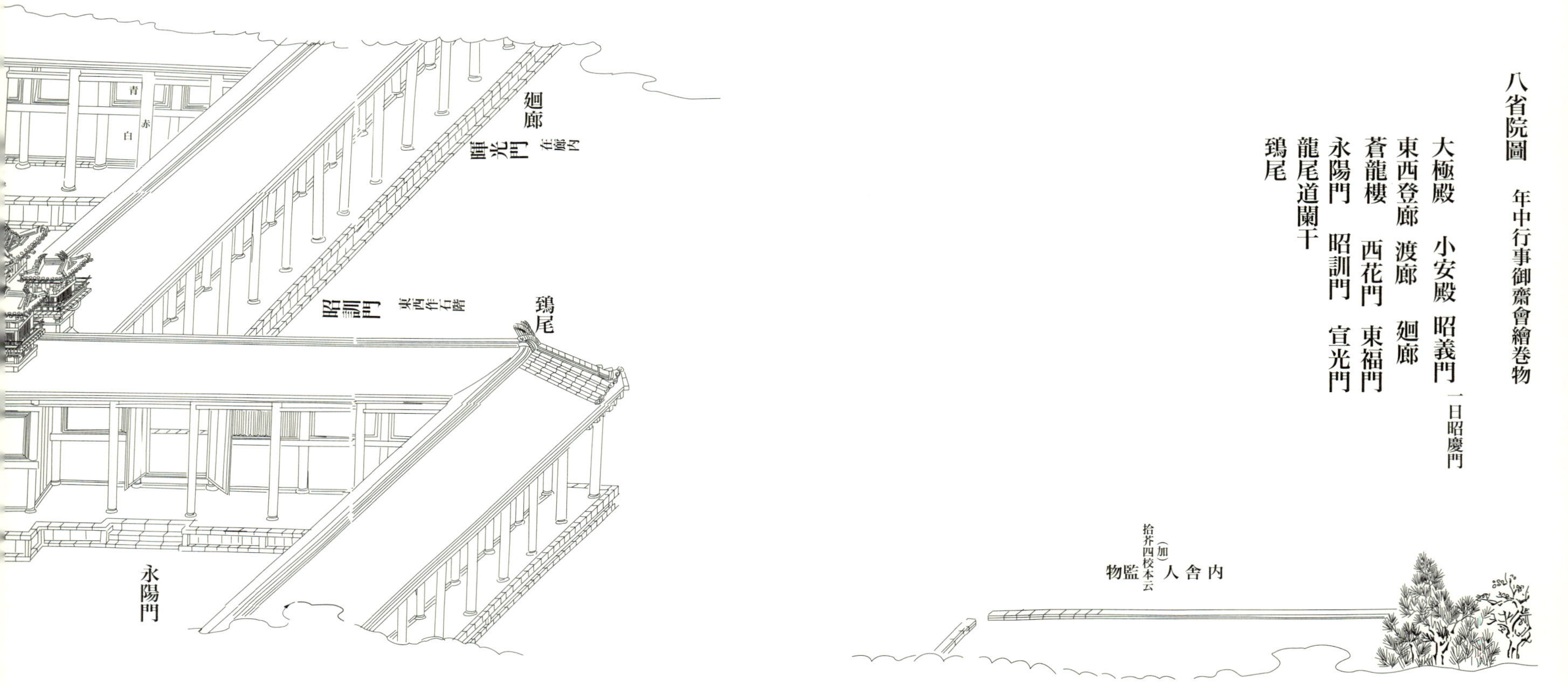


〈35〉八省院 3（大極殿ほか）

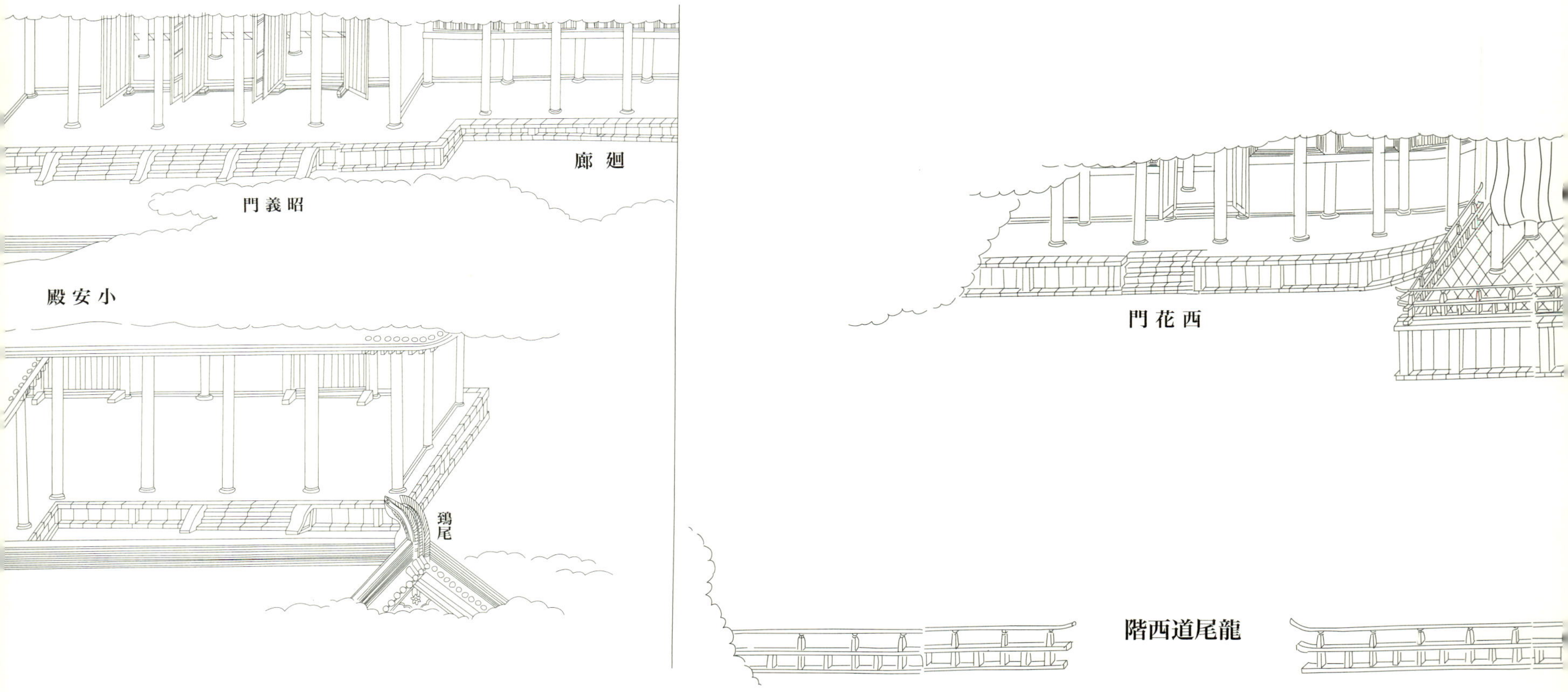


〈36〉八省院 4（小安殿・昭慶門）

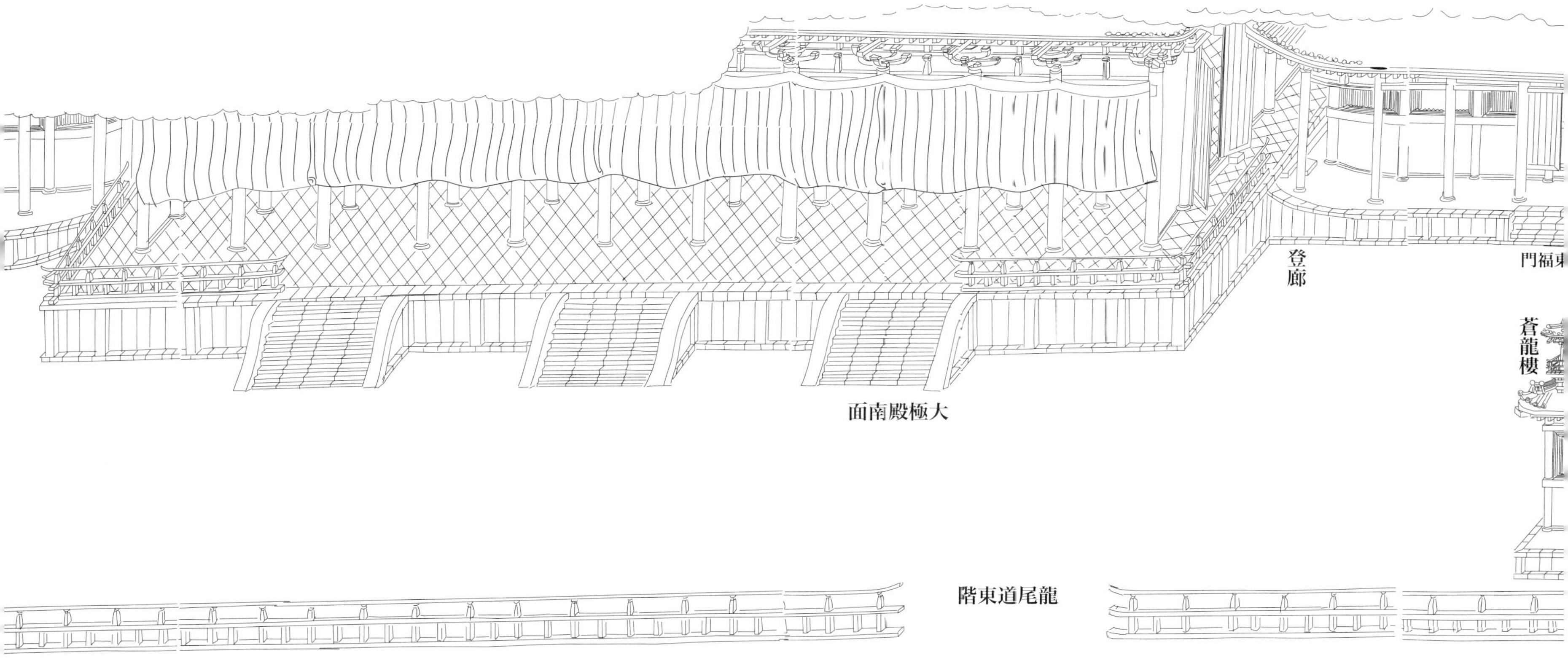


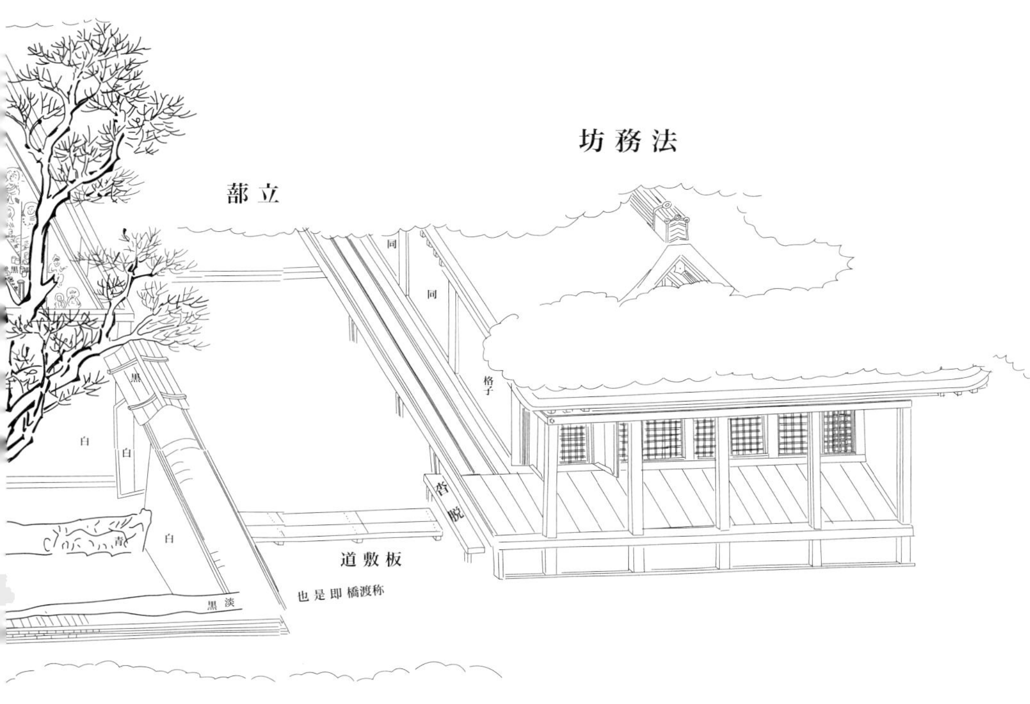


真言院圖　年中行事繪巻物　御齋會

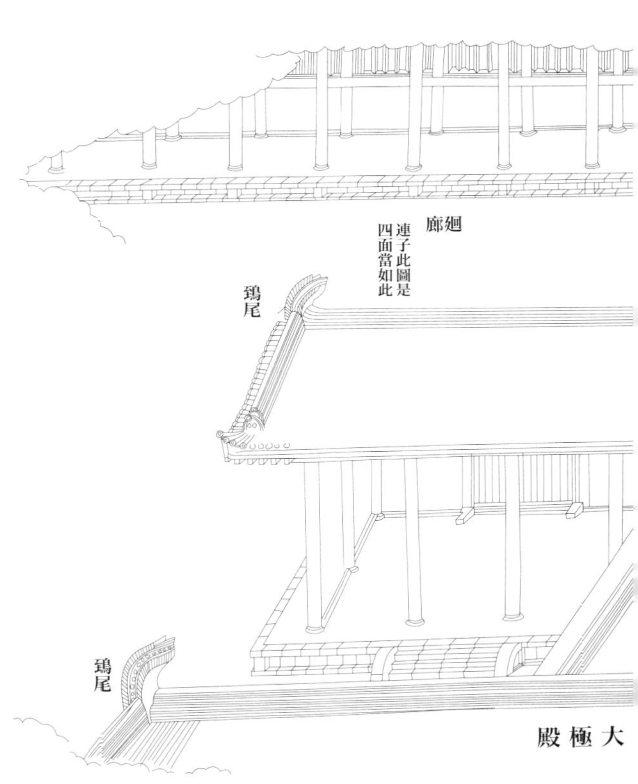


〈37〉真言院

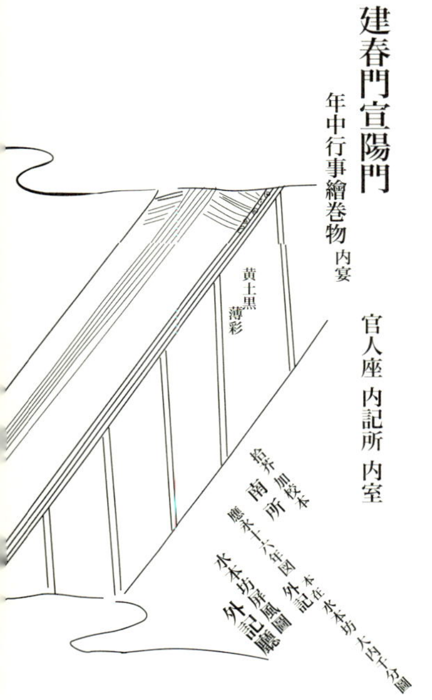


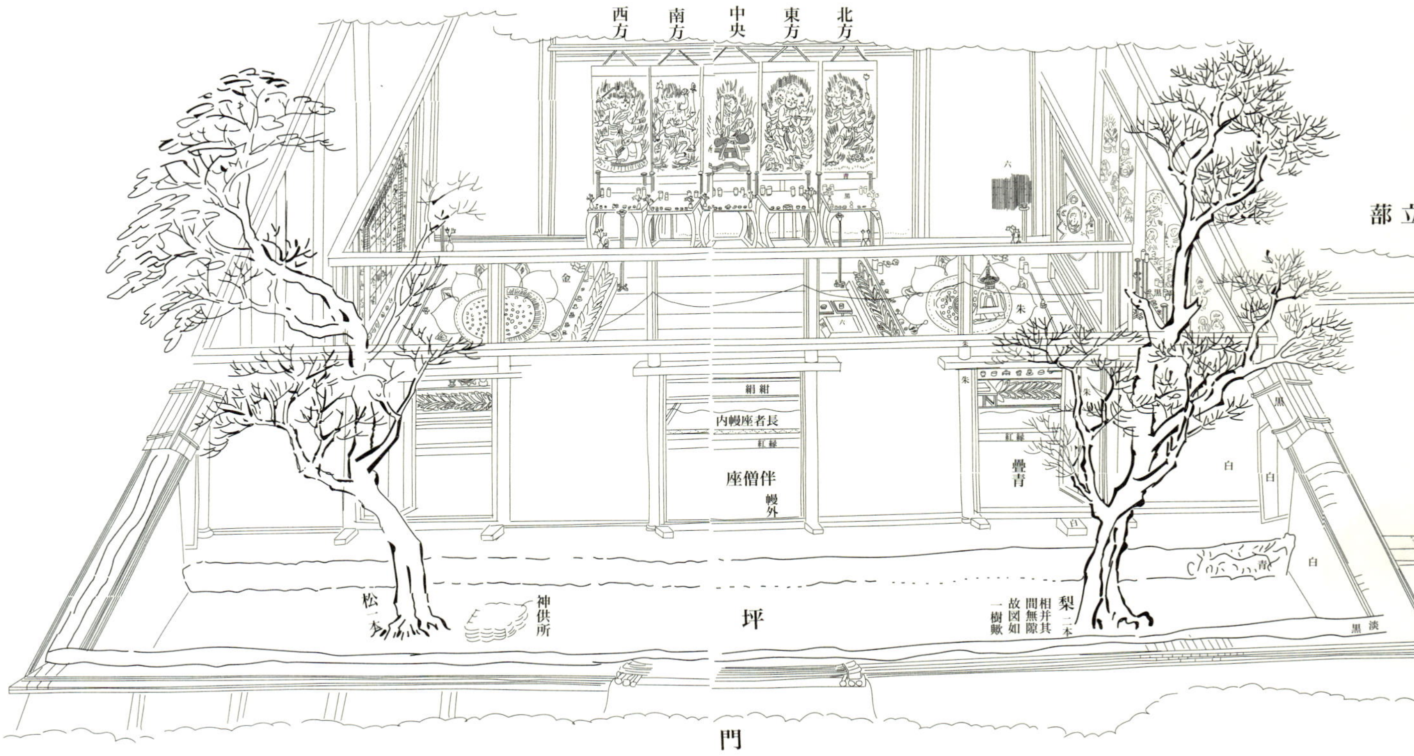


〈37〉 真言院

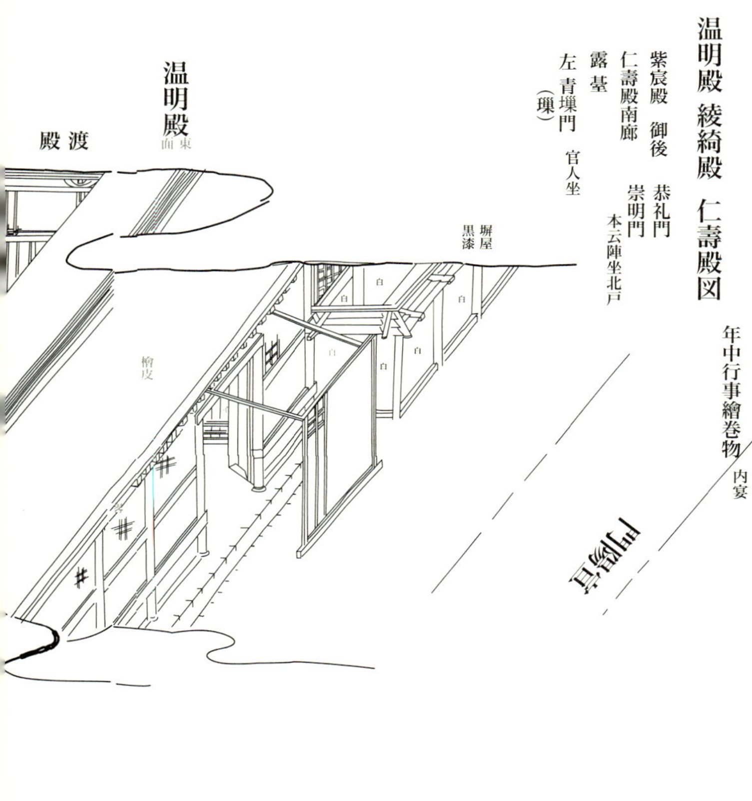


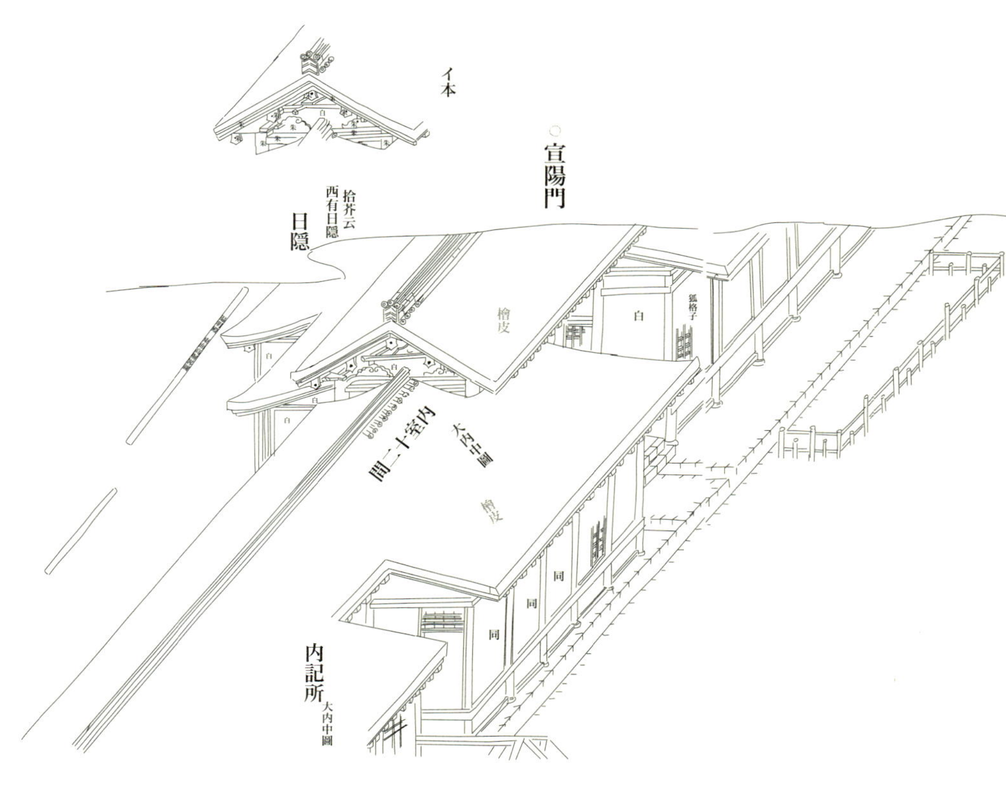


〈39〉 温明殿・綾綺殿・仁寿殿

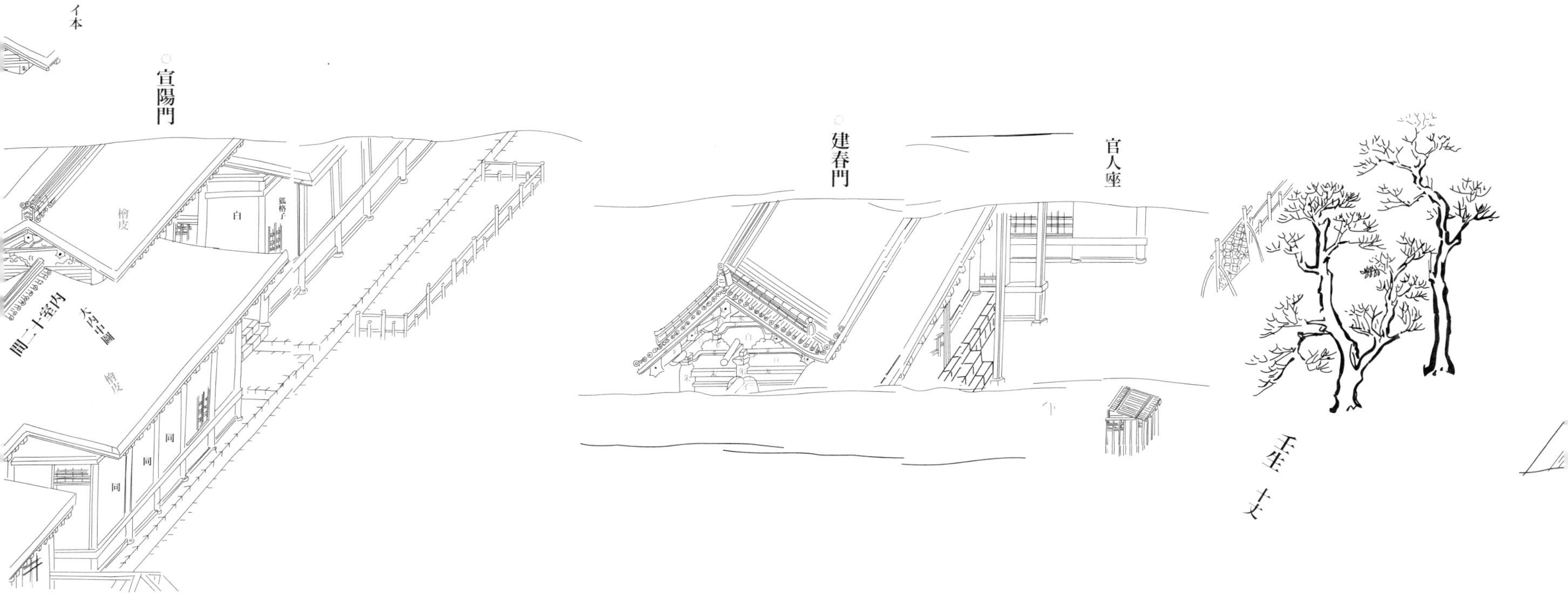


〈38〉建春門・宣陽門

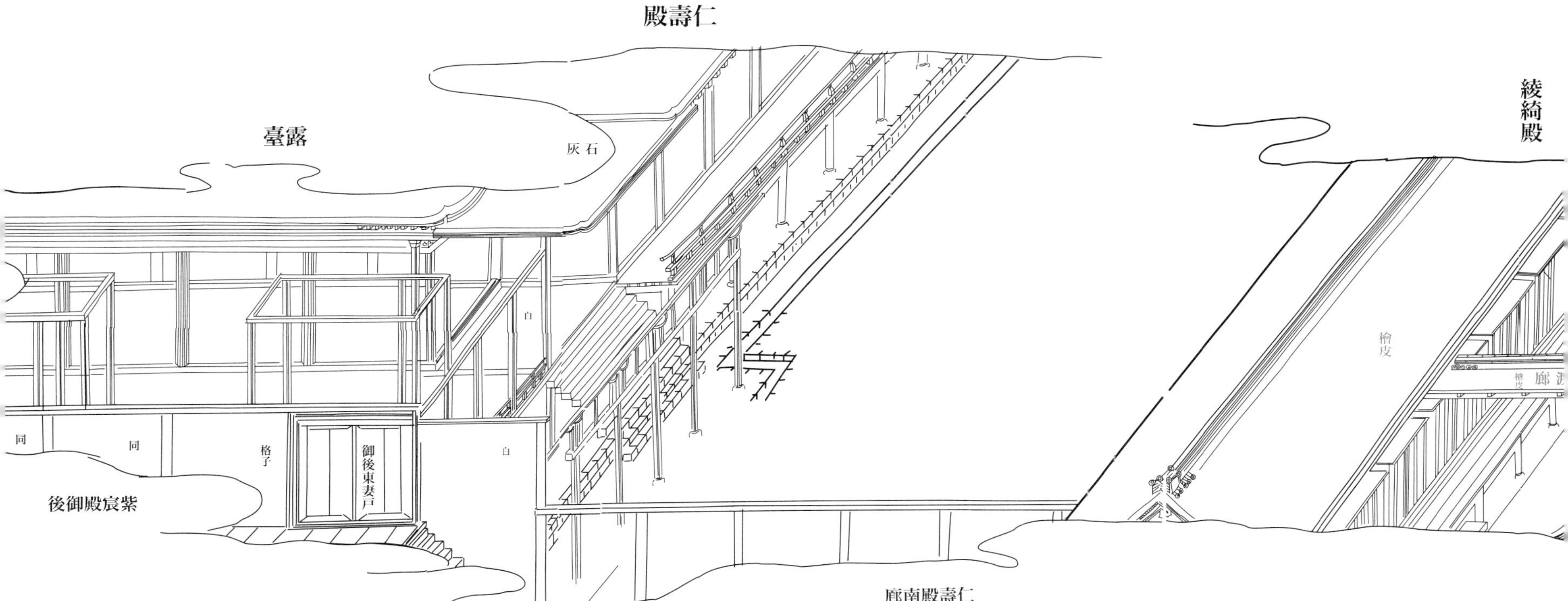

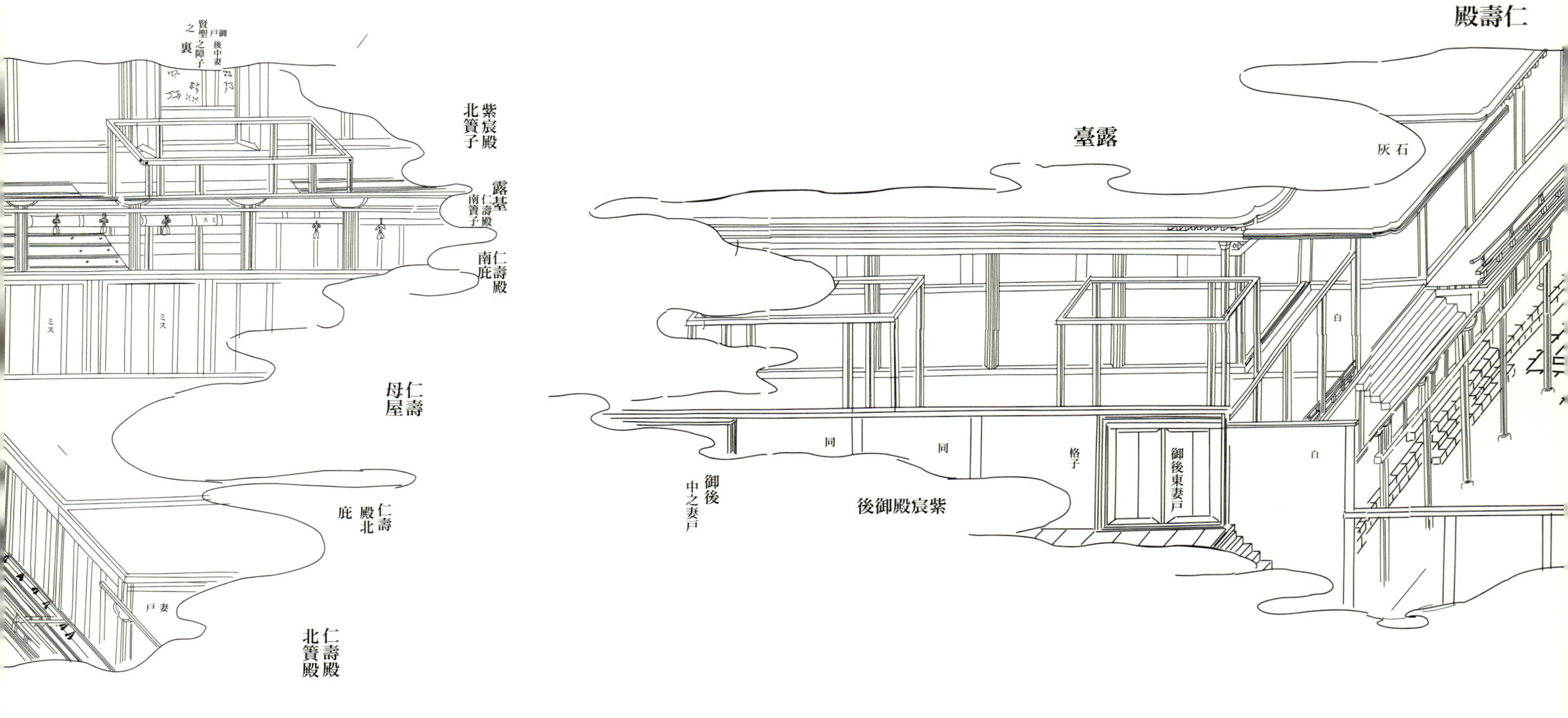


〈39〉温明殿・綾綺殿・仁寿殿

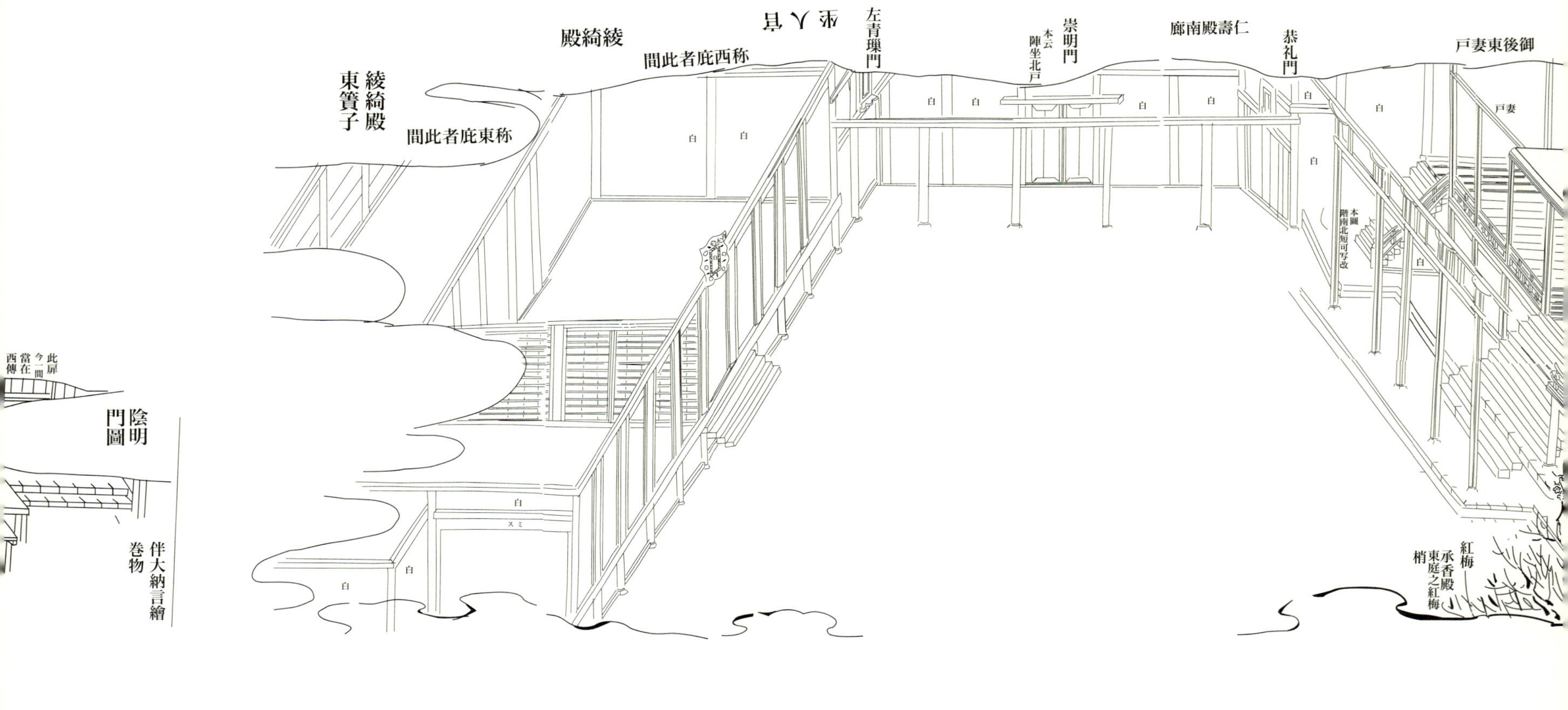


〈41〉仁寿殿・綾綺殿

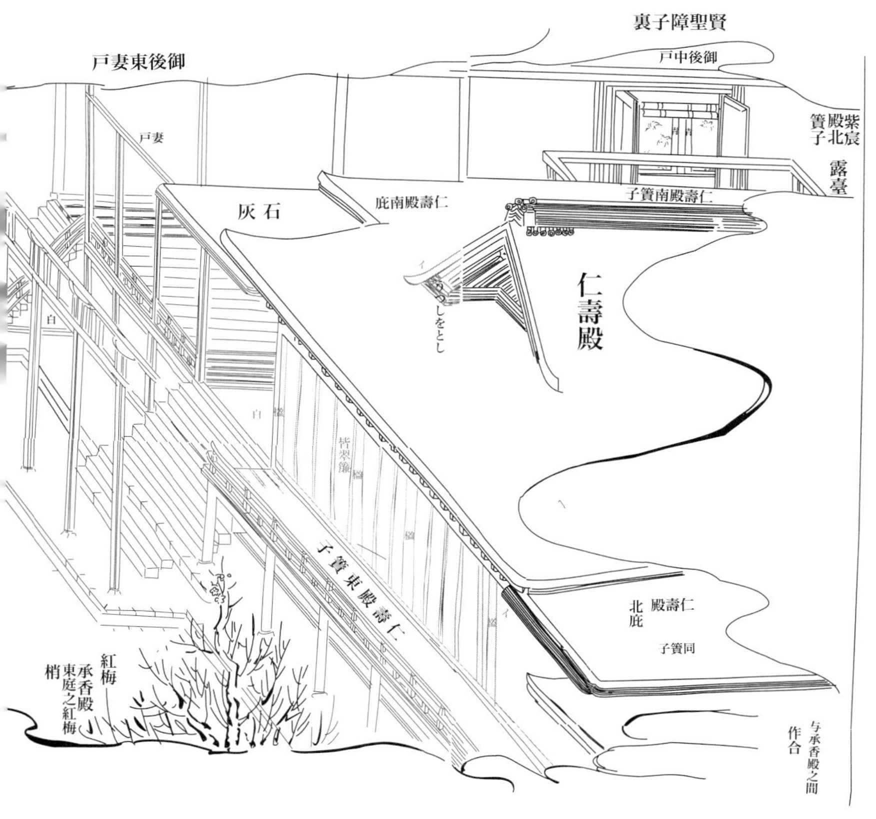


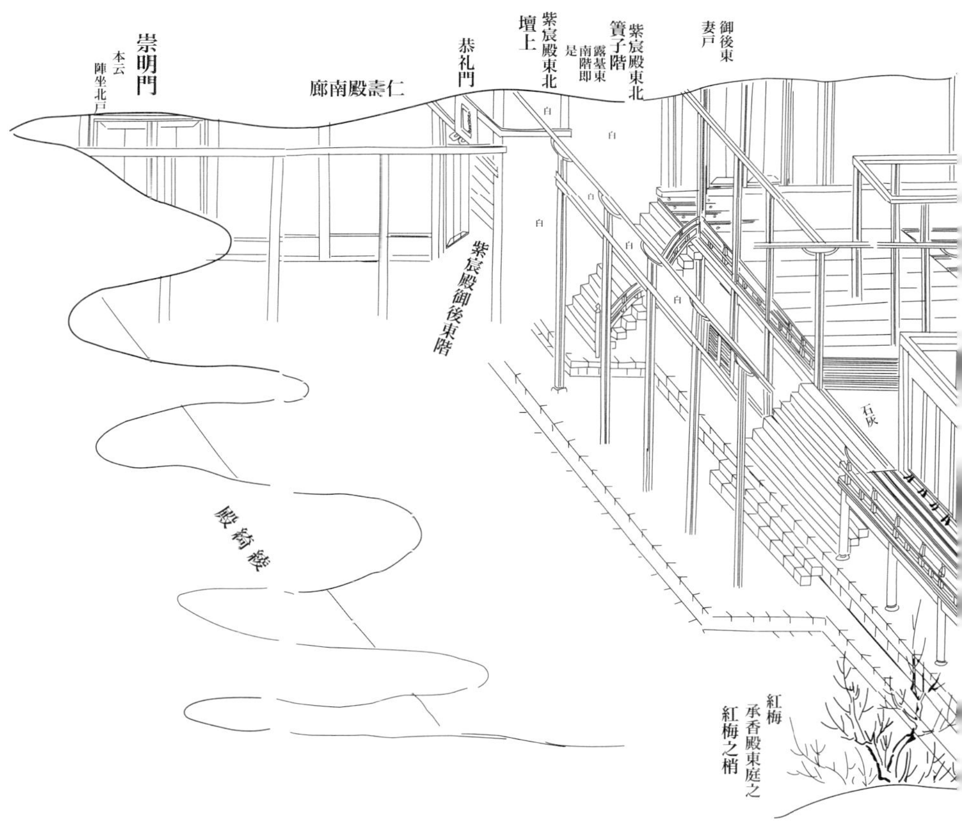


〈40〉仁寿殿

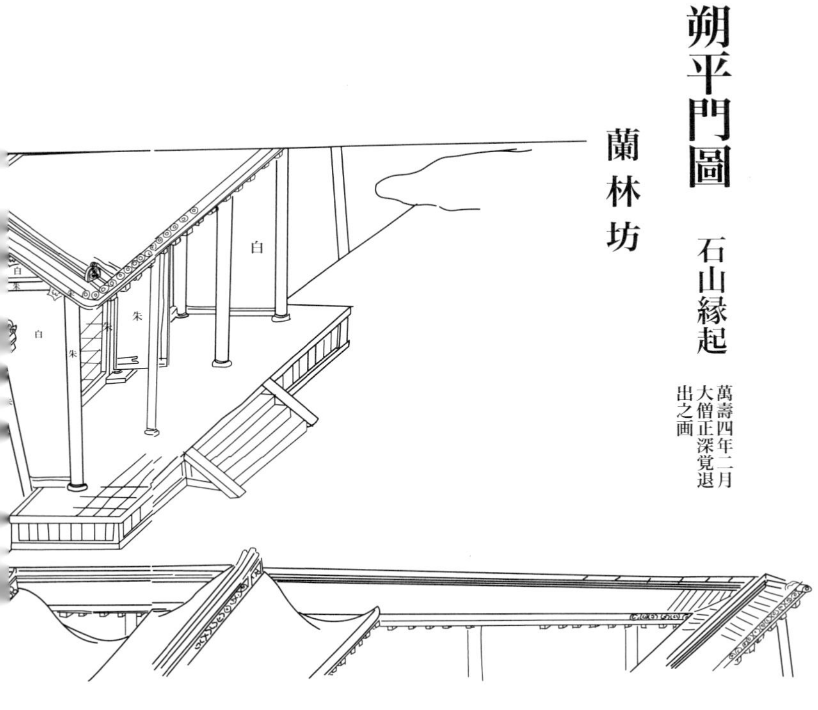


〈43〉朔平門 1

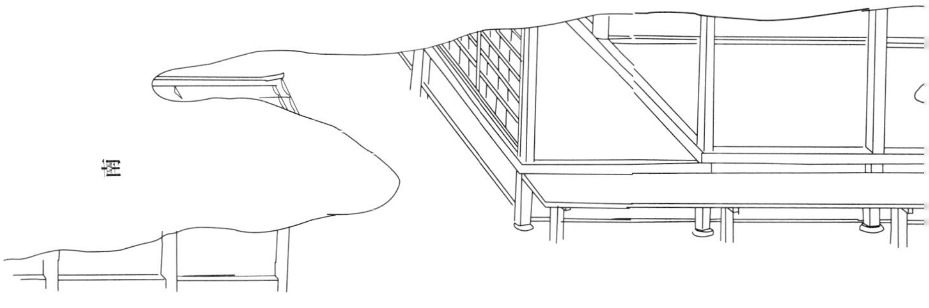

〈42〉陰明門

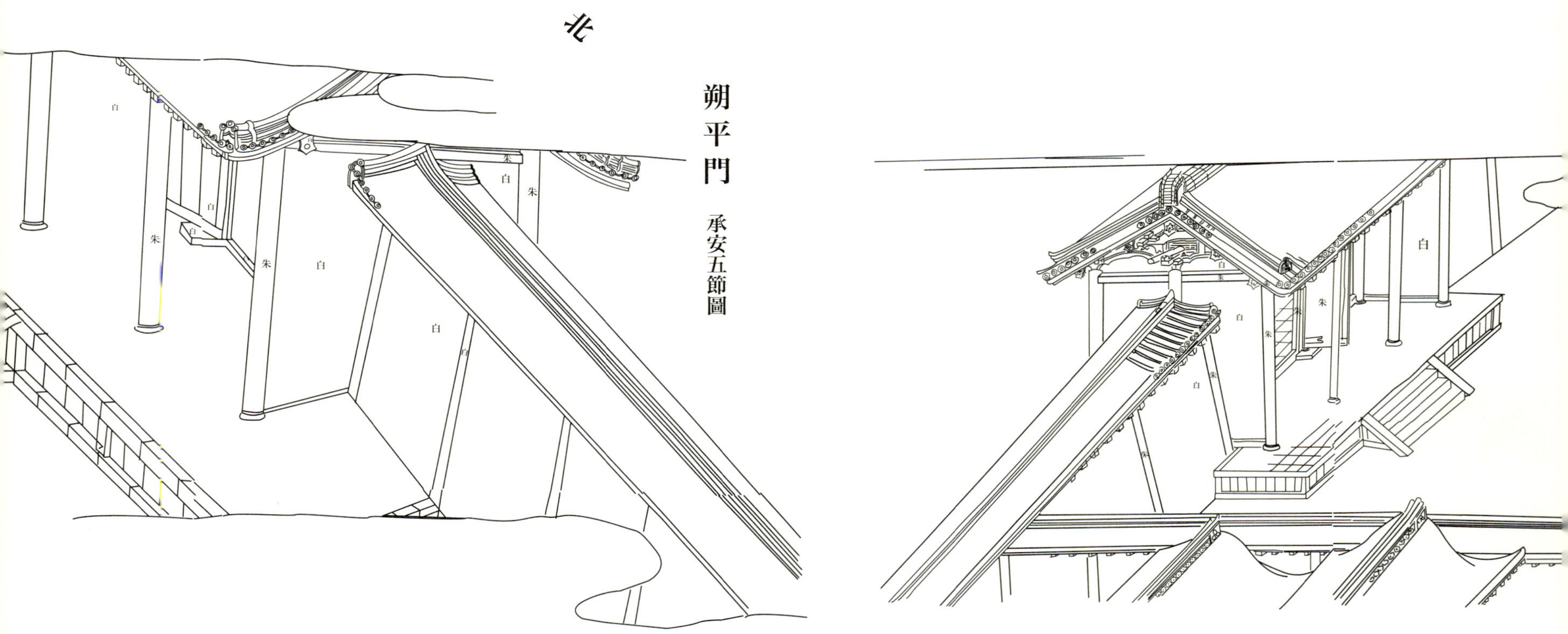


〈44〉朔平門 2

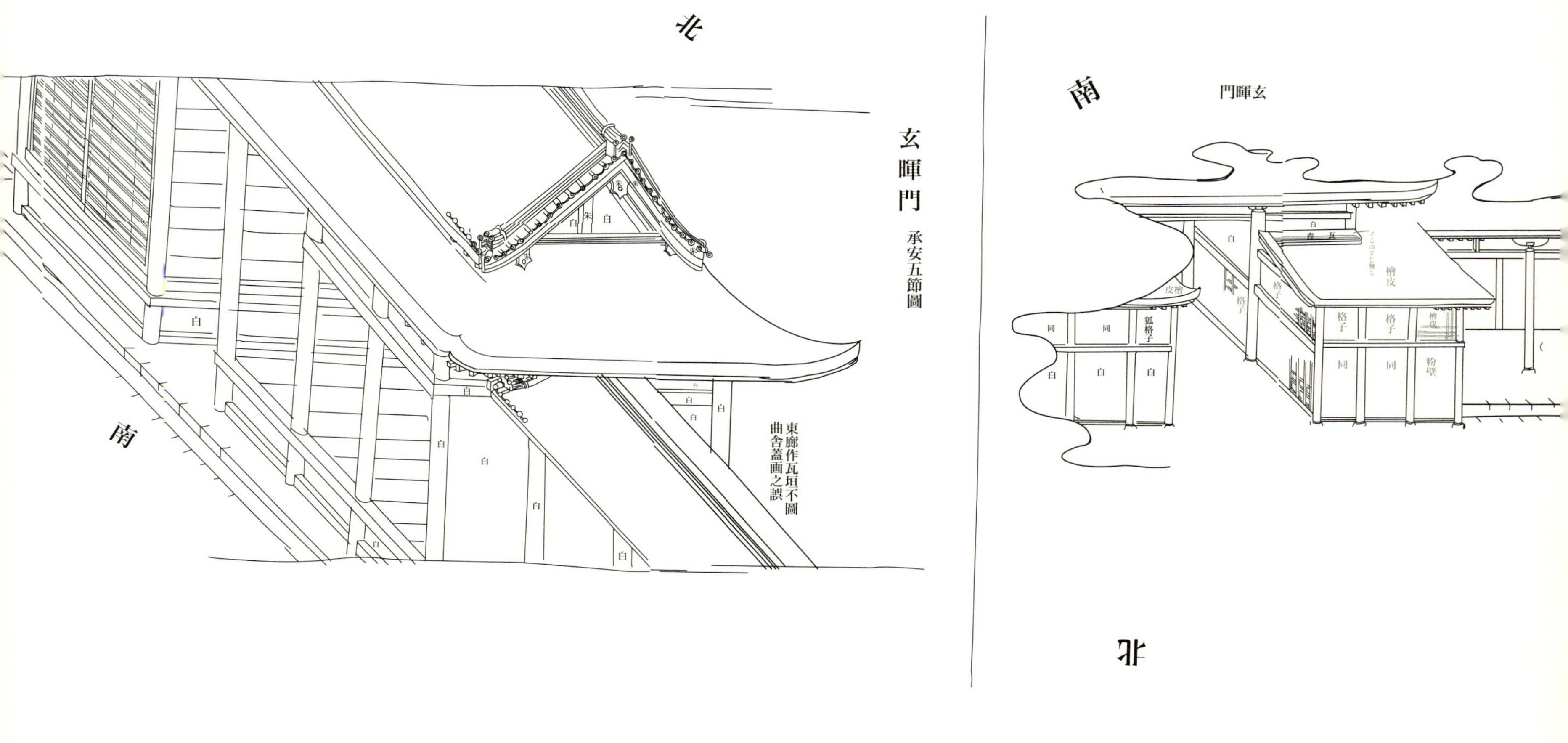


〈46〉玄暉門 1

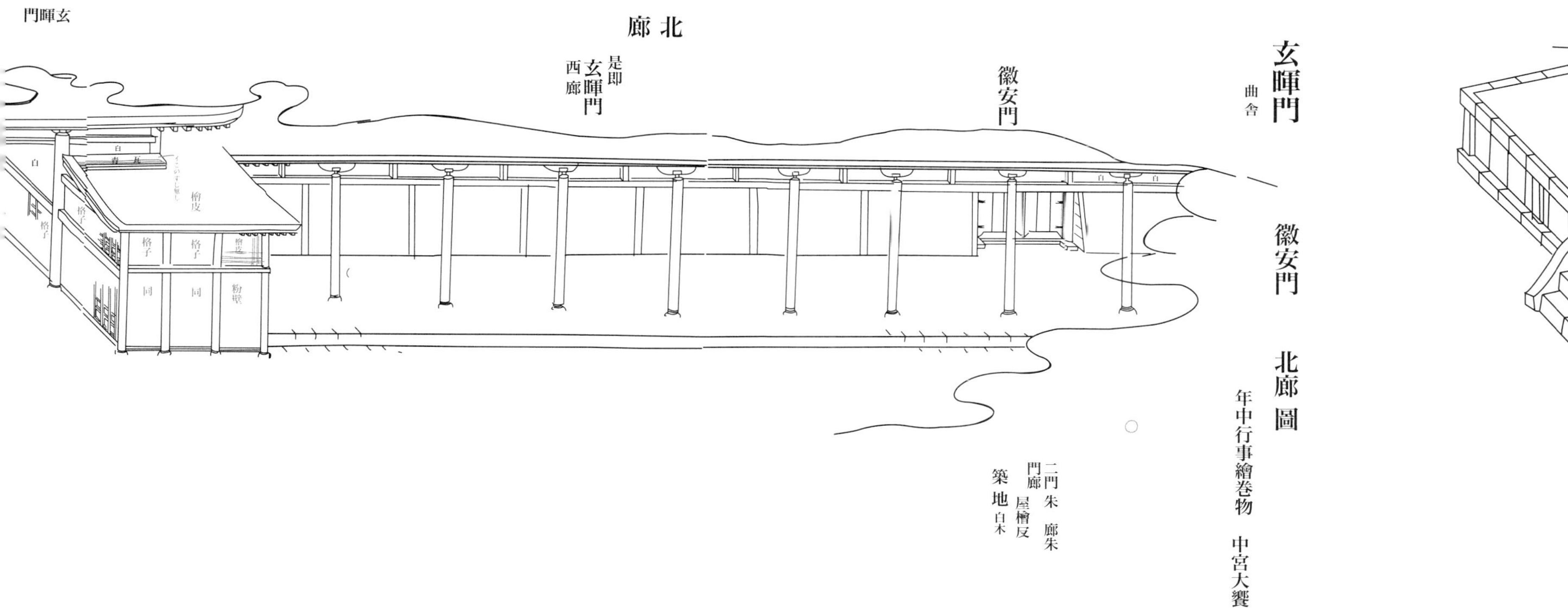


〈45〉玄暉門・徽安門・北廊

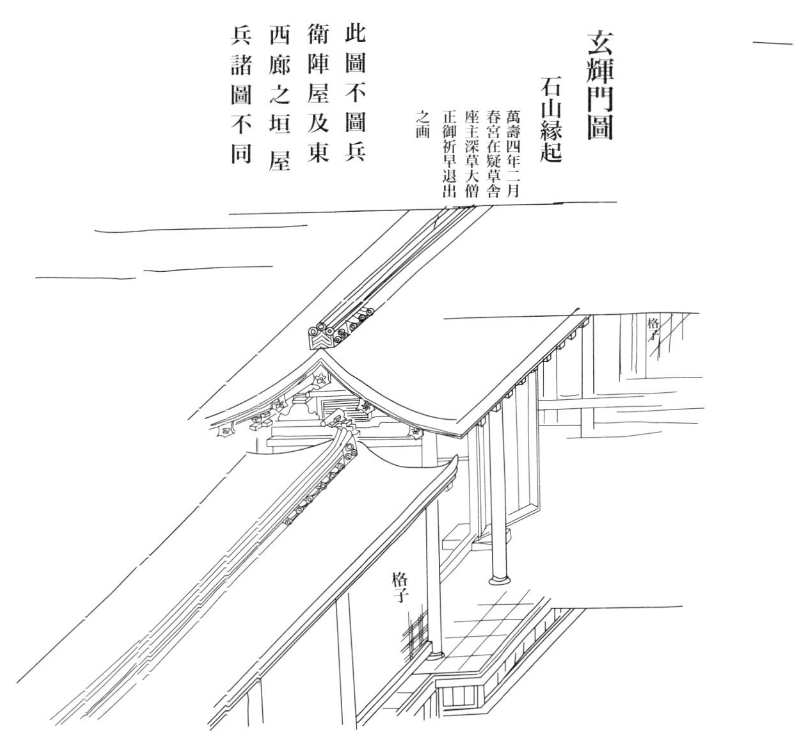


〈47〉玄暉門 2

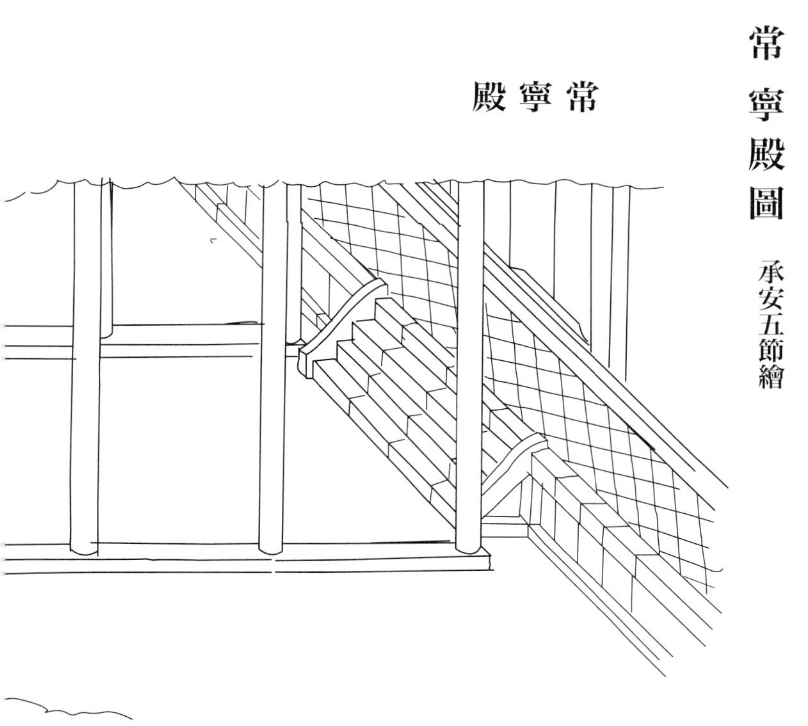


〈48〉常寧殿

〈49〉弘徽殿・登華殿

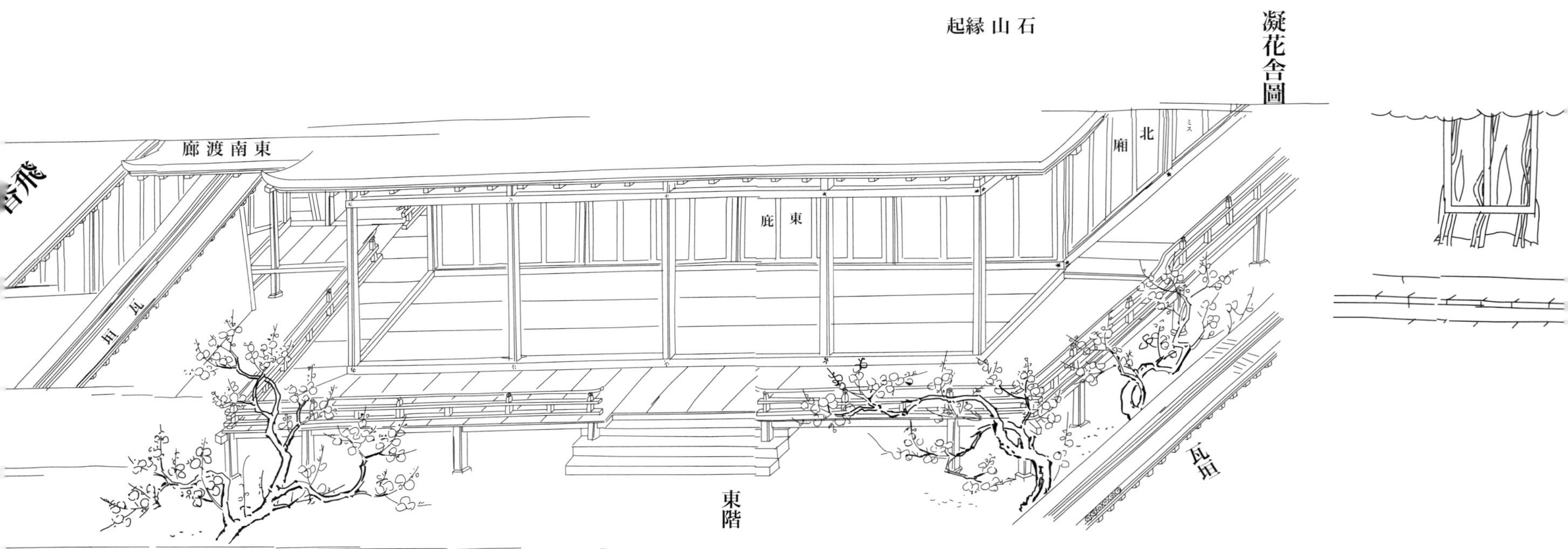


〈50〉凝花舎

殿華登

右宮室圖 白川樂翁所蔵
文化十四年丁丑四月十日晴川摹

宮室圖

裏松入道撰
内裏

上

（巻末裏　天地逆）

（巻二）

# 宮室圖　裏松入道所輯　二

（外題）

宮室六巻之内

陽明門

侍（待）賢門　建禮門　春花門　承明門　永安門

紫宸殿　弓場殿　左近陣　校書殿　安福殿

月花門　清涼殿　明義門　主殿司宿　新長橋

修理職

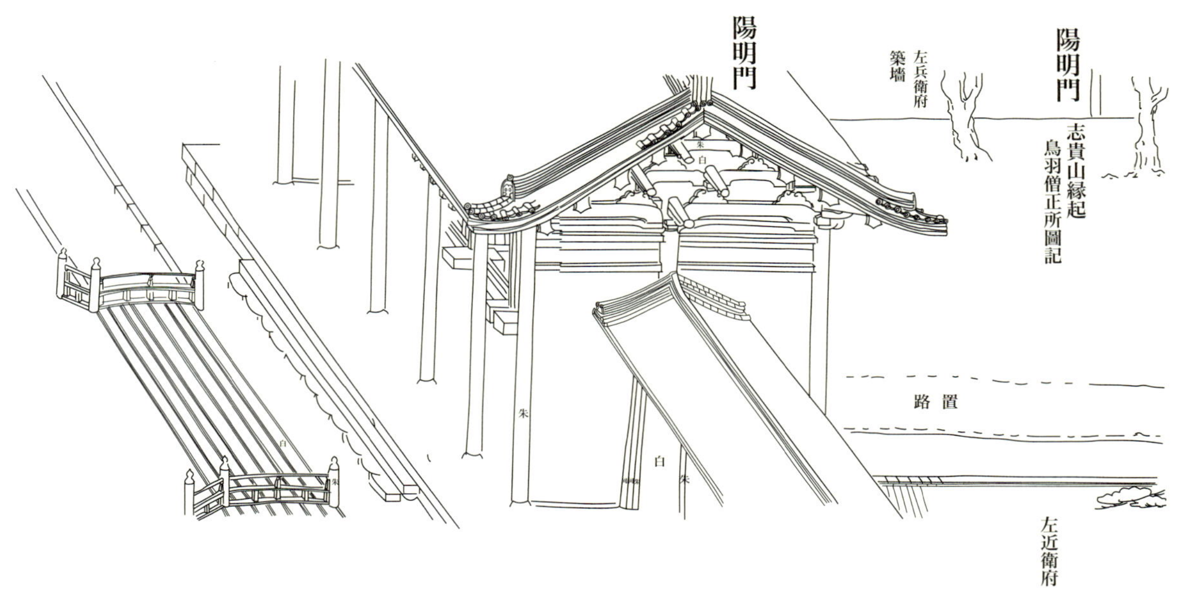
陽明門
左兵衛府
築墻
陽明門
志貴山縁起
鳥羽僧正所圖記
置路
朱
白
左近衛府

〈1〉陽明門

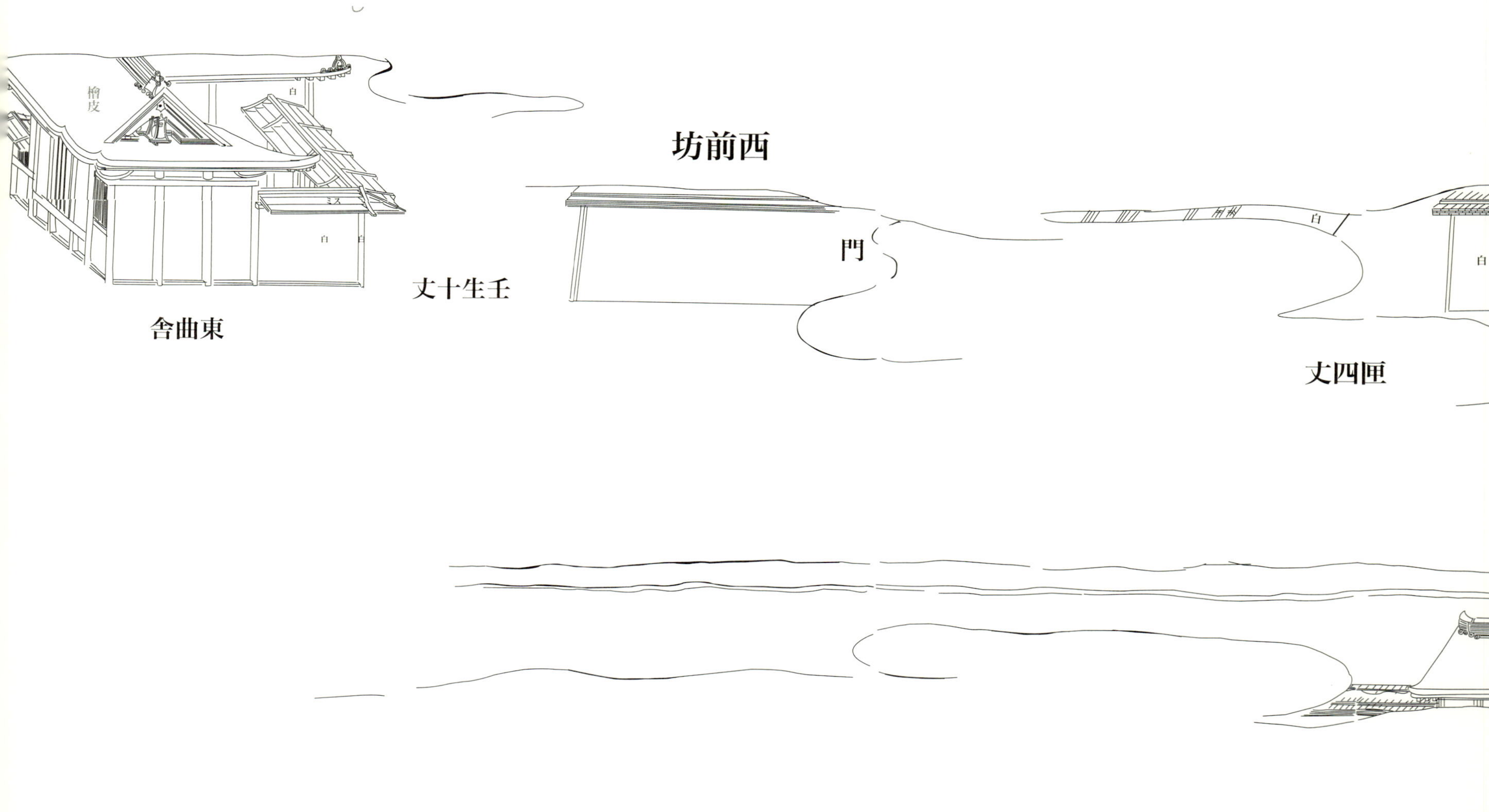
檜皮
白
東曲舎
壬生十丈
西前坊
門
匣四丈

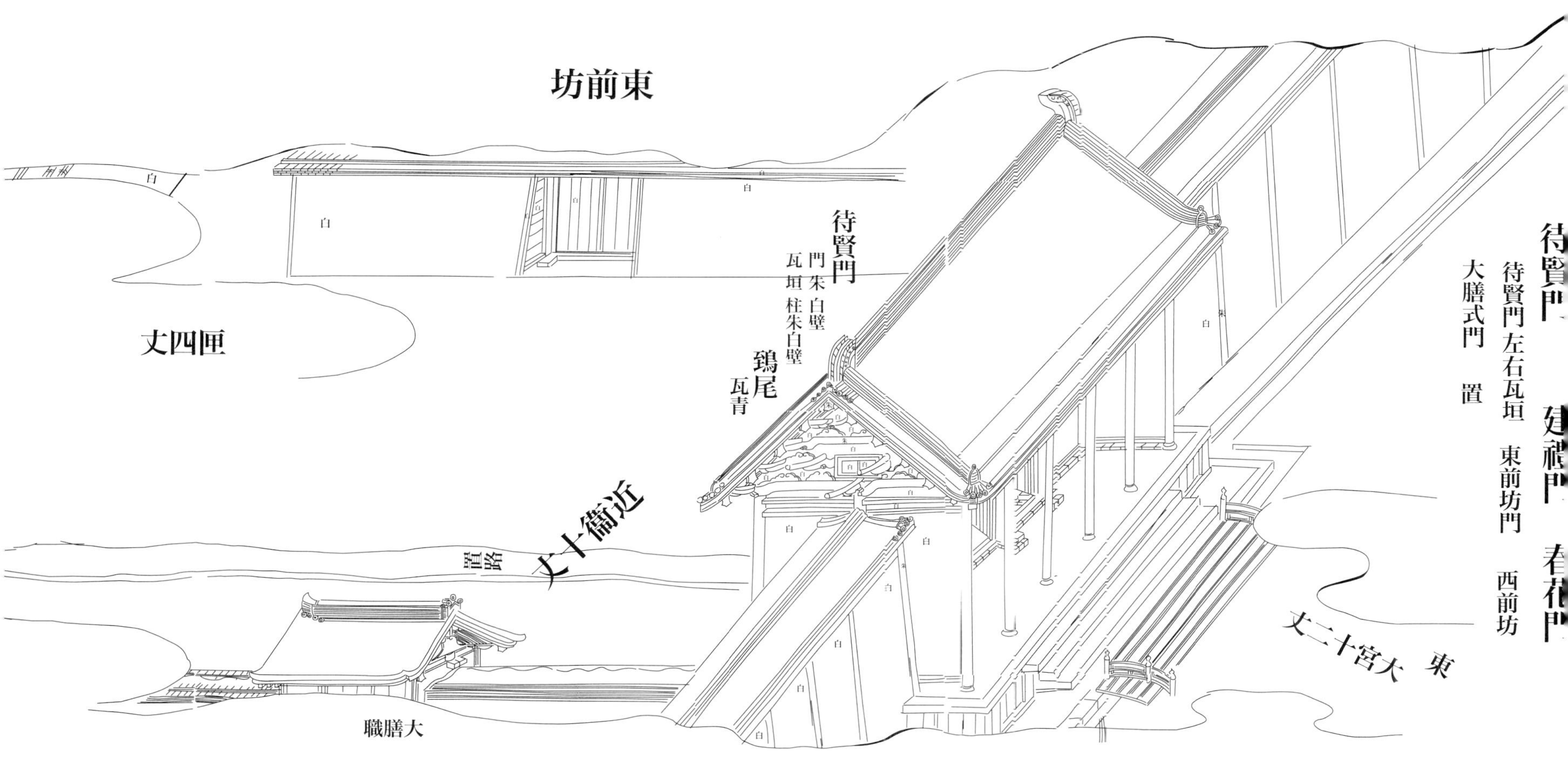


〈3〉待賢門・春花門・建礼門

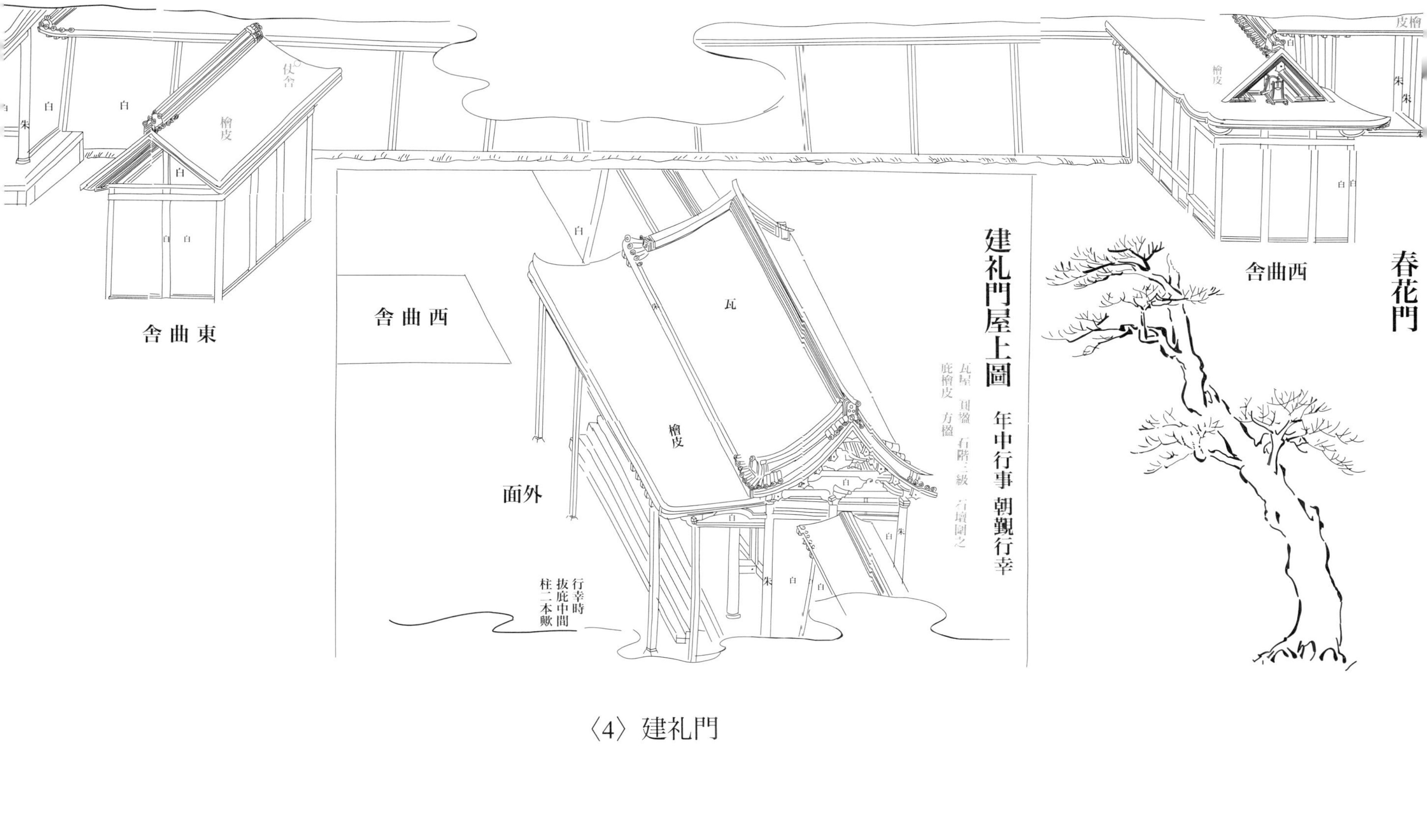


〈4〉建礼門

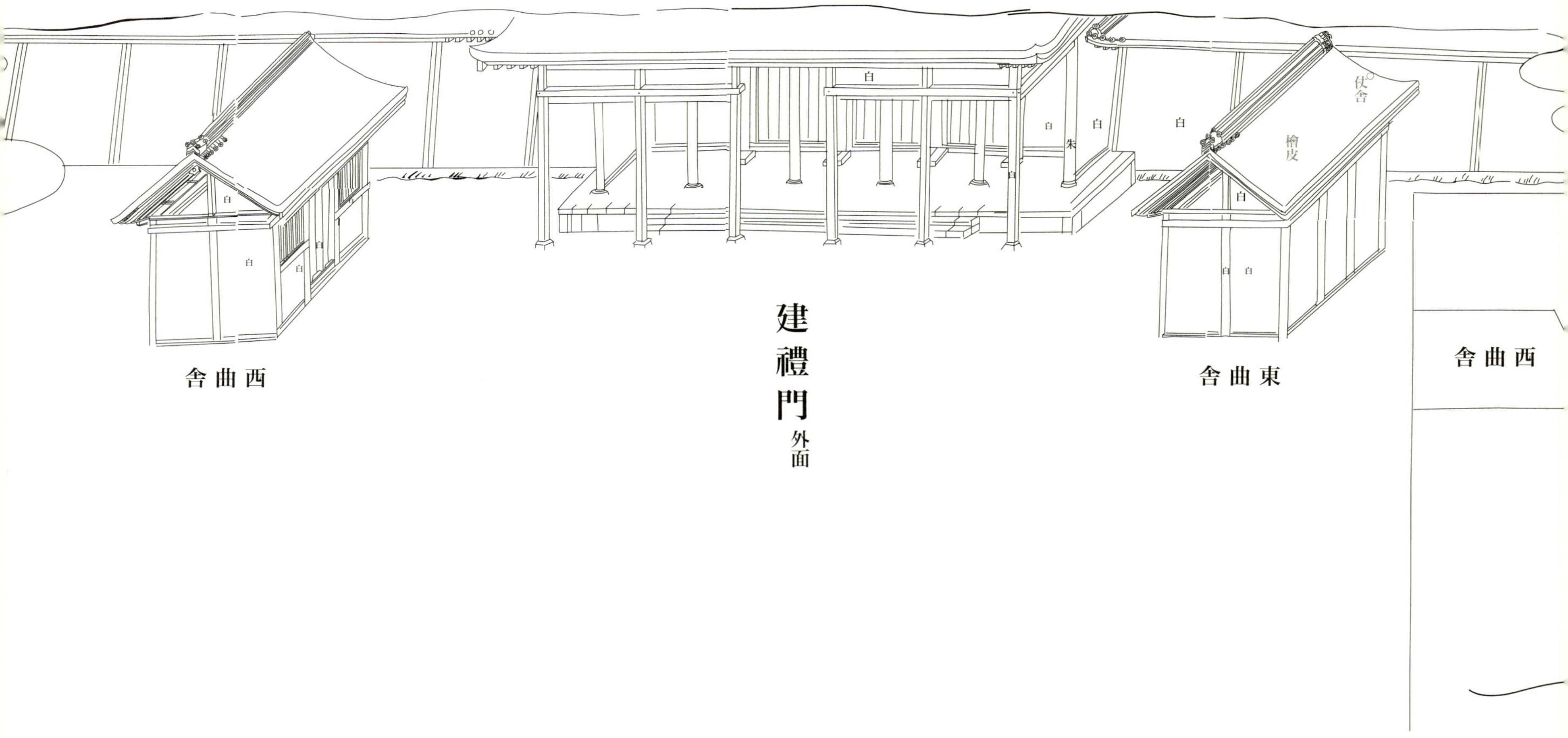


〈3〉待賢門・春花門・建礼門

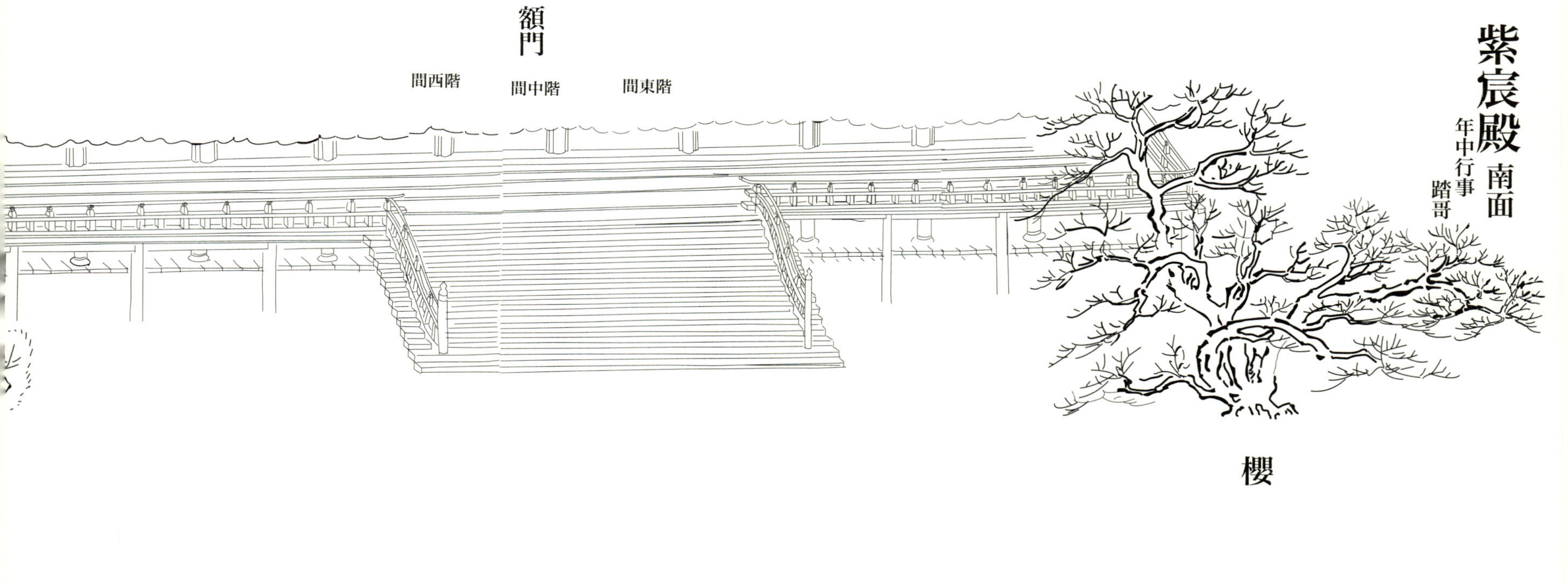


〈7〉紫宸殿 1

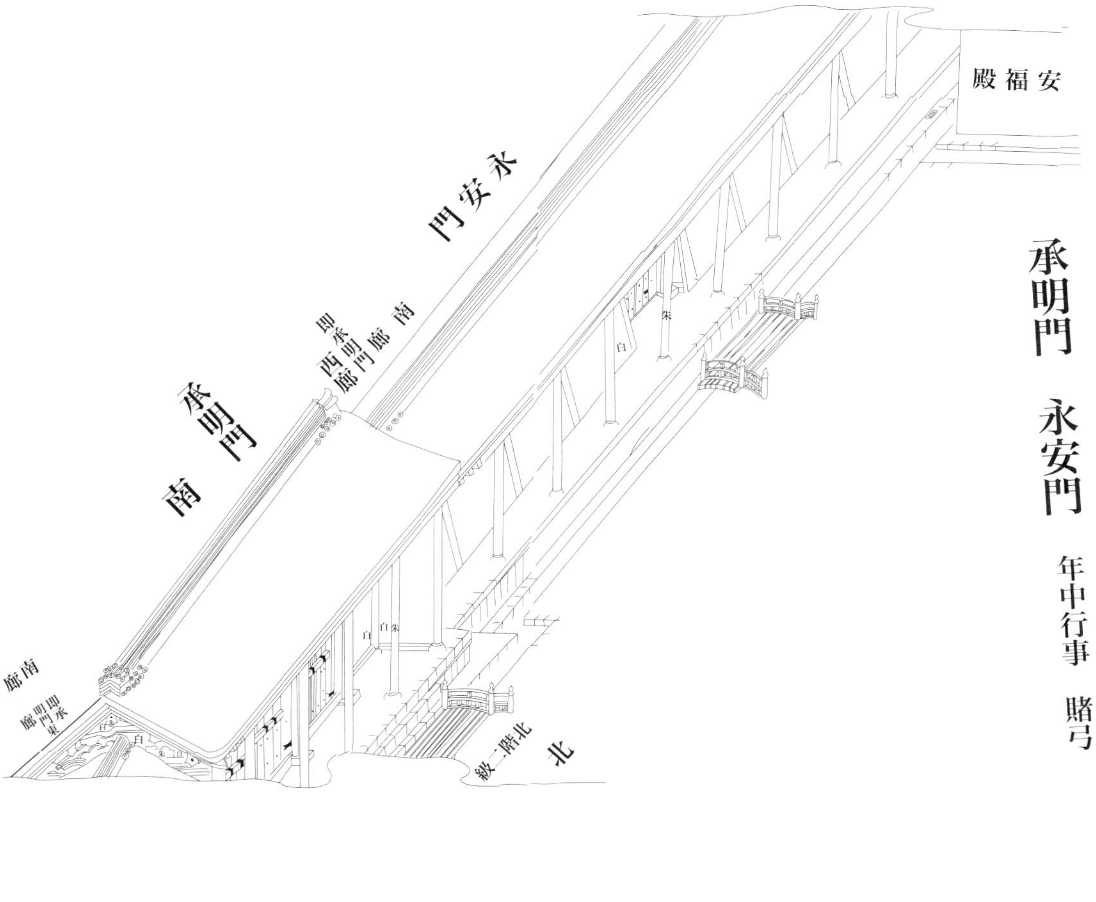


〈6〉承明門・永安門

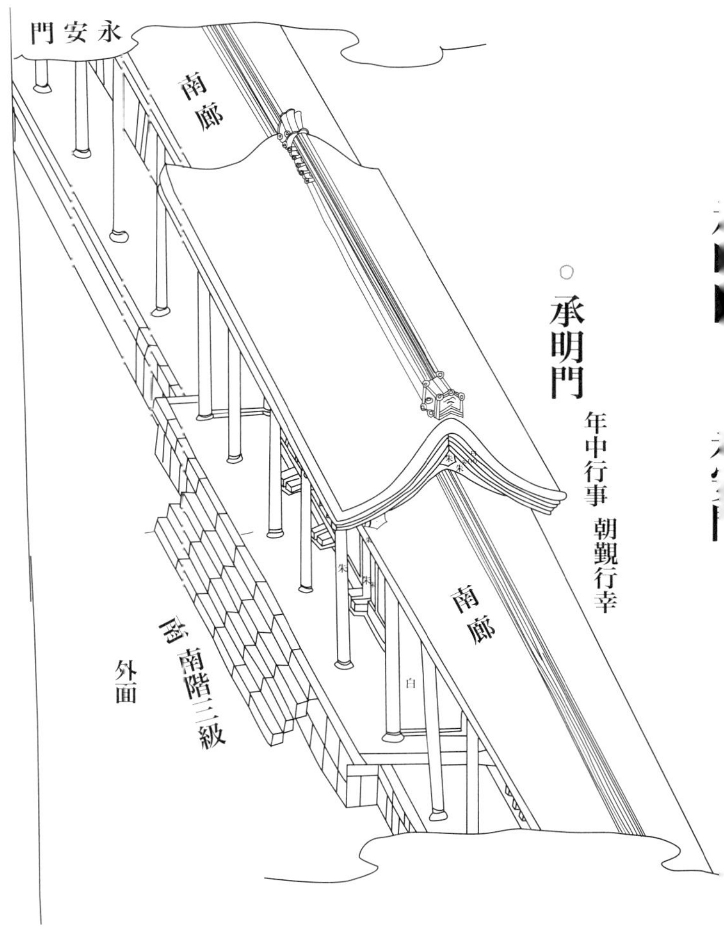


〈5〉承明門

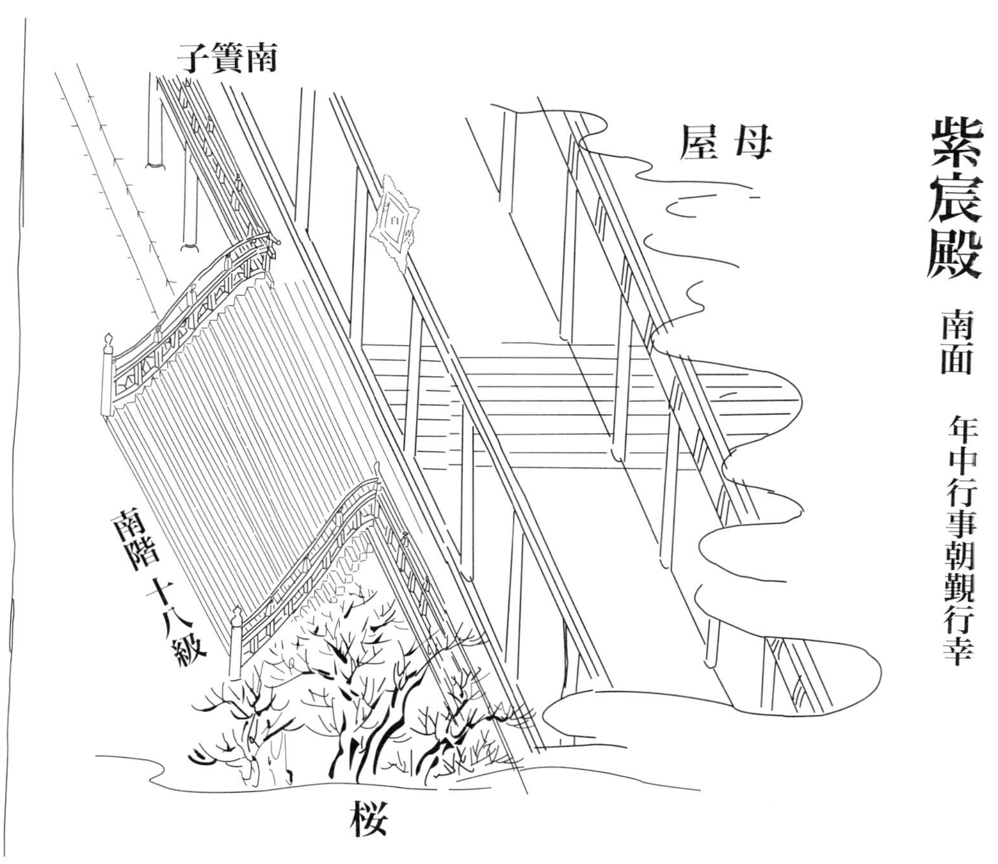


〈9〉紫宸殿 3

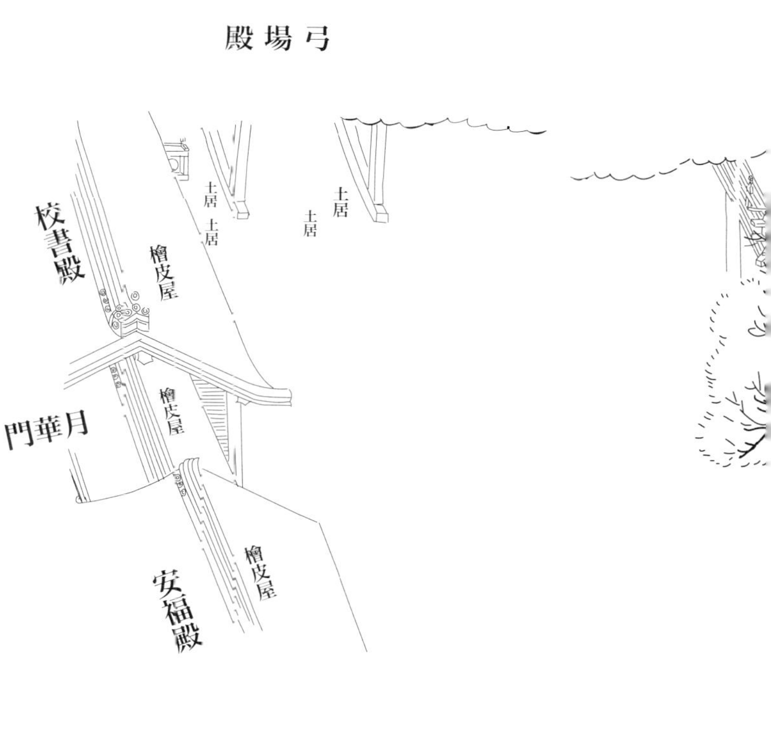

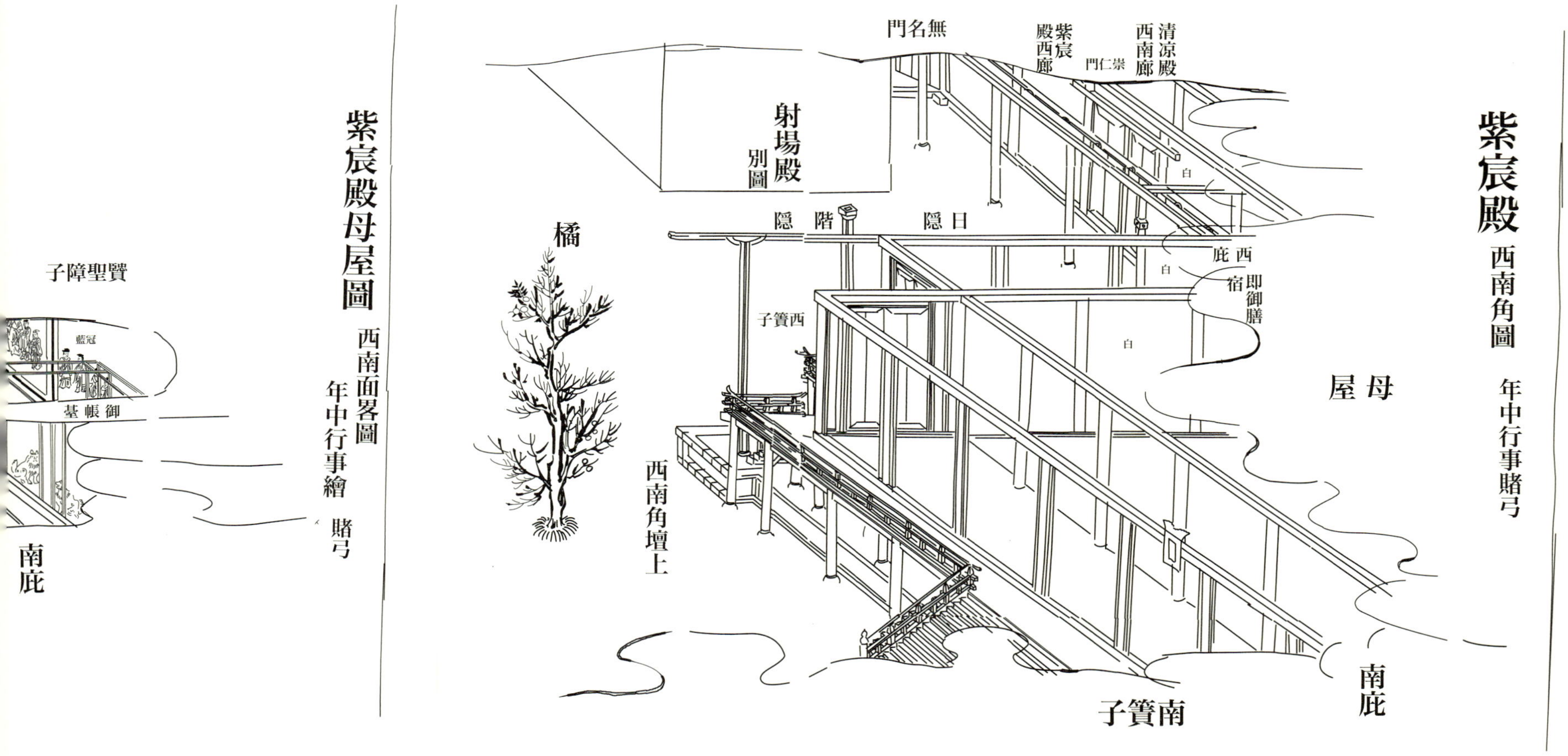


〈10〉紫宸殿 4

〈13〉弓場殿

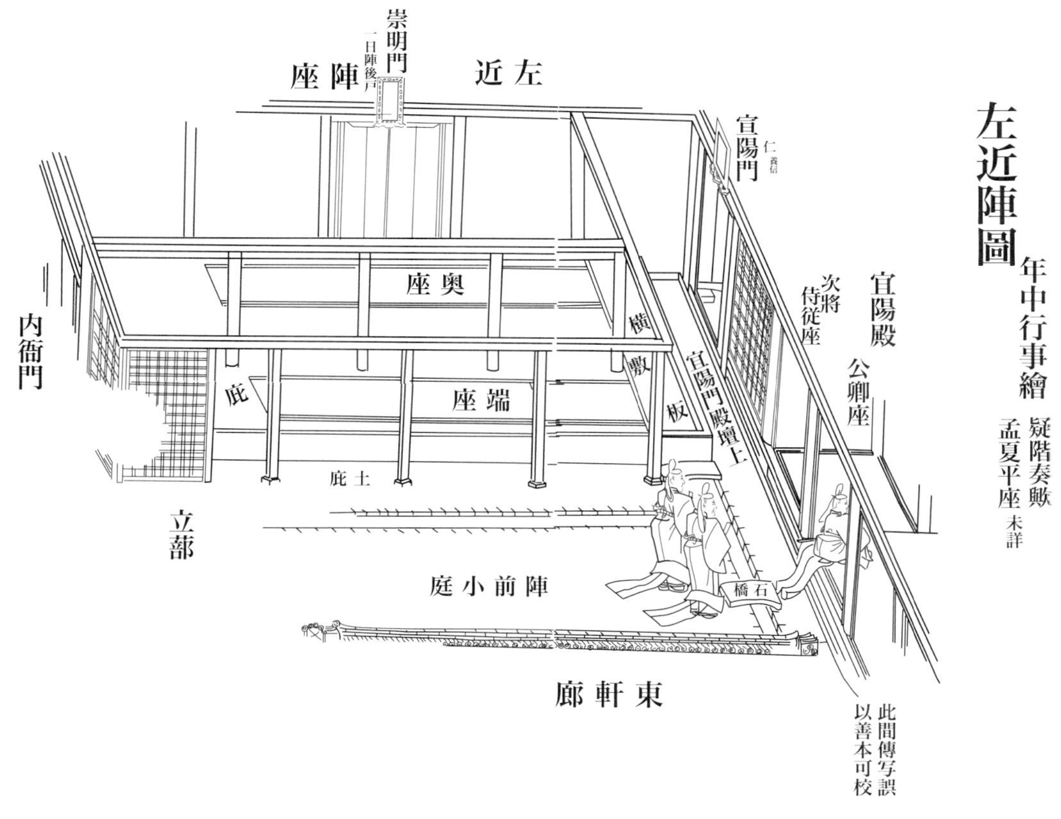


〈12〉左近陣

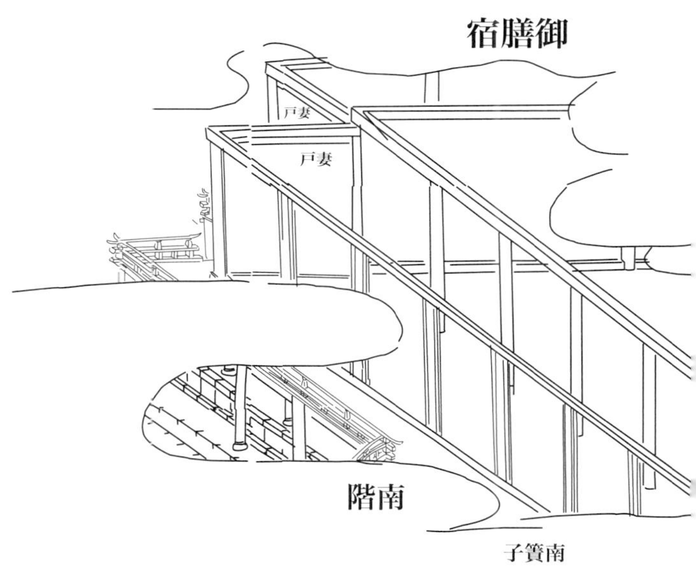


〈11〉紫宸殿 5

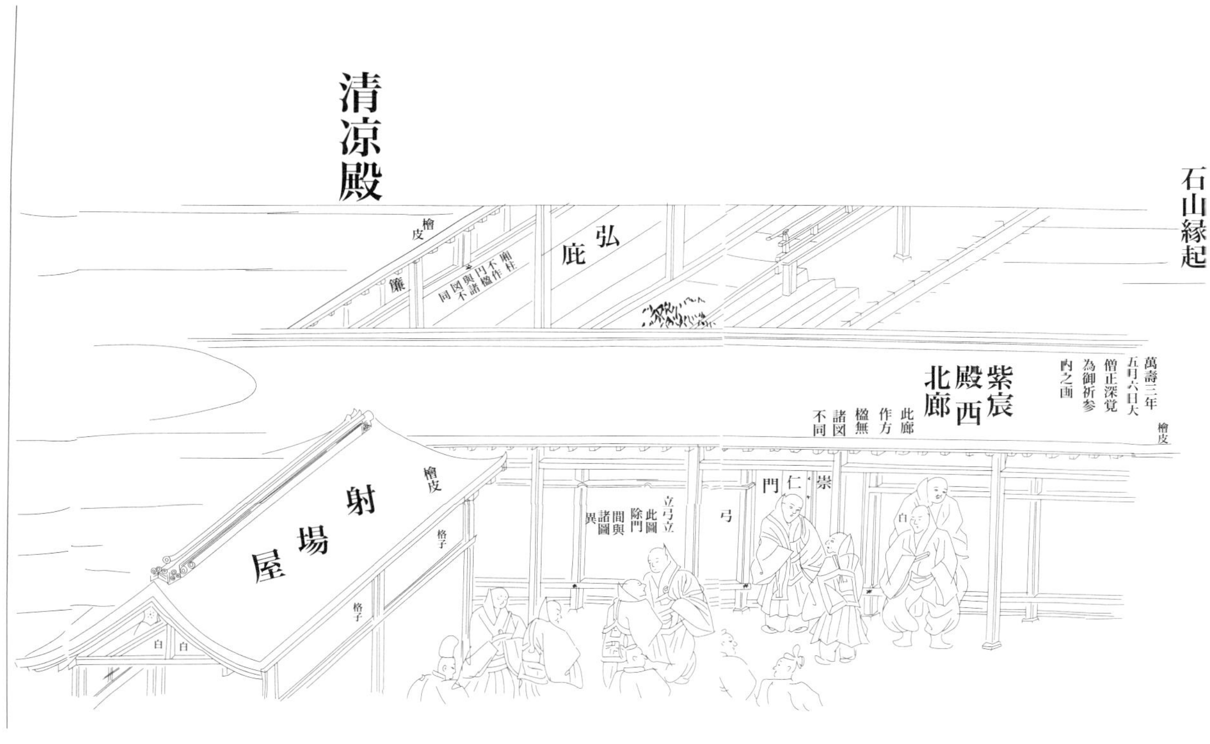


〈14〉紫宸殿西北廊・弓場殿・清涼殿

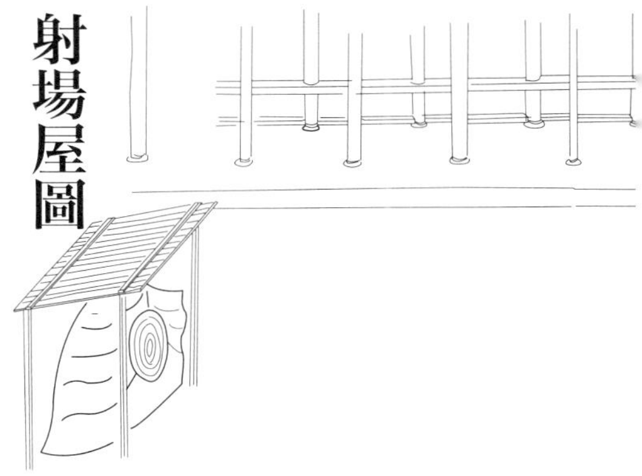

〈15〉紫宸殿 6

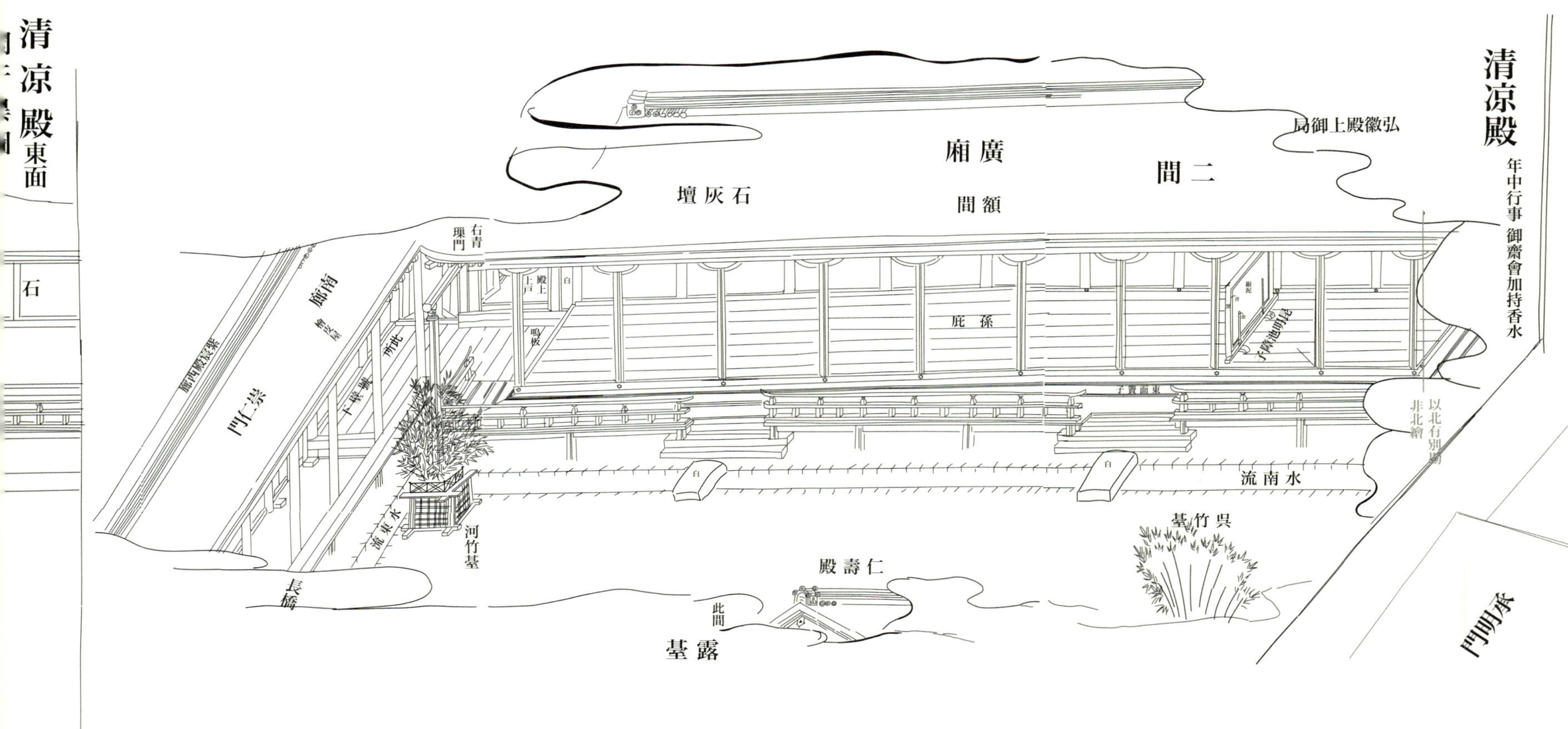


〈18〉清涼殿 1

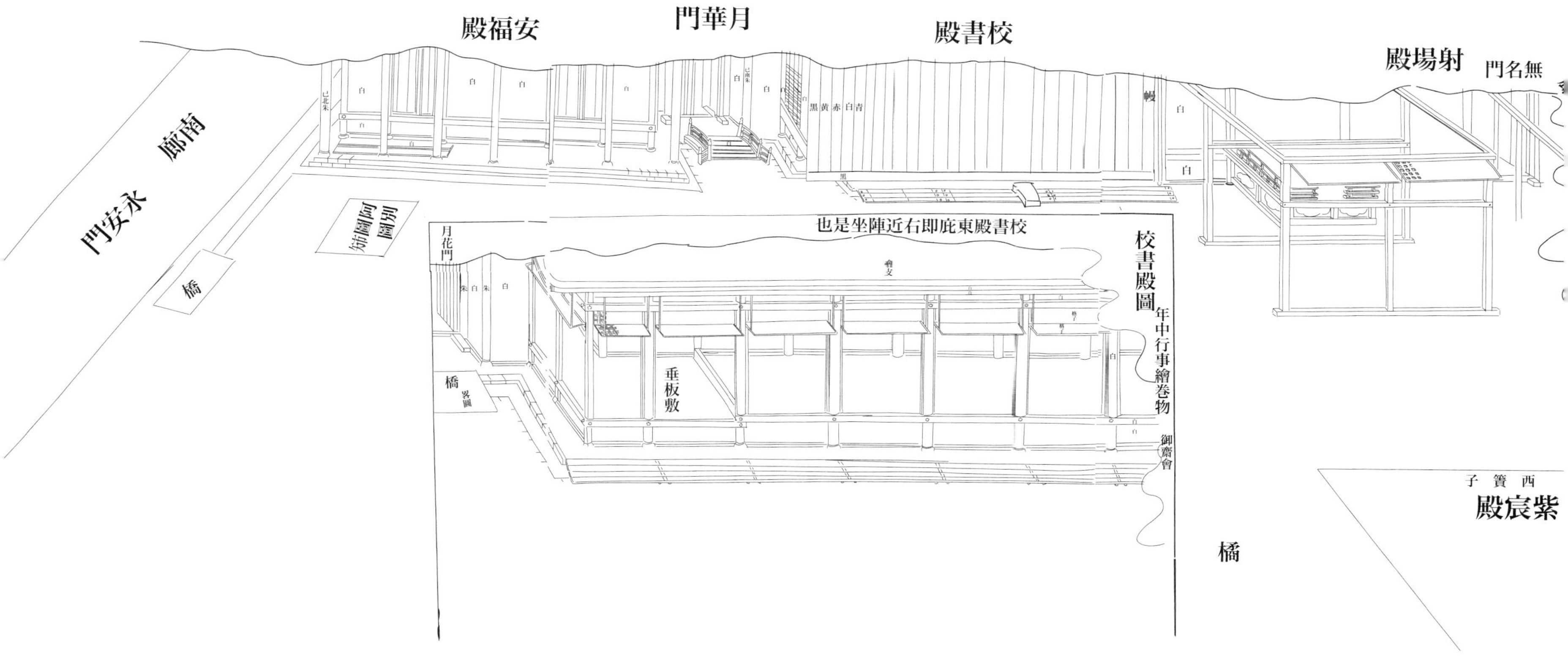


〈17〉校書殿

〈16〉弓場殿・校書殿・月華門・安福殿

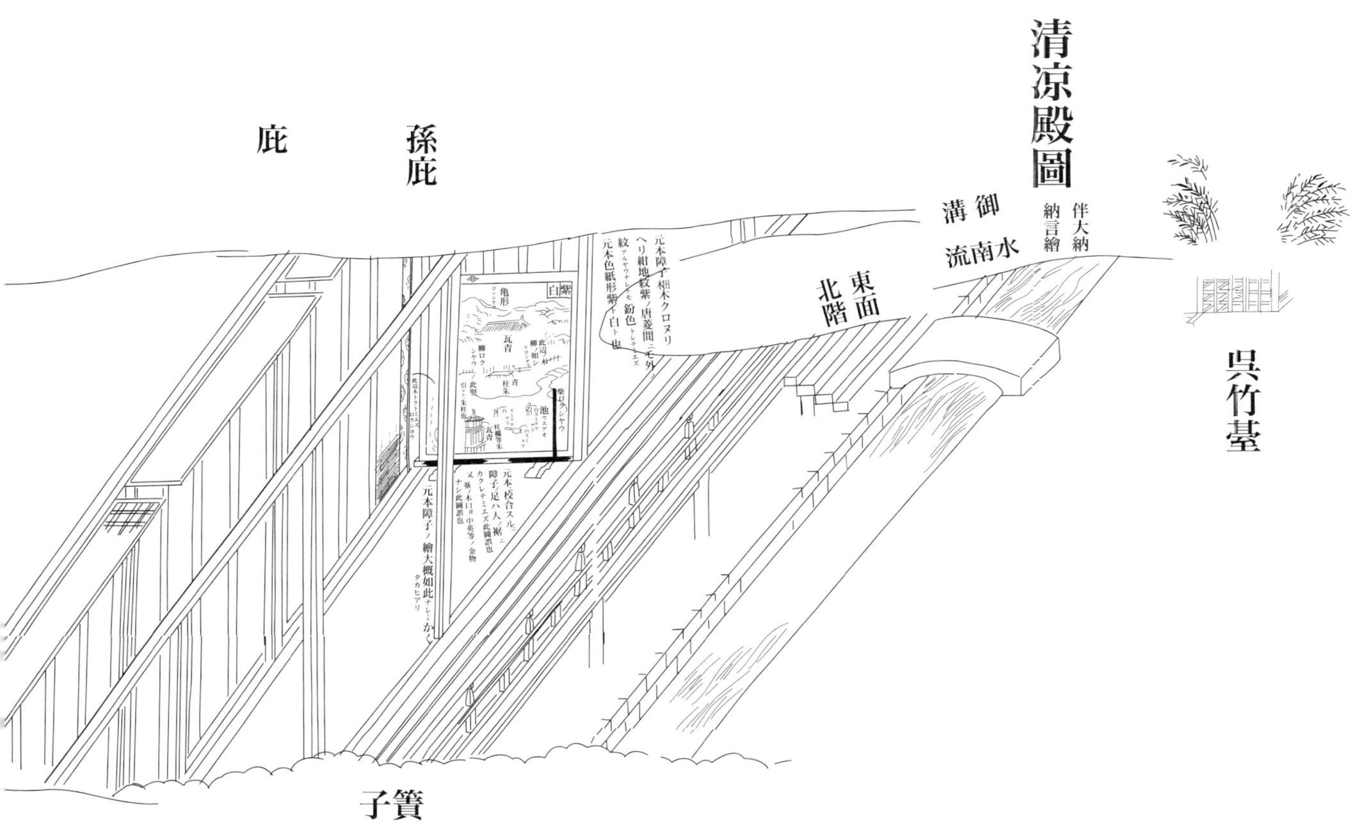


〈23〉清涼殿 6

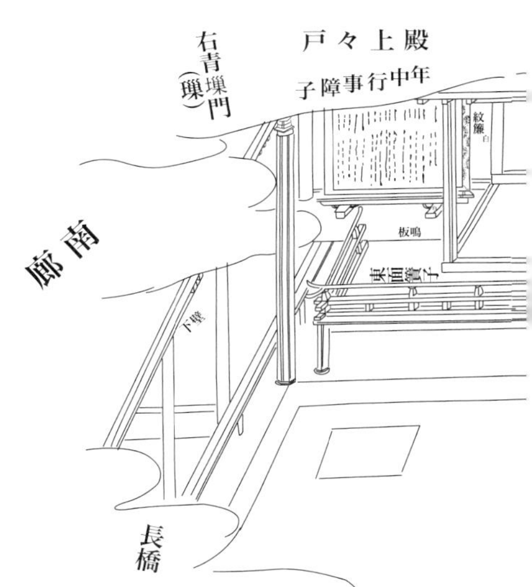


〈19〉清涼殿 2

清涼殿圖
建保六年
中殿和歌御會繪
巻物 繪 信實朝臣

〈23〉清涼殿 6

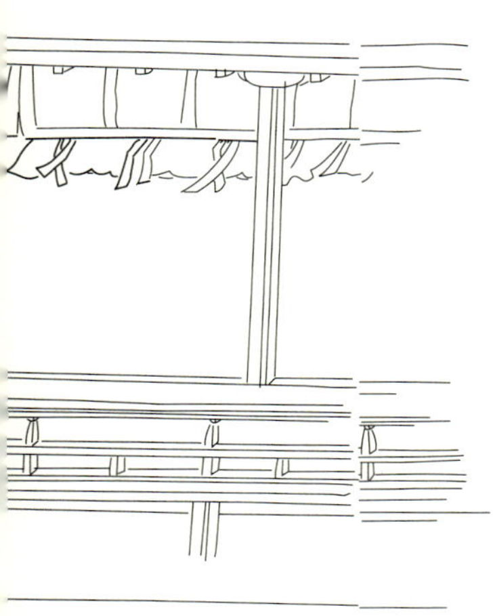

清涼殿圖
志貴山縁起繪

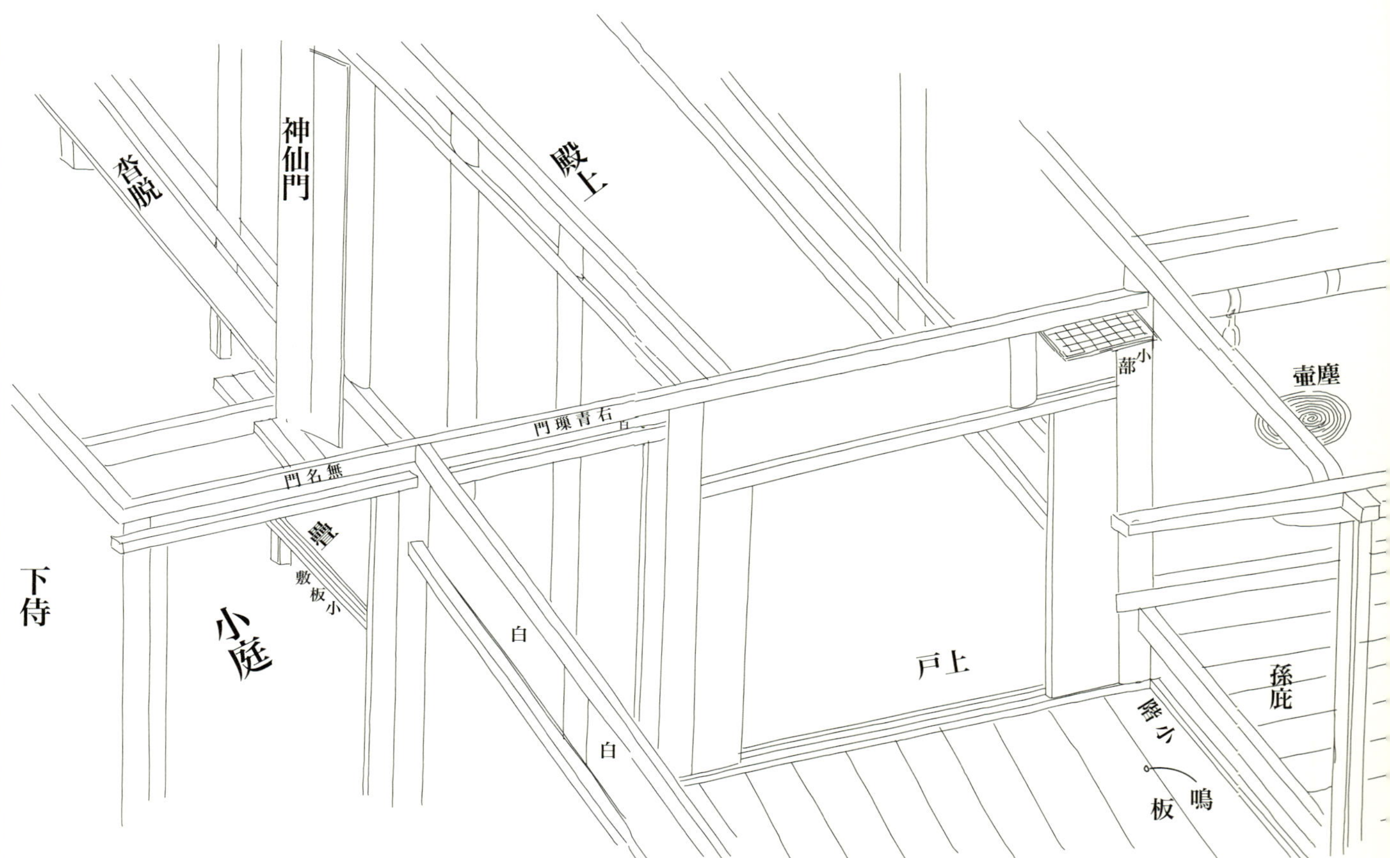

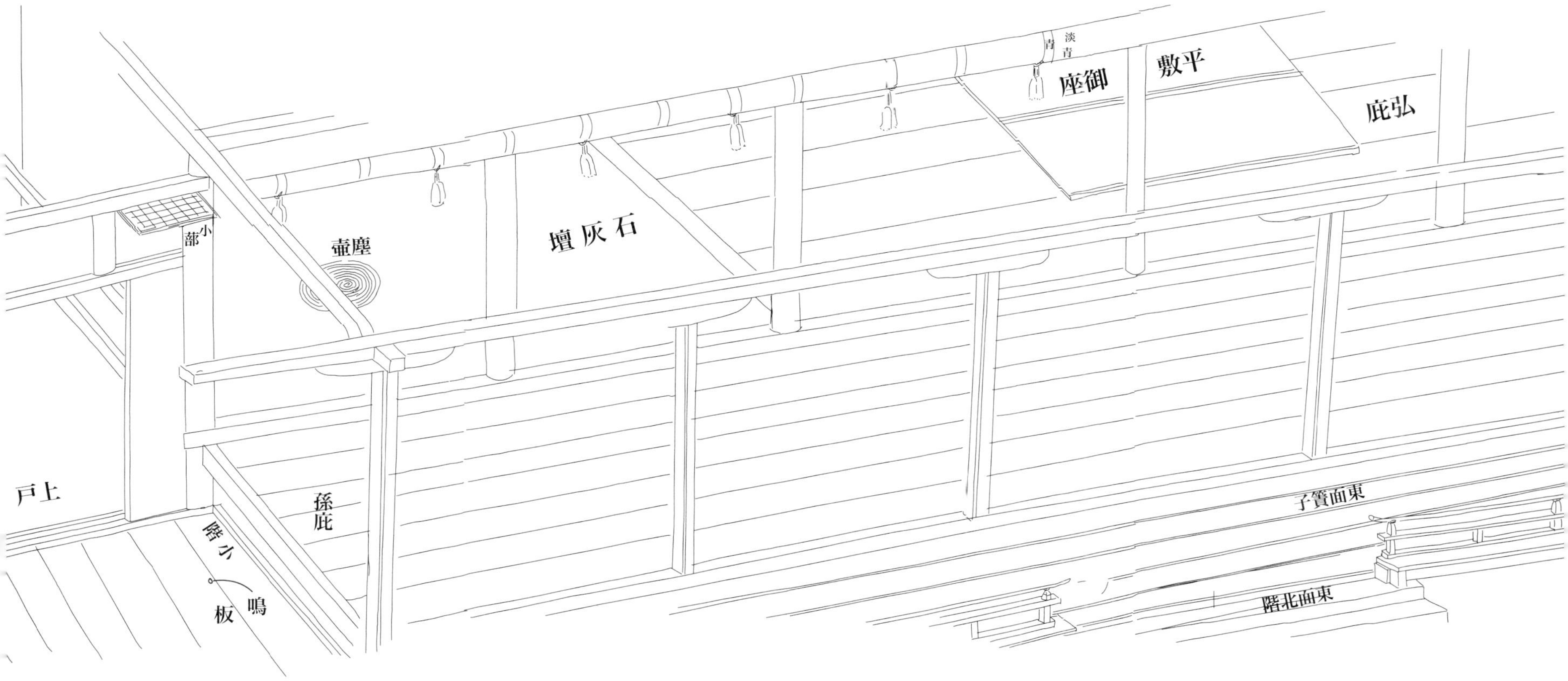


〈24〉清涼殿 7

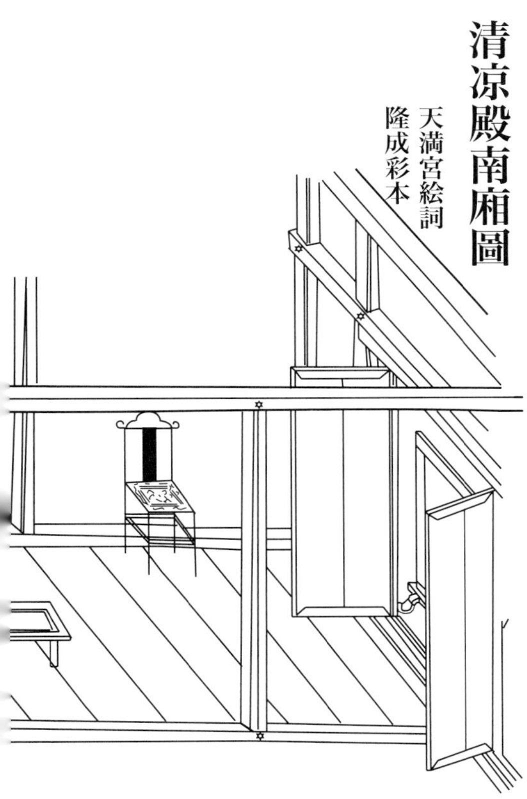


〈26〉清涼殿 9

〈25〉清涼殿 8

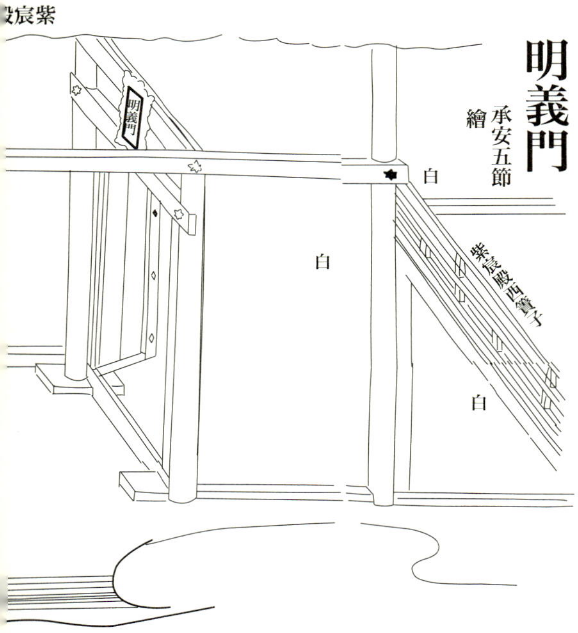


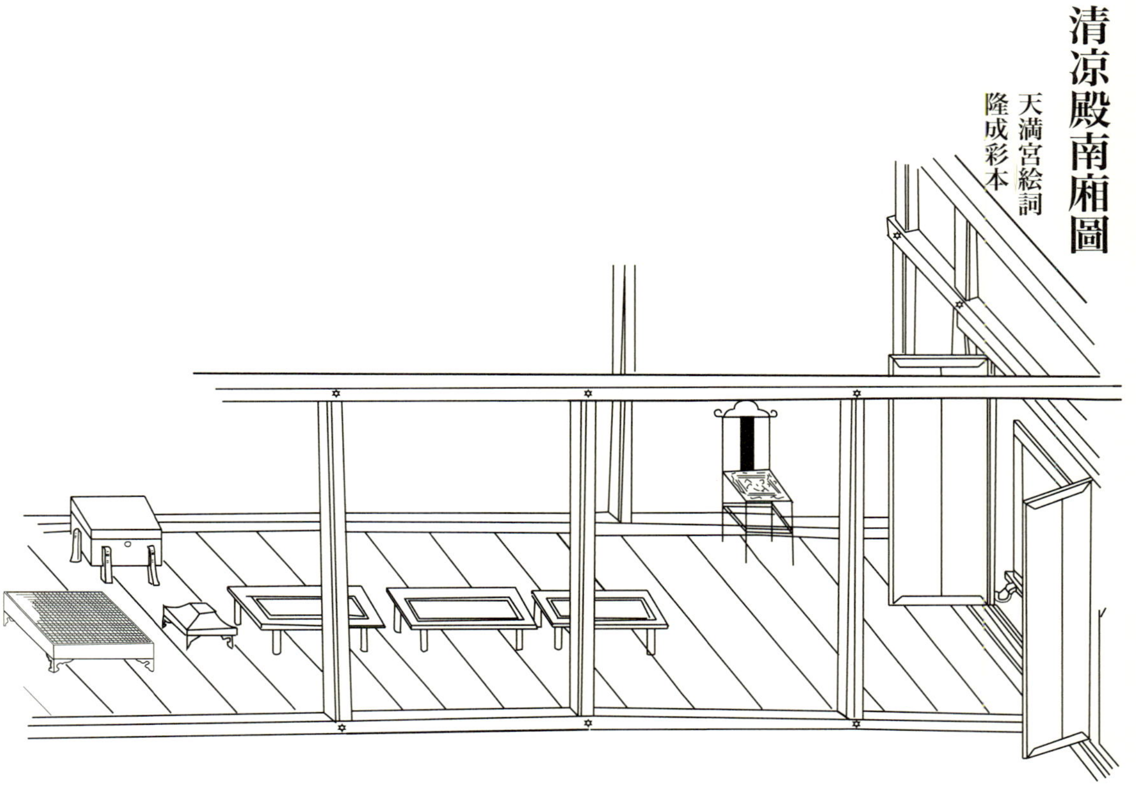


〈26〉清涼殿 9

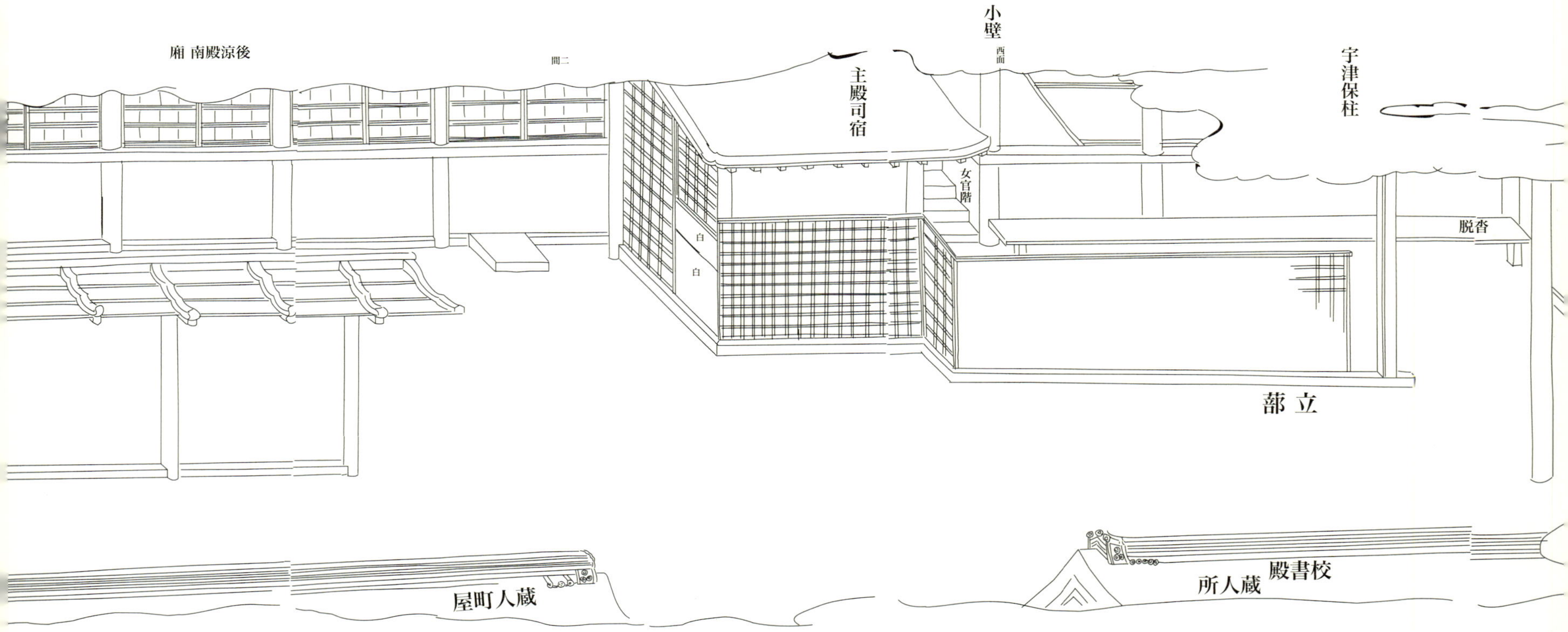


〈28〉清涼殿 11（明義門西方）

〈28〉清涼殿 11（明義門西方）

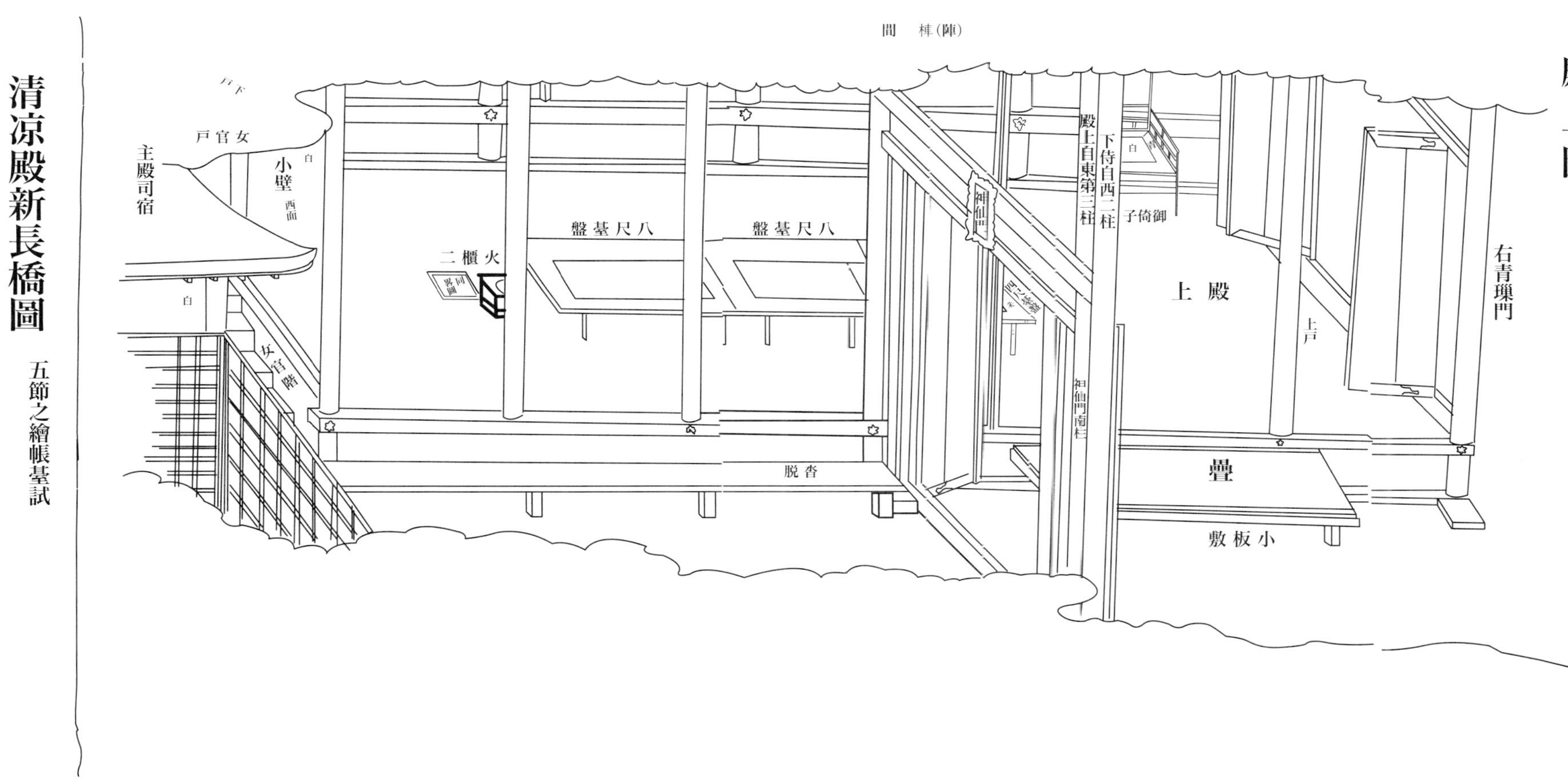


〈29〉清涼殿 12（殿上）

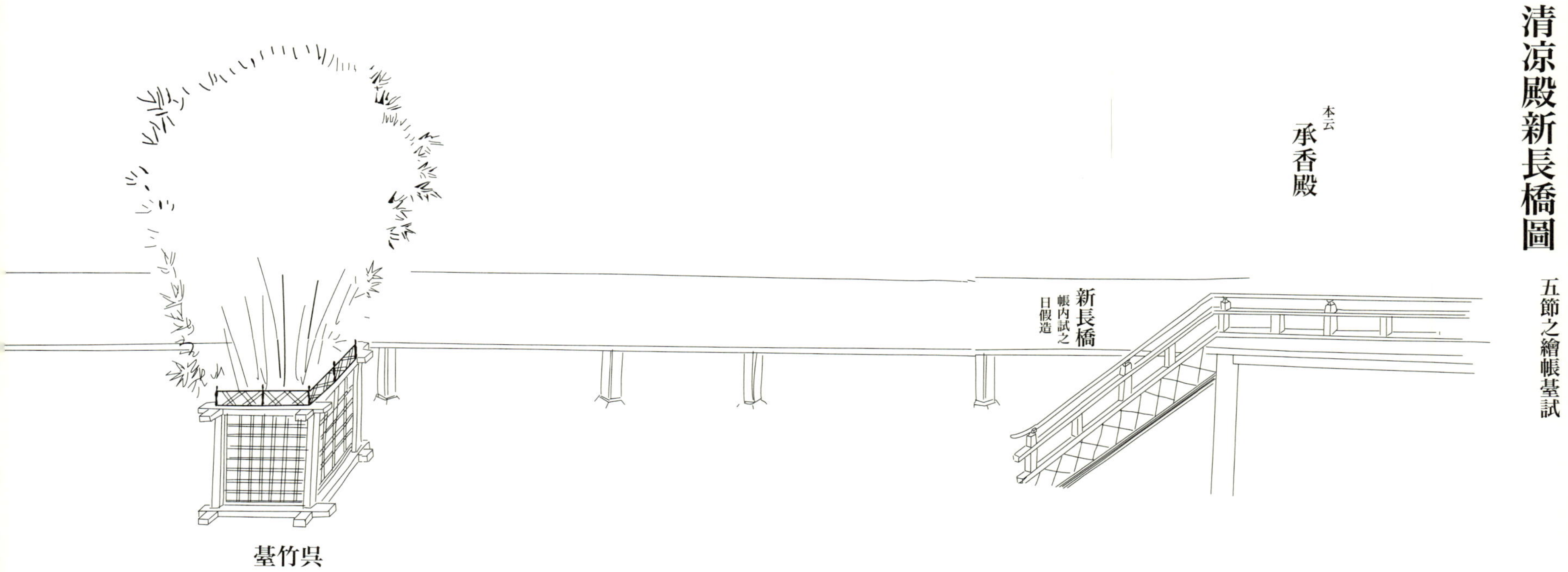


〈30〉清涼殿 13（清涼殿新長橋）

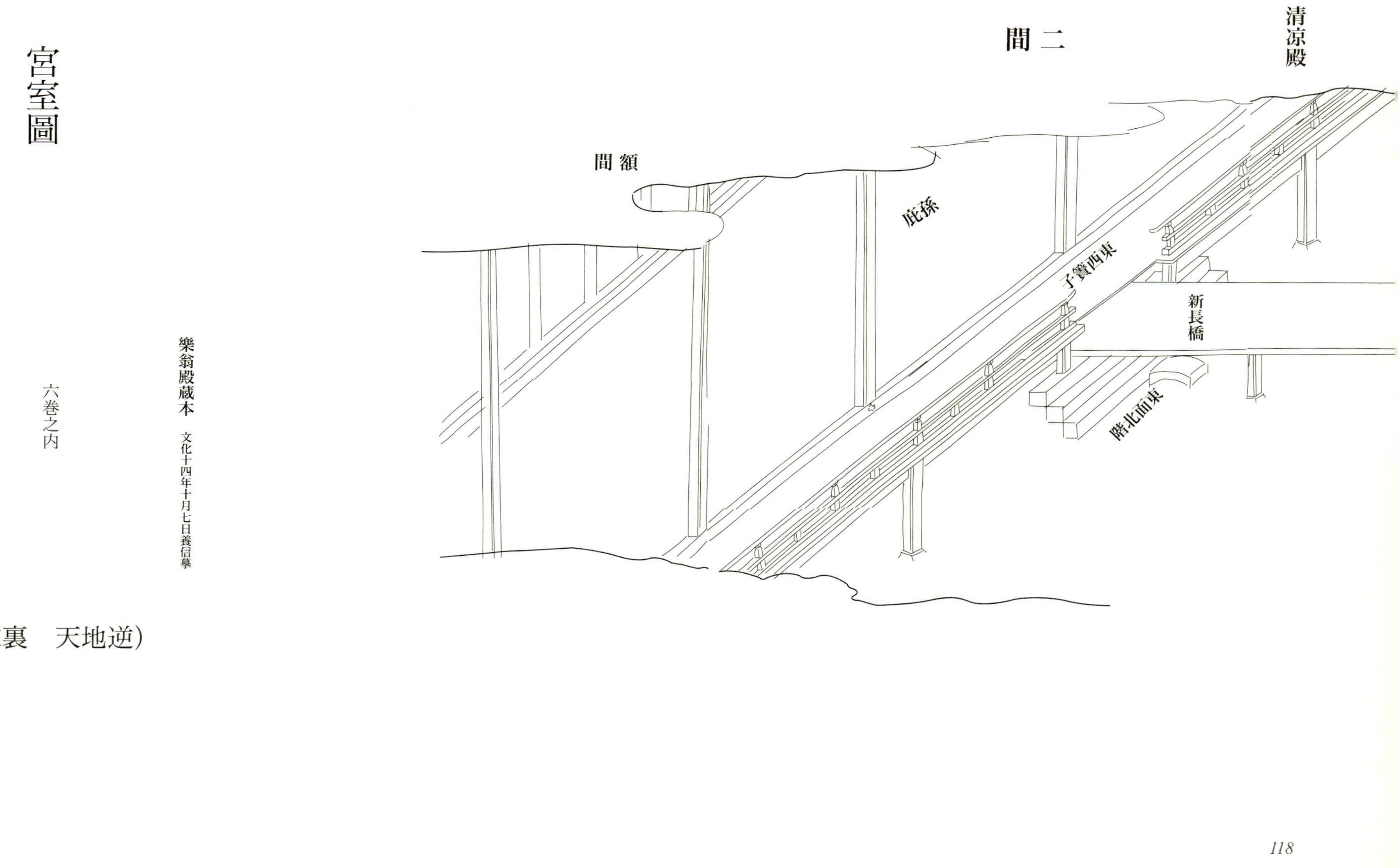


巻末裏　天地逆）

# 宮室圖（巻三）

裏松入道所輯

三

（外題）

仙洞圖（年中行事繪） 又（同） 關白第圖 院御棧敷圖（同 大臣第圖 亀山院画合巻）

紫野齋院圖（同） 立造所酒部所圖（同） 渡殿階圖（同）

唐庇圖（同） 有高欄門圖（法然繪） 御棧敷圖（年中行事繪） 三間四面寢殿以下圖（同）

野宮圖（灌頂巻） 釣殿圖（法然繪） 織戸中門圖（同） 押小路殿寢殿圖

大門中門圖（年中行事繪） 車宿圖（同） 板葺棟門圖（同） 織戸中門圖（同）

擧土門圖（同） 又（同） 平門圖（同）

伴大納言第圖（伴大納言絵） 左近馬場圖（年中行事繪） 右近馬場圖（同） 陸奥國々府圖二（後三年軍記）

後京極殿第圖

〈51〉仙洞御所 1

〈52〉仙洞御所 2

仙洞圖　年中行事繪　朝覲行幸

祭出立所之繪中門前遣水
有橋高欄之躰与此橋無異

〈53〉東三条殿 1

〈53〉東三条殿 1

〈54〉東三条殿 2

〈54〉東三条殿2

院御桟敷圖
亀山院繪
文永賀茂祭
本奥書云
此繪亀山院御繪合之時
経業卿所調進也 云々
面為信卿訶定成朝臣書之
元徳二年閏
圖日子
年中行事繪
紫野齋院

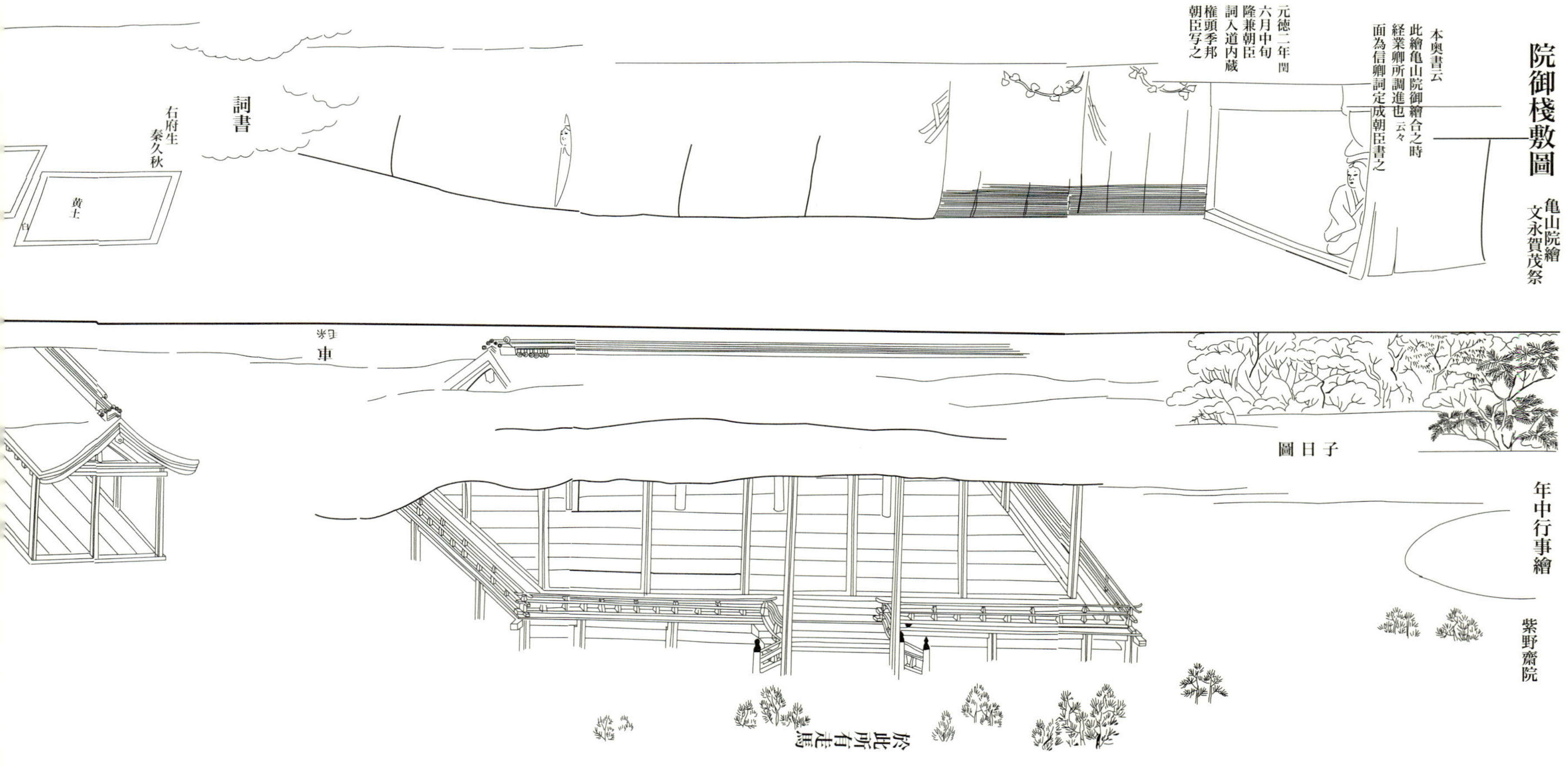


| 〈55〉 |
| --- |
| 〈56〉 |

〈56〉関白賀茂詣の馬場舎　〈55〉院御桟敷

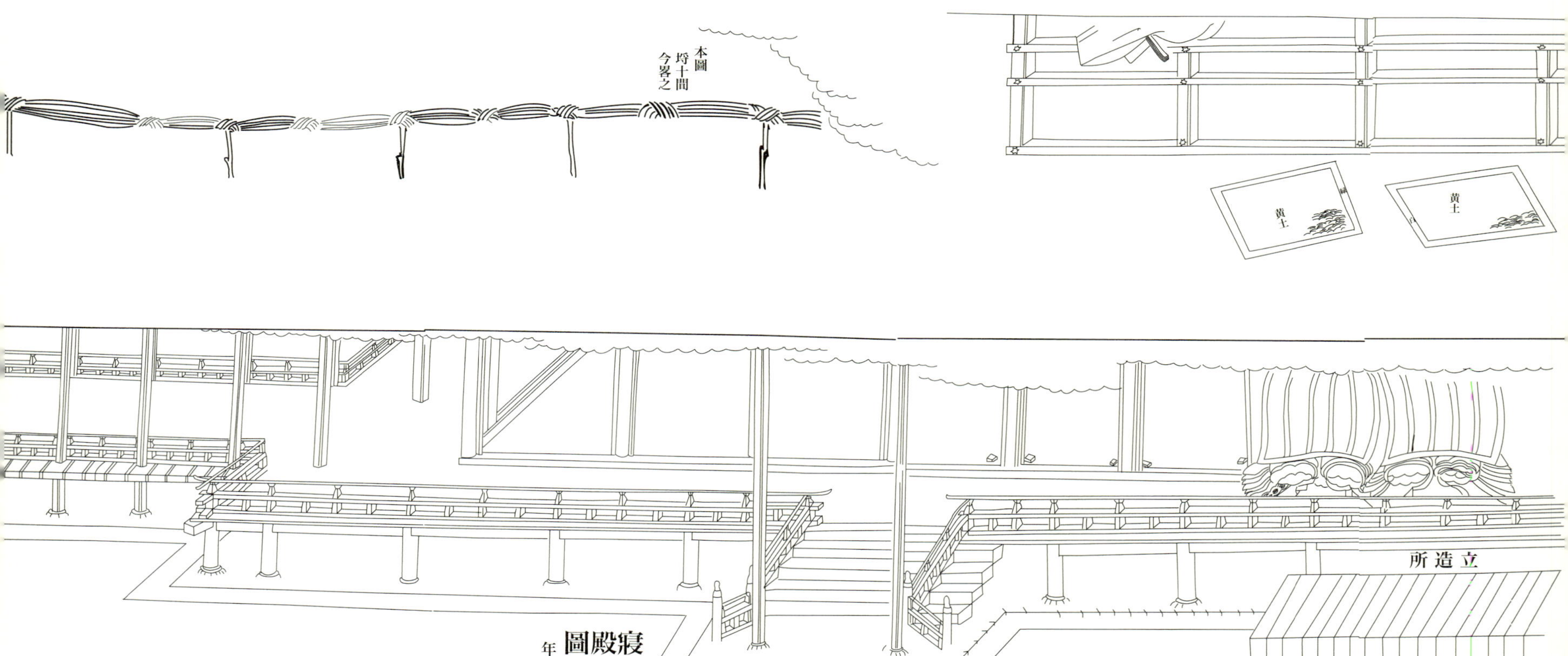


〈57〉東三条殿 3

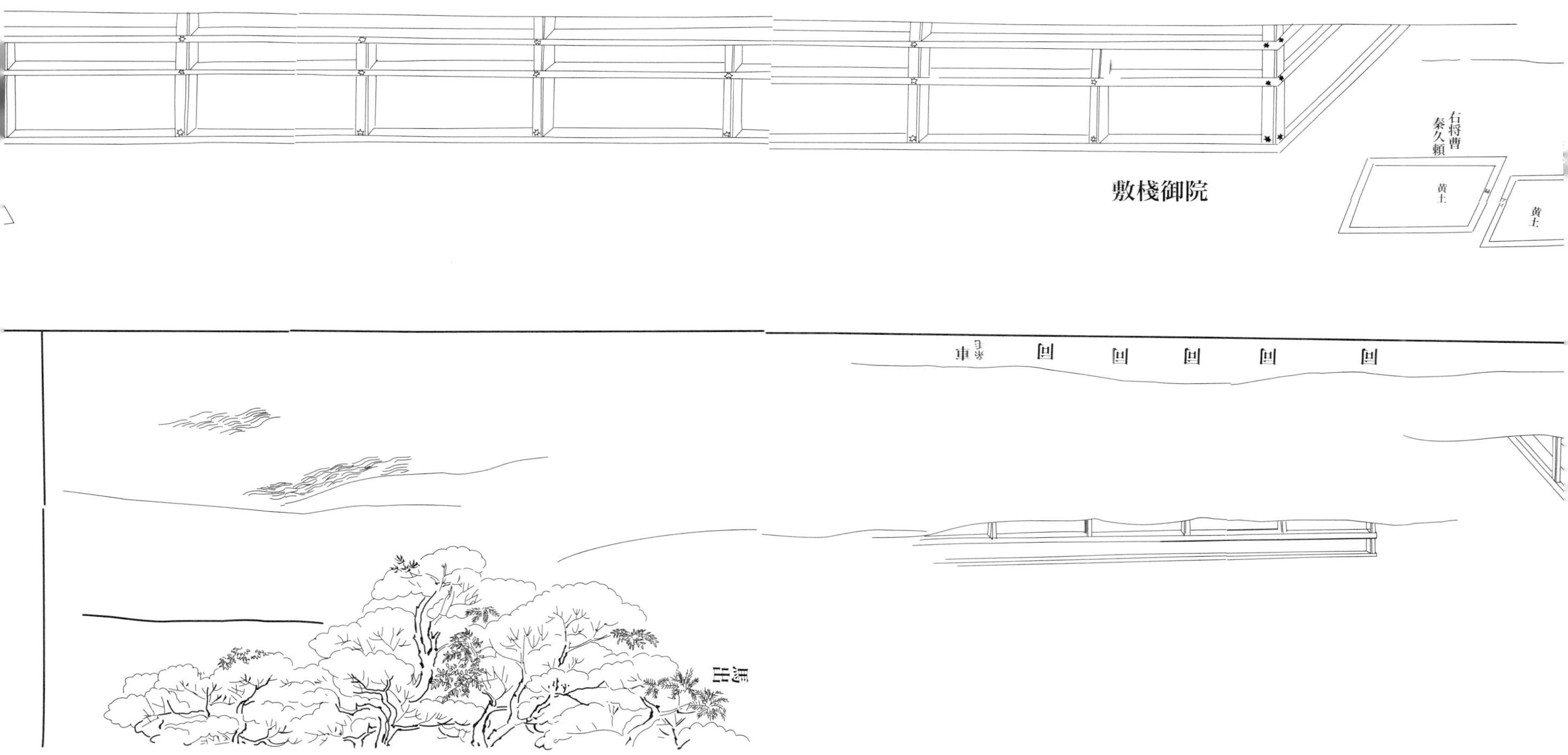


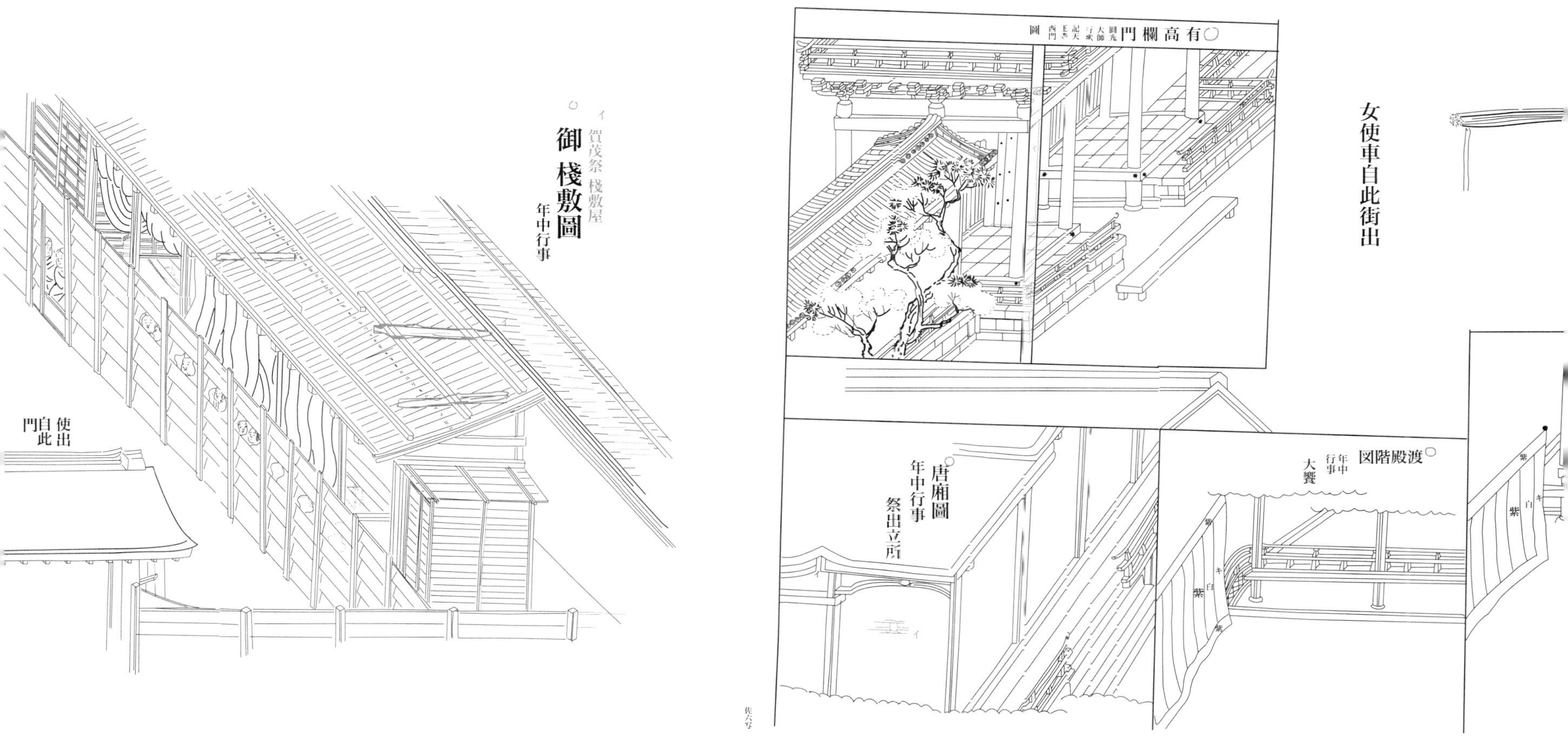


〈61〉賀茂祭の桟敷

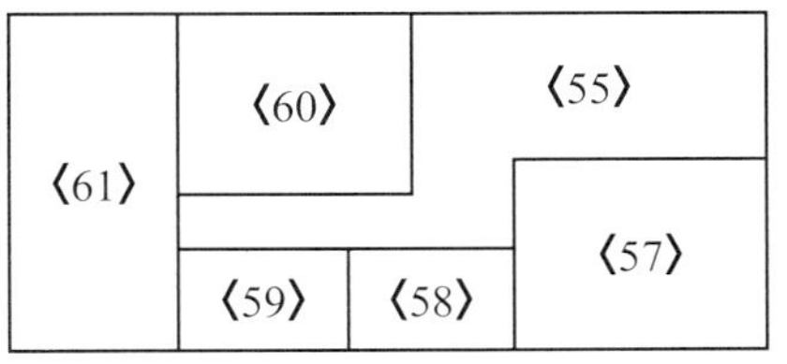


〈60〉四天王寺西門

〈59〉東三条殿 5（唐庇）

〈58〉東三条殿 4（渡殿階）

〈61〉賀茂祭の桟敷

〈61〉賀茂祭の桟敷

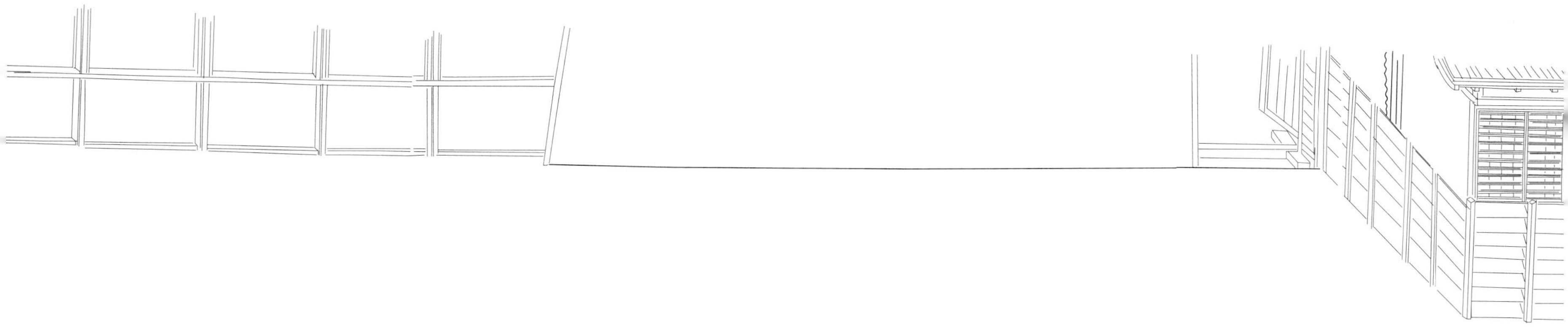
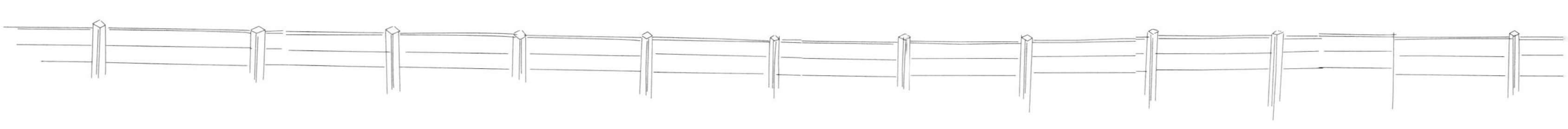

〈61〉賀茂祭の桟敷

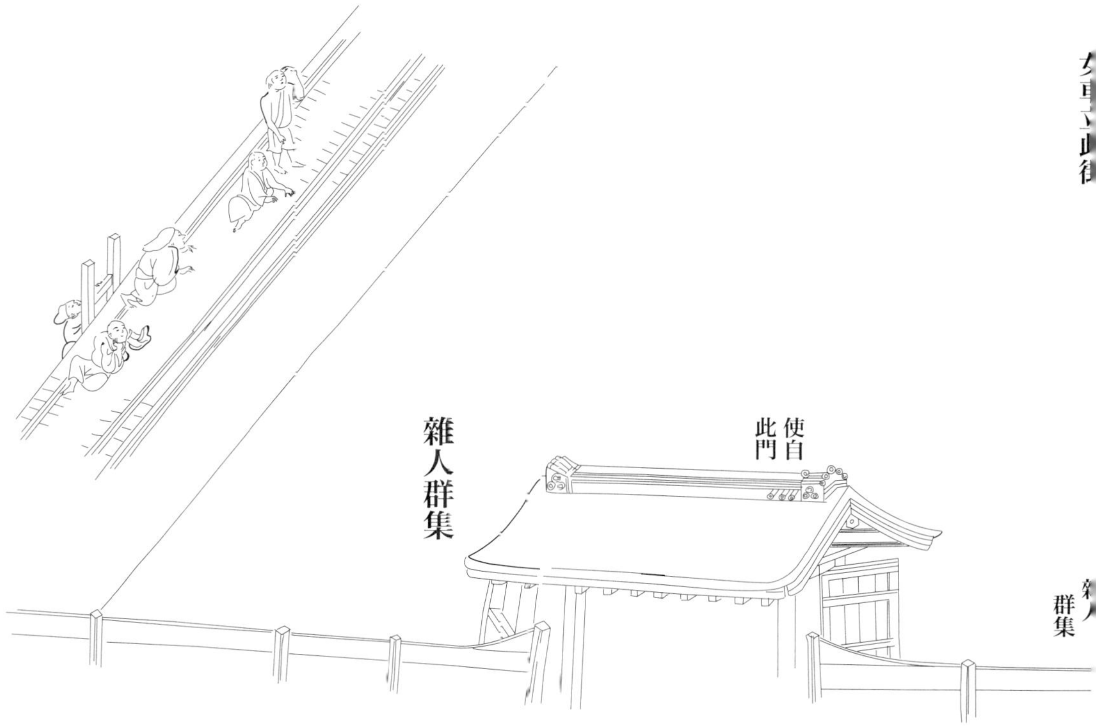


右宮室圖裏松入道所輯
前越中守樂翁殿蔵本也
文化十三年六月二日 摹養（花押）

宮室圖

（巻末裏　天地逆）

（巻四）

宮室圖

裏松入道所輯

四

（外題）

（頭文目録　なし）

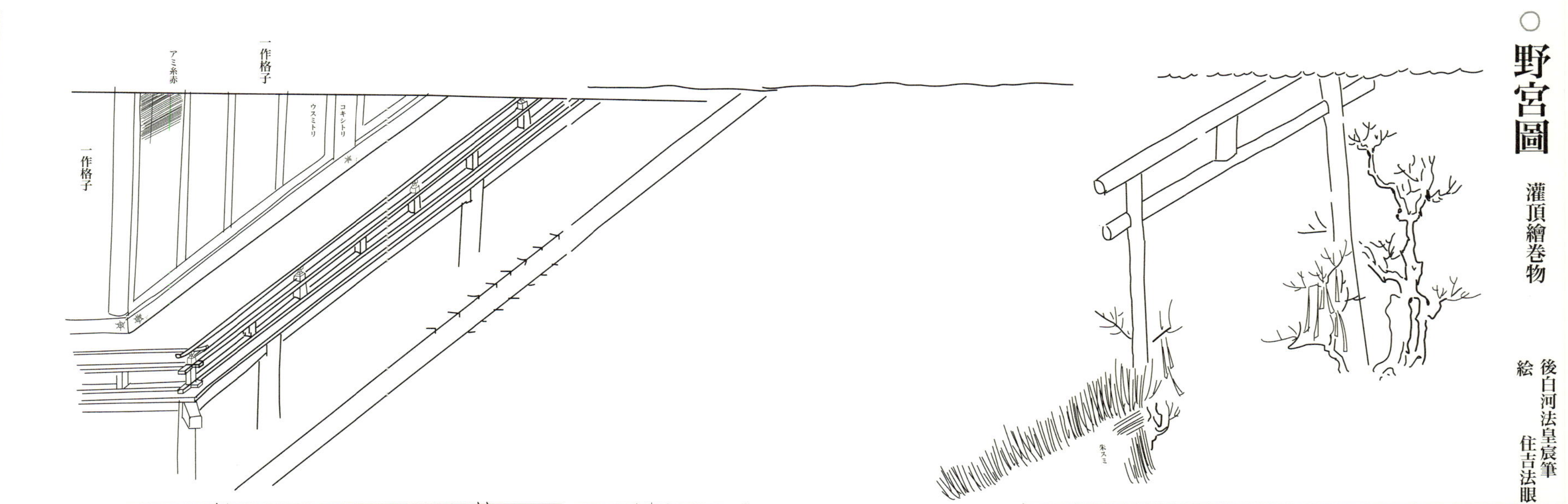


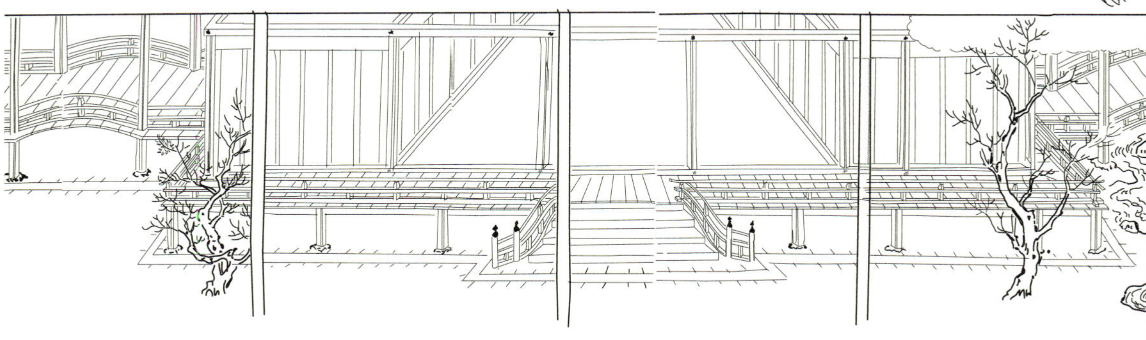


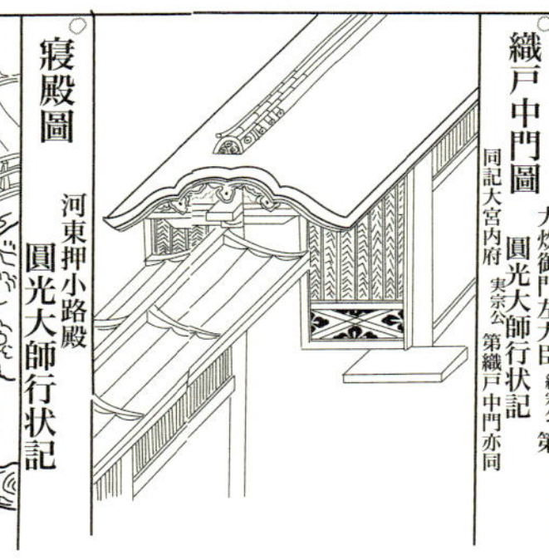


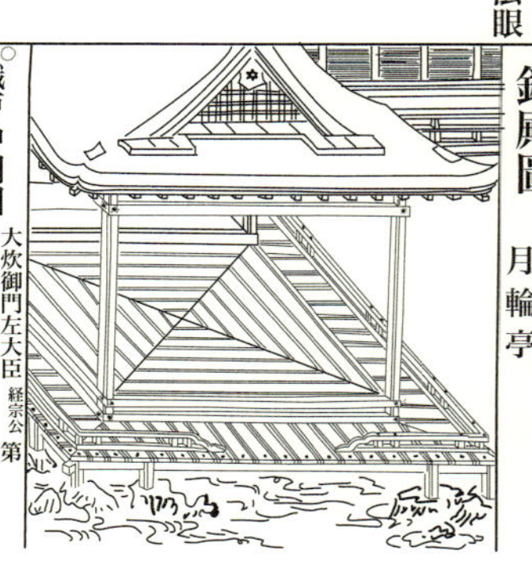


<table>
<tr><td colspan="3">〈63〉</td></tr>
<tr><td>〈66〉</td><td>〈65〉</td><td>〈64〉</td></tr>
</table>

〈63〉野宮

〈66〉白川押小路殿寝殿

〈65〉織戸中門 1

〈64〉釣殿

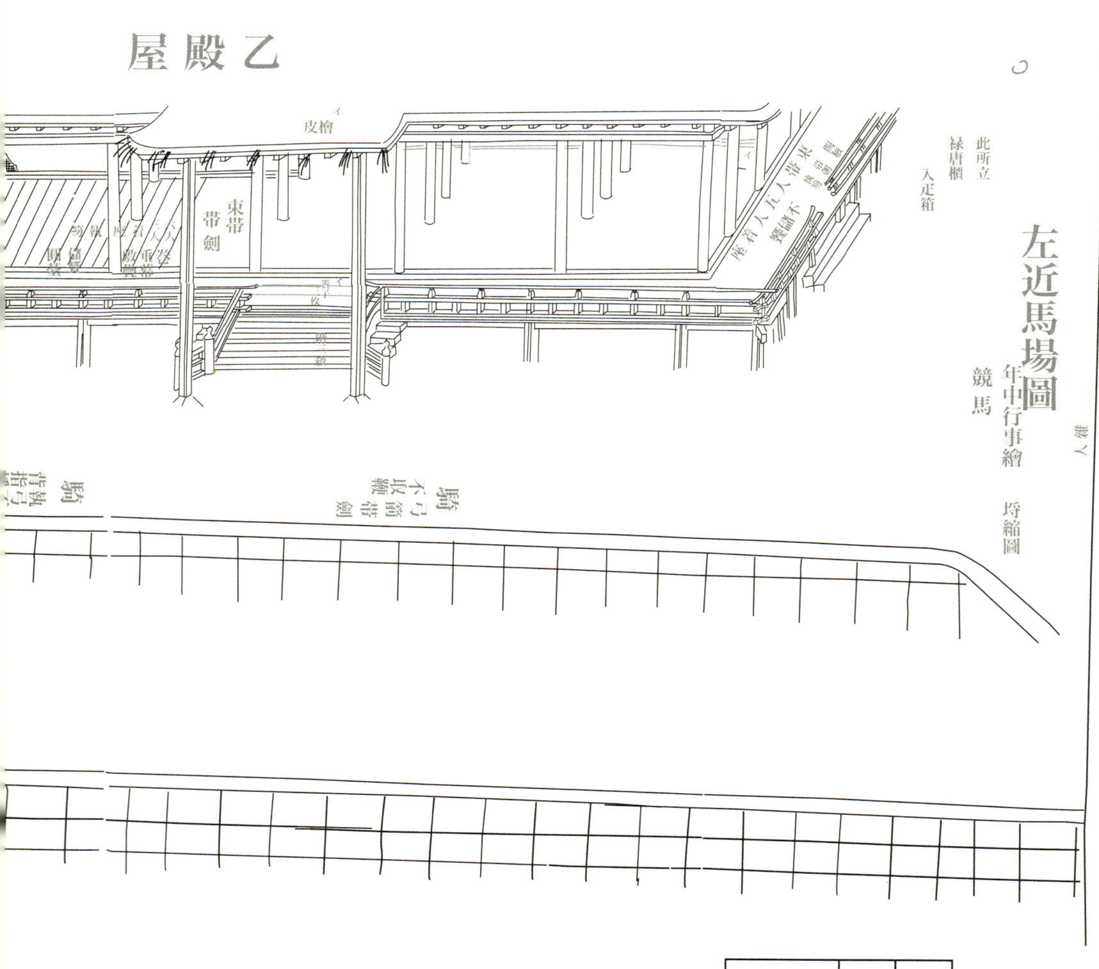


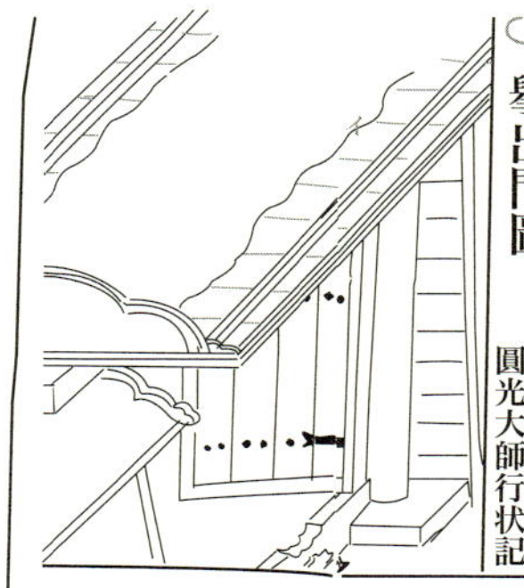


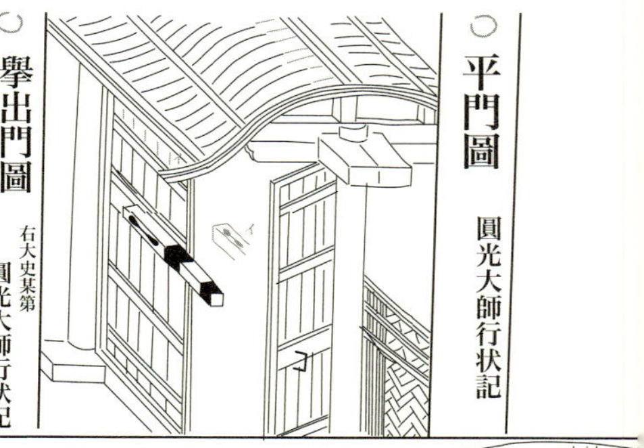


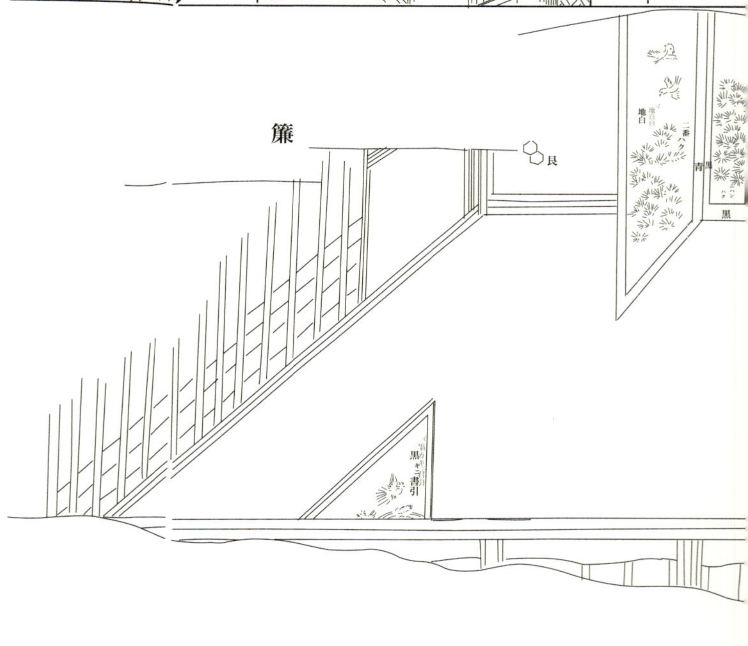


<table>
<tr><td rowspan="2">〈76〉</td><td>〈73〉</td><td>〈72〉</td></tr>
<tr><td colspan="2">〈75〉</td></tr>
</table>

〈76〉左近馬場

〈73〉上土門 2

〈72〉平唐門

〈75〉伴大納言邸

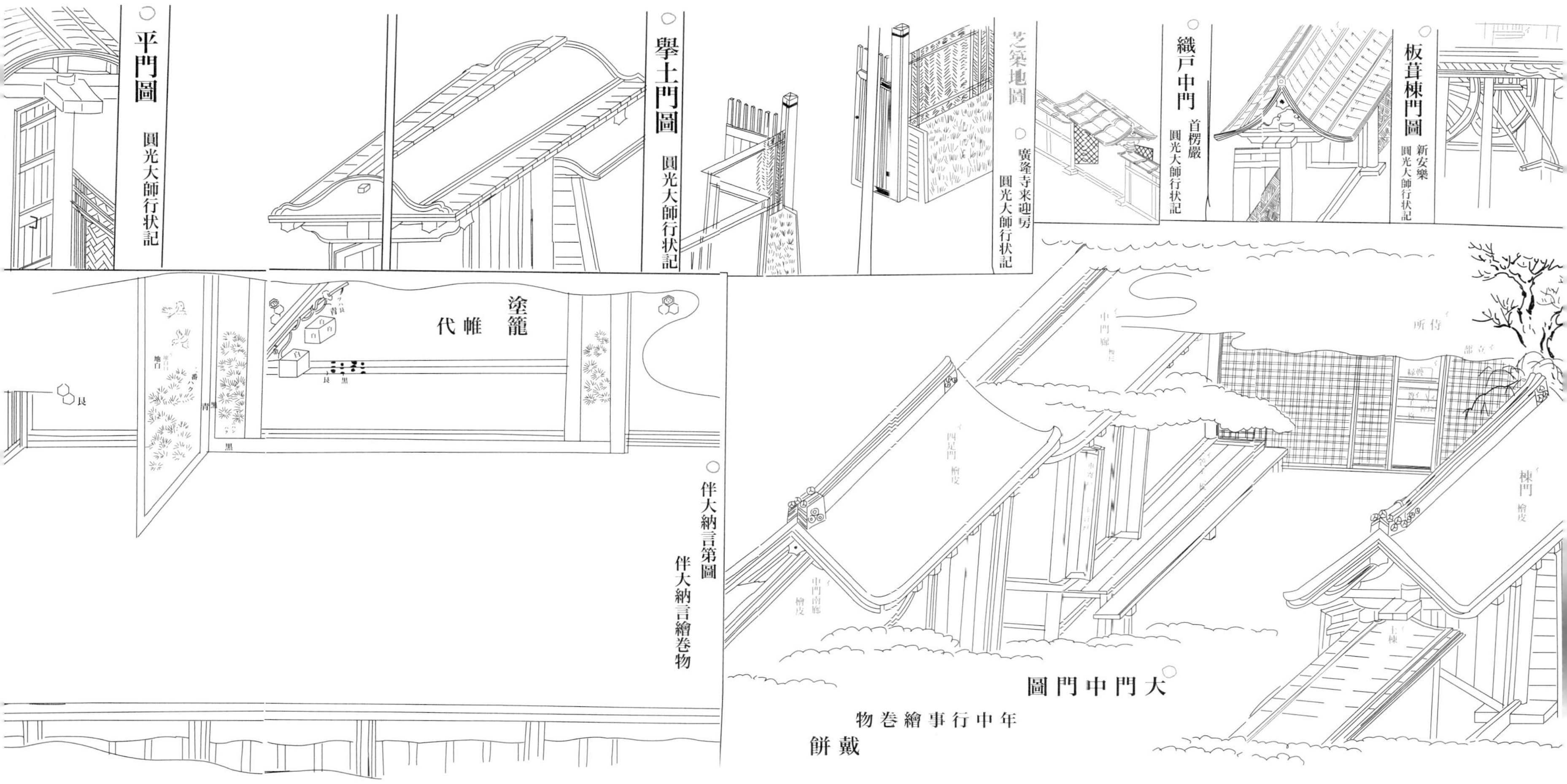


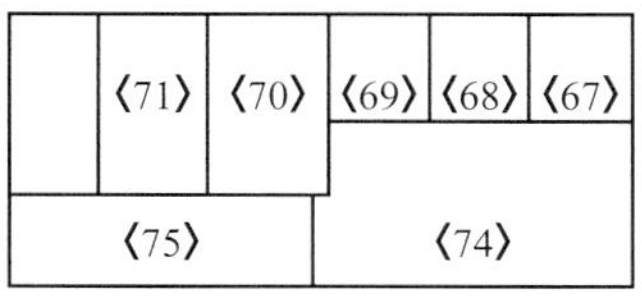


〈71〉上土門 1　〈70〉広隆寺来迎房の門　〈69〉織戸中門 2　〈68〉板葺棟門　〈67〉車宿

〈75〉伴大納言邸　〈74〉六月祓の表門と中門

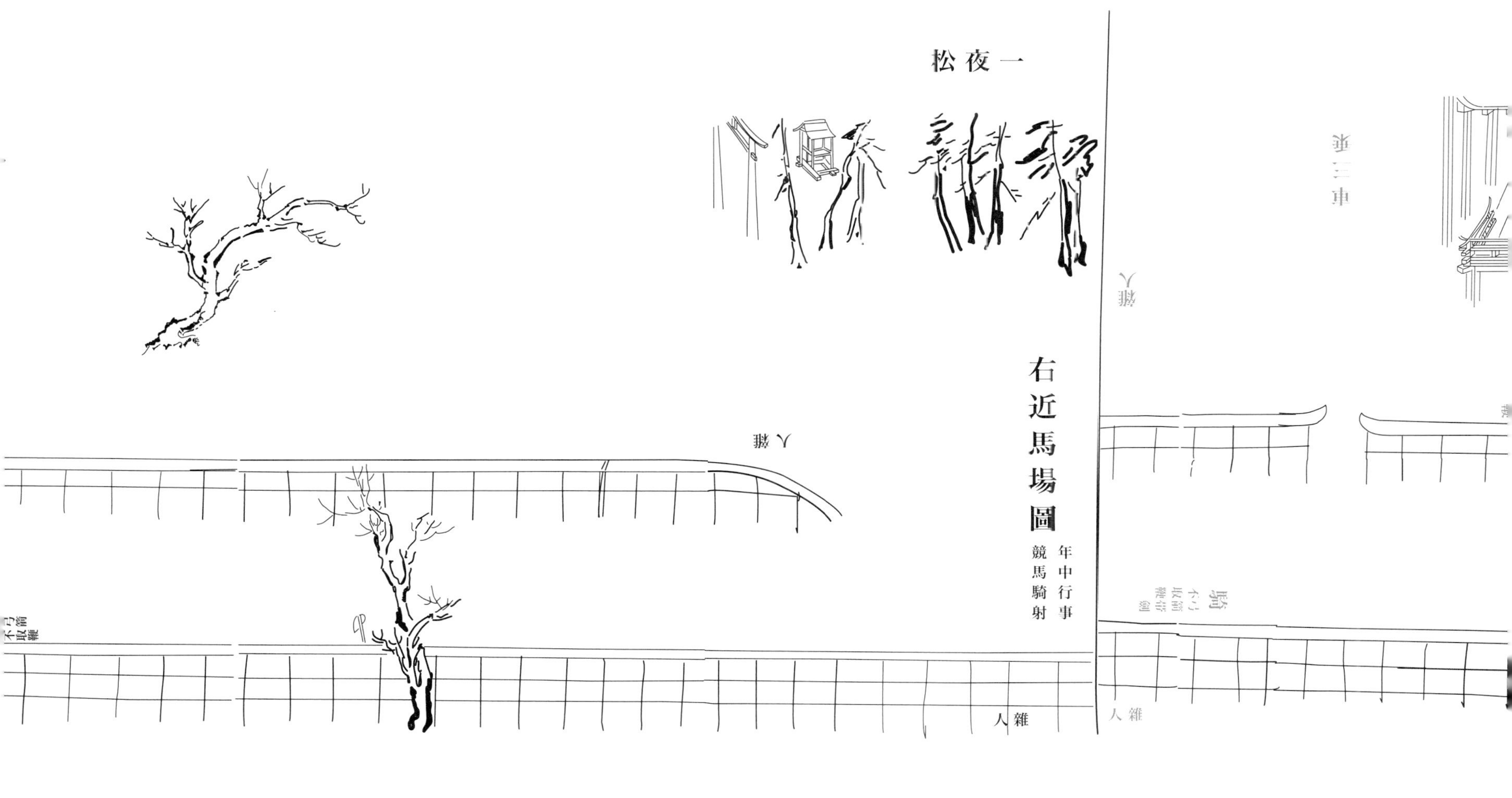


〈77〉右近馬場

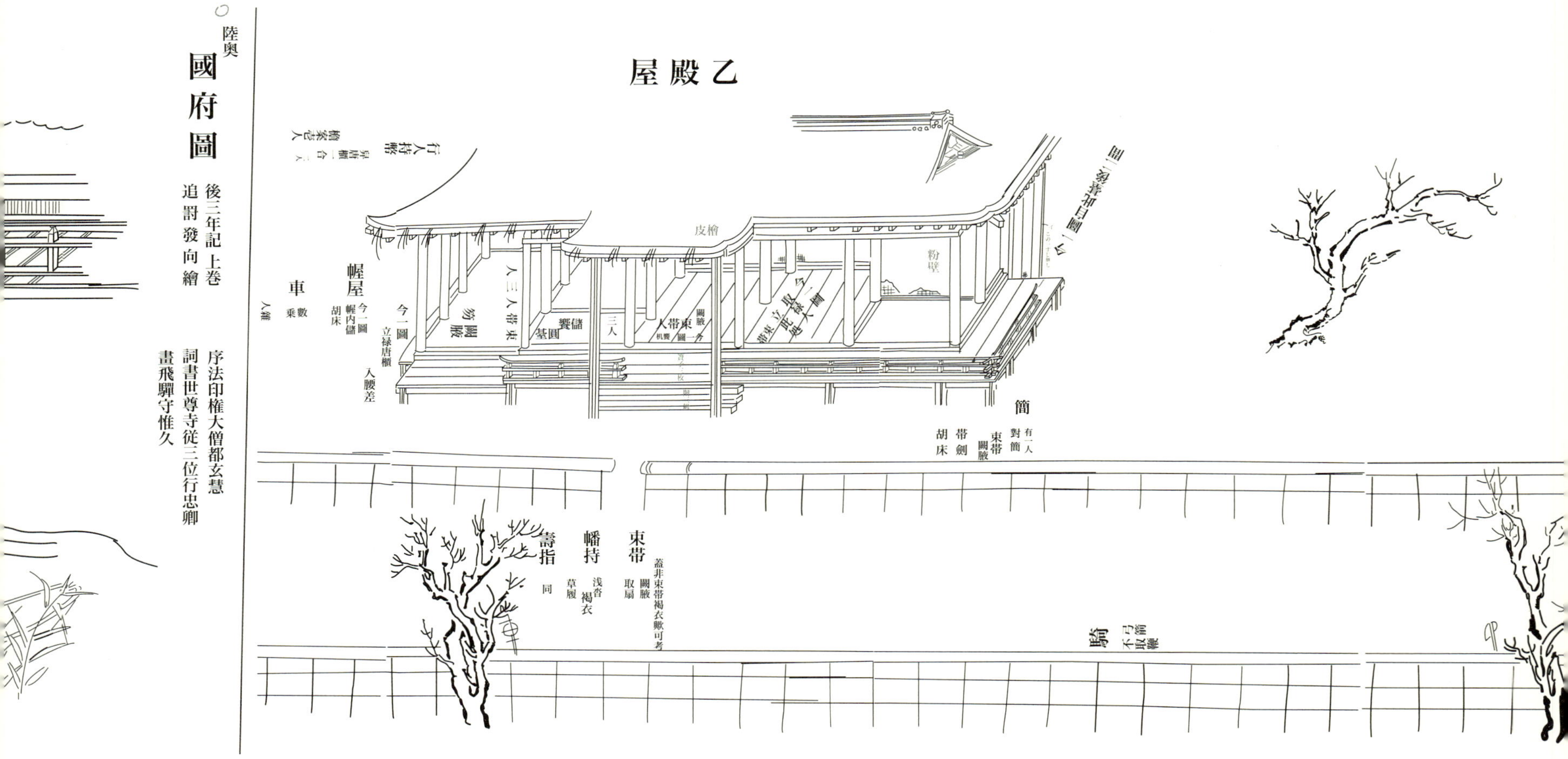
陸奥國府圖
後三年記上巻
追討發向繪
序法印権大僧都玄慧
詞書世尊寺従三位行忠卿
畫飛驒守惟久
乙殿屋
幄屋
車
簡
東帯
幡持
壽指
騎

〈77〉右近馬場

右宮室圖 裏松入道所輯
前越中守樂翁殿蔵本也

〈78〉陸奥国国府 1

# 宮室圖　上

（外題）

大内裏圖巻第一

東京圖　左京圖
右京圖　四行八門圖
坊保圖　南都所傳大内裏圖
大内裏圖　又
醍醐水本坊屛風圖大内裏圖
同千分一之圖　大内裏中隔圖
寶泉院藏大内裏圖　又大圖
又　水本坊大内裏圖
八省院圖　又大圖

豊樂院圖　異本殿舎圖
清涼殿古本　考訂圖
寛政六年三月一日清涼殿鋪設圖

右目録尾

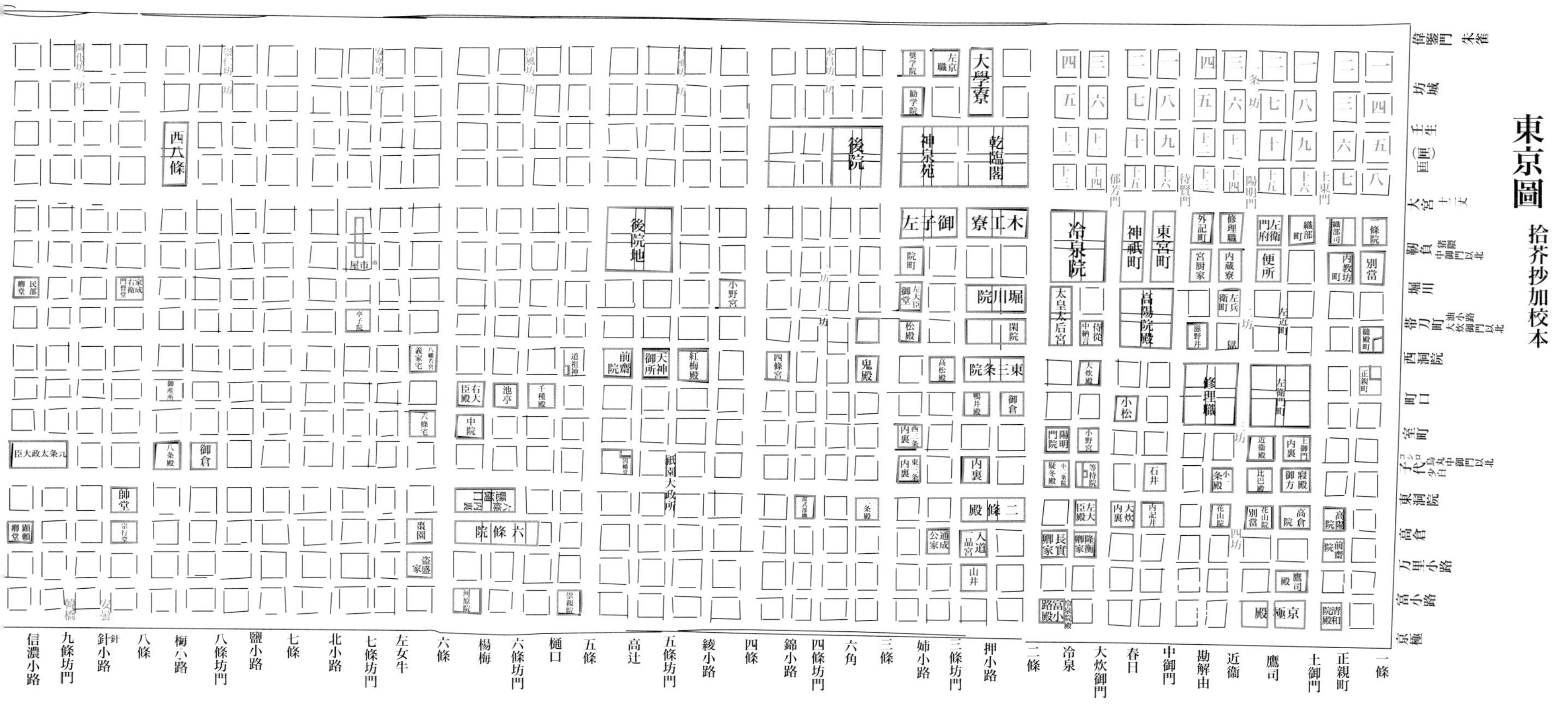


〈81〉平安京左京 1

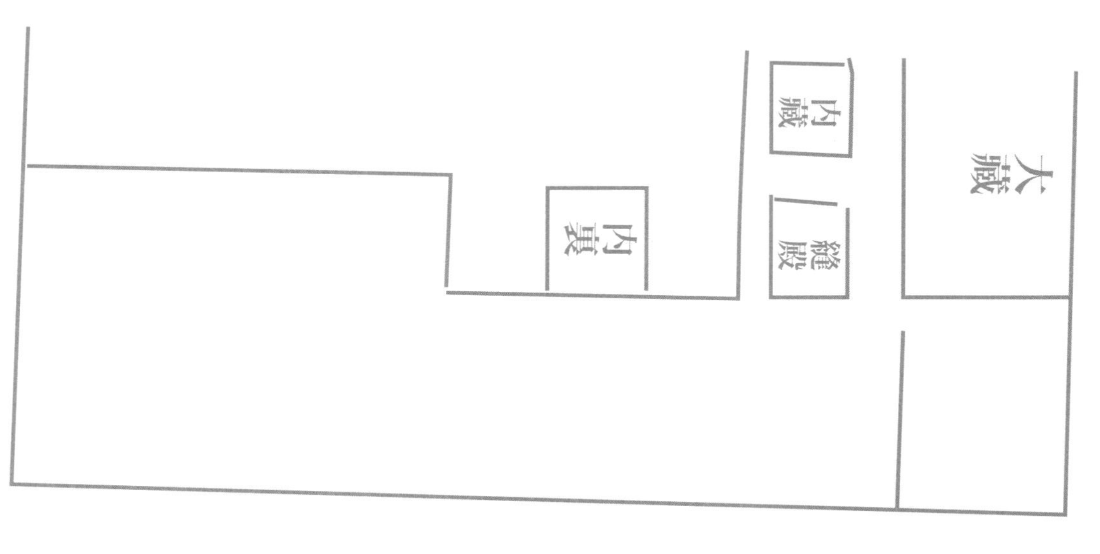


〈82〉貼り紙（図右上隅の平安宮）

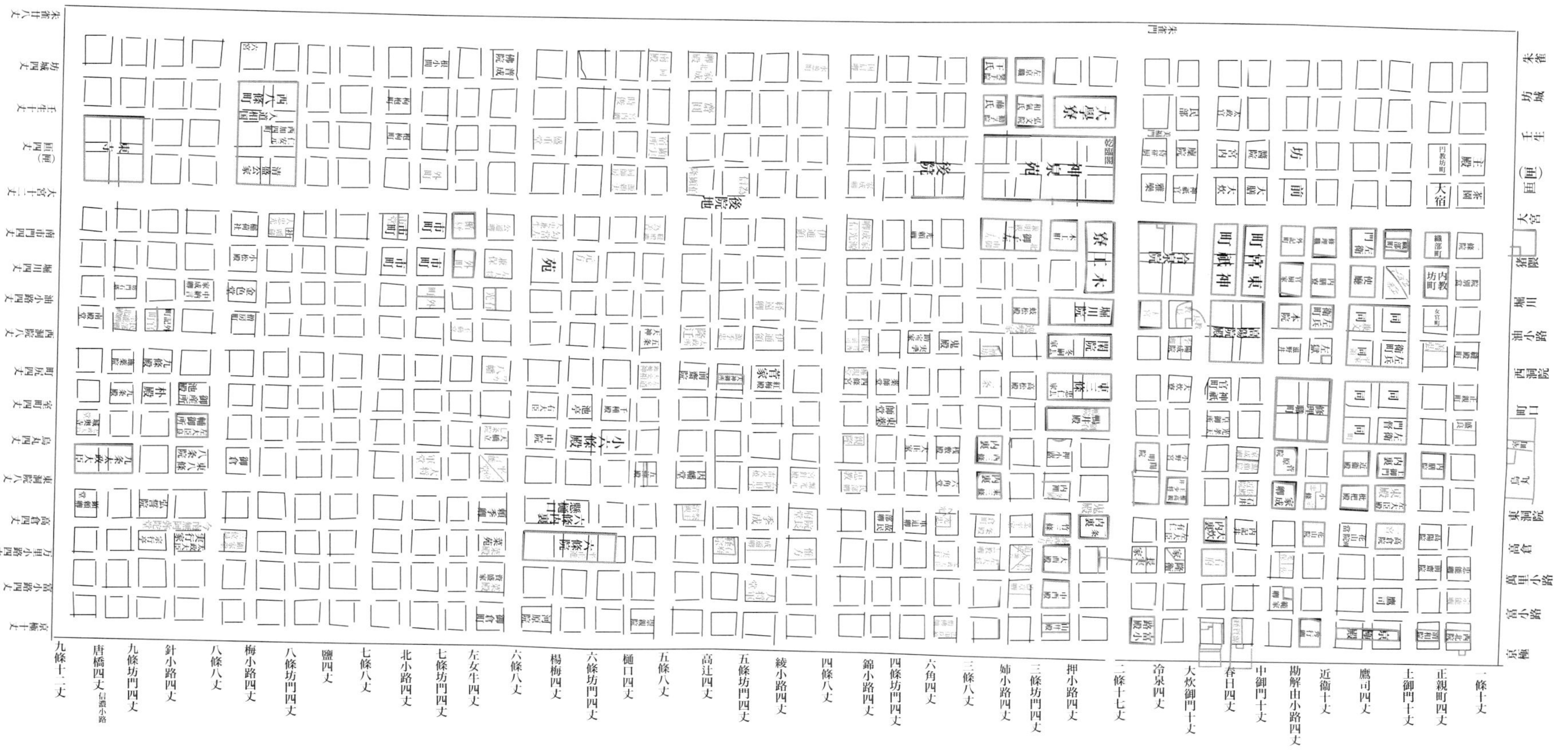


〈82〉平安京左京 2

〈83〉平安京右京

四行八門圖　拾芥抄

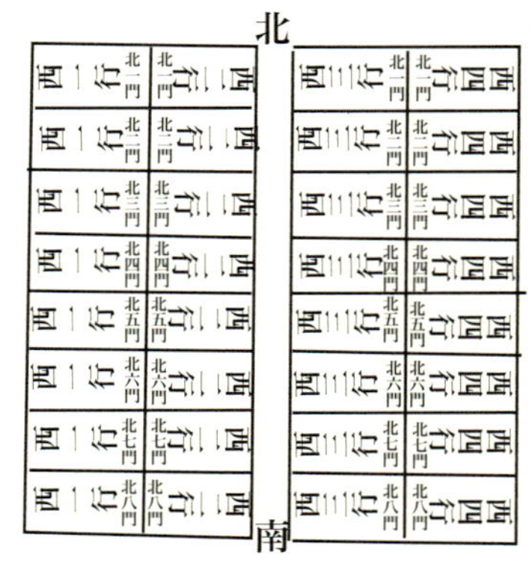


凡計坊者左京起西下東右京起東下西計町者左京起西北下南右京起東北南環計行者左京西上東下右京東上西下計門者左京起東北下行

凡一條之内有四坊一坊之内有十六町十六町之内有四保一町之内有四行一行之内有八門一戸主長十丈弘五丈又五家為比為閭廿五家四閭為族百家五族為黨五百家五黨為州二千五百家五家為隣五隣為里廿五家四里為族為鄙五百家五鄙為州二千五百家

〈84〉四行八門

# 坊保圖

拾芥抄

計保者左京起西北南下右京一二七八町為一保三四五六町為二保十一十二十三十四町為三保九十十五十六町是為四保

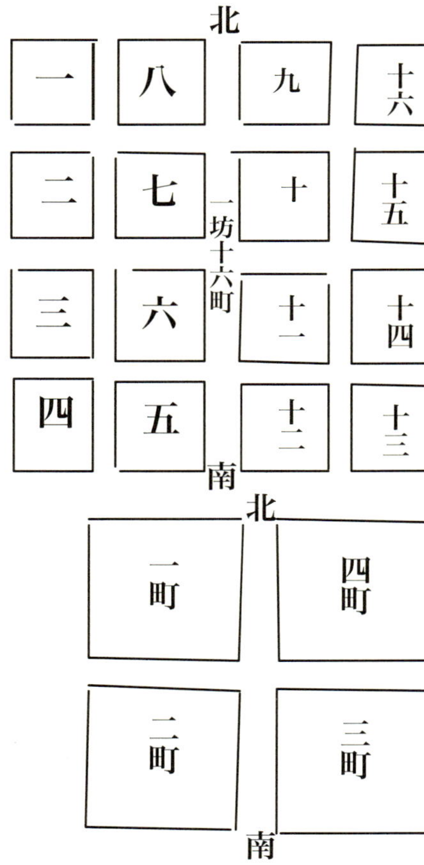


〈85〉坊保

南都所傳宮城古圖

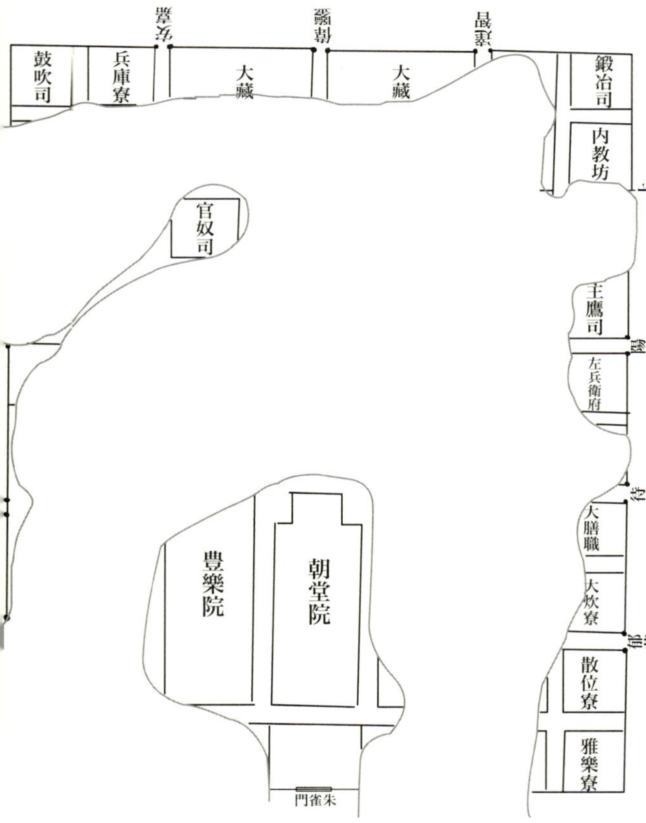


〈86〉平安宮 1

# 大内圖

拾芥抄加校本
本云 皇城指圖

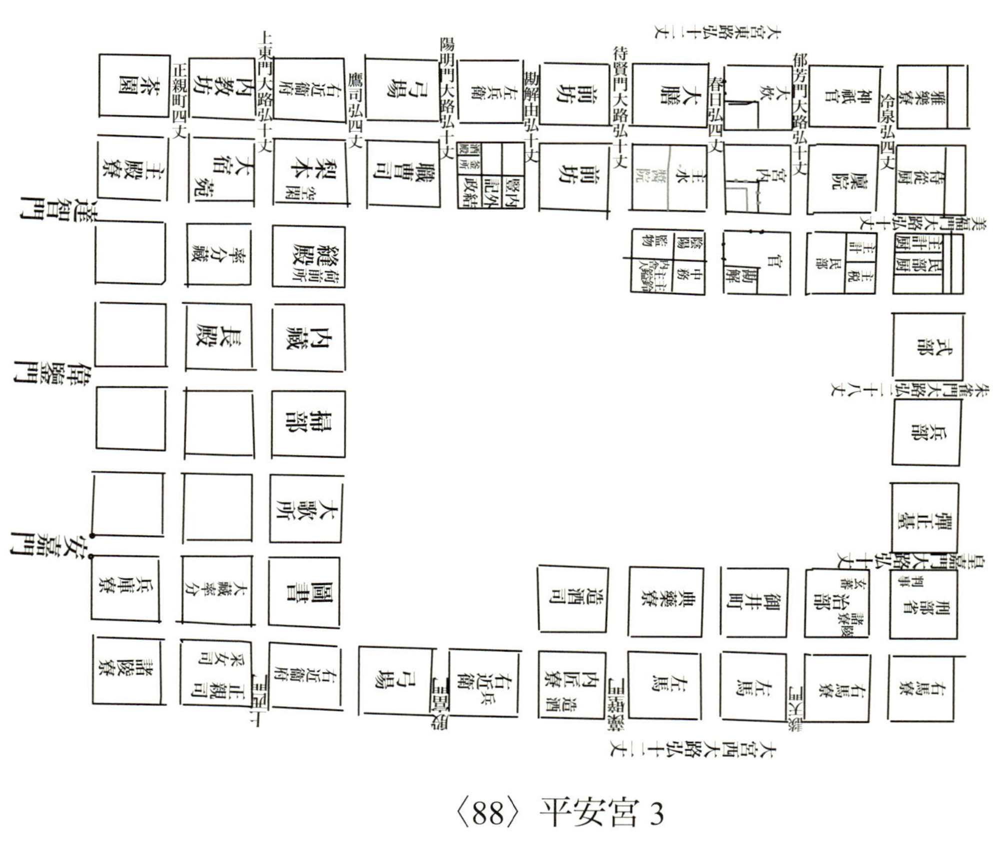


〈88〉平安宮 3

大内圖　拾芥抄加校本

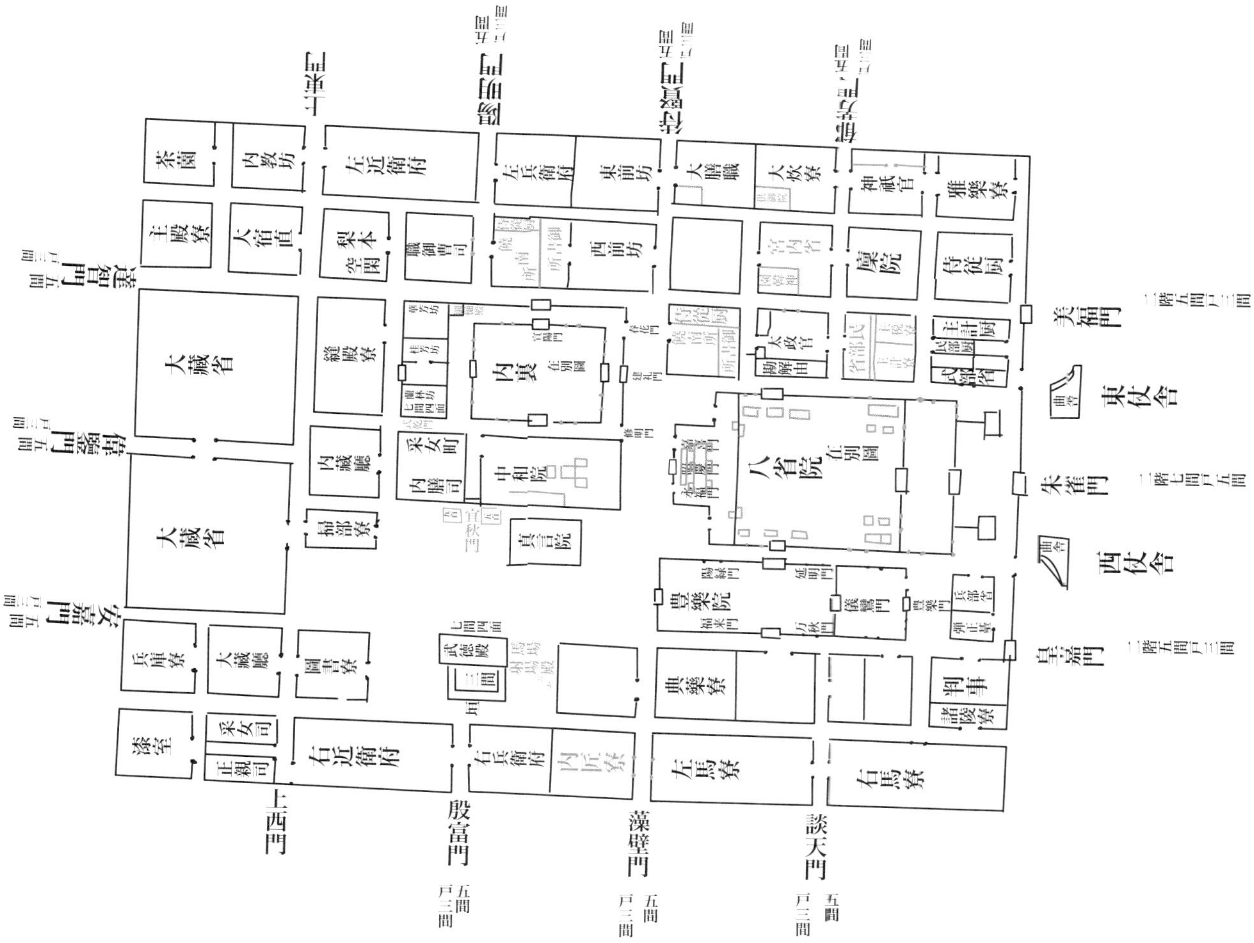


〈87〉平安宮 2

大内裏圖　醍醐水本坊屏風
内裡中隔別圖

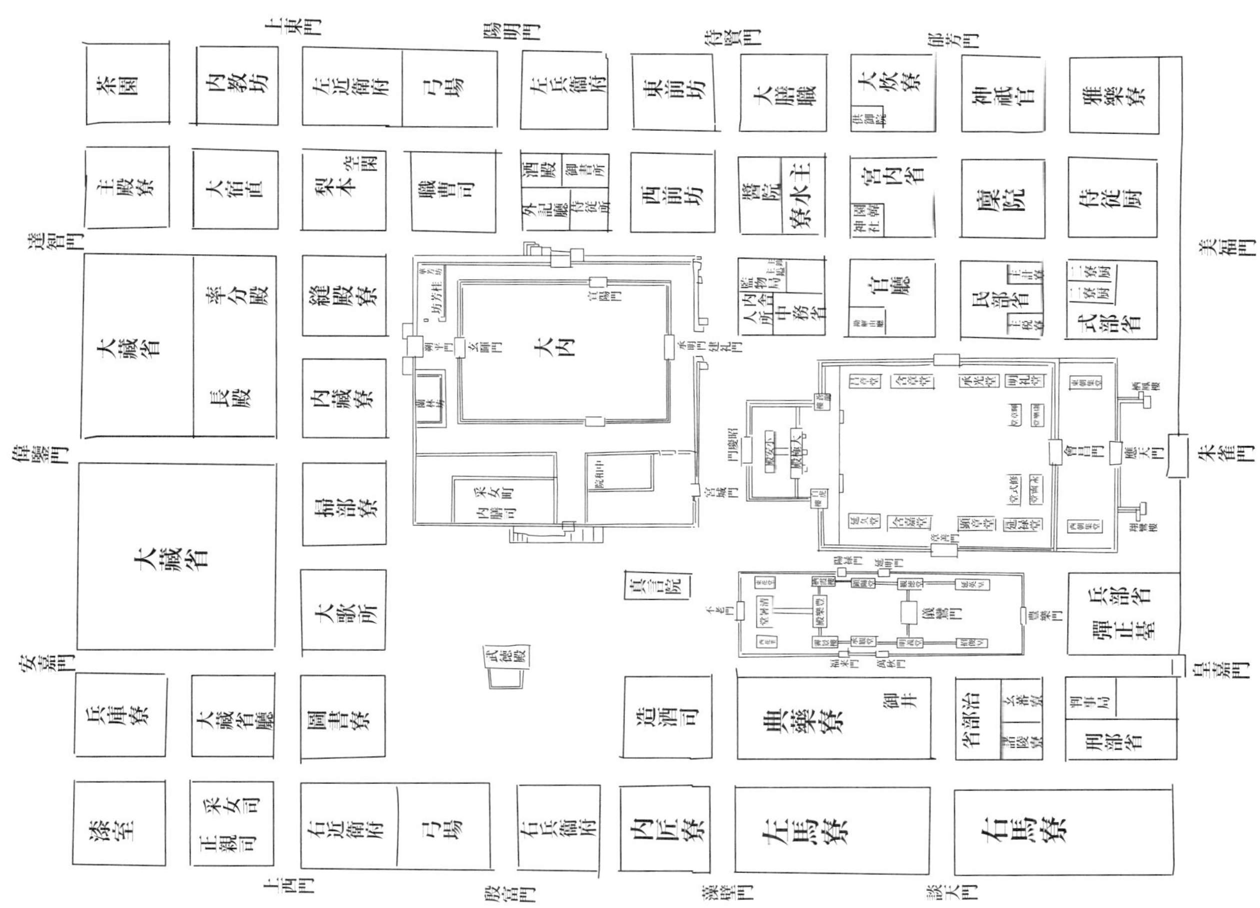


〈89〉平安宮 4

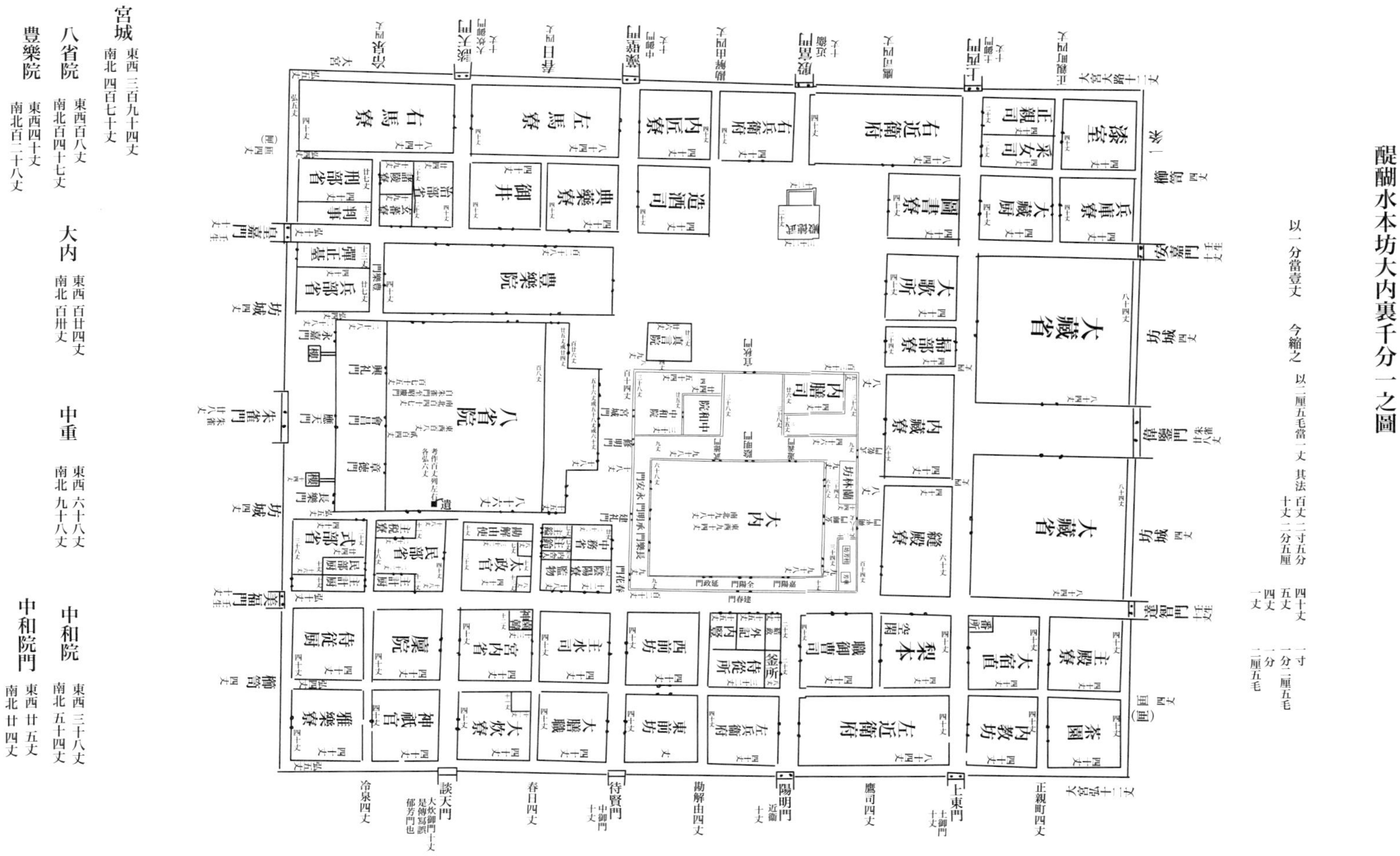


〈90〉平安宮 5

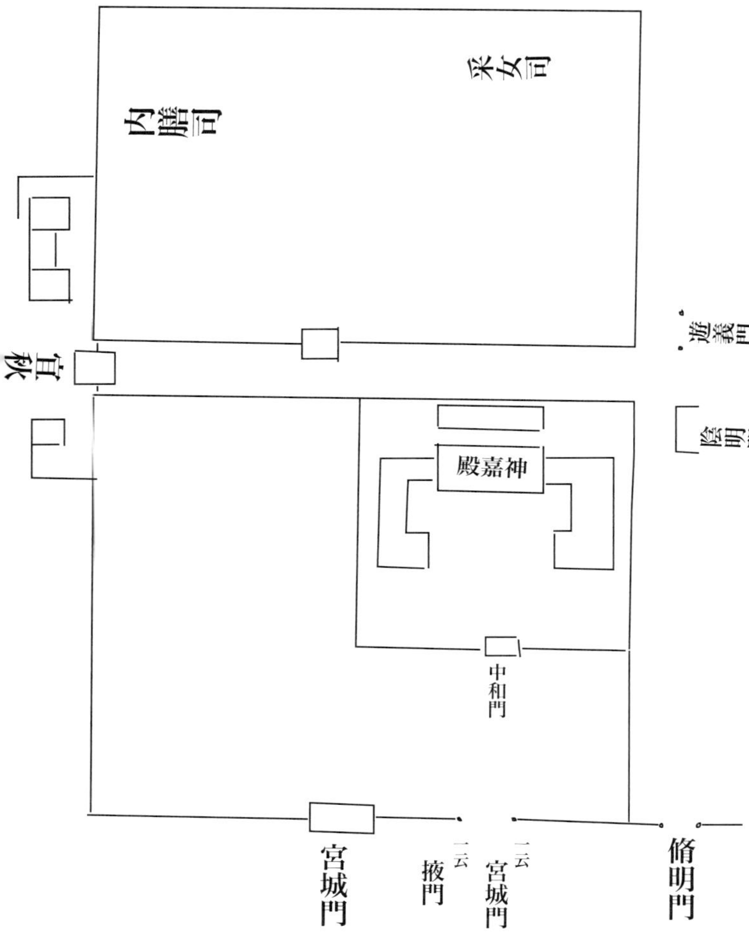


〈93〉平安宮中和院

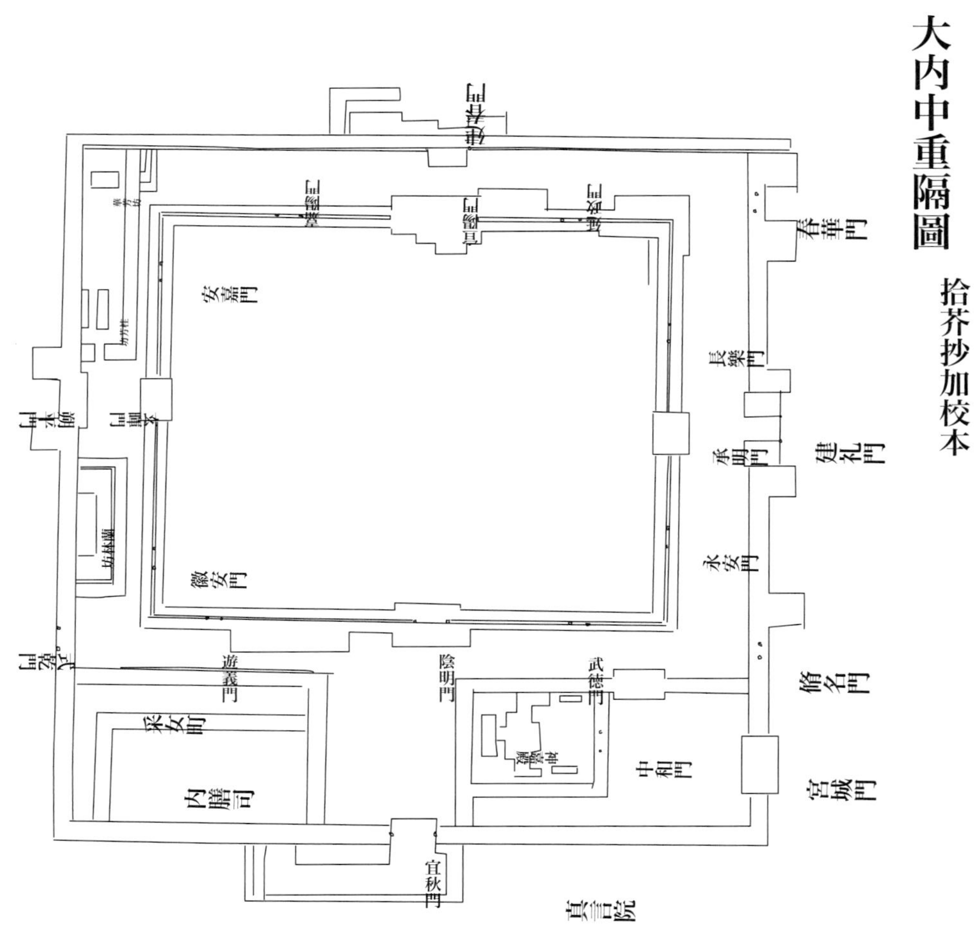


〈92〉平安宮中重隔

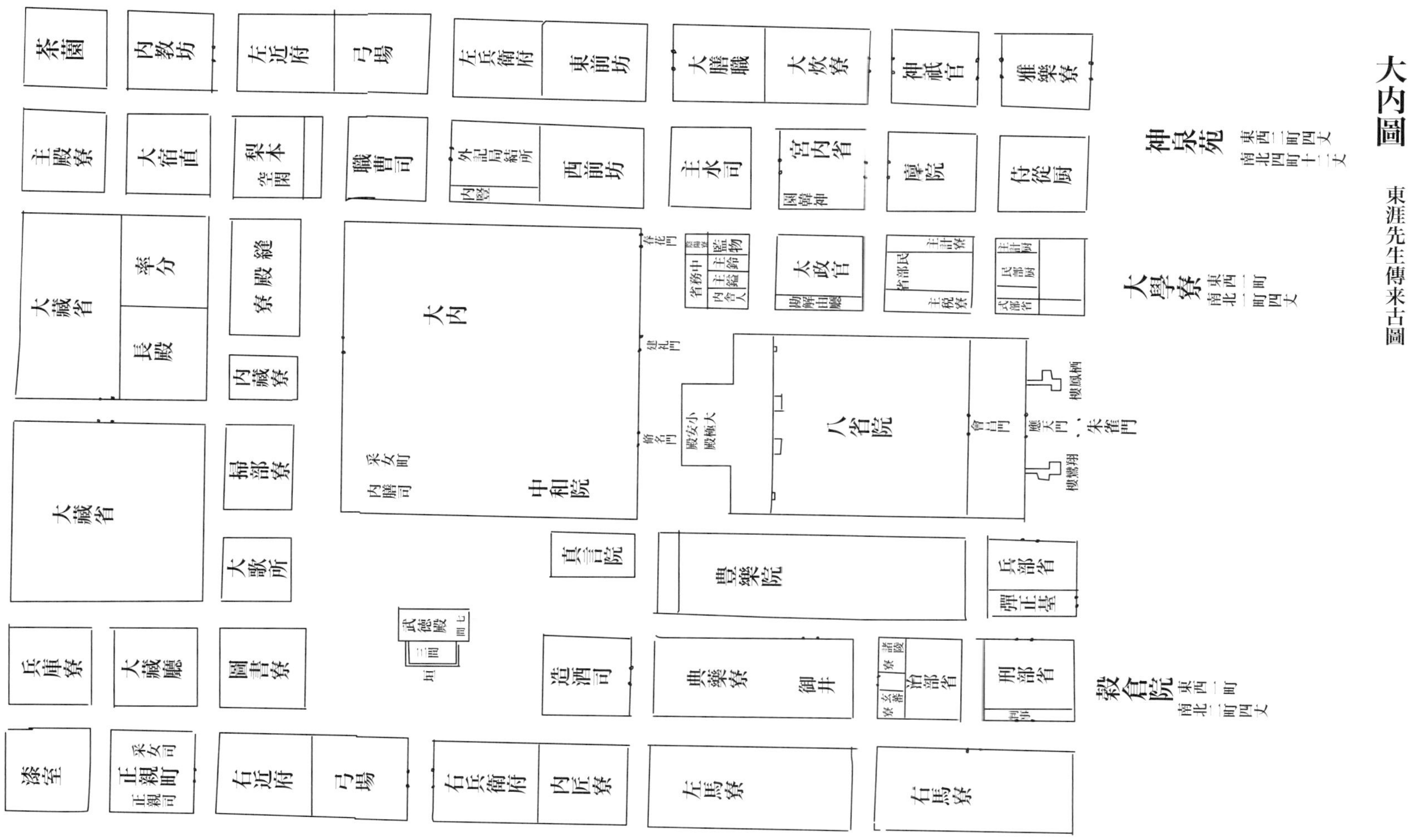


〈91〉平安宮 6

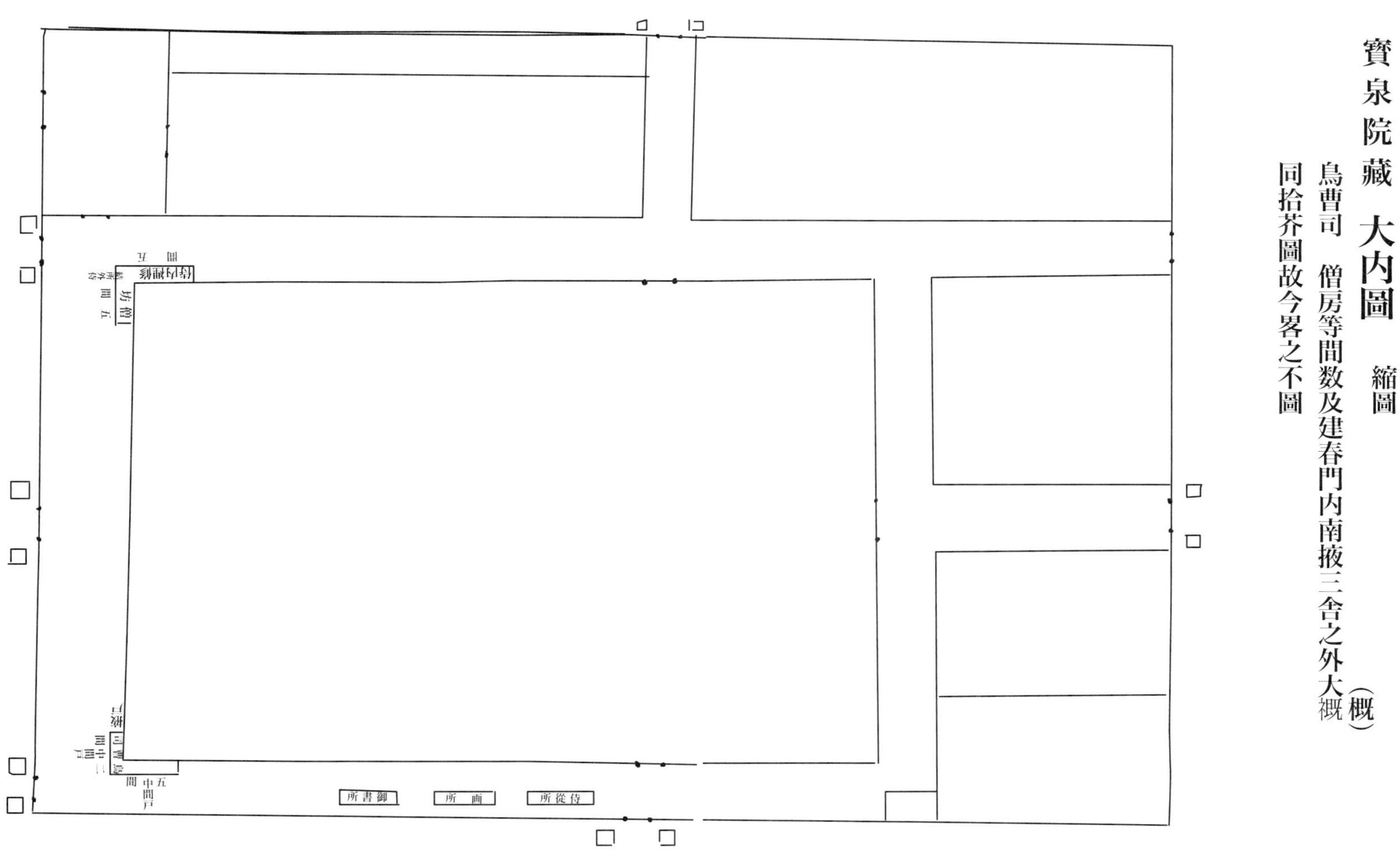


〈94〉内裏 1

## 大内圖　拾芥抄　加校本

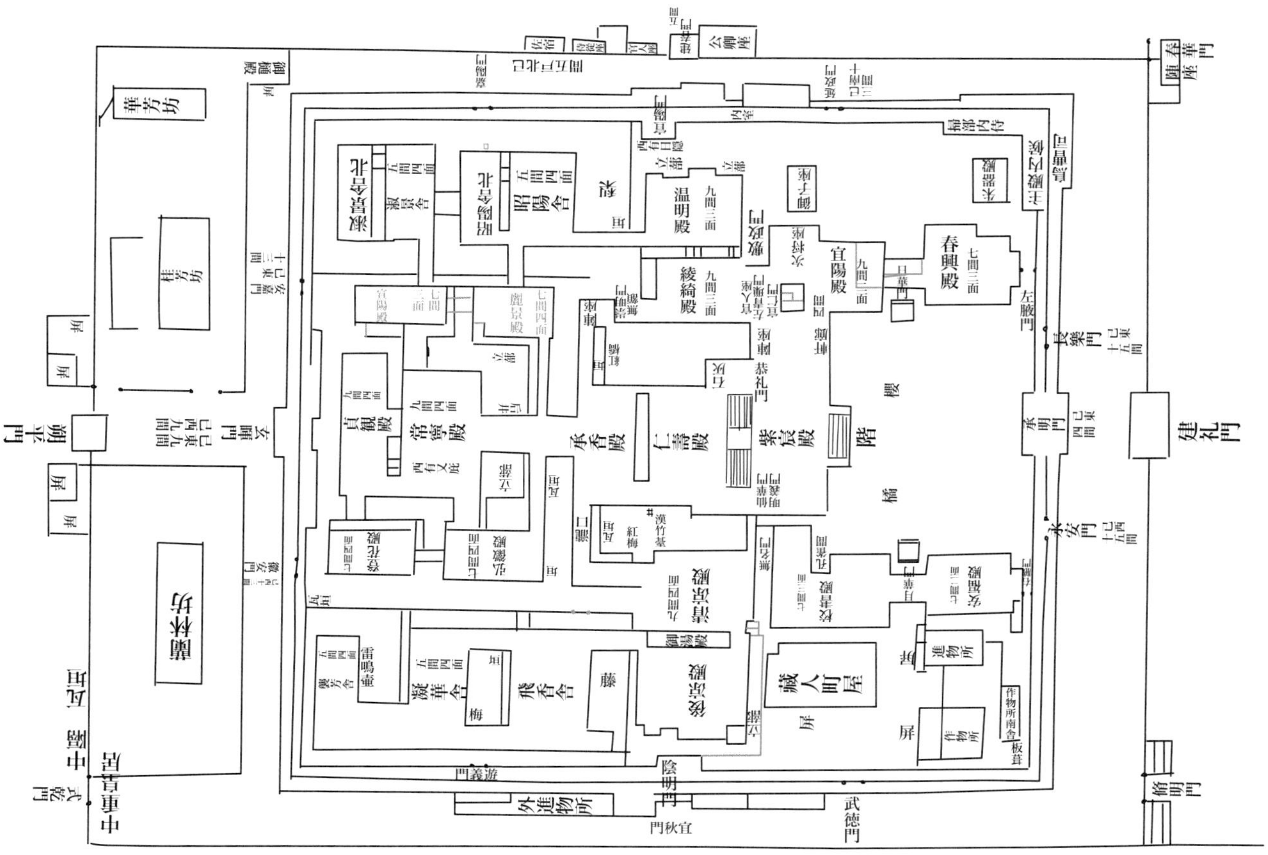


〈95〉内裏 2

## 大内圖　水本坊屏風

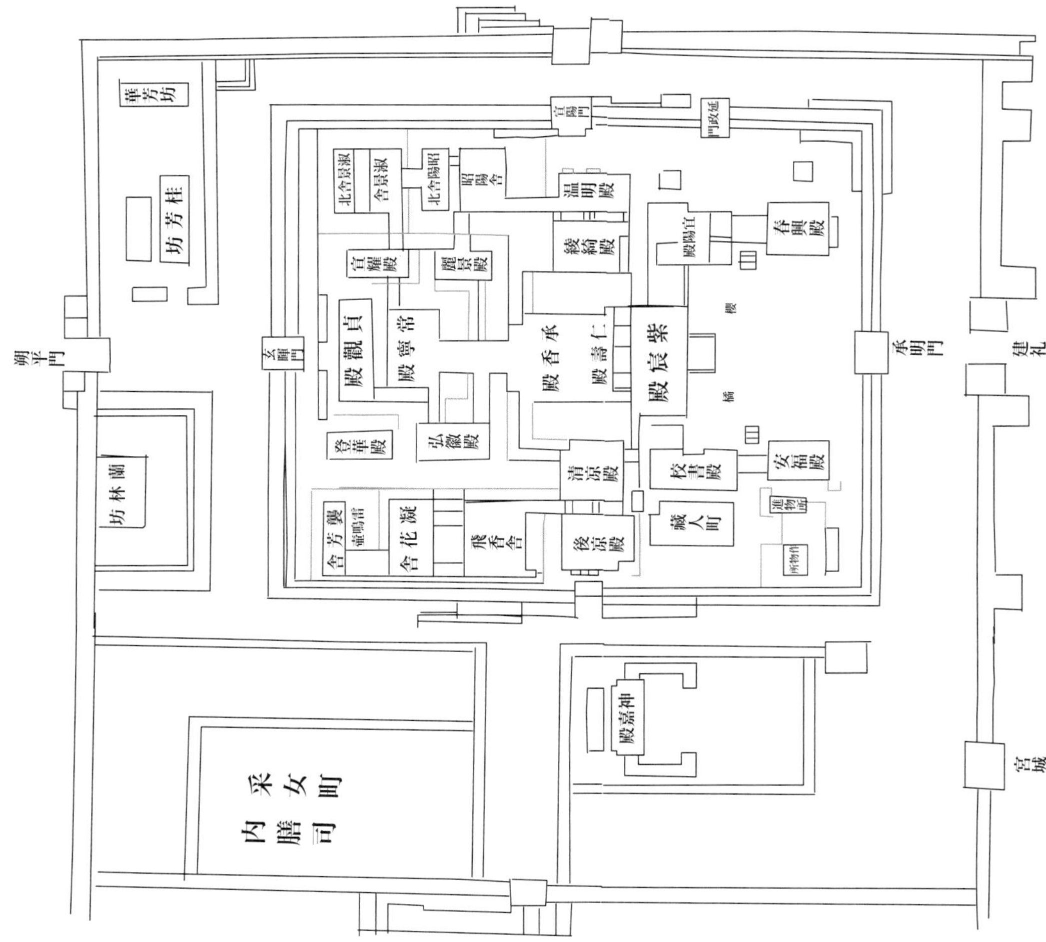


〈97〉内裏 4

# 大内圖　大圖

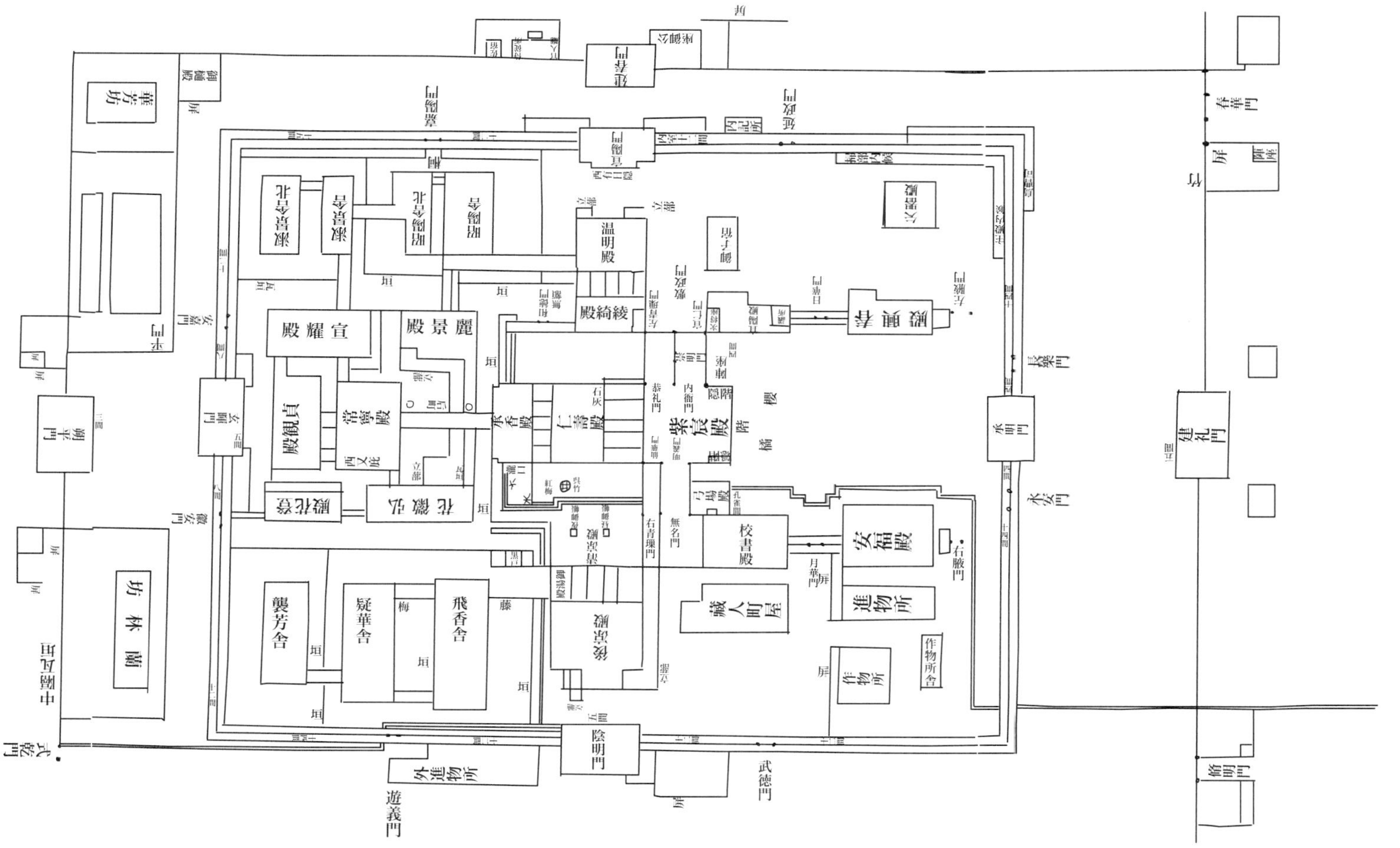


〈96〉内裏 3

# 八省院圖　拾芥抄加校本

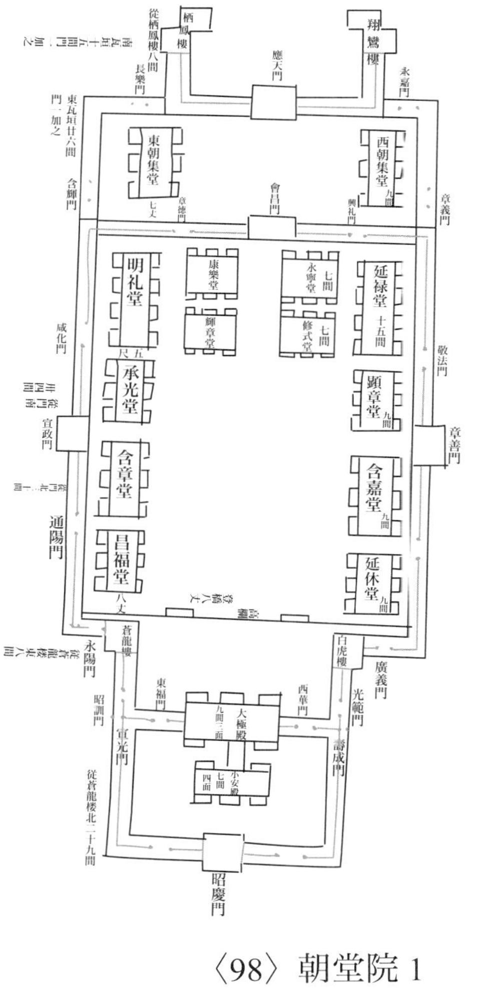


〈98〉朝堂院 1

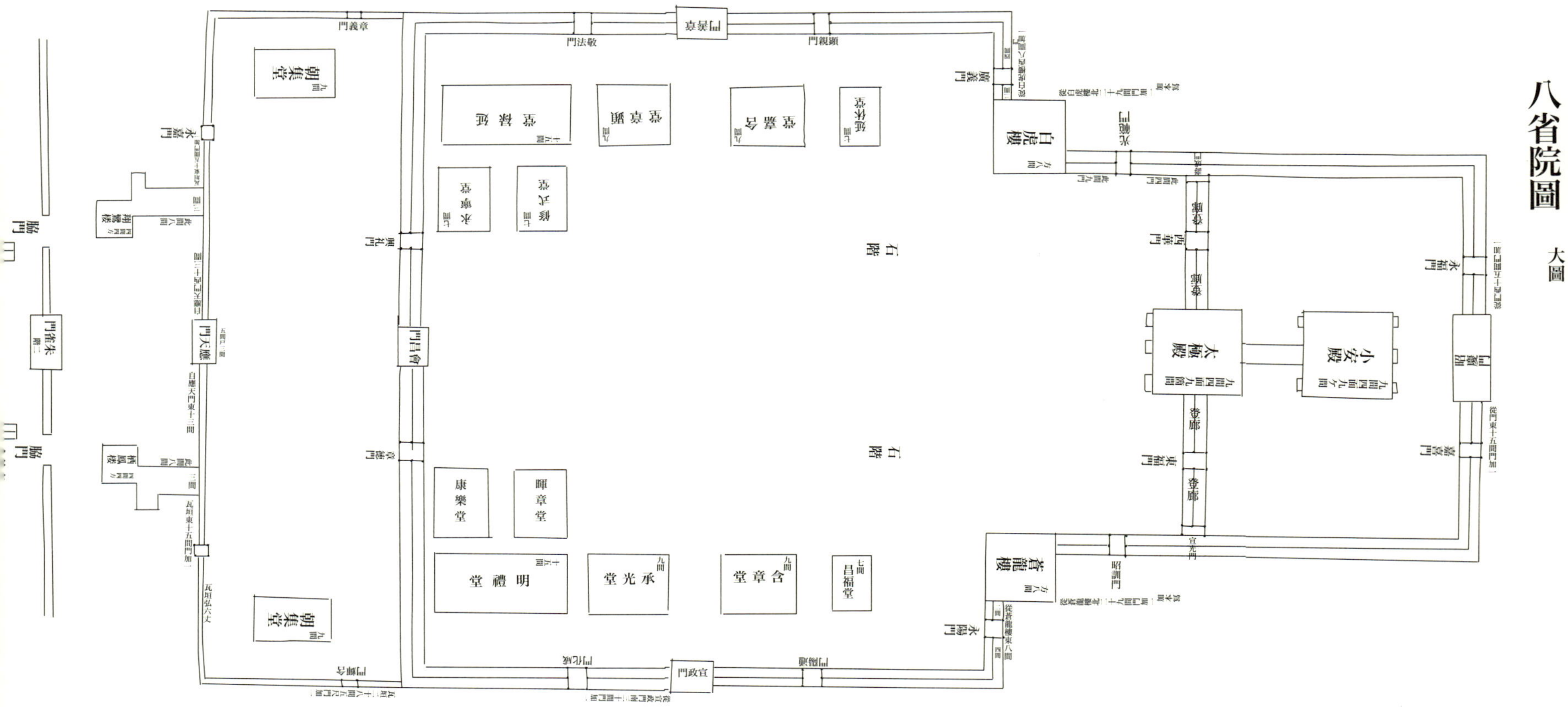


〈99〉朝堂院 2

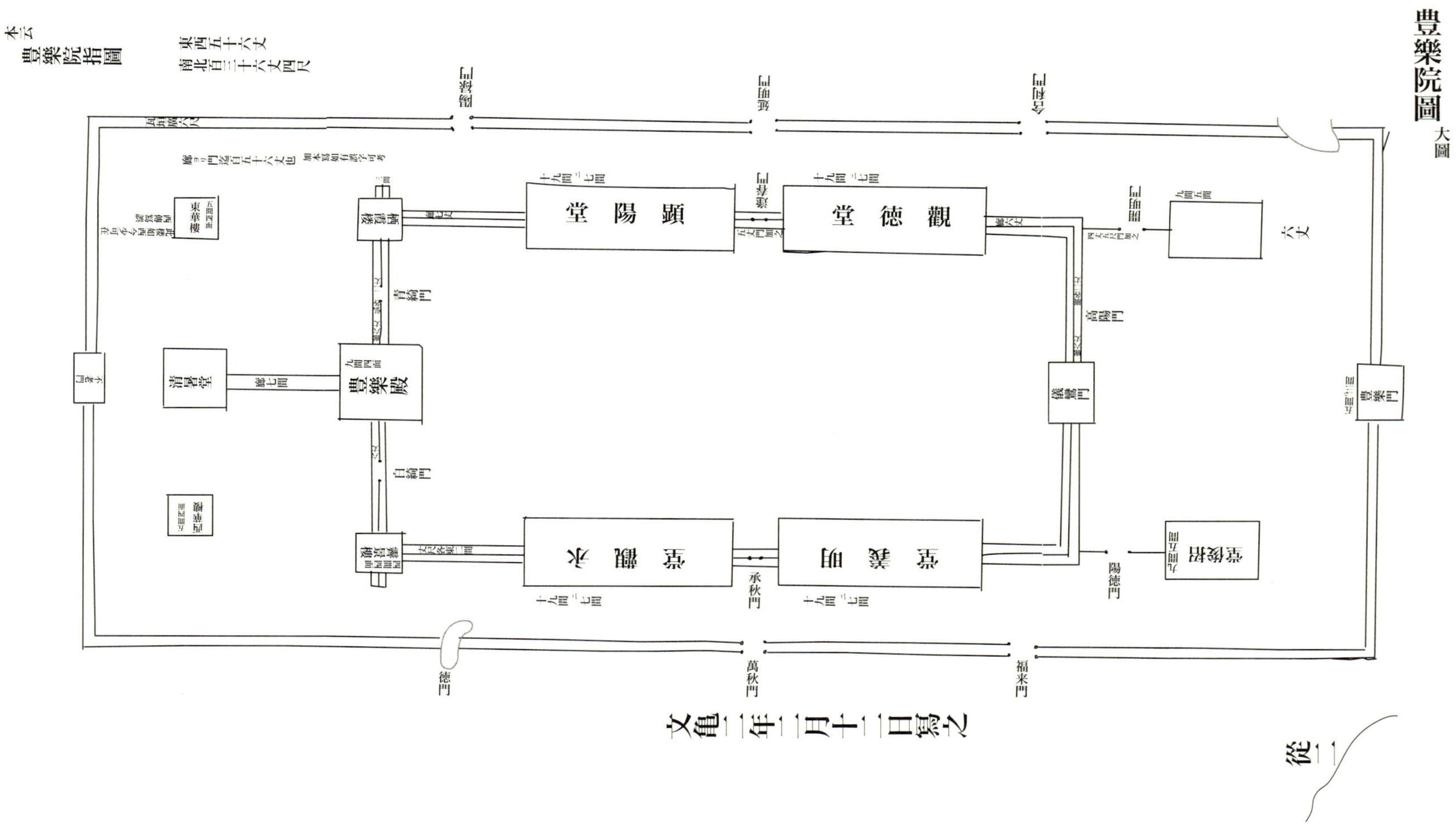


〈101〉豊楽院 1

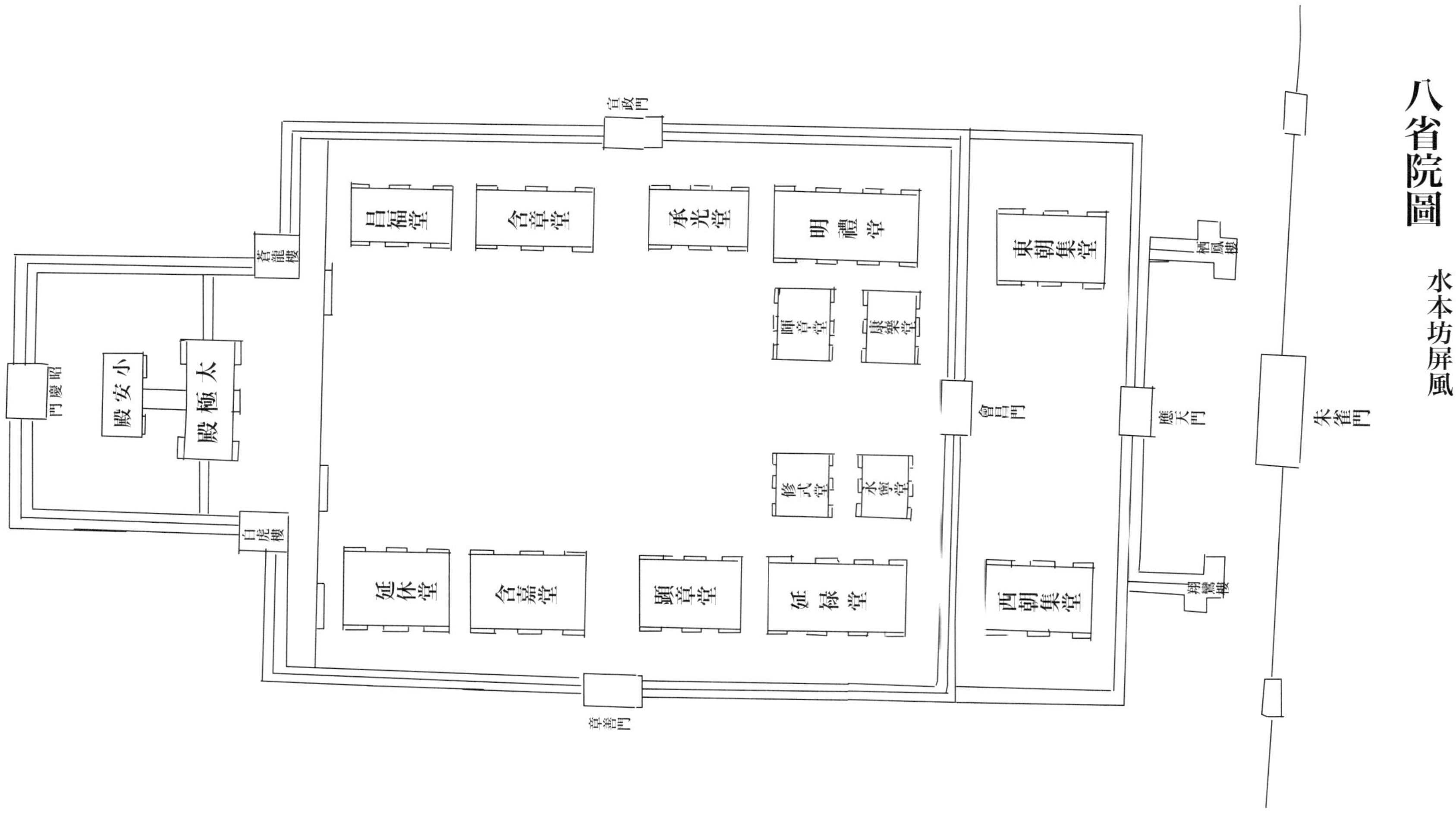


〈100〉朝堂院 3

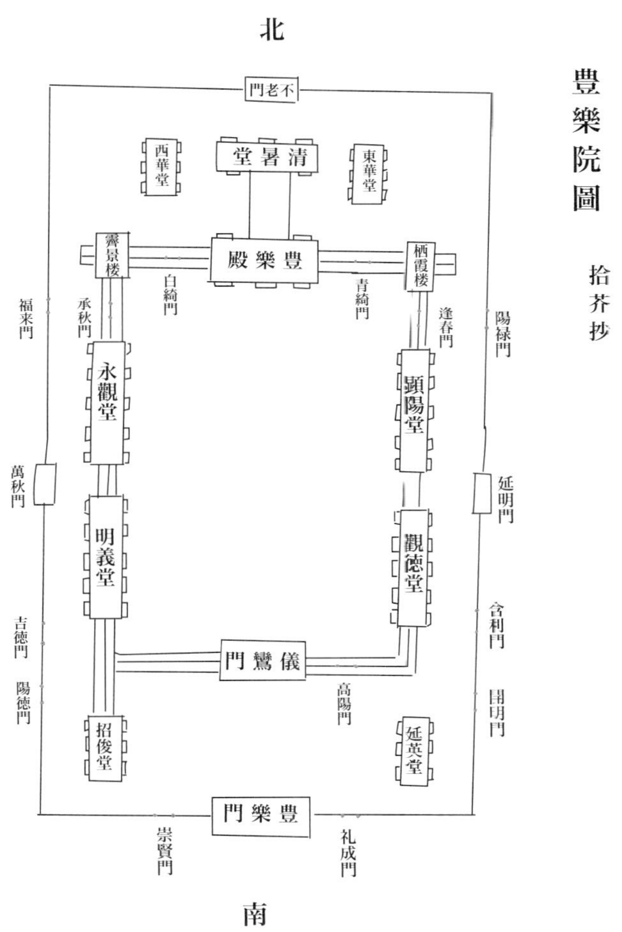


〈102〉豊楽院 2

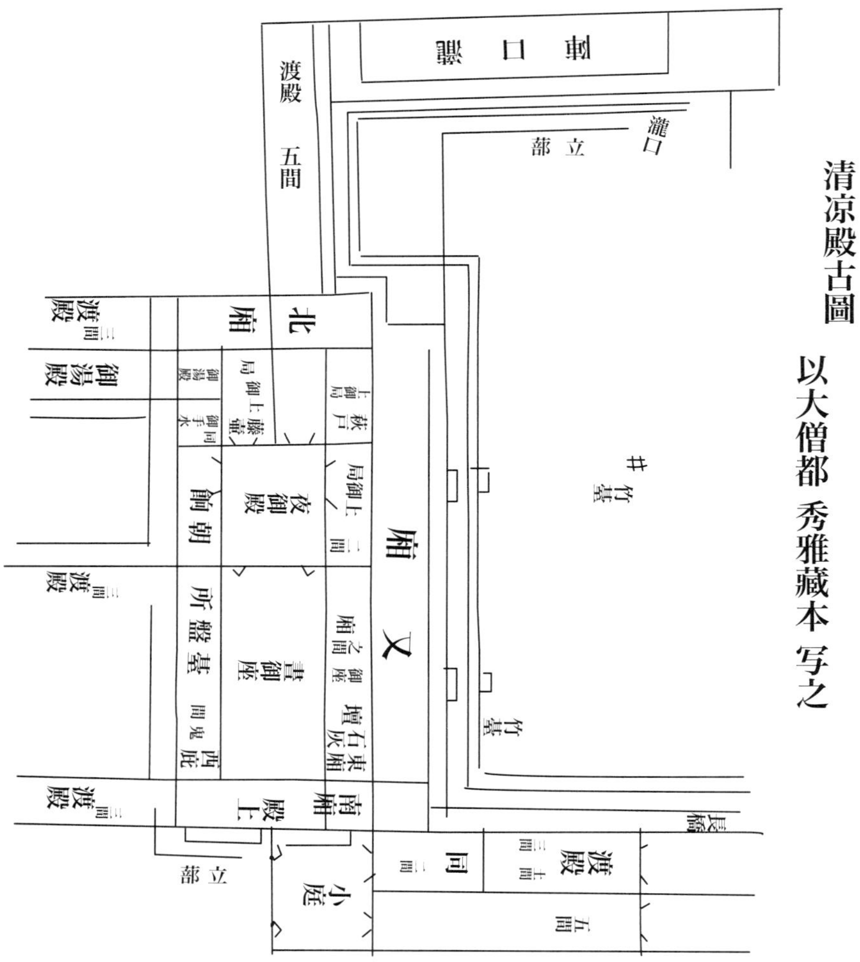

〈104〉清涼殿 1

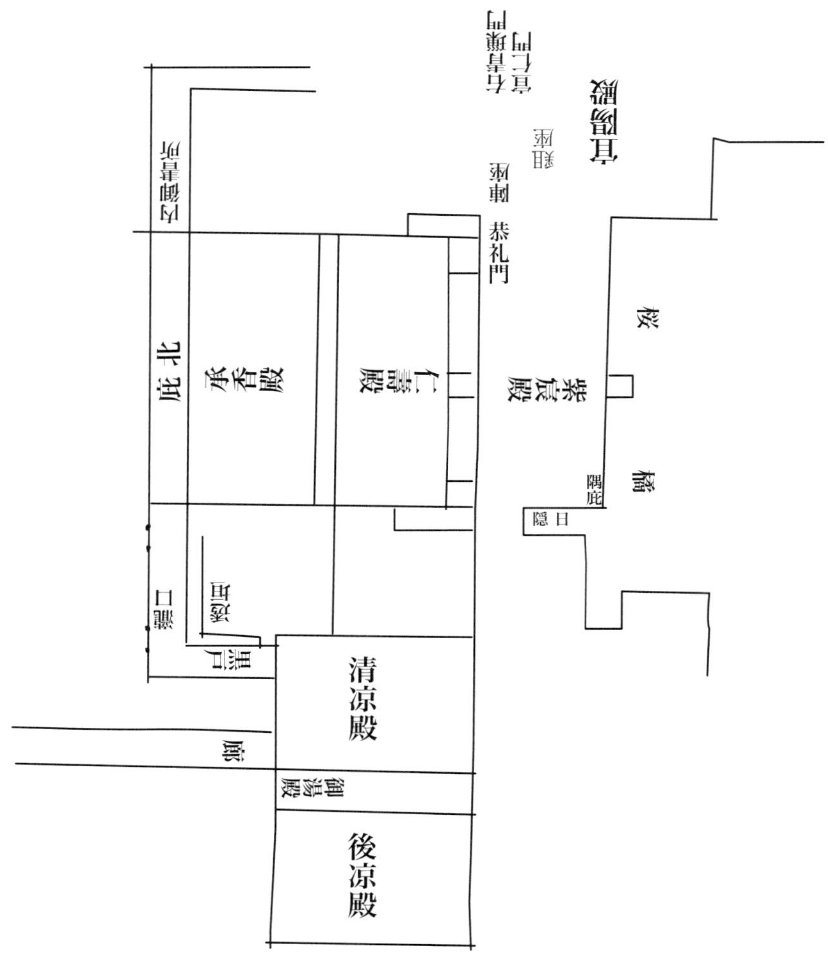

〈103〉内裏 5

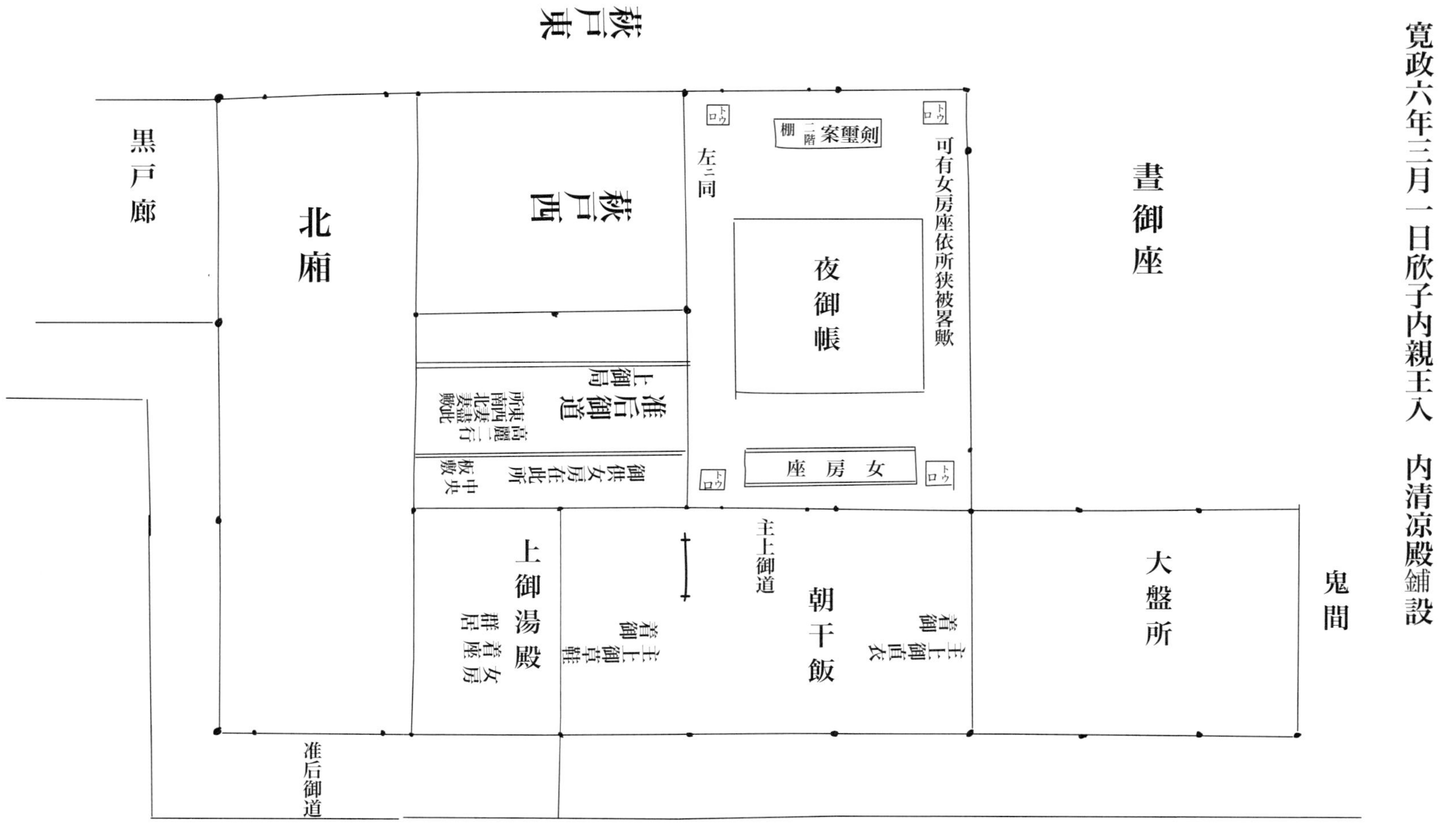

〈106〉清涼殿 3

古圖

本書圖以狼藉今加校訂

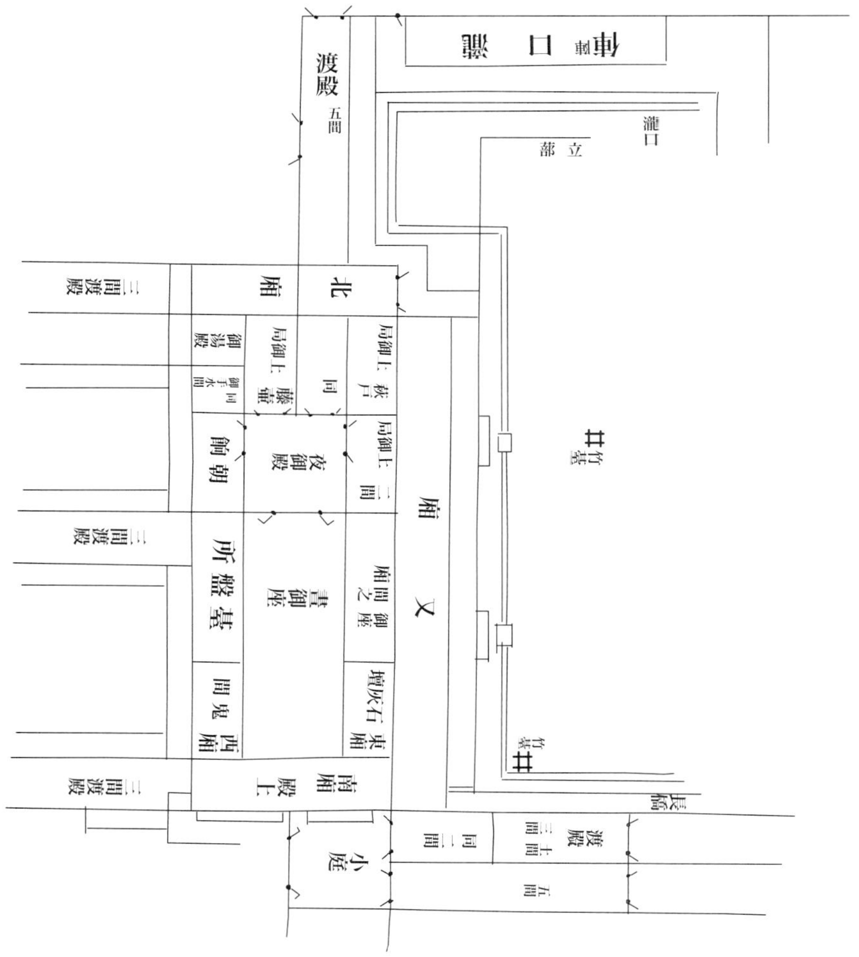


〈105〉清涼殿 2

白川少将蔵本

文政元年七月上旬摹之　養（花押）

宮室圖

裏松入道

（巻末裏　天地逆）

# 宮室圖　下

（外題）

裏松入道撰　殿門

殿門巻第二

○四野宮圖 灌頂巻　○四年中行事画　大門中門圖

○四伴大納言第圖　○四國府圖　○四又

○年中行事画待賢門圖　○三又渡殿圖

○三又唐庇圖　○三有高欄門圖

○四釣殿圖　○四織戸中門圖

○四寢殿圖　○四車宿圖

○四板葺棟門圖　○四織戸中門圖

○四芝築地圖　○四擧土門圖

○四平門圖　○四擧土門圖

◎年中行事画牛飼童饗饌圖

○四後京極殿寢殿圖　○二朱雀門

○二年中行事画○二建春門○二宣揚門○二内室及○二温明殿并○二渡

○廊○二綾綺殿圖

○二又仁壽殿圖　○一又春華門及仗舎圖

○一又仗舎圖　○四又左近衛府馬場殿圖

○四又右近衛府馬場殿圖

○一又安福殿右近陣及月華門圖

○二又玄暉門及仗舎徽安門圖

○三又賀茂祭桟敷屋圖　○三又　○三又

○一又承明門圖　○一又建礼門圖

◎客殿圖　◎又

◎佛名圖　◎門舎圖

右目録

右○印を書たるハ一二三四巻ニ出る所と同しとなれハ畧して是を模せずゆへに此印をもつてその有る所へつけおきぬれハこの印ニしたかひてみるべき也此巻ニ模する所は◎印をもつてする也

右○印を書たるハ一二三四巻ニ出る所と同しとなれハ畧して是を模せずゆへに此印をもつてその有る所へつけおきぬれハこの印ニしたかひてみるべき也此巻ニ模する所は◎印をもつてする也

## 年中行事画牛飼童饗饌

〈107〉東三条殿 6

又

山槐記仁安二年四月廿七日今日齋院御禊也 去十五日中午也而

去月廿三日夜乞食参宿法住寺院御所死去後朝見之件穢不混合世間仍被行平野梅宮等祭畢其後穢氣自然遍満猶依有其疑去十四日於藏人所被行御卜申不吉之由仍今日所被行也

於午剋沐浴解除参齋院入東面門経北方鳥居着殿

上手時無人招六位治官云々 着客殿座起殿上出西方

障子経東屋西縁於南妻着沓 仰召使令脱沓於此所召使欲置沓於縁上予令地上着之神殿方當眼路仍致敬也

出中門 或出入東屏戸先日申内府可出入中門之由被仰仍用之 於客殿北面西第一間沓脱下揖昇

云々 中畧 予起座入中門立南庭東邊 遣水西 右衛門督自殿上方

参進御車 中畧 被立御屏風之間予出中門并東門向列見

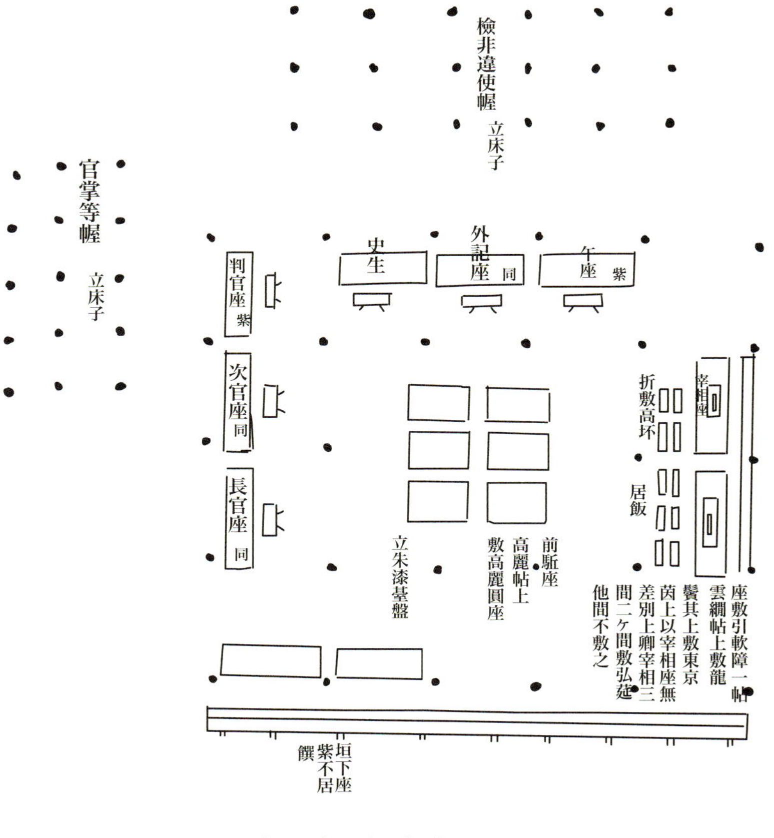


〈109〉斎院客殿 2

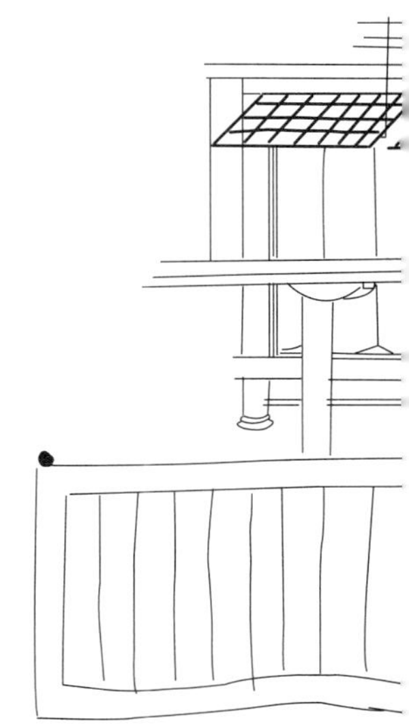

## 客殿圖

山槐記仁安二年四月九日齋院禊□定予参本院用毛車入東門大宮西平門也可用南歟而近例如此幷内鳥居東面鳥居辨幷左大史中原信時降立客殿巽座辨西史東其間二許丈以上北面予當史前程下裾雜色留鳥居外西行當辨南向相揖西進経客殿北到于西方一間北砌下揖昇沓脱々沓懸膝昇長押着西庇北茵云々

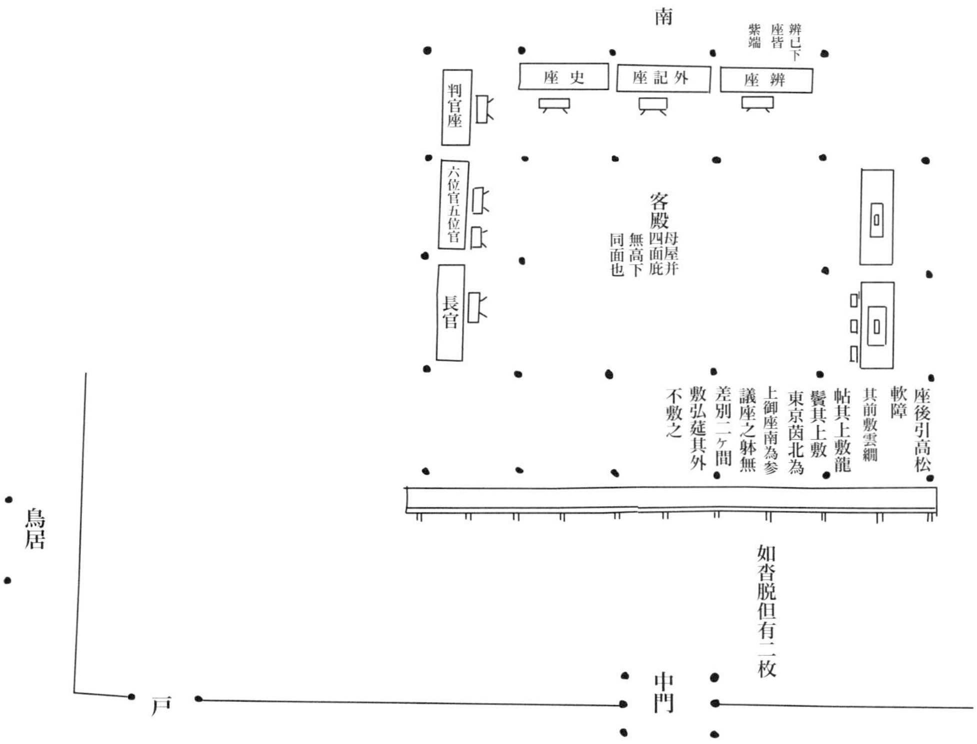


〈108〉斎院客殿 1

迎陽記安貞三年七月廿六日戊子晴今日渡御倚廬也中畧寅剋行事於藏人所召陰陽頭清國朝臣令勘日時四箇條造始倚廬裁縫奈服渡御倚廬着御錫紵此外御調度日時同時勘之但不内覧奏聞奉行藏人辨嗣房取日時盛柳筥無懸紙猶又建久例付内侍奏聞内覧申免歟件日時留御所次修理職木工寮等造倚廬行事検知之其指圖

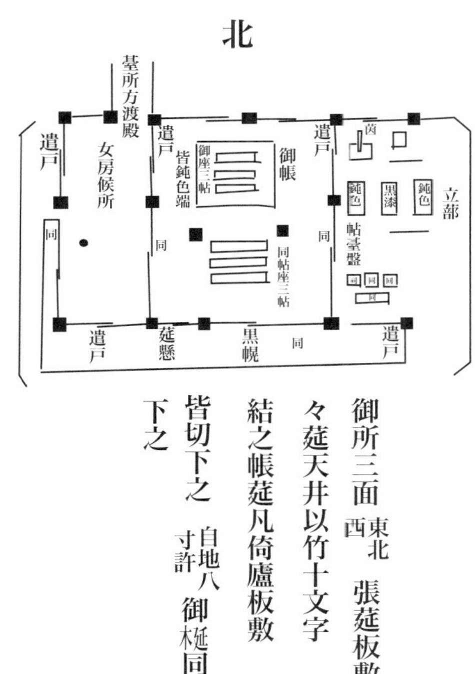


剋限素服已下参集公卿着殿上奉行職事問吉時以言長問之次出御吉服御引直衣如常土御門宰相中將懸裾取御劔臨被内侍自簾中出之前行信兼朝臣献御草鞋両頭信兼朝臣隆仲朝臣指蜀供掌月燈経透渡殿幷小御所西北面渡御東對倚廬自東二間入御土御門宰相中將置御劔於御帳中御枕東方自第三間退下次入御東二間下畧

〈110〉倚廬

## 門舍圖

此圖蓋禁門躰也　拠伴大納言繪巻
後日考　陰明門右兵衛陣圖也

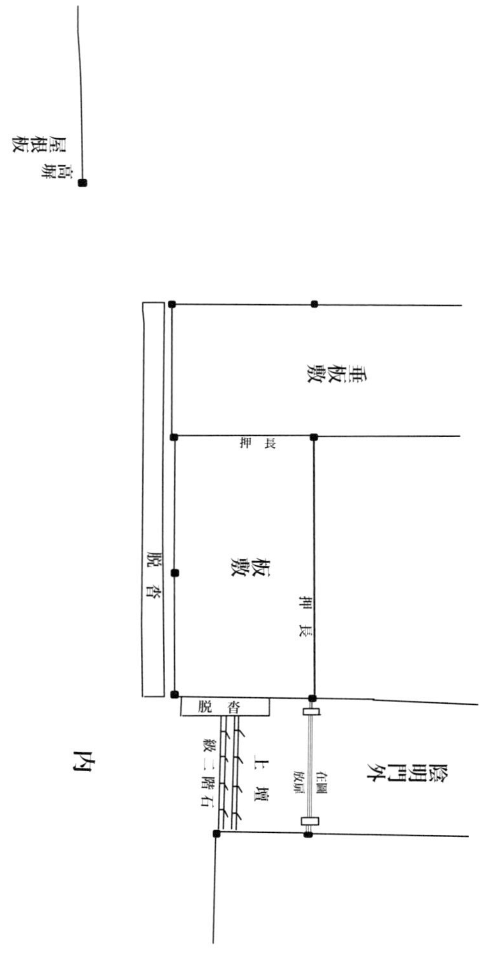


〈111〉門舎図

文政元年　八月上旬
養（花押）

宮室圖

（巻末裏　天地逆）

# 本文篇

# 図総覧

# 図総覧　巻一～四（その一）

## 宮内庁三巻本

| 通番号 | 図・記事名 | 巻内番号 | 宮内庁三巻本　頭文目録 | 宮内庁三巻本　表題 | 出典 | 引用箇所 | 宮内庁三巻本　描写方法 |
|---|---|---|---|---|---|---|---|
| 宮内庁三巻本　巻一 | | | | | | | |
| 1 | 陽明門 | 巻一―一 | 陽明門 | 陽明門［志貴山縁起　鳥羽僧正所圖記］ | 信貴山縁起 | 延喜加持の巻、四～六紙 | 人物を省略、木を描写 |
| 2 | 待賢門 | 巻一―二 | 待賢門 | ［待賢］郁芳門図［年中行事　朝覲行幸］ | 年中行事絵巻 | 巻一の二段一五～一七紙、朝覲行幸 | 人物を省略 |
| 3 | 待賢門・春花門・建礼門 | 巻一―三 | 待賢門・建禮門・春花門 | ［年中行事　射禮］待賢門　建禮門 | 年中行事絵巻 | 巻四の一段三紙～二段一六紙、射遺 | 人物を省略、木を描写 |
| 4 | 建礼門 | 巻一―四 | （建禮門） | 建禮門屋上圖［年中行事　朝覲行幸］ | 年中行事絵巻 | 巻一の六～八紙、朝覲行幸 | 人物を省略 |
| 5 | 承明門 | 巻一―五 | 承明門・永安門 | 承明門　永安門［年中行事　朝覲行幸］ | 年中行事絵巻 | 巻一の四～六紙、朝覲行幸 | 人物を省略 |
| 6 | 承明門・永安門 | 巻一―六 | 承明門・永安門 | 年明門　永安門［年中行事　賭弓］（「年」は「承」の誤記） | 年中行事絵巻 | 巻四の三段二四～二六紙、賭弓 | 人物を省略 |
| 7 | 紫宸殿1 | 巻一―七 | 紫宸殿・弓場殿 | 紫宸殿南面［年中行事　踏歌］ | 年中行事絵巻 | 巻一〇の三段一四～一九紙、踏歌 | 人物を省略、木を描写 |
| 8 | 紫宸殿2 | 巻一―八 | （紫宸殿） | 年中行事繪　献菖蒲圖 | 年中行事絵巻 | 別本巻二の一〇段三三～三四紙、菖蒲の節会 | 人物・木を描写 |
| 9 | 紫宸殿3 | 巻一―九 | （紫宸殿） | 紫宸殿南面［年中行事朝覲行幸］ | 年中行事絵巻 | 巻一の一～三紙、朝覲行幸 | 人物を省略、木を描写 |
| 10 | 紫宸殿4 | 巻一―一〇 | （紫宸殿） | 紫宸殿［西南角圖］［年中行事賭弓］ | 年中行事絵巻 | 巻四の三段一九～二二紙、賭弓 | 人物を省略、木を描写 |
| 11 | 紫宸殿5 | 巻一―一一 | （紫宸殿） | 紫宸殿母屋圖［西南面睪図　年中行事繪　賭弓］ | 年中行事絵巻 | 巻四の四段二七～二九紙、賭弓 | 人物・木を省略 |
| 12 | 左近陣 | 巻一―一二 | 左近陣 | 左近陣圖［年中行事繪　擬階奏歟　孟夏平座　未詳］ | 年中行事絵巻 | 別本巻二の二段六～八紙、擬階奏 | 人物を描く |
| 13 | 弓場殿 | 巻一―一三 | （弓場殿） | 射場始圖 | 年中行事絵巻 | 別本巻二の一段一～六紙、弓場始 | 人物を省略、木を描写 |
| 14 | 紫宸殿西北廊・弓場殿・清涼殿 | 巻一―一四 | （紫宸殿・弓場殿） | 射場屋圖［石山縁起］ | 石山寺縁起 | 巻四の三段一七紙末尾～一九紙冒頭 | 人物・木を描写 |
| 15 | 紫宸殿6 | 巻一―一五 | （紫宸殿） | 紫宸殿東南面圖［承安五節圖］ | 承安五節絵 | 京都大学附属図書館本、第九段 | 人物を省略 |
| 16 | 弓場殿・校書殿・月華門・安福殿 | 巻一―一六 | 校書殿・安福殿・月花門 | 射場殿　校書殿　月華門　安福殿［年中行事　賭弓］ | 年中行事絵巻 | 巻四の四段二七～三三紙、賭弓 | 人物・木を省略 |
| 17 | 校書殿 | 巻一―一七 | （校書殿） | 校書殿圖［年中行事繪巻物　御齋會］ | 年中行事絵巻 | 巻六の五段三〇～三三紙、御斎会右近衛陣饗 | 人物を省略 |
| 18 | 清涼殿1 | 巻一―一八 | 清涼殿 | 清涼殿［年中行事　御齋會加持香水］ | 年中行事絵巻 | 巻六の六段三三～三六紙、御斎会内論義 | 人物を省略、木を描写 |
| 19 | 清涼殿2 | 巻一―一九 | （清涼殿） | 清涼殿東面　闌干異圖［年中行事　御燈］ | 年中行事絵巻 | 巻六の三段二二～二三紙、御燈 | 人物・木を省略 |
| 20 | 清涼殿3 | 巻一―二〇 | （清涼殿） | 清涼殿圖［年中行事叙位］ | 年中行事絵巻 | 巻一二の二段一五～一七紙、叙位 | 人物を省略、木を描写 |
| 21 | 清涼殿4 | 巻一―二一 | （清涼殿） | 清涼殿［年中行事灌佛］ | 年中行事絵巻 | 別本巻二の三段九～一一紙、灌佛 | 人物・木を描写 |
| 22 | 清涼殿5 | 巻一―二二 | （清涼殿） | 献菖蒲圖［年中行事繪］ | 年中行事絵巻 | 別本巻二の九段三一～三二紙、菖蒲の節会 | 人物・木を描写 |
| 23 | 清涼殿6 | 巻一―二三 | （清涼殿） | 清涼殿圖［伴大納言繪］ | 伴大納言絵詞 | 上巻の五段一三紙途中～一五紙 | 人物を省略、木を描写 |
| 24 | 清涼殿7 | 巻一―二四 | （清涼殿） | 清涼殿圖［建保六年　中殿和歌御會繪巻物［繪］信實朝臣］ | 中殿御会図 | 四～六紙 | 人物を省略 |
| 25 | 清涼殿8 | 巻一―二五 | （清涼殿） | 清涼殿圖［志貴山縁起繪］ | 信貴山縁起 | 延喜加持の巻、一一～一二紙 | 一部人物を描写、木を描写 |
| 26 | 清涼殿9 | 巻一―二六 | （清涼殿） | 清涼殿南廂圖［天満宮繪詞　隆成彩本］ | 松崎天神縁起 | 巻三の五段一四紙 | 人物を省略 |
| 27 | 清涼殿10（五節図屏風） | 巻一―二七 | （清涼殿） | 五節圖屏風［縮寫］ | 五節図屏風 | 左隻 | 人物・木を描写 |
| 28 | 清涼殿11（明義門西方） | 巻一―二八 | 明義門 | 明義門［承安五節繪］ | 承安五節絵 | 京都大学附属図書館本、第一段 | 人物を省略 |
| 29 | 清涼殿12（殿上） | 巻一―二九 | 主殿司宿 | 殿上圖［五節淵酔］ | 承安五節絵 | 京都大学附属図書館本、第五段 | 人物を省略 |
| 30 | 清涼殿13（清涼殿新長橋） | 巻一―三〇 | 新長橋 | 〈題なし〉 | 承安五節絵 | 京都大学附属図書館本、第三段 | 人物を省略、木を描写 |
| 宮内庁三巻本　巻二 | | | | | | | |
| 31 | 朱雀門1 | 巻二―一 | 朱雀門 | 朱雀門圖［伴大納言繪巻物］ | 伴大納言絵詞 | 上巻の二段五～六紙 | 人物を省略 |
| 32 | 朱雀門2 | 巻二―二 | （朱雀門） | 朱雀門圖［紀長谷雄卿物語］ | 長谷雄草紙 | 上巻の二段九～一一紙 | 人物を省略、木を描写 |
| 33 | 八省院1（応天門・翔鸞楼） | 巻二―三 | 應天門 | 八省院　應天門圖［伴大納言繪巻物］ | 伴大納言絵詞 | 上巻の三段九紙 | 人物なし |
| 34 | 八省院2（会昌門） | 巻二―四 | 會昌門 | 會昌門圖［伴大納言繪巻物］ | 伴大納言絵詞 | 上巻の四段一一～一二紙 | 人物を省略 |
| 35 | 八省院3（大極殿ほか） | 巻二―五 | 八省院 | 八省院圖［年中行事御齋會絵巻物］ | 年中行事絵巻 | 巻七の三段一九～二九紙、御斎会 | 人物を省略、木を描写 |
| 36 | 八省院4（小安殿・昭慶門） | 巻二―六 | （八省院） | 〈題なし〉 | 年中行事絵巻 | 巻七の二段一三～一七紙、御斎会 | 人物を省略 |
| 37 | 真言院 | 巻二―七 | 眞言院 | 眞言院圖［年中行事繪巻物　御齋會］ | 年中行事絵巻 | 巻六の四段二五～二九紙、真言院御修法 | 人物を省略、木を描写 |
| 38 | 建春門・宣陽門 | 巻二―八 | 建春門・宜陽門 | 建春門宣陽門［年中行事繪巻物］ | 年中行事絵巻 | 巻三の一段一～二紙、闘鶏および巻五の一段一～五紙、内宴 | （巻三）人物なし、木を省略、（巻五）人物を省略、木を描写 |
| 39 | 温明殿・綾綺殿・仁寿殿 | 巻二―九 | 温明殿・綾綺殿・仁寿殿 | 温明殿　綾綺殿　仁壽殿圖［年中行事繪巻物［内宴］］ | 年中行事絵巻 | 巻五の一段五～一一紙、内宴 | 人物を省略 |
| 40 | 仁寿殿 | 巻二―一〇 | （仁寿殿） | 〈題なし〉 | 年中行事絵巻 | 巻五の三段一七～二二紙、内宴 | 人物を省略、木を描写 |
| 41 | 仁寿殿・綾綺殿 | 巻二―一一 | （仁寿殿） | 〈題なし〉 | 年中行事絵巻 | 巻五の二七～三一紙、内宴 | 人物を省略、木を描写 |

| 通番号 | 図・記事名 | 巻内番号 | 宮内庁三巻本 頭文目録 | 宮内庁三巻本 表題 | 出典 | 引用箇所 | 宮内庁三巻本 描写方法 |
|---|---|---|---|---|---|---|---|
| 42 | 陰明門 | 巻二―一二 | 陰明門 | 陰明門圖 ［伴大納言繪巻物］ | 伴大納言絵詞 | 下巻の二段四〜五紙 | 人物・木を省略 |
| 43 | 朔平門1 | 巻二―一三 | 朔平門・蘭林坊 | 朔平門圖 ［石山縁起］ | 石山寺縁起 | 巻四の四段二七紙末尾〜二九紙 | 人物を省略 |
| 44 | 朔平門2 | 巻二―一四 | （朔平門） | 朔平門 ［承安五節圖］ | 承安五節絵 | 京都大学附属図書館本、第二段 | 人物を省略 |
| 45 | 玄暉門・徽安門・北廊 | 巻二―一五 | 玄暉門・徽安門 | 玄暉門 徽安門 北廊圖 ［年中行事繪巻物 ［中宮大饗］］ | 年中行事絵巻 | 巻六の二段一五〜一八紙、中宮大饗 | 人物を省略 |
| 46 | 玄暉門1 | 巻二―一六 | （玄暉門） | 玄暉門 ［承安五節圖］ | 承安五節絵 | 京都大学附属図書館本、第二段 | 人物を省略 |
| 47 | 玄暉門2 | 巻二―一七 | （玄暉門） | 玄輝門圖 ［石山縁起］ | 石山寺縁起 | 巻四の四段二六紙途中〜二七紙 | 人物を省略 |
| 48 | 常寧殿 | 巻二―一八 | 常寧殿 | 常寧殿圖 ［承安五節繪］ | 承安五節絵 | 京都大学附属図書館本、第四段 | 人物を省略 |
| 49 | 弘徽殿・登華殿 | 巻二―一九 | 弘徽殿・登華殿 | 弘徽殿登華殿圖 ［承安五節圖］ | 承安五節絵 | 京都大学附属図書館本、第六段 | 人物を省略、木を描写 |
| 50 | 凝花舎 | 巻二―二〇 | 凝花舎 | 凝花舎圖 石山縁起 | 石山寺縁起 | 巻四の四段二五〜二六紙途中 | 人物を省略、木を描写 |
| **宮内庁三巻本 巻三** | | | | | | | |
| 51 | 仙洞御所1 | 巻三―一 | ［年中行事繪］ 仙洞圖 | 仙洞圖 ［年中行事朝覲行幸］ | 年中行事絵巻 | 巻一の五段五三〜六二紙、朝覲行幸 | 人物を省略・打出のみ、木を描写 |
| 52 | 仙洞御所2 | 巻三―二 | ［同］又 | 〈題なし〉 | 年中行事絵巻 | 巻一の四段四〇〜四三紙、朝覲行幸 | 人物・木を省略 |
| 53 | 東三条殿1 | 巻三―三 | 關白第圖 | 關白第 ［年中行事繪 臨時客］ | 年中行事絵巻 | 巻六の一段一〜一〇紙、臨時客 | 人物を省略、木を描写 |
| 54 | 東三条殿2 | 巻三―四 | ［同］ 大臣第圖 | 大臣第圖 ［年中行事 母舎大饗］ | 年中行事絵巻 | 別本巻二の八段二一〜三〇紙、大臣家大饗 | 人物・木を描写 |
| 55 | 院御桟敷 | 巻三―五 | ［亀山院画合巻］ 院御桟敷圖 | 院御桟敷圖 ［亀山院繪 文永賀茂祭］ | 賀茂祭草子 | 不明 | 一部人物を描写 |
| 56 | 関白賀茂詣の馬場舎 | 巻三―六 | ［同］ 紫野齋院圖 | 子日圖 ［年中行事繪］ ［紫野齋院］ | 年中行事絵巻 | 巻二の一六〜二三紙、関白賀茂詣 | 人物を省略、木を描写 |
| 57 | 東三条殿3 | 巻三―七 | ［同］ 立造所酒部所圖 | 寝殿圖 ［年中行事繪 大饗］ | 年中行事絵巻 | 巻一〇の二段二〇〜二四紙、大饗 | 人物を省略、打出あり |
| 58 | 東三条殿4（渡殿階） | 巻三―八 | ［同］ 渡殿階圖 | 渡殿階圖 ［年中行事 大饗］ | 年中行事絵巻 | 巻一〇の二段二九紙途中〜三〇紙、大饗 | 人物を省略、幔あり |
| 59 | 東三条殿5（唐庇） | 巻三―九 | ［同］ 唐庇圖 | 唐廂圖 ［年中行事 祭出立所］ | 年中行事絵巻 | 鈴鹿本、二段、春日祭使出立 | 人物を省略 |
| 60 | 四天王寺西門 | 巻三―一〇 | ［法然繪］ 有高欄門図 | 有高欄門 ［圓光大師行状記天王寺西門圖］ | 法然上人絵伝 | 巻一六の二段九紙 | 人物を省略、木を描写 |
| 61 | 賀茂祭の桟敷 | 巻三―一一 | ［年中行事画］ 御桟敷圖 | 御棧敷圖 ［年中行事］ | 年中行事絵巻 | 巻一六の一段一〜二一紙、賀茂祭行列 | 一部人物を描写、木を描写 |
| | （巻四） | | | | （摹古絵巻 巻六三） | （摹古絵巻 巻六三） | |
| 62 | 『年中行事絵巻』巻三闘鶏の貴族邸 | 〈該当図なし〉 | ［同］ 三間四面寝殿以下圖 | —— | 年中行事絵巻 | 巻三の二段一二〜二二紙、闘鶏 | |
| 63 | 野宮 | 〈該当図なし〉 | ［灌頂巻］ 野宮圖 | —— | 小柴垣草紙 | | |
| 64 | 釣殿 | 〈該当図なし〉 | ［法然繪］ 釣殿圖 | —— | 法然上人絵伝 | 巻一一の六段二〇〜二一紙 | |
| 65 | 織戸中門1 | 〈該当図なし〉 | ［同］ 織戸中門圖 | —— | 法然上人絵伝 | 巻一二の一段三紙 | |
| 66 | 白川押小路殿寝殿 | 〈該当図なし〉 | 押小路殿寝殿圖 | —— | 法然上人絵伝 | 巻九の一段三〜四紙 | |
| 67 | 車宿 | 〈該当図なし〉 | ［同］ 車宿圖 | —— | 法然上人絵伝 | 巻一二の四段一六紙 | |
| 68 | 板葺棟門 | 〈該当図なし〉 | ［同］板 棟門図（葺：脱漏） | —— | 法然上人絵伝 | 巻一四の四段一九紙 | |
| 69 | 織戸中門2 | 〈該当図なし〉 | ［同］ 織戸中門圖 | —— | 法然上人絵伝 | 巻九の五段二〇〜二一紙 | |
| 70 | 広隆寺来迎房の門 | 〈該当図なし〉 | 〈記載なし〉 | —— | 法然上人絵伝 | 巻四二の五段一七、一八紙 | |
| 71 | 上土門1 | 〈該当図なし〉 | ［同］ 擧土門圖 | —— | 法然上人絵伝 | 巻三〇の三段九紙 | |
| 72 | 平唐門 | 〈該当図なし〉 | ［同］ 同平門圖 | —— | 法然上人絵伝 | 巻二九の四段一六紙 | |
| 73 | 上土門2 | 〈該当図なし〉 | ［同］ 又 | —— | 法然上人絵伝 | 巻三三の二段九紙 | |
| 74 | 六月祓の表門と中門 | 〈該当図なし〉 | ［年中行事繪］ 大門中門圖 | —— | 年中行事絵巻 | 巻一〇の一段三〜六紙、六月祓 | |
| 75 | 伴大納言邸 | 〈該当図なし〉 | ［伴大納言繪］ 伴大納言第圖 | —— | 伴大納言絵詞 | 下巻、一〇紙途中〜一一紙途中 | |
| 76 | 左近馬場 | 〈該当図なし〉 | ［年中行事繪］ 左近馬場圖 | —— | 年中行事絵巻 | 巻八の一段四〜七紙、騎射 | |
| 77 | 右近馬場 | 〈該当図なし〉 | ［同］ 右近馬場圖 | —— | 年中行事絵巻 | 巻八の二段一六〜二一紙、騎射 | |
| 78 | 陸奥国国府1 | 〈該当図なし〉 | ［後三年軍記］ 陸奥國々府圖 ［一］ | —— | 後三年合戦絵詞 | 上巻、三段一五〜一七紙 | |
| 79 | 陸奥国国府2 | 〈該当図なし〉 | （同右） | —— | 後三年合戦絵詞 | 下巻、五段二四紙 | |
| 80 | 九條家寝殿一郭に関する諸図 | 〈該当図なし〉 | 後京極殿第圖 | —— | 『桃華雑抄』にあり | | |

備考（その一〜その四）：［ ］は割書、添書。網掛け1 ▒ 、網掛け2 ▒ 、網掛け3 ▒

# 図総覧　巻一～四（その二）

## 東博六巻本

| 通番号 | 巻内番号 | 東博六巻本　頭文目録 | 東博六巻本　表題 | 東博六巻本　描写方法 |
|---|---|---|---|---|
| **東博六巻本　巻二** | | | | |
| 1 | 巻二―一 | 陽明門 | 陽明門［志貴山縁起　鳥羽僧正所圖記］ | 人物を省略、木を描写 |
| 2 | 〈該当図なし〉 | | | |
| 3 | 巻二―二 | 待賢門・建禮門・春花門 | ［年中行事　射禮］待賢門　建禮門　春花門 | 人物を省略、木を描写 |
| 4 | 巻二―三 | （建禮門） | 建礼門屋上圖［年中行事　朝覲行幸］ | 人物を省略 |
| 5 | 巻二―四 | 承明門・永安門 | 承明門　永安門［年中行事　朝覲行幸］ | 人物を省略 |
| 6 | 巻二―五 | 承明門・永安門 | 承明門　永安門［年中行事　賭弓］ | 人物を省略 |
| 7 | 巻二―六 | 紫宸殿・弓場殿 | 紫宸殿南面［年中行事　踏歌］ | 人物を省略、木を描写 |
| 8 | 〈該当図なし〉 | | | |
| 9 | 巻二―七 | （紫宸殿） | 紫宸殿南面［年中行事朝覲行幸］ | 人物を省略、木を描写 |
| 10 | 巻二―八 | （紫宸殿） | 紫宸殿［西南角圖］［年中行事賭弓］ | 人物を省略、木を描写 |
| 11 | 巻二―九 | （紫宸殿） | 紫宸殿母屋圖［西南面畧図］［年中行事繪　賭弓］ | 人物・木を省略 |
| 12 | 巻二―一〇 | 左近陣 | 左近陣圖［年中行事繪］［擬階奏歟　孟夏平座　未詳］ | 人物を描く |
| 13 | 巻二―一一 | （弓場殿） | 射場始圖 | 人物を省略、木を描写 |
| 14 | 巻二―一二 | （紫宸殿・弓場殿） | 射場屋圖［石山縁起］ | 人物・木を描写 |
| 15 | 巻二―一三 | （紫宸殿） | 紫宸殿東南面圖［承安五節圖］ | 人物を省略 |
| 16 | 巻二―一四 | 校書殿・安福殿・月花門 | 射場殿　校書殿　月華門　安福殿［年中行事　賭弓］ | 人物・木を省略 |
| 17 | 巻二―一五 | （校書殿） | 校書殿圖［年中行事繪巻物　御齋繪］ | 人物を省略 |
| 18 | 巻二―一六 | 清涼殿 | 清涼殿［年中行事　御齋會加持香水］ | 人物を省略、木を描写 |
| 19 | 巻二―一七 | （清涼殿） | 清涼殿東面　闌干異圖［年中行事　御燈］ | 人物・木を省略 |
| 20 | 〈該当図なし〉 | | | |
| 21 | 〈該当図なし〉 | | | |
| 22 | 〈該当図なし〉 | | | |
| 23 | 巻二―一八 | （清涼殿） | 清涼殿圖［伴大納言繪］ | 人物を省略、木を描写 |
| 24 | 巻二―一九 | （清涼殿） | 清涼殿圖［建保六年　中殿和歌御會繪巻物［繪］信實朝臣］ | 人物を省略 |
| 25 | 巻二―二〇 | （清涼殿） | 清涼殿圖［志貴山縁起繪］ | 一部人物を描写、木を描写 |
| 26 | 巻二―二一 | （清涼殿） | 清涼殿南廂圖［天満宮絵詞　隆成彩本］ | 人物を省略 |
| 27 | 〈該当図なし〉 | | | |
| 28 | 巻二―二二 | 明義門 | 明義門［承安五節繪］ | 人物を省略 |
| 29 | 巻二―二三 | 主殿司宿 | 殿上圖［五節　淵酔］ | 人物を省略 |
| 30 | 巻二―二四 | 新長橋 | 清涼殿新長橋圖［五節繪　帳台試］ | 人物を省略、木を描写 |
| **東博六巻本　巻一** | | | | |
| 31 | 巻一―一 | 朱雀門 | 朱雀門圖［伴大納言繪巻物］ | 人物を省略 |
| 32 | 巻一―二 | （朱雀門） | 朱雀門圖［紀長谷雄卿物語］ | 人物を省略、木を描写 |
| 33 | 巻一―三 | 應天門 | 八省院　應天門圖［伴大納言繪巻物］ | 人物なし |
| 34 | 巻一―四 | 會昌門 | 會昌門圖［伴大納言絵巻物］ | 人物を省略 |
| 35 | 巻一―五 | 八省院 | 八省院圖［年中行事御齋會繪巻物］ | 人物を省略、木を描写 |
| 36 | 巻一―六 | （八省院） | 〈題なし〉 | 人物を省略 |
| 37 | 巻一―七 | 眞言院 | 真言院圖［年中行事繪巻物　御齋會］ | 人物を省略、木を描写 |
| 38 | 巻一―八 | 建春門・宜陽門 | 建春門　宣陽門［年中行事繪巻物　内宴］ | （巻3）人物なし、木を省略、（巻5）人物を省略、木を描写。 |
| 39 | 巻一―九 | 温明殿・綾綺殿・仁寿殿 | 温明殿　綾綺殿　仁寿殿圖［年中行事繪巻物　内宴］ | 人物を省略 |
| 40 | 巻一―一〇 | （仁寿殿） | 〈題なし〉 | 人物を省略、木を描写 |
| 41 | 巻一―一一 | （仁寿殿） | 〈題なし〉 | 人物を省略、木を描写 |
| 42 | 巻一―一二 | 陰明門 | 陰明門圖［伴大納言絵巻物］ | 人物・木を省略 |

| | | | | |
|---|---|---|---|---|
| 43 | 巻一―一三 | 朔平門・蘭林坊 | 朔平門圖 ［石山縁起］ | 人物を省略 |
| 44 | 巻一―一四 | 〈朔平門〉 | 朔平門 ［承安五節圖］ | 人物を省略 |
| 45 | 巻一―一五 | 玄暉門・徽安門 | 玄暉門 徽安門 北廊圖 ［年中行事絵巻物 中宮大饗］ | 人物を省略 |
| 46 | 巻一―一六 | 〈玄暉門〉 | 玄暉門 ［承安五節圖］ | 人物を省略 |
| 47 | 巻一―一七 | 〈玄暉門〉 | 玄輝門圖 ［石山縁起］ | 人物を省略 |
| 48 | 巻一―一八 | 常寧殿 | 常寧殿圖 ［承安五節繪］ | 人物を省略 |
| 49 | 巻一―一九 | 弘徽殿・登華殿 | 弘徽殿 登華殿圖 ［承安五節圖］ | 人物を省略、木を描写 |
| 50 | 巻一―二〇 | 凝花舎 | 凝花舎圖 石山縁起 | 人物を省略、木を描写 |
| **東博六巻本 巻三** | | | | |
| 51 | 巻三―一 | ［年中行事繪］仙洞圖 | 仙洞圖 ［年中行事繪朝覲行幸］ | 人物を省略・打出のみ、木を描写 |
| 52 | 巻三―二 | ［同］又 | 仙洞圖 ［年中行事繪 朝覲行幸］ | 人物・木を省略 |
| 53 | 巻三―三 | 關白第圖 | 關白第 ［年中行事繪 臨時客］ | 人物を省略、木を描写 |
| 54 | 巻三―四 | ［同］大臣第圖 | 大臣第圖 ［年中行事 母舎大饗］ | 人物・木を描写 |
| 55 | 巻三―五 | ［亀山院画合巻］院御桟敷圖 | 院御桟敷圖 ［亀山院絵 文永賀茂祭］ | 一部人物を描写、詞書あり |
| 56 | 巻三―六 | ［同］紫野齋院圖 | 子日圖 ［年中行事繪］［紫野齋院］ | 人物を省略・木を描写、鳥居を描かない |
| 57 | 巻三―七 | ［同］立造所酒部所圖 | 寝殿図 ［年中行事繪 大饗］ | 人物を省略、汀出あり |
| 58 | 巻三―八 | ［同］渡殿階圖 | 渡殿階圖 ［年中行事 大饗］ | 人物を省略、幔あり |
| 59 | 巻三―九 | ［同］唐庇圖 | 唐庇圖 ［年中行事 祭日立所］ | 人物を省略 |
| 60 | 巻三―一〇 | ［法然繪］有高欄門図 | （上段左）有高欄門 ［圓光大師行状記天王寺西門圖］ | 人物を省略、木を描写 |
| 51 | 巻三―一一 | ［年中行事画］御桟敷圖 | 御桟敷圖 ［年中行事］ | 一部人物を描写、木を描写 |
| **東博六巻本 巻四** | | | | |
| 62 | 〈該当図なし〉 | ［同］三間四面寝殿以下圖 | ―― | ―― |
| 63 | 巻四―一 | ［灌頂巻］野宮圖 | 野宮圖［灌頂繪巻物］［後白河法皇宸筆 繪 住吉法眼］ | 人物を省略・木を描写 |
| 64 | 巻四―二 | ［法然繪］釣殿圖 | 釣殿圖 ［圓光大師行状記 月輪亭］ | 人物なし |
| 65 | 巻四―三 | ［同］織戸中門圖 | 織戸中門圖 ［圓光大師行状記］［大炊御門左大臣［経宗公］第］<br>［同記大宮内府［実宗公］第織戸中門亦同］ | 人物なし |
| 66 | 巻四―四 | 押小路殿寝殿図 | 寝殿圖 ［圓光大師行状記］［河東押小路殿］ | 人物を省略・木を描写 |
| 67 | 巻四―五 | ［同］車宿圖 | 車宿圖 ［圓光大師行状記］［民部卿範光卿第］ | 人物なし |
| 68 | 巻四―六 | ［同］板葺棟門図 | 板葺棟門圖 ［圓光大師行状記］［新安楽］ | 人物なし |
| 69 | 巻四―七 | ［同］織戸中門圖 | 織戸中門圖 ［圓光大師行状記］［首楞厳］ | 人物を省略 |
| 70 | 巻四―八 | 〈記載なし〉 | 芝築地圖 ［圓光大師行状記］［廣隆寺来迎房］ | 人物を省略 |
| 71 | 巻四―九 | ［同］擧土門圖 | 挙土門圖 ［圓光大師行状記］ | 人物なし |
| 72 | 巻四―一〇 | ［同］又（12と入れ違い） | 平門圖 ［圓光大師行状記］ | 人物なし |
| 73 | 巻四―一一 | ［同］平門圖（11と入れ違い） | 挙出門圖 ［圓光大師行状記］［右大史某第］ | 人物なし |
| 74 | 巻四―一二 | ［年中行事繪］大門中門圖 | 大門中門圖 ［年中行事繪巻物］［戴餅］ | 人物を省略・木を描写 |
| 75 | 巻四―一三 | ［伴大納言繪］伴大納言第圖 | 伴大納言第圖 ［伴大納言繪巻物］ | 人物を省略 |
| 76 | 巻四―一四 | ［年中行事繪］左近馬場圖 | 左近馬場圖 ［年中行事繪 競馬］ | 人物を省略 |
| 77 | 巻四―一五 | ［同］右近馬場圖 | 右近馬場圖 ［年中行事 競馬騎射］ | 人物を省略・木を描写 |
| 78 | 巻四―一六 | ［後三年軍記］陸奥國々府圖［二］ | ［陸奥］國府圖 ［後三年記上巻 追罸發向繪］ | 人物・鳥を省略、木を描写 |
| 79 | 〈該当図なし〉 | 〈同右〉 | ―― | ―― |
| 80 | 〈該当図なし〉 | 後京極殿第圖 | ―― | ―― |

# 図総覧　巻一～四（その三）

## 摹古絵巻本

| 通番号 | 巻内番号 | 摹古絵巻本　頭文目録 | 摹古絵巻本　表題 | 摹古絵巻本　描写方法 |
|---|---|---|---|---|
| **摹古絵巻本　巻七五―一、巻七五―二** | | | | |
| 1 | 巻七五―一―一 | 陽明門 | 陽明門　［志貴山縁起　鳥羽僧正所圖記］ | 人物を省略、木を描写 |
| 2 | 巻七五―一―二 | 待賢門 | ［待賢］郁芳門図　［年中行事　朝覲行幸］ | 人物を省略 |
| 3 | 巻七五―一―三 | 待賢門・建禮門・春花門 | ［年中行事　射禮］待賢門 建禮門 春花門 | 人物を省略、木を描写 |
| 4 | 巻七五―一―四 | （建禮門） | 建礼門屋上圖　［年中行事　朝覲行幸］ | 人物を省略 |
| 5 | 巻七五―一―五 | 承明門・永安門 | 承明門　永安門　［年中行事　朝覲行幸］ | 人物を省略 |
| 6 | 巻七五―一―六 | 承明門・永安門 | 承明門　永安門　［年中行事　賭弓］ | 人物を省略 |
| 7 | 巻七五―一―七 | 紫宸殿・弓場殿 | 紫宸殿南面　［年中行事　踏歌］ | 人物を省略、木を描写 |
| 8 | 巻七五―一―八 | （紫宸殿） | 年中行事繪　獻菖蒲圖 | 人物・木を描写 |
| 9 | 巻七五―一―九 | （紫宸殿） | 紫宸殿南面　［年中行事朝覲行幸］ | 人物を省略、木を描写 |
| 10 | 巻七五―一―一〇 | （紫宸殿） | 紫宸殿　［西南角圖］　［年中行事賭弓］ | 人物を省略、木を描写 |
| 11 | 巻七五―一―一一 | （紫宸殿） | 紫宸殿母屋圖　［西南面畧図　年中行事繪　賭弓］ | 人物・木を省略 |
| 12 | 巻七五―一―一二 | 左近陣 | 左近陣圖　［年中行事繪　擬階奏歟　孟夏平座　未詳］ | 人物を描く |
| 13 | 巻七五―一―一三 | （弓場殿） | 射場始圖 | 人物を省略、木を描写 |
| 14 | 巻七五―一―一四 | （紫宸殿・弓場殿） | 射場屋圖　［石山縁起］ | 人物・木を描写 |
| 15 | 巻七五―一―一五 | （紫宸殿） | 紫宸殿東南面圖　［承安五節圖］ | 人物を省略 |
| 16 | 巻七五―一―一六 | 校書殿・安福殿・月花門 | 射場殿　校書殿　月華門　安福殿　［年中行事　賭弓］ | 人物・木を省略 |
| 17 | 巻七五―一―一七 | 校書殿 | 校書殿圖　［年中行事繪巻物　御齋會］ | 人物を省略 |
| 18 | 巻七五―一―一八 | 清涼殿 | 清涼殿　［年中行事　御齋會加持香水］ | 人物を省略、木を描写 |
| 19 | 巻七五―二―一 | （清涼殿） | 清涼殿東面　闌干異圖　［年中行事　御燈］ | 人物・木を省略 |
| 20 | 巻七五―二―二 | （清涼殿） | 清涼殿圖　［年中行事　叙位］ | 人物を省略、木を描写 |
| 21 | 巻七五―二―三 | （清涼殿） | 清涼殿　［年中行事　灌佛］ | 人物・木を描写 |
| 22 | 巻七五―二―四 | （清涼殿） | 獻菖蒲圖　［年中行事繪］ | 人物・木を描写 |
| 23 | 巻七五―二―五 | （清涼殿） | 清涼殿圖　［伴大納言繪］ | 人物を省略、木を描写 |
| 24 | 巻七五―二―六 | （清涼殿） | 清涼殿圖　［建保六年　中殿和歌御會繪巻物［繪］信實朝臣］ | 人物を省略 |
| 25 | 巻七五―二―七 | （清涼殿） | 清涼殿圖　［志貴山縁起繪］ | 一部人物を描写、木を描写 |
| 26 | 巻七五―二―八 | （清涼殿） | 清涼殿南廂圖　［天満宮繪詞　隆成彩本］ | 人物を省略 |
| 27 | 巻七五―二―九 | （清涼殿） | 五節圖屏風　［縮寫］ | 人物・木を描写 |
| 28 | 巻七五―二―一〇 | 明義門 | 明義門　［承安五節繪］ | 人物を省略 |
| 29 | 巻七五―二―一一 | 主殿司宿 | 殿上圖　［五節淵酔］ | 人物を省略 |
| 30 | 巻七五―二―一二 | 新長橋 | 清涼殿新長橋圖　［五節繪帳臺試］ | 人物を省略、木を描写 |
| **摹古絵巻　巻六九** | | | | |
| 31 | 巻六九―一 | 朱雀門 | 朱雀門圖　［伴大納言繪巻物］ | 人物を省略 |
| 32 | 巻六九―二 | （朱雀門） | 朱雀門圖　［紀長谷雄卿物語］ | 人物を省略、木を描写 |
| 33 | 巻六九―三 | 應天門 | 八省院　應天門圖　［伴大納言繪巻物］ | 人物なし |
| 34 | 巻六九―四 | 會昌門 | 會昌門圖　［伴大納言繪巻物］ | 人物を省略 |
| 35 | 巻六九―五 | 八省院 | 八省院圖　［年中行事御齋會繪巻物］ | 人物を省略、木を描写 |
| 36 | 巻六九―六 | （八省院） | 〈題なし〉 | 人物を省略 |
| 37 | 巻六九―七 | 眞言院 | 真言院圖　［年中行事繪巻物　御齋會］ | 人物を省略、木を描写 |
| 38 | 巻六九―八 | 建春門・宜陽門 | 建春門宣陽門　［年中行事繪巻物］　［官人座内記所内室］ | （巻三）人物なし、木を省略、（巻五）人物を省略、木を描写 |
| 39 | 巻六九―九 | 温明殿・綾綺殿・仁寿殿 | 温明殿　綾綺殿　仁寿殿圖　［年中行事繪巻物　［内宴］］ | 人物を省略 |
| 40 | 巻六九―一〇 | （仁寿殿） | 〈題なし〉 | 人物を省略、木を描写 |
| 41 | 巻六九―一一 | （仁寿殿） | 〈題なし〉 | 人物を省略、木を描写 |

| | | | | |
|---|---|---|---|---|
| 42 | 巻六九―一二 | 陰明門 | 陰明門圖　［伴大納言繪巻物］ | 人物・木を省略 |
| 43 | 巻六九―一三 | 朔平門・蘭林坊 | 朔平門圖　［石山縁起］ | 人物を省略 |
| 44 | 巻六九―一四 | （朔平門） | 朔平門　［承安五節圖］ | 人物を省略 |
| 45 | 巻六九―一五 | 玄暉門・徽安門 | 玄暉門　徽安門　北廊圖　［年中行事繪巻物　中宮大饗］ | 人物を省略 |
| 46 | 巻六九―一六 | （玄暉門） | 玄暉門　［承安五節圖］ | 人物を省略 |
| 47 | 巻六九―一七 | （玄暉門） | 玄暉門圖　［石山縁起］ | 人物を省略 |
| 48 | 巻六九―一八 | 常寧殿 | 常寧殿圖　［承安五節繪］ | 人物を省略 |
| 49 | 巻六九―一九 | 弘徽殿・登華殿 | 弘徽殿登華殿圖　［承安五節圖］ | 人物を省略、木を描写 |
| 50 | 巻六九―二〇 | 凝花舎 | 凝花舎圖　石山縁起 | 人物を省略、木を描写 |

## 摹古絵巻本　巻六四

| | | | | |
|---|---|---|---|---|
| 51 | 巻六四―一 | ［年中行事繪］仙洞圖 | 仙洞圖　［年中行事繪朝覲行幸］ | 人物を省略・打出のみ、木を描写 |
| 52 | 巻六四―二 | ［同］又 | 仙洞圖　［年中行事繪　朝覲行幸］ | 人物・木を省略 |
| 53 | 巻六四―三 | 関白第圖 | 關白第　［年中行事繪　臨時客］ | 人物を省略、木を描写 |
| 54 | 巻六四―四 | ［同］大臣第圖 | 大臣第圖　［年中行事　母舎大饗］ | 人物・木を描写 |
| 55 | 巻六四―五 | ［亀山院画合巻］院御栈敷圖 | 院御栈敷圖　［亀山院繪　文永賀茂］ | 一部人物を描写、詞書あり |
| 56 | 巻六四―六 | ［同］紫野齋院圖 | 子日圖　［年中行事繪］［紫野齋院］ | 人物を省略、木を描写 |
| 57 | 巻六四―七 | ［同］立造所酒部所圖 | 寢殿図　［年中行事繪 大饗］ | 人物を省略、打出あり |
| 58 | 巻六四　八 | ［同］渡殿陛圖 | 渡殿階圖　［年中行事　大饗］ | 人物を省略、幔あり |
| 59 | 巻六四―九 | ［同］唐庇圖 | 唐廂圖　［年中行事　祭出立所］ | 人物を省略 |
| 60 | 巻六四―一〇 | ［法然繪］有高欄門図 | 有高欄門　［圓光大師行状記天王寺西門圖］ | 人物を省略、木を描写 |
| 61 | 巻六四―一一 | ［年中行事画］御栈敷圖 | 御栈敷圖　［年中行事］ | 一部人物を描写、木を描写 |

## 摹古絵巻本　巻六三

| | | | | |
|---|---|---|---|---|
| 62 | 巻六三―一 | ［司］三間四面寝殿以下圖 | 三間四面寝殿已下圖　［年中行事繪巻物　闘鶏］ | 人物を省略・木を描写 |
| 63 | 巻六三―二 | ［灌頂巻］野宮圖 | 野宮圖［灌頂繪巻物］［後白河法皇宸筆　繪　住吉法眼］ | 人物を省略・木を描写 |
| 64 | 巻六三―三 | ［法然繪］釣殿圖 | 釣殿圖　［圓光大師行状記　月輪亭］ | 人物なし |
| 65 | 巻六三―四 | ［同］織戸中門圖 | 織戸中門圖　［圓光大師行状記］［大炊御門左大臣［経忠公］第］<br>［同記大宮内府［宗実公］第織戸中門亦同］ | 人物なし |
| 66 | 巻六三―五 | 押小路殿寝殿図 | 寝殿圖　［圓光大師行状記］［河東押小路殿］ | 人物を省略・木を描写 |
| 67 | 巻六三―六 | ［同］車宿圖 | 車宿　［圓光大師行状記］［民部卿範光卿第］ | 人物なし |
| 68 | 巻六三―七 | ［同］板葺棟門図 | 板葺棟門圖　［圓光大師行状記］［新安楽］ | 人物なし |
| 69 | 巻六三―八 | ［同］織戸中門圖 | 織戸中門　［圓光大師行状記］［首楞厳］ | 人物を省略 |
| 70 | 巻六三―九 | 〈記載なし〉 | 〈表題注記のみ〉［圓光大師行状記］［廣隆寺来迎房］ | 人物を省略 |
| 71 | 巻六三―一〇 | ［同］擧土門圖 | 擧土門圖　［圓光大師行状記］ | 人物なし |
| 72 | 巻六三―一一 | ［同］又 | 平門圖　［圓光大師行状記］ | 人物なし |
| 73 | 巻六三―一二 | ［同］平門圖 | 擧出門圖　［圓光大師行状記　右大史某第］ | 人物なし |
| 74 | 巻六三―一三 | ［年中行事繪］大門中門圖 | 年中行事画　大門中門圖（図中にも、大門中門圖　［年中行事繪<br>巻物］［戴餅］） | 人物を省略・木を描写 |
| 75 | 巻六三―一四 | ［伴大納言繪］伴大納言第圖 | 伴大納言第圖　［抛伴大納言繪巻］ | 人物を省略 |
| 76 | 巻六三―一五 | ［年中行事繪］左近馬場圖 | 左近馬場圖　［年中行事繪　競馬］ | 人物を省略 |
| 77 | 巻六三―一六 | ［同］右近馬場圖 | 右近馬場圖　［年中行事　競馬騎射］ | 人物を省略・木を描写 |
| 78 | 巻六三―一七 | ［後三年軍記］陸奥國々府圖　［二］ | ［陸奥］國府圖　［後三年記上巻　追罰發向繪］ | 人物・鳥を省略、木を描写 |
| 79 | 巻六三―一八 | （同右） | ［陸奥］圖府圖　［後三年記下巻　奉國解繪］ | 人物を省略 |
| 80 | 巻六三―一九 | 後京極殿第圖 | 後京極第敷圖　［与建圖可考合］ | |

# 図総覧　巻一〜四（その四）

## 東博八巻本

| 通番号 | 巻内番号 | 東博八巻本　表題 | 東博八巻本　描写方法 |
|---|---|---|---|
| 1 | 巻六―一 | （虫損により判読不能） | 人物を省略 |
| 2 | 巻六―二 | 郁芳門圖［年中行事　朝覲行幸］ | 人物を省略 |
| 3 | 巻六―三 | 待賢門　建禮門　春花門［年牛行事　射禮］ | 人物を省略、木を描写 |
| 4 | 巻六―四 | 建禮門［朝覲行幸］ | 人物を省略 |
| 5 | 巻六―五 | 承明門［年中行事］ | 人物を省略 |
| 6 | 巻六―六 | 承明門　永安門［年中行事　賭弓］ | 人物を省略 |
| 7 | 巻六―七、巻五―一 | 巻六―七紫宸殿［年中行事　踏歌］、巻五―一〈題なし〉 | 巻六―七人物を省略、木を描写 |
| 8 | 巻五―二 | 南殿［年中行事　献菖蒲］ | 人物・木を描写 |
| 9 | 巻五―三 | 紫宸殿南面［朝覲行幸］ | 人物を省略、木を描写 |
| 10 | 巻五―四 | 同西南角［賭弓］ | 人物・木を省略 |
| 11 | 巻五―五 | 〈題なし〉 | 人物・木を省略 |
| 12 | 巻五―六 | 左近陣［年中行事］ | 人物を描く |
| 13 | 巻五―七 | 射場始 | 人物・木を省略 |
| 14 | 巻五―一〇 | 〈題なし〉 | 人物・木を描写 |
| 15 | 〈該当図なし〉 | | |
| 16 | 巻五―八 | 賭弓之條校書殿 | 人物・木を省略 |
| 17 | 巻五―九 | 図中に、御齋會条校書殿　安福殿［御齋會會条］ | 人物を省略 |
| 18 | 巻五―一一 | 清涼殿［加持香水］ | 人物を省略、木を描写 |
| 19 | 巻五―一二 | 御燈 | 人物・木を省略 |
| 20 | 巻五―一三 | 叙位 | 人物・木なし |
| 21 | 巻五―一四 | 清涼殿　灌佛ノ条 | 人物・木を省略 |
| 22 | 巻二―一 | 年中行事［献菖蒲］ | 人物なし、木を描写 |
| 23 | 〈該当図なし〉 | | |
| 24 | 巻二―八 | 〈題なし〉 | 人物を省略 |
| 25 | 巻二―二 | 志貴山縁起 | 人物を省略、木を描写 |
| 26 | 巻二―三 | 清涼殿南廂［天満宮繪詞　隆成画畫巻］ | 人物を省略 |
| 27 | 巻二―四 | 〈題なし〉 | 人物・木を描写 |
| 28 | 巻二―五 | 〈題なし〉 | 人物を省略 |
| 29 | 巻二―六 | 〈題なし〉 | 人物を省略 |
| 30 | 巻二―七 | 〈題なし〉 | 人物を省略、木を描写 |
| 31 | 巻一―一 | 朱雀門［伴大納言繪詞］ | 人物を省略 |
| 32 | 巻一―二 | 朱雀門［長谷雄卿繪詞］ | 人物を省略、一部の木を省略 |
| 33 | 巻一―三 | 〈題なし〉 | 人物なし |
| 34 | 巻一―四 | 會昌門［同前］ | 人物を省略 |
| 35 | 巻一―五 | 大極殿［年中行事御斎會］ | 人物を省略 |
| 36 | 巻一―六 | 〈題なし〉 | 人物の輪郭線のみ描く |
| 37 | 〈該当図なし〉 | | |
| 38 | 巻三―四 | 建春門　宣陽門［年中行事　内宴］ | （巻三）人物なし、木を省略。（巻五）人物を省略、木を描写。 |
| 39 | 巻三―五 | 〈題なし〉 | 人物を省略 |
| 40 | 巻三―六 | 〈題なし〉 | 人物を省略、木を描写 |
| 41 | 巻三―七 | 〈題なし〉 | 人物を省略、木を描写 |
| 42 | 巻三―三 | 陰明門圖［伴大納言繪詞］ | 人物・木を省略 |
| 43 | 巻三―二 | 朔平門［石山縁起］ | 人物を省略 |
| 44 | 巻三―一 | 朔平門［承安五節繪］ | 人物を省略 |

| | | | |
|---|---|---|---|
| 45 | 巻四―一 | 玄暉門図［年中行事　中宮大饗］ | 人物を省略 |
| 46 | 巻四―二 | 玄暉門［承安五節繪］［東廊作瓦垣不畫曲舎誤］ | 人物を省略 |
| 47 | 巻四―三 | 玄暉門［石山縁起］ | 人物を省略 |
| 48 | 巻四―五 | 常寧殿［五節繪］ | 人物を省略 |
| 49 | 巻四―六 | 〈題なし〉 | 人物・木を省略 |
| 50 | 巻四―四 | 疑華舎［石山縁起］ | 人物を省略、木を描写 |
| | | | |
| 51 | 巻八―一 | 仙洞［年中行事　朝覲行幸］ | 人物を省略、打出のみ描写、木を描写 |
| 52 | 巻八―二 | 〈題なし〉 | 人物・木を省略 |
| 53 | 巻八―三 | 関白第［臨時客］ | 人物を省略 |
| 54 | 巻八―四 | 大臣第［母屋大饗］ | 一部人物を輪郭で描く、打出を描く、木を描写 |
| 55 | 巻七―一 | 桟敷［文永賀茂祭繪］ | 一部人物を描写、詞書なし |
| 56 | 巻七―二 | 齋院［年中行事］ | 人物・木を省略 |
| 57 | 〈該当図なし〉 | | |
| 58 | 巻七―三 | 渡殿 | 人物を省略 |
| 59 | 巻七―四 | 唐庇 | 人物を省略 |
| 60 | 〈該当図なし〉 | | |
| 61 | 巻七―五 | 御桟敷［年中行事］ | 一部人物を描写、木を描写 |

# 図総覧　上（巻五）・下（巻六）

| 通番号 | 図・記事名 | 巻内番号 | 東博六巻本　頭文目録 | 東博六巻本　表題 | 出典と引用箇所 | 描写内容 | 巻内番号 | 摹古絵巻本　頭文目録 | 摹古絵巻本　表題 | 『都城院宮之図』『院宮』との対応関係 |
|---|---|---|---|---|---|---|---|---|---|---|
| 東博六巻本　上（巻五） | | | | | | | 摹古絵巻本　巻七三 | | | |
| 81 | 平安京左京1 | 巻上―一 | 東京圖 | 東京圖［拾芥抄加校本］ | 拾芥抄 | | 巻七三―一 | 東京圖 | 東京圖［拾芥抄加校本］ | 『都城院宮』〈上1〉 |
| 82 | 平安京左京2 | 巻上―二 | 左京圖 | 左京圖［拾芥抄加校本］ | 拾芥抄 | | 巻七三―二 | 左京圖 | 左京圖［拾芥抄加校本］ | 『都城院宮』〈上2〉 |
| 83 | 平安京右京 | 巻上―三 | 右京圖 | 右京圖 | 拾芥抄 | | 巻七三―三 | 右京圖 | 右京圖 | 『都城院宮』〈上3〉 |
| 84 | 四行八門 | 巻上―四 | 四行八門圖 | 四行八門圖［拾芥抄］ | 拾芥抄 | | 巻七三―四 | 四行八門圖 | 四行八門圖［拾芥抄］ | 『都城院宮』〈上4〉 |
| 85 | 坊保 | 巻上―五 | 坊保圖 | 坊保圖［拾芥抄］ | 拾芥抄 | | 巻七三―五 | 坊保圖 | 坊保圖［拾芥抄］ | 『都城院宮』〈上5〉 |
| 86 | 平安宮1 | 巻上―六 | 南都所傳大内裏圖 | 南都所傳宮城古圖 | 南都所傳宮城古圖 | | 巻七三―六 | 南都所傳大内裏圖 | 南都所傳宮城古圖 | 『都城院宮』〈上6〉 |
| 87 | 平安宮2 | 巻上―七 | 大内裏圖 | 大内圖［拾芥抄加校本］ | 拾芥抄 | | 巻七三―八 | 大内裏圖 | | 『都城院宮』〈上7〉 |
| 88 | 平安宮3 | 巻上―八 | 又 | 大内圖［拾芥抄加校本　本云 皇城指圖］ | 拾芥抄 | | 巻七三―九 | 又 | 〈表題と図の内容、配列順が不整合〉 | 『都城院宮』〈上8〉 |
| 89 | 平安宮4 | 巻上―九 | 醍醐水本坊屏風圖大内裏圖 | 大内裏圖［醍醐水本坊屏風］ | 醍醐水本坊屏風 | | 巻七三―七 | 醍醐水本坊屏風圖大内裏圖 | | 『都城院宮』〈上9〉 |
| 90 | 平安宮5 | 巻上―一〇 | 同千分一之圖 | 醍醐水本坊大内裏千分一之圖 | 醍醐水本坊大内裏千分一之圖 | | 巻七三―一〇 | 同千分一之圖 | | 『都城院宮』〈上10〉 |
| 91 | 平安宮6 | 巻上―一一 | 〈記載なし〉 | 大内圖［東涯先生傳来古圖］ | 東涯先生傳来古圖 | | 巻七三―一一 | 〈記載なし〉 | 大内圖［東涯先生傳来古圖］ | 『都城院宮』〈上11〉 |
| 92 | 平安宮中重隔 | 巻上―一二 | 大内裏中隔圖 | 大内中重隔圖［拾芥抄加校本］ | 拾芥抄 | | 巻七三―一二 | 大内裏中隔圖 | 大内中重隔圖［拾芥抄加校本］ | 『都城院宮』〈上12〉 |
| 93 | 平安宮中和院 | 巻上―一三 | 〈記載なし〉 | 〈題なし〉 | 拾芥抄 | | 巻七三―一三 | 〈記載なし〉 | 〈題なし〉 | 『都城院宮』〈上13〉 |
| 94 | 内裏1 | 巻上―一四 | 寳泉院蔵大内裏圖 | 寳泉院蔵大内圖［縮圖］ | 寳泉院蔵大内圖 | | 巻七三―一四 | 寳泉院蔵大内裏圖 | 寳泉院蔵大内圖［縮圖］ | 『都城院宮』〈上14〉 |
| 95 | 内裏2 | 巻上―一五 | 又大圖 | 大内圖［拾芥抄加校本］ | 拾芥抄 | | 巻七三―一五 | 又大圖 | 大内圖［拾芥抄加校本］ | 『都城院宮』〈上15〉 |
| 96 | 内裏3 | 巻上―一六 | 又 | 大内圖［大圖］ | 大圖 | | 巻七三―一六 | 又 | 大内圖［大圖］ | 『都城院宮』〈上16〉 |
| 97 | 内裏4 | 巻上―一七 | 水本坊大内裏圖 | 大内圖［水本坊屏風］ | 醍醐水本坊屏風 | | 巻七三―一七 | 水本坊大内裏圖 | 大内圖［水本坊屏風］ | 『都城院宮』〈上17〉 |
| 98 | 朝堂院1 | 巻上―一八 | 八省院圖 | 八省院圖［拾芥抄加校本］ | 拾芥抄 | | 巻七三―一八 | 八省院圖 | 八省院圖［拾芥抄加校本］ | 『都城院宮』〈下40〉 |
| 99 | 朝堂院2 | 巻上―一九 | 又大圖 | 八省院圖［大圖］ | 大圖 | | 巻七三―一九 | 又大圖 | 八省院圖［大圖］ | 『都城院宮』〈下41〉 |
| 100 | 朝堂院3 | 巻上―二〇 | 水本坊八省院圖 | 八省院圖［水本坊屏風］ | 醍醐水本坊屏風 | | 巻七三―二〇 | 水本坊八省院圖 | 八省院圖［水本坊屏風］ | 『都城院宮』〈下42〉 |
| 101 | 豊楽院1 | 巻上―二一 | 文亀二年傳寫　大内裏圖 | 豊樂院圖［大圖］ | 大圖 | | 巻七三―二一 | 文亀二年傳寫大内裏圖 | 豊樂院圖［大圖］ | 『都城院宮』〈下43〉 |
| 102 | 豊楽院2 | 巻上―二二 | 豊樂院圖 | 豊樂院圖［拾芥抄］ | 拾芥抄 | | 巻七三―二二 | 豊樂院圖 | 豊樂院圖［拾芥抄］ | 『都城院宮』〈下44〉 |
| 103 | 内裏5 | 巻上―二三 | 異本殿舎圖 | 〈題なし〉 | （東涯先生傳来古圖） | | 巻七三―二三 | 異本殿舎圖 | 〈題なし〉 | 『都城院宮』〈上18〉 |

| 通番号 | 図・記事名 | 巻内番号 | 東博六巻本　頭文目録 | 東博六巻本　表題 | 出典と引用箇所 | 描写内容 | 巻内番号 | 摹古絵巻本　頭文目録 | 摹古絵巻本　表題 | 『都城院宮之図』『院宮』との対応関係 |
|---|---|---|---|---|---|---|---|---|---|---|
| 104 | 清涼殿1 | 巻上—二四 | 清涼殿古本 | 清涼殿古圖［以大僧都秀雅藏本写之］ | （大僧都秀雅蔵本の古圖） | | 巻七三—二四 | 清涼殿古本 | 清涼殿古圖［以大僧都秀雅藏本写之］ | 『都城院宮』〈下28〉 |
| 105 | 清涼殿2 | 巻上—二五 | 考訂圖 | 古圖［本書圖以狼藉今加校訂］ | （大僧都秀雅蔵本の古圖） | | 巻七三—二五 | 考訂圖 | 古圖［本書圖以狼藉今加校訂］ | ———— |
| 106 | 清涼殿3 | 巻上—二六 | 寛政六年三月一日清涼殿鋪設圖 | 寛政六年三月一日欣子内親王入内清涼殿鋪設 | 寛政六年三月一日清涼殿鋪設圖 | | 巻七三—二六 | 寛政六年三月一日清涼殿鋪設圖 | 寛政六年三月一日欣子内親王入内清涼殿鋪設 | ———— |
| | **東博六巻本　下（巻六）** | | | | | | | **摹古絵巻本（巻七〇）** | | |
| 107 | 東三条殿6 | 巻下—一 | 年中行事画牛飼童饗饌圖 | 年中行事画牛飼童饗饌 | 『年中行事絵巻』鷹司本、巻二の三段、牛飼饗 | 人物を描写 | 巻七〇—二〇 | 年中行事画牛飼童饗饌圖 | 年中行事画牛飼童饗饌 | 『院宮』〈71〉 |
| 108 | 斎院客殿1 | 巻下—二 | 客殿圖 | 客殿圖 | 『山槐記』仁安二年四月九日条 | | 巻七〇—三七 | 客殿圖 | 客殿圖 | 『都城院宮』〈下45〉 |
| 109 | 斎院客殿2 | 巻下—三 | 又 | 又 | 『山槐記』仁安二年四月二七日条 | | 巻七〇—三八 | 又 | 又 | 『都城院宮』〈下46〉 |
| 110 | 倚廬 | 巻下—四 | 佛名圖 | 〈題なし〉 | 『迎陽記』貞治三年七月二六日条 | | 巻七〇—三九 | 佛名圖 | 〈題なし〉 | 『都城院宮』〈下47〉 |
| 111 | 門舎図 | 巻下—五 | 門舎圖 | 門舎圖 | 『伴大納言絵詞』下巻、二段四〜六紙 | | 巻七〇—四〇 | 門舎圖 | 門舎圖 | 『都城院宮』〈下48〉 |

備考：表中の［　］は割書、添書。

# 図解説

# 図解説（巻一）

巻一～巻三は宮内庁三巻本をもとに解説する。

## 1　陽明門

巻一冒頭の図で、表題、頭文目録ともに「陽明門」とあり、表題ではさらに「志貴山縁起　鳥羽僧正所圖記」と記して典拠を示す。

『信貴山縁起』朝護孫子寺本では延喜加持の巻、四～六紙にあたる。同絵巻は信貴山を再興した修行僧命蓮にまつわる説話を絵画化したもので、「鳥羽僧正所圖記」とあるのは作者が鳥羽僧正覚猷（かくゆう）（一一五三～一一四〇）と伝えられることによるもの。ただし真偽は定かではない。延喜加持の巻は、醍醐天皇の病が命蓮の加持祈祷の力によって平癒する話で、図は信貴山の命蓮を迎えるべく勅使が宮中より出立する場面である。絵巻に門名の記載はないが、図では門の上部に「陽明門」と記し、門の手前、画面下部に「左近衛府」、上部に「左兵衛府／築墻」（／は改行を示す。以下同様。）とあって、陽明門を北から南方向に俯瞰したものであることを示す。すなわち門の右手が大内裏の内、左手が大内裏の外の東大宮大路である。さらに東（左）方向に近衛大路がのびる。近衛大路が東大宮大路にあたる東南角は修理職で、図中にも築地塀の上部に「修理職」の記載がある。門の内側、勅使が歩く地面に「置路」と記す。陽明門は正面五間側面二間の門で、軸部は朱塗り、白壁で、切妻造の屋根は瓦葺である。妻面は頭貫上に虹梁蟇股を三段に積む。柱は礎石建てで唐居敷、蹴放しを備える様子などを忠実に写しとっているが、門や築地塀の屋根の瓦葺は端部のみ描き、大半を省略する。また絵巻に描かれる、勅使と入れ違いに宮中に駆けつけ門に入ろうとする高僧らや門外の牛車、飾り馬そして庶民の姿など、図ではすべて省略している。

## 2　待賢門

表題は「郁芳門圖」と記し、さらに「年中行事　朝覲行幸」と注記して典拠を示す。ただし表題右に「待賢」とあり、郁芳門を待賢門に正す。頭文目録は「待賢門」である。平安宮の東面に開く大門は北から陽明門、待賢門、郁芳門の順で、郁芳門は待賢門より二町南に開く宮城門である。東博六巻本はこの図を欠く。

表題の通り『年中行事絵巻』からの引用で、住吉本では巻一「朝覲行幸」の二段、一五～一七紙にあたる。巻一「朝覲行幸」は、後白河院御所の法住寺殿への、二条天皇の朝覲行幸を描いたものとされ、後述〈4〉〈5〉〈9〉でも抄出されるが、この図は待賢門前の東大宮大路における行列の情景である。待賢門は、二町北の宮城門である〈1〉の陽明門と同様、五間三戸、切妻造、瓦葺の門であって、軸部は朱塗り、白壁である。ほぼ正面からみた描写で、正面中央三間の各柱間に板桟戸を開く様子が確認できる。また図では礎石建てで唐居敷、蹴放しを備える様子などを忠実に写す。ただし〈1〉と同様、屋根の瓦葺の描写は端部のみで大半を省略する。また群集はすべて略し、抄出するのは正面にみえる待賢門と両脇の築地塀である。手前に「東」、上方に「西」と方位を記し、門の東面すなわち宮城の外側からみた情景であることを示す。さらに図右下に「東大宮十二丈」とあるのは門が面する東大宮大路であり、門の手前にある「大中炊御門十丈」は、「大」炊御門大路と「中」御門大路を混乱したものであろう。大炊御門大路は郁芳門が面する東西方向の大路、中御門大路は待賢門が面する東西方向の大路であり、ここでは後者が正しいことになる。また門の基壇上に「敷板行幸日　御装束」と記すのは、正面にある三間幅の石階三段の上に仮設されたスロープを説明したもので、さらに前方の溝を跨いで、ほぼ同じ幅で設けられた高欄付きの木造の反橋へと連続的につながる。

## 3　待賢門・春花門・建礼門

表題は「待賢門　建禮門」、その右に「年中行事　射禮」と注記して典拠を示す。さらに左に「待賢門左右瓦垣　東前坊門　西前坊／大膳式門置」とあり、待賢門とその周辺の施設であることがわかる。「置」は後述するように「置路」の意である。頭文目録が列記する「待賢門　建禮門　春花門」に対応する図であるが、宮内庁三巻本の表題は春花門を欠く。東博六巻本では門三棟とも表記がある。

表題の通り『年中行事絵巻』からの引用で、住吉本では巻四「射遺（いのこし）」、一段三紙～二段一六紙にあたる。まず待賢門を東面南方より俯瞰した場面からはじまる。門が面する大路に「東大宮十二丈」の記載がある。〈2〉とは異なり、待賢門では切妻屋根の門の棟頂、両端を飾る鴟尾がみえる。妻飾は棟木と軒桁のほか母屋桁三本によって四重の虹梁蟇股とする。また妻壁面の窓も忠実に描く。

門の左手、宮城内に「近衛十丈」とあり、その上（北）に「東前坊」とあるのは東雅院、下（南）にみえるのは「大膳職」の門である。待賢門を入って西にのびる、路面中央に描くのは置路で、図では「置路」と記す。また東雅院と西雅院の間に「匣四丈」とある。「匣」は「くしげ」で、東大宮大路より一町西の南北路の櫛笥小路である。

つづく場面は内裏外郭南面を南から俯瞰したもので、東の春花門から中央の建礼門までを描く。右に「西前坊」とあるのは西雅院、「壬生十丈」とある南北路をはさんで西側は内裏の一郭である。「春花門」の左右には、築地塀に直交して南北棟で入母屋造の檜皮葺建物があり、「東曲舎」「西曲舎」と記す。また「建禮門」に注記して「外面」とあり、春花門と同様、東・西両脇に建物を描き「東曲舎」「西曲舎」と記す。春花門は外郭築地の一部をくり抜いた開口部に開く潜門の形式。いっぽう建礼門は五間三戸の門であり、外側正面にさらに庇を設ける。門の柱は朱塗の丸柱、庇は素木の角柱である。庇も各間に柱がたつが、内法長押は両脇間二間のみで中央間は開口部を広くとる。屋根上方は画面の外で、描くのは庇の一部である。この図〈3〉の下方に別枠を設け、異なる角度からみた妻面がわかる建礼門を取り上げるのはそのためで、そこでは屋根全体を描く（〈4〉）。絵巻にみえる多くの人物や牛車、幄舎、射場の的など、図ではすべて略し、抄出するのは建物を中心に関連する溝や橋、樹木である。

## 4　建礼門

表題は「建禮門屋上圖」で、「年中行事　朝覲行幸」と注記する。〈3〉の建礼門の右下方に別枠を設けて描く。表題の通り、〈3〉では見えなかった建礼門の屋根や妻面の状況がよくわかる図としてここに収載したものであろう。頭文目録ではむろん〈3〉の「建禮門」に対応する。

『年中行事絵巻』からの引用で、住吉本では巻一「朝覲行幸」、六～八紙にあたる。建礼門を東南方から俯瞰し、瓦葺屋根の本体外側正面に、檜皮葺で片流れの屋根の庇が付く様子が見てとれる。側面は白壁で、外郭を形成する築地塀が取り付く。門外東西に向き合って仗舎がたつが、図では西の仗舎（西曲舎）の位置を墨線によって四角で囲み、「西曲舎」と記すに留まり、東の仗舎は抄出しない。門の側（控）柱と庇柱の間は頭貫と虹梁で繋ぐ。〈3〉の待賢門の屋頂は鴟尾だが、建礼門は鬼瓦である。妻飾は虹梁蟇股を二重に重ねる。図では瓦葺の描写は端部のみである。〈3〉の建礼門では、庇正面は計六本の柱をたてる。しかしこの図の柱は四本で、二本少ない。これについて図中に「行幸時／抜庇中間／柱二本欤」とあり、行幸時には中間の柱二本を抜いたものと解釈している。しかしつぎの〈5〉でもそうであるように、柱数が少ないのは人物の描写を優先したため省略したものとみなされる。仮に実際に柱を抜いたものとすれば、抜いたのは中央の柱二本である。しかしそれは構造上、容易ではなく、右記の解釈には疑義がある。なお『大内裏図考証』(巻六、建禮門)に掲載される建礼門の復元図では、石階のある正面中央に柱間三間の向拝をもつ形式で、「土庇」と記していて、絵巻の描写とは異なる。

## 5　承明門

表題は「承明門　永安門」で、これは次の〈6〉と同じである。また「年中行事　朝覲行幸」と注記して典拠を示す。頭文目録の「承明門　永安門」と列記するのに対応する。

『年中行事絵巻』からの引用で、住吉本では巻一の「朝覲行幸」、四〜六紙すなわち〈4〉の建礼門の直前の描写にあたる。内裏内郭の南面中央に開く承明門を東南方から俯瞰したもので、承明門と左右の内郭回廊を描く。図中に各々「承明門」「南廊」と記す。また「南」「外面」「南階三級」の記載がある。承明門は五間三戸の門である。絵巻では人物の描写を優先したため、一部の柱を描かない。〈4〉ではそうした絵巻の描写の通り、一部の柱を略したまま抄出する。しかしこの図では、人物を省略するのに対し、絵巻に描かない柱もすべて描き込み、正しく五間で表現している。左右の回廊とともに屋根は檜皮葺で棟瓦をのせる。また承明門の西方(図の上方)に開く永安門は、絵巻では屋根に隠れて見えないが、図では源氏雲を描き「永安門」と記すことでその存在を明示する。

## 6　承明門・永安門

表題は〈5〉と同様、「承明門　永安門」である。ただし宮内庁三巻本は、「承」を「年」と誤記する。表題に注記して「年中行事　賭弓」とあり、典拠を示す。頭文目録では〈5〉と同様、「承明門　永安門」と列記するのに対応する。

表題の通り『年中行事絵巻』からの引用で、住吉本では巻四の三段「賭弓（のりゆみ）」の二四〜二六紙にあたる。絵巻は紫宸殿南庭西寄りの弓場を描く場面であるが、図では承明門とその西につながる南面の内郭回廊の西側をとくに抄出する。北東から南西方向に南庭を俯瞰し、南庭を囲む殿舎のうち西南部にたつ安福殿も画面内に入るが、図では「安福殿」と記してその存在を示唆するに留まる。図中に「承明門」、その「北」「南」の方位、門内正面に「北階三級」、内郭回廊について「南廊」と記し、承明門の西は「即承明門／西廊」、東には「即承／明門／東廊」の記載がある。〈5〉とは異なり、回廊に開く潜門形式の永安門がみえ、「永安門」と記すほか、承明門とともに永安門前の溝に、高欄付きの橋がかかる様子もわかる。

## 7　紫宸殿1

表題は「紫宸殿　南面」で、「年中行事　踏歌」と注記して典拠を示す。頭文目録では「紫宸殿」と次の「弓場殿」に対応する。

『年中行事絵巻』からの引用で、住吉本では巻一〇の三段「踏歌」、一四〜一九紙にあたる。紫宸殿を南方から描いたもので、描写範囲は前面側柱の下端から下方に限られるが、正面柱間数は九間、丸柱で礎石建てであることなどが確認できる。さらに左手(西方)の弓場殿の下部、紫宸殿西南側にたつ校書殿、月華門、安福殿の屋根もみえる。図中には、紫宸殿以外の殿舎名について記載がある。紫宸殿には正面中央間に「額間」と記し、あわせて「階中間」「階東間」「階西間」と記す。また弓場殿にはその基礎構造についてとくに「土居　土間」と記す。絵巻にみえる紫宸殿のすのこ縁下や南庭の人物、莚道など建物以外の描写は省略するが、左近の桜、右近の橘は抄出し、各々「櫻」「橘」と記す。

## 8　紫宸殿2

表題は「年中行事繪　献菖蒲圖」とし、典拠を示すだけである。内容は〈7〉と同じ紫宸殿で、頭文目録の「紫宸殿」に対応する。東博六巻本は、この図を欠く。

表題の通り『年中行事絵巻』からの引用で、住吉本では別本巻二の一〇段「菖蒲の節会」、三三～三四紙にあたり、六府菖蒲を奉る場面である。五月三日、六衛府からの菖蒲輿と土器に盛った花を紫宸殿南庭に奉る。絵巻の画面は紫宸殿南面を東南方から俯瞰したもので、〈7〉と同様、描くのは前面側柱の下方からすのこ縁、縁下、正面の木階である。建物以外では左近の桜のほか、南階下に設けられた菖蒲を供える棚、三脚に置かれた花瓶そして、人物も省略せずに抄出する。

## 9　紫宸殿3

表題は「紫宸殿南面」で、「年中行事朝覲行幸」と注記して典拠を示す。頭文目録では引き続き「紫宸殿」に対応する。

表題の通り『年中行事絵巻』からの引用で、住吉本では巻一「朝覲行幸」の冒頭、一～三紙にあたり、〈5〉の直前の場面である。紫宸殿を東南方の上空から俯瞰したもので、内法長押より下方について、正面の木階、南面すのこ縁から南廂さらに母屋の一部までを吹抜屋台の手法によって描く。母屋と南廂の境にかかる御簾、南正面中央の扁額そして、左近の桜もあわせて抄出する。図中に「母屋」「南簀子」「南階十八級」「櫻」の記載がある。しかし行幸のため紫宸殿から出御する、額の間にたつ天皇をはじめ、階下の鳳輦や供奉の人々などはすべて省略する。

## 10　紫宸殿4

表題は「紫宸殿」で、「西南角圖」と注記し、さらに「年中行事賭弓」と典拠を示す。頭文目録では引き続き「紫宸殿」に対応する。

表題の通り『年中行事絵巻』からの引用で、住吉本では巻四の三段「賭弓」、一九～二二紙にあたる。正月一八日に行われた賭弓での天皇出御の場面で、弓場となった紫宸殿および南庭の西半を東方から俯瞰した描写である。同じ構図が同段の二七紙以降で繰り返されるが、その一部も抄出している（〈11〉）。

表題の注記にある通り、紫宸殿の西南部が吹抜屋台の手法で大きく描かれるほか、紫宸殿西面北側から清涼殿に通じる廊、廊中央の崇仁門や西端の無名門などがみえる。さらに絵巻では校書殿の東面北端の弓場殿、そこに着座する天皇が描かれるが、図では「射場殿／別圖」と記すに留まる。図中の文字は紫宸殿に関して「母屋」「南庇」「南簀子」「西庇」「西簀子」「西南角壇上」と詳しく記す。とくに西南角には「階隠」とあり、その北（右手）を「日隠」と記して区別するのは注目される。西南角に昇降用の階段があったことによるものだろう。図の上部、紫宸殿西北の廊に「紫宸殿西廊」「清涼殿南廊」「崇仁門」「無名門」の記載がある。なお住吉本では崇仁門に「右青瑣門」の貼紙がある。これは誤りで、図では正しく記す。建物内外の人物や庭の幔などすべて省略する一方、右近の橘は抄出していて「橘」と記す。

## 11　紫宸殿5

表題は「紫宸殿母屋圖」で、「西南面畧圖」と注記し、さらに「年中行事繪　賭弓」と典拠を示す。頭文目録では引き続き「紫宸殿」に対応する。

『年中行事絵巻』からの引用で、住吉本では巻四の四段「賭弓」、二七～

二九紙にあたる。〈10〉と同じ構図で、表題の通り紫宸殿の母屋、その西南部を中心に抄出したものであるが、紫宸殿の内部をより広範囲に描く。図中に「母屋」「南庇」「南簀子」「南階」のほか、絵巻にみえる母屋中央の御帳台や、母屋と北庇の間に装置される賢聖障子について、各々「御帳臺」、「賢聖障子」と記す。また絵巻では描かれる南庇西面、西庇南面の妻戸は、図ではともに省略するが、「妻戸」と記してその存在を示す。また天皇の食事を置いた場所である西庇について「御膳宿」と説明を施す。

## 12　左近陣

表題は「左近陣圖」で、「年中行事繪」と典拠を記し、さらに「擬階奏歟　孟夏平座　未詳」と注記する。頭文目録では紫宸殿、弓場殿のつぎに列記する「左近陣」に対応する。

『年中行事絵巻』からの引用で、住吉本では別本巻二の二段「擬階奏（ぎかいのそう）」、六～八紙にあたる。擬階奏とは令制下級官人への位階授与の手続きの一つで、四月七日に左近衛の陣で行われた。左近陣は紫宸殿の東面北側の廊にあって、南側の軒廊との間に小庭を形成した。画面は左近陣を吹抜屋台の手法で南方から俯瞰したもので、図では建物はもとより、退出する公卿を略さずに抄出する。中央奥に「崇明門」、右手に「宜陽殿」、左手に紫宸殿へ通じる「内衛門」と記して、門や殿舎を説明する。右手奥の宣仁門について、絵巻は「宣仁門」と記すが、図では「宣陽門」と誤る。東博六巻本をみると、「陽」の右に「仁」と記して正し、さらに「養信」とある。元本の定信蔵本を狩野養信が模写した際、養信が自身の校訂を明記したものであろう。

陣座内の手前の「庇」に「端座」、向こう側に「奥座」、それらをコの字に結ぶ「横敷板」、前方の「陣前小庭」「土庇」「石橋」、土庇左手の「立蔀」などの記載は絵巻の通りである。しかし住吉本の別本では、表題をはじめ「左近陣」を「左近陳圖」のごとく陣を「陳」と記す。また画面手前の軒廊を、絵巻は「軒廊屋根」、図では「東軒廊」と記す。なお図の右下に「此間傳写誤以善本可校」とあり、この記載は東博六巻本にもみられる。東博八巻本には記載なく、陣を「陳」と記す。

## 13　弓場殿

表題は「射場始圖」で、頭文目録は「弓場殿」である。ただし校書殿、月華門、安福殿もみえるので、頭文目録が左近陣につづけて列記する「校書殿　安福殿　月花門」に対応するものともみなせる。ただし図の配列と目録の順序は対応しない。

『年中行事絵巻』からの引用で、住吉本では別本巻二の一段「弓場始」、一～六紙にあたる。〈12〉の直前である。弓場始（射場始）とは一〇月五日開催の弓術始めの儀式であり、前記の「賭弓（のりゆみ）」と開催場所は同じで、〈10〉〈11〉と構図も共通する。ただしそれらが紫宸殿をとくに取り上げたのとは異なり、ここでは絵巻が描く紫宸殿南庭西半における、弓場の全体を抄出する。すなわち画面右手の紫宸殿西南角からはじまり、紫宸殿西北の廊、弓場殿、校書殿、月華門そして安福殿へとつづく。

絵巻が描く紫宸殿南面の蔀や弓場殿の天皇の玉座そして、右近の橘、安福殿近くに仮設された屋根付きの的も抄出する。ただし天皇着座の御倚子や大宋御屛風などは省略し、人物もすべて略す。東博六巻本では、月華門とその手前、溝に架かる橋の周辺について、「イ」と記して朱による補筆がある。とくに月華門は異本による別の描写をその上部に朱で描く。なお東博六巻本もそうだが、つぎの〈14〉の表題が、図左端の的のすぐ上にあって、両図は重複するようにみえる。

## 14 紫宸殿西北廊・弓場殿・清涼殿

表題は「射場屋圖」で、さらに「石山縁起」と典拠を示す。頭文目録は引き続き「弓場殿」に相当する。

『石山寺縁起』からの引用で、石山寺本では巻四の三段、一七紙末尾から一九紙冒頭にあたる。後一条天皇の病気平癒のため、加持祈祷の下命をうけた座主深覚大僧正が清涼殿に参入、場面は帰山のため宮中から退出する一行を描いたものである。図中に「萬寿三年五月／六日大僧深覚／為御祈参内／之画」と説く。ただし石山寺本の詞書では修法の依頼は「七日」で日付が合わない。他の模本等でも「六日」とするものは管見に見出せない[1]。

画面は紫宸殿西北廊を南方からみたもので、正面に廊中央に開く崇仁門、左手に弓場殿（射場殿）、左手奥に清涼殿の東弘庇がみえる。図中に「紫宸／殿西／北廊」「射場屋」「清涼殿」、清涼殿東面に「弘庇」の記載がある。

紫宸殿西北廊の柱は角柱である。これに関して、「此廊／作方／楹無／諸圖／不同」と記して疑義を呈する。たとえば〈10〉〈13〉の『年中行事絵巻』が円柱を描くことによるものであろう。また「立弓立　此圖／除門／間與／諸圖／異」とある。弓立てについて、この図では崇仁門を除く各柱間に備えるのに対し、〈10〉〈13〉では手前に別途設置することを記したものであろう。さらにまた清涼殿東面の入側柱（東庇と東孫庇の間）について、「廂柱／不作／円楹／與諸／圖不／同」とある。図が側柱とともに面取の角柱とするのは、もとの絵巻に拠ったものであるが、円柱が正しいことを示唆したのであろう。かように建物の描写内容について、他の図と比較、検討していることがわかる。この図では建物はもとより人物や清涼殿東庭南側の漢竹（かわたけ）も略さずに抄出する一方、弓場殿の柱間上部の格子は、「格子」と記すのみで抄出を略している。

## 15 紫宸殿6

表題は「紫宸殿東南面圖」で、さらに「承安五節圖」と典拠を示す。頭文目録は再び「紫宸殿」である。東博八巻本はこの図を欠く。

表題の通り、承安元年（一一七一）の宮中における五節の儀を題材にした絵巻、『承安五節絵』からの引用である。五節とは豊明節会（とよのあかりのせちえ）における舞姫四人による舞を指すが、この節会を最終日とする四日間にわたる宮中行事もまた五節と呼ばれた。まず中の丑の日の「帳台の試（こころみ）」から始まり、寅の日の「殿上の淵酔（えんすい）」「御前の試（こころみ）」、卯の日の「童女（わらわ）御覧」、そして最終日、辰の日の「豊明節会（とよのあかりのせちえ）」となる。絵巻の原本は不明だが、江戸時代後期の模写本は全九段の構成とされ、この図は最後の第九段、「豊明節会」にあたる。

紫宸殿の内部とくに東南部を、西南方から吹抜屋台の手法によって俯瞰し、内法長押から下方を描いたものである。画面右から左へ南すのこ縁、南庇、母屋そして、北庇との間に装置される賢聖障子とつづき、また母屋と東庇の間に間仕切りがなく、奥（画面上方）に東庇がみえる。もとの絵巻でも内開きに装置される紫宸殿南面の蔀格子は描かず、加えてこの図では絵巻にある人物をすべて略すため、拭板敷に円柱が林立する紫宸殿の広大な内部空間がよくわかる。

東庇の東面の柱間には格子が装置される。図では「格子間」と記し、とくに南柱間（図の右端）は縦横の線で格子を鮮明に描く。現存する絵巻諸本をみると、住吉内記系模本（早稲田大学図書館蔵（乙）本、京都大学附属図書館蔵本など）では、格子子を右端と下端に数本描く程度であるが、高橋宗直系模本では、図と同様の描写が確認できる。前者が人物表現に重点をおき芸術性を帯びた模本であるのに対し、後者の高橋宗直系模本は、高橋宗直（一七〇三～一七八五）が建物を中心にした有職故実の考証資料とすべく模写したものであるという[2]。宗直はその著作『紫清両殿圖別勘』において、『承安五

1　相澤・國賀編二〇一六
2　川島二〇〇九

節絵』を用いたのは、自身の有職故実研究、とくに内裏殿舎の研究のためであった。その宗直の研究に触発されて平安内裏の研究に着手したのが、他ならない固禅である。固禅もまた『承安五節絵』を考証資料として大いに活用したのである。この〈15〉以外にも『宮室図』に複数収載される『承安五節絵』からの抄出図について、固禅が用いた模本の、現時点での特定はできていない。しかしそれは高橋宗直系模本に近い本であったろうと推察される。

## 16　弓場殿・校書殿・月華門・安福殿

表題は「射場殿(いばどの)　校書殿　月華門　安福殿」で、さらに「年中行事　賭弓」と典拠を示す。頭文目録では「紫宸殿」から「月花門」に対応することになる（ただし「左近陣」を除く）。

『年中行事絵巻』からの引用で、住吉本では巻四の四段「賭弓」、二七〜三三紙にあたる。前記の〈11〉が二七〜二九紙にあたる図で、抄出範囲は一部で重複することになる。しかし〈11〉は表題の通り、おもに紫宸殿の西南部を中心に抄出したものであるが、ここではその位置を単線で示し、「紫宸殿　西簀子」と記すだけである。この図は表題の通り、射場殿から南方（図では左手）につづく複数の建物を取り上げていて、絵巻の場面は異なるものの、前記〈13〉とほぼ同じ構図になる。

画面の右手に「紫宸殿西廊」「無名門」の記載があり、描写する建物とともに「射場殿」、「校書殿」、「月華門」「安福殿」と記す。絵巻には紫宸殿南庭の南面を画する内郭回廊、そこに開く承明門や永安門がみえるが、図では略して単線で示すに留め、「南廊」「承明門」「永安門」と記す。回廊に沿う溝も大半は略し、永安門前の橋は、「橋」と記載してその存在を示す。絵巻の描写では、校書殿の前面（東面）は全体に幔を張る。図でも絵巻のままで、柱間装置など建物の詳細は不明である。同じ視角からみた、校書殿の詳細がわかる図を別途掲載するのは〈17〉、そのためであろう。

絵巻は紫宸殿南庭に多くの射手たちの饗饌や幔を描く。しかし図ではその位置に〈17〉を配置していて、それらを省略する意図は明確である。そのほか右近の橘の描写も「橘」と記すだけで略し、永安門近くの的も単線で囲って示し、「阿圖⿰矢市／別圖」（「⿰矢市」は「雉」の誤記か？）と記す。的をかけるための盛土（堋(あづち)）は別途、図があるというのは、〈13〉のそれを指すものか。

## 17　校書殿

表題は「校書殿圖」で、「年中行事繪巻物　御齋會」と典拠を示す。頭文目録では「校書殿」に対応するが、前記〈16〉の下方に別枠で掲載していて、〈16〉にある校書殿を補う図である。

表題の通り『年中行事絵巻』からの引用で、住吉本では巻六の五段、「御斎会右近衛陣饗」の三〇〜三二紙にあたる。右近陣饗は御斎会につづく行事であり、次の巻七「御斎会」に本来入るべきものである。図の上方に「校書殿東庇即右近陣坐是也」と記すように、右近陣には校書殿の東庇があてられた。絵巻は東・南面の蔀を上げ、殿内に着座する公卿、殿上人の様子を描く。朱漆高坏を前に置く公卿の座は長押成だけ床高で、殿上人が着座する東面の南二ヶ間（図の左側）と床高さを変える。図では人物はすべて略し、床の低い方に「垂板敷」と記す。また絵巻では左方に月華門、安福殿の一端がみえるが、図では月華門の一部のみ抄出し、「月花門」と記す。また門前方の溝にかかる高欄付きの橋も外形を単線で描くだけで、「橋」と記す。その右横に「異圖」とある。

## 18　清涼殿1

表題は「清涼殿」で、「年中行事　御齋會加持香水」と典拠を示す。頭文目録は「清涼殿」である。この図以降、清涼殿およびこれに関連する図が巻末までつづく。

表題の通り『年中行事絵巻』からの引用で、住吉本では巻六の六段、「御斎会内論義」の三三～三六紙にあたる。内論義は前の〈17〉右近陣饗につづく御斎会最終日の行事であるから、これもまた本来は巻七「御斎会」に入るべきものである。清涼殿で行われた内論義加持香水の場面で、清涼殿東面を東方から俯瞰する。絵巻では清涼殿東面の弘庇から南廊（画面左手）までを描き、清涼殿の東弘庇（東孫庇）に衆僧と公卿・参議が南北に分かれて着座し、中央には東寺長者らしき真言宗の僧綱が香水机に向かって加持香水の儀を行っている。

図では人物はすべて省略し、鋪設された屛風等の調度も抄出しない。しかし屛風の北にたつ衝立は描いて「昆明池障子」と記す。それは常置され建物と一体のもの、との認識であろうか。そのほか図中には、「二間（ふたま）」「額間」「石灰壇」「殿上上戸」「鳴板」「廣廂」「孫庇」「東面簀子」「右青瑣門」といった、清涼殿内の室名などの呼称や近くの門についての記載がある。殿上の上戸（かみのと）が見えるのは、その手前に置く年中行事障子の衝立を（〈19〉参照）、このときは南廊の小板敷に移しているためである。また清涼殿南面から紫宸殿につながる廊や門、通路について、それぞれの場所に「南廊」「紫宸殿西廊」「崇仁門」「長橋」の記載がある。清涼殿東すのこ縁から東庭に降りる木階三級は二箇所で、雨水を流す御溝水（みかわみず）に石橋がかかる。御溝水の流れる方向についても「水南流」「水東流」と説く。また東庭の北に「呉竹臺」、南に「河竹臺」と記した上で、それらを省略せずに抄出し、画面手前にみえる屋根の一端については「仁寿殿」と記す。ただし住吉本と比較して、仁寿殿の屋根をより広範囲に描き、また左手に「露臺」と記し、その間に「此間」と注記する。典拠とした元の絵巻は住吉本とは異なるらしい。さらに住吉本では、清涼殿東面の北端は画面外でみえないが、図では縦に朱線を太く描き、「以北有別勘／非北繪」と朱記して、この線より右(北)側の描写は「別勘」によるものであることを示す。それらは東博六巻本や摹古絵巻本でも同様である。

## 19 清涼殿2

表題は「清涼殿東面　闌干異圖」で、「年中行事御燈（ごとう）」と典拠を示す。頭文目録では引き続き「清涼殿」である。

表題の通り『年中行事絵巻』からの引用で、住吉本では巻六の三段、「御燈」の二二～二三紙にあたる。絵巻は清涼殿東面の全体および南廊の一部を東方から俯瞰し、東弘庇に着座する天皇や東庭上の卜部の宮主（みやじ）などを描く場面である。図ではとくに東弘庇の南第二間から南方、南廊の一部を抄出する。表題に「闌干異圖」とあるのは、東すのこ縁の高欄の描写が他と異なるというわけではなく、高欄の東南隅について、前の〈18〉では河竹に隠れて判然としないのに対し、この御燈の場面では比較的よくわかることから、この部分をあらためて抄出したものである。はたして〈18〉とは異なり河竹の描写は略し、存在を地面に四角で示すだけである。〈18〉と同様、図中には「石灰壇」「孫廂」「東面簀子」「鳴板」「右青瑣門」「南廊」「長橋」などの記載がある。ただし〈18〉とは異なり、殿上の上戸（かみのと）はその手前に年中行事障子を置くためみえない。図には「年中行事障子」とともに「殿上上戸」と記してその存在を示唆する。

## 20 清涼殿3

表題は「清涼殿圖」で、「年中行事叙位」と典拠を示す。頭文目録では引き続き「清涼殿」である。東博六巻本はこの〈20〉から〈22〉までを欠く。

表題の通り『年中行事絵巻』からの引用で、住吉本では巻一二の二段、「叙位」の一五～一七紙にあたる。清涼殿東面を東方から俯瞰したもので、吹抜屋台の手法によって清涼殿の東弘庇の内法長押から下を描き、画面左手には南廊、長橋がみえる。叙位御前儀は正月五日に五位以上の位を勅授

3 福山一九七八

する儀式で、東弘庇に関白・大臣以下が着座し、天皇は東庇の昼御座に出御した。図には建物を中心に東庭の河竹などを抄出し、人物のほか大臣の座や切燈台などの鋪設は抄出しない。図の右下方に「此間有階／繪之省畧」と記す。はたして絵巻をみると北側の昇降階は描いていない。一方、絵巻には出御した天皇がみえるが、図では東庇東面の各柱間はすべて御簾を下げていて内部はうかがえない。また絵巻には描かない扁額が図にはある。そこで典拠とした絵巻は住吉本ではなかったものとみられる。図左上部に「上戸及右青瑣門／傳寫誤以善本可／加校」とあり、典拠とした絵巻が善本ではないことを示唆する。関連して留意されるのは、巻一二が神祭の場面を集めた巻であることから、住吉本のこの「叙位」の段は本来、六月祓や大饗を収める巻一〇にあるべきもとされることである。[3] なお〈20〉～〈22〉の図中には、文字による建物の説明はない。

## 21 清涼殿 4

表題は「清涼殿」で、「年中行事灌佛」と典拠を示す。頭文目録では引き続き「清涼殿」である。〈20〉と同様、東博六巻本はこの図を欠く。

表題の通り『年中行事絵巻』からの引用で、住吉本では別本巻二の三段、「灌佛」の九～一一紙にあたる。清涼殿東面を東方から俯瞰したもので、吹抜屋台の手法によって内法長押から下を描き、清涼殿内部の様子がよくわかる。画面左手には南廊、長橋がみえる。四月八日に清涼殿の東庇で行われた灌佛の場面で、東庇の額の間に壇を置き、東弘庇には南北にわかれて供僧や公卿が着座している。図は建物とともに人物や調度類など絵巻の描写を忠実に抄出する。ただし〈20〉と同様、文字による説明はない。

## 22 清涼殿 5

表題は「献菖蒲図」で、「年中行事繪」と典拠を示す。表題に建物名はないが清涼殿であり、頭文目録では引き続き「清涼殿」である。〈20〉〈21〉と同様、東博六巻本はこの図を欠く。

表題の通り『年中行事絵巻』からの引用で、住吉本では別本巻二の九段「菖蒲の節会」、三一～三二紙にあたる。絲所薬玉を奉る場面あるいは、菖蒲鬘のための菖蒲を持参する場面で、次の一〇段の、同じ菖蒲の節会で六府菖蒲を奉る場面（三三～三四紙）の直前に位置する（〈8〉参照）。

清涼殿東面を東方からみたものだが、吹抜屋台の手法は用いず屋根を描くのは、〈18〉〈19〉と同様である。画面左手には南廊、長橋がみえる。絵巻には東弘庇を北上して、菖蒲を昼御座に運ぶ女官達の姿を描いており、図でも絵巻の描写を忠実に写す。〈20〉〈21〉と同様、図中に文字による建物の説明はない。

## 23 清涼殿 6

表題は「清涼殿圖」で、さらに「伴大納／言繪」と典拠を示す。頭文目録では引き続き「清涼殿」である。東博八巻本はこの図を欠く。

『伴大納言絵詞』からの引用で、出光美術館本では上巻の五段、一三紙途中から一五紙にあたる。清涼殿の北寄りを東南方から俯瞰した構図で、吹抜屋台の手法を用いて内法長押から下方について、東弘庇、東庇さらに母屋まで描く。東弘庇にたつ昆明池障子（こんめいちのそうじ）の位置から推して、東庇は二間（ふたま）、母屋は夜御殿ということになる。図には東弘庇に「孫庇」、東庇に「庇」、さらに左方に「母屋」と記す。絵巻では殿内に藤原良房と茵上に座す清和天皇を描くが、図では人物はすべて省略する。母屋と左（西）側の西庇との境の各柱間に障子をはめる。図中に「母屋与廂之間長押歟可考」との注記がある。いっぽう東弘庇の東にすのこ縁、その北寄りに昇降階があり、各々「簀子」、「東面北階」と記す。また東庭との境にある御溝水には「御溝」と記し、さらに「水南流」とある。画面右端に呉竹を描き、「呉竹臺」と記す。昆明池障子については図中に元本との校合をやや詳細に記す。この障子絵について着彩する宮内庁三巻本ではそのまま抄出するが、白描線画の東博六巻本、摹古絵巻本では絵の内容について障子内に詳記している。

## 24　清涼殿 7

表題は前の〈23〉と同じ「清涼殿圖」で、「建保六年／中殿和歌御會繪／巻物繪信實朝臣」と典拠を示す。頭文目録は引き続き「清涼殿」である。

表題の通り『中殿御会図』からの引用で、北村家本では四〜六紙にあたる。〈23〉の清涼殿北寄りに対し、この図は南寄りを東南方から俯瞰した構図で、同様に吹抜屋台の手法を用いて内法長押から下方について、東弘庇、東庇までを描く。

絵巻は建保六年（一二一八）八月開催の、清涼殿での和歌管弦御会の盛儀に取材して制作されたものである。順徳天皇をはじめ右大臣九条道家以下、多くの公卿・殿上人の列座する様子を似絵の手法で表情豊かに描写する。藤原信実による原本は失われ、現在伝わるのは白描模本とされるが、宮内庁三巻本は着彩している。ただし人物はすべて省略し、抄出するのは建物、御簾、天皇の御座である。東面すのこ縁の南寄りの昇降階、東弘庇、そして東庇には南二ヶ間の石灰壇がみえる。また東弘庇南端の落板敷から上戸を経て殿上の間、さらに小板敷から小庭まで画面に収まる。殿上の間の周辺には「小板敷」「無名門」「沓脱」「小庭」「下侍」「神仙門」「右青瑣門」（宮内庁三巻本は不記載）といった記載があり、建物について詳しく説明する。なお「平敷御座」と記す天皇御座の位置は東庇で、図中にその右（北）に「弘庇」と記すのは誤りである。

## 25　清涼殿 8

表題は「清涼殿圖」で、「志貴山縁起繪」と典拠を示す。頭文目録は引き続き「清涼殿」である。

表題の通り『信貴山縁起』からの引用で、朝護孫子寺本では延喜加持の巻、一一〜一二紙にあたる。同絵巻は信貴山を再興した修行僧命蓮にまつわる説話を絵画化したもので、延喜加持の巻は、醍醐天皇の病が命蓮の加持祈祷の力によって平癒する話である。同巻の冒頭は、信貴山の命蓮を迎えるべく勅使が宮中より出立する場面で、〈1〉はその抄出図であった。後に命蓮の託宣をもって帰京した勅使の一行がその旨を奏上する。その時の清涼殿東面の様子を東方からみたのがこの場面である。

図では、建物のほか、東弘庇と東庇の間にかかる御簾や几帳の下部、落板敷の上戸前にある年中行事障子などを抄出し、御溝や河竹台もみえる。絵巻では昇降階の前、御溝を跨ぐ石橋が、勅使の蔵人に隠れてみえない。これについて図中に「此門／無石／階者／画之／省略」（東博六巻本は「石」を「名」と誤る）と記す。絵巻では人物描写を優先して石橋は省略したものと解し、その左手前に別途、昇降階と手前の御溝、これに架かる石橋の図を描く。そしてこの図の右に「同画巻中劍之御房圖／御講有石階其圖如左」と記す。「劍之御房」とは「劍の護法」で、同じ巻の一五〜一六紙にあたる場面である。かように人物に隠れてみえない石橋を別の画面から抄出、校合している。なお絵巻には、東弘庇に東帯姿の二人、直衣姿の一人、東面階下に勅使の蔵人がみえるが、図ではいずれも省略する。ただし河竹台のすぐ側に控える随身の姿は抄出している。建物の描写には支障がないとの判断であろうか。

4　宮内庁三の丸尚蔵館一九九四
5　山本二〇〇六



## 26　清涼殿9

表題は「清涼殿南廂圖」で、「天満宮繪詞／隆成彩本」と典拠を示す。頭文目録は引き続き「清涼殿」である。

「天満宮繪詞」とは天神縁起絵巻の意であるが、現時点で典拠本を特定できていない。この画面に酷似するのは、『松崎天神縁起』防府天満宮本の巻三、五段の一四紙である。吹抜屋台の手法で清涼殿南面の殿上の間の、内法長押から下方、東から四間分を収める。延長八年（九三〇）六月二六日未の刻におこった、清涼殿への落雷の惨状を描いた場面である。

絵巻には、大納言藤原清貫、右中弁平希世、平是茂、近衛尉忠包、紀蔭連など、逃げ惑い焼死する公卿・殿上人、武官の上に、火雷火気毒王の姿がみえる。そして画面右手に上戸、その向こう側に年中行事障子、東第一間の北寄りに南面して御倚子、東第二間から西に朱の台盤や辛櫃、日給簡が確認できる。図では人物、雷神を抄出しない。また日給簡もみえない。いっぽう絵巻では、碁盤や朱辛櫃は画面左端で途切れ全体を描かないのに対し、図では両者とも全体を収める。

さて、『禁秘抄』には、殿上の間の備品として、台盤、火櫃、囲碁、弾碁を挙げ、さらに簡、朱辛櫃とつづく。絵巻の朱辛櫃の手前、左手にその一部を描くのは囲碁盤で、右手には中央を山伏に高めた四角で脚付の盤がある。『禁秘抄』によれば弾碁の盤となるが、判然としない。囲碁盤に比べてこの盤は小さいが、絵巻に比して図中では、より一層小さい。

天神縁起絵巻のうち、『松崎天神縁起』と同系統に属するとされる『北野天神縁起』六巻本（宮内庁三の丸尚蔵館蔵）の巻四、三段にも、『松崎天神縁起』と同じ描写があり、囲碁盤や朱辛櫃は画面左端で途切れ全体を描かないのも同様である。(4) そして囲碁盤の右手に描くのは、囲碁盤よりやや小ぶりの碁盤であって、図にあるような中央を高めた形状ではない。ただし、碁盤上の隅に直方体の小箱らしきものを描いているのは留意される。この描写が絵巻の書写の過程で変形し、中央を山状に高めた盤になった可能性がある。なお同系統の根津本にもよく似た脚付の盤がみえるが、盤上の小箱らしきものは描かない。また建治本（和泉市久保惣記念美術館蔵）では囲碁盤やこの脚付の盤を描かない。とまれ、この描写については不明点が多く、ここでは脚付の盤とする。

図中の朱辛櫃や脚付の盤が、狩野養信『古図抄出』にもみえる。そこには「天神縁起隆成粉本ニ」の如き表題があり、さらに「浦松入道所輯／宮室圖ニ出ル」あるいは「裏松入道所輯／宮室圖ニ引」と説明を加える。定信蔵本を書写し、東博六巻本を作成したのが養信である。養信は書写の過程でそれらの図に注目し、『宮室図』から『古図抄出』にさらに引用・掲載したということであろう（総論3-3参照）。

## 27　清涼殿10（五節図屏風）

表題は「五節圖屏風」で、「縮寫」と注記する。屏風内の建物は、紫宸殿、清涼殿、新長橋、后町廊、弘徽殿、登華殿、玄暉門であり、頭文目録中に該当する項目を見出せない。しかし後述の通り、この図を収めた固禅の意図を推察するに、対応するのは「清涼殿」で、頭文目録の順序からも整合的である。東博六巻本はこの図を欠く。東博八巻本は収載するが、図中文字は不記載である。

表題の「五節圖屏風」、「縮寫」の通り、屏風をそのまま縮小、模写した図である。図には屏風の外枠も描き、また縦線五本を等間隔に配し、屏風全体を横方向に六分割する。縦線を接合部とみれば、六曲一隻（一隻六扇）である。

『考古画譜』などによると、応仁年間（一四六七～八）に、土佐広周（ひろちか）が『承安五節絵』に雲や樹を補筆のうえ移写して屏風に仕立て、さらに元和六年（一六二〇）住吉如慶（じょけい）（内記）がそれを伝写したものが再び絵巻の形になったという。(5) つまり現在複数伝わる『承安五節絵』の模写本と原本との間には、承安五節絵の屏風が存在したのであって、「五節圖屏風」とは、まさにこれにあたるものとみられる。

屏風の画面は上下に分かれる。上段は、右から「帳台の試」第二段の玄暉門、第三段の清涼殿新長橋、下段は、右から「御前の試」第七段の清涼殿、「童女御覧」第八段の清涼殿そして、「豊明節会」第九段の紫宸殿である。上段の玄暉門と清涼殿新長橋は各々〈46〉〈30〉、下段左の紫宸殿は〈15〉に相当し、各々『承安五節絵』からの抄出図である。ただしそれらは人物を省略するが、ここでは略さず屏風絵のまま書写している。

「五節図屏風」は六曲一隻ではなく、六曲一双である。このことは「大和絵屏風」（長存寺蔵、蒲郡市博物館寄託、蒲郡市指定文化財）という名称で知られる六曲一双の屏風の存在によって明らかである(6)。「大和絵屏風」は、各隻が縦一五一・一㎝、横三七四・四㎝で、一七〜一八世紀の作品とされる。左隻がこの〈27〉の内容に酷似する。いっぽう右隻をみると、画面を上下に分けた上段に右から、「帳台の試」第一段の明義門から西方の一郭、第二段の朔平門、下段に右から第四段の常寧殿・后町廊、「殿上の淵酔」第五段の清涼殿の殿上の間そして、第六段の弘徽殿・登華殿である。上段の明義門から西方の一郭は次の〈28〉、朔平門は〈44〉、下段の后町廊は〈48〉、清涼殿の殿上の間は〈29〉、弘徽殿・登華殿は〈49〉に相当し、右隻の内容は『宮室図』にはいずれも『承安五節絵』からの抄出図として収められていることになる。ただし屏風絵が描く人物について、『宮室図』では省略している。

右記の通り、「大和絵屏風」六曲一双の上段、右隻から左隻へ『承安五節絵』の第一段〜第三段、同様に下段の右隻から左隻へ第四段〜第九段を連続して配置しており、『承安五節絵』全九段が描く場面を、この屏風一双はすべて網羅していることになる。

しかし『宮室図』に「五節図屏風」として収載するのは、「大和絵屏風」の左隻に相当するこの図〈27〉の一隻だけで、もう一隻がみあたらない。いったい何故か。固禅が収載しなかったもう一隻の方は、上記した通り屏風が描く図五点すべてについて、『承安五節絵』からの抄出図を『宮室図』に収載している〈28〉〈29〉〈44〉〈48〉〈49〉）。仮にこの一隻も収載すると、図五点とも重複掲載となる。いっぽう固禅が収載した方の一隻、この〈27〉も、『承安五節絵』からの抄出図三点（〈15〉〈30〉〈46〉）を含む。ただし下段の右から第一扇と第二扇にみえる第七段の清涼殿、第三扇と第四扇にみえる第八段の同じく清涼殿の、都合二点については、『承安五節絵』からの抄出はない。そこで、それら図二点を示すために、屏風絵から抄出、収載したものと推察することは可能である。そうであれば、清涼殿東面を東方から俯瞰したそれら図二点に対応する頭文目録は、いうまでもなく「清涼殿」であり、目録の順序からも整合的である。しかしそれでもなお、この図二点を収載するために、『承安五節絵』ではなく屏風絵を引用したのは何故か、また加えて、絵巻から建物の描写を抄出する『宮室図』にあって、外枠も含めて屏風全体をほぼそのまま模写（縮写）したのは何故か、その理由が不明である。とまれ〈27〉が『宮室図』において異彩を放つ存在であることは間違いない。

なお、図中に文字があり、また一部に四角の囲み線を記すのは、色紙形とみられる。元本の屏風の反映であろうが、上記の「大和絵屏風」には確認できない。現存の『承安五節絵』の模本が屏風に初発し、しかも屏風形式で伝わる希少な作品として「大和絵屏風」は貴重であるが、屏風を外枠まで含めて模写した『宮室図』のこの図、〈27〉もまた、『承安五節絵』の原本に迫る存在として注目されよう。

## 28　清涼殿11（明義門西方）

表題は「明義門」で、「承安五節／繪」と典拠を示す。頭文目録は「明義門」である。

表題の通り、『承安五節絵』からの引用で、「帳台の試」第一段にあたる。紫宸殿の西北廊東端から清涼殿南面を経て、後涼殿南面の西端に至るまでを南方から俯瞰し、吹抜屋台の手法によって内法長押から下方を描く。画

7　山本二〇〇三

面右手の明義門は紫宸殿西北廊の東端に開く門で、西方向に崇仁門、西端の無名門とつづき、さらに清涼殿南面の殿上、小板敷と沓脱、その間に神仙門があり、西には主殿司宿があって、後涼殿南庇の南面に至る。図の手前（南側）には、右から左へ射場殿、校書殿、蔵人町屋の都合三棟の屋根がみえる。現存の絵巻はそれらを描かないが、前記〈28〉の「大和絵屏風」（『五節図屏風』）にはみえる。固禅が参看した元本の『承安五節絵』にはあったものか。東北大学図書館本『承安五節絵』が貼紙によってそれら建物三棟の屋根の描写を補う。ただし蔵人町屋に「所以宮室圖補也」との朱記があり、『宮室図』をもとに補訂したものとみられ、他の模本によるものではないという。[7] 絵巻からの抄出図を集成したのが『宮室図』である。しかし絵巻の模写に際して、逆に『宮室図』が活用されたことになる。図では人物をすべて省略する。一方で、清涼殿の年中行事障子、小板敷上の畳は描き、殿舎名や、立蔀、小壁といった建物に関わる名称を詳記する。主殿司宿の右方、立蔀の土台上にたつ柱に「宇津保柱」とあるのは空柱（うつおばしら）、すなわち雨落ちのための箱形の樋であり、建物の柱とは異なることを明記している。

## 29　清涼殿12（殿上）

表題は「殿上圖」で、「五節淵酔」と注記する。典拠を明示しないが、『承安五節絵』である。頭文目録の順序では「主殿司宿」で、主殿司宿が図の左端にみえる。しかし内容は表題の通り、殿上の間である。

「五節淵酔」は『承安五節絵』の第五段である。寅の日の殿上の間での淵酔の場面で、殿上人たちによる酒宴を生き生きと描く。絵巻にある内部の家具調度類も抄出する。さらに絵巻には似絵による人物が名前とともにみえるのに対し、図では人物をすべて省略するため、人物で隠された家具調度類が絵巻より詳細にわかる。また絵巻にも一部あるが（模本によって精粗あり）、「上戸」「小板敷」「沓脱」「御倚子」「八尺碁盤」「火櫃」といった文字による説明を加える。さらに「下侍自西二柱」「殿上自東第二柱」など、建物の部位についても記す。小板敷の左にある神仙門はその扁額も含めて詳細である。

## 30　清涼殿13（清涼殿新長橋）

巻一の末尾の図である。宮内庁三巻本には表題がない。摹古絵巻本、東博六巻本には、「清涼殿新長橋圖」との表題があり、さらに「五節之繪帳臺試」と典拠を示す。頭文目録の最末、「新長橋」である。

『承安五節絵』の「帳台の試」、第三段からの抄出である。新長橋とは、清涼殿東面北階と承香殿を結ぶ仮設の通路である。関白をはじめ公卿らが列をなして橋上を渡る姿を南方からみた場面であり、清涼殿東弘庇から新長橋をわたり、承香殿からさらに北にのびる后町廊を経て、帳台の試の舞台である常寧殿へと至る経路の一部にあたる。画面右手に「承香殿」と記し、その右上に「本云」とあるのは、絵巻でもそのように記すことを示したものである。「清涼殿」「二間（ふたま）」「孫庇」「東西簀子」「東西北階」（ともに「西」は「面」の誤記、東博六巻本では「東面北階」とする）といった建物についての記載がある。また「新長橋」には「帳内試之／日假造」との説明を加えている。清涼殿東庭の呉竹も略さず抄出し、「呉竹臺」と記す。〈28〉〈29〉と同様、絵巻に多く描かれる人物をすべて省略するため、建物内外の様子がよくわかる。

# 図解説（巻二）

## 31　朱雀門1

巻二冒頭の図で、表題は「朱雀門圖」であり、「伴大納言繪巻物」と典拠を示す。頭文目録は冒頭の「朱雀門」である。

表題の通り『伴大納言絵詞』からの引用で、出光美術館本では上巻の二段、五紙～六紙にあたる。朱雀門は宮城外郭に開く宮城一二門（後に一四門）の一つで南面中央にあって、門前は平安京の中心を南北に貫く朱雀大路である。朱雀門を入って北進すると八省院（朝堂院）の南正門である応天門に至る。その応天門が炎上し、火事場に殺到する人々を描いた場面である。朱雀門の外から内へと駆け抜ける人々を、絵巻は表情豊かに描写する。しかし図では建物に主眼をおくため、人物はすべて省略する。一方で画面右上にかすかにみえる建物の一部は見逃さず抄出し、「東仗舎」と記す。

朱雀門は高い壇正積の基壇上にたつ七間五戸の重閣の門である。屋根は入母屋造、瓦葺、礎石建ての柱は主柱、控柱ともに円柱である。五戸の扉は板桟戸で内開き、柱下に唐居敷を備え、柱間下には蹴放しがみえる。柱上の組物は三手先、軒は繁垂木である。二層目は初層より柱間を短くし、組高欄を廻して縁をつくり、正面柱間に扉と窓（連子窓?）を装置する。かように宮城の正門に相応しい規模と形式をもつ朱雀門の姿を、絵巻は西南方から俯瞰した構図で、画面いっぱいに大きく描く。そのため、瓦屋根の頂部は画面外でみえない。図は絵巻の朱雀門を忠実に抄出する。なお東博六巻本では、表題とは別に、門のすぐ右脇に「朱雀門圖」と記す。さらに「イ」として「朱塗　粉壁　石階　層造」と注記するのは、異本による校訂を示すものである。摹古絵巻本も東博六巻本と同じ白描線画であるが、かかる注記はない。

## 32　朱雀門2

表題は「朱雀門圖」で、「紀長谷雄卿物語」と典拠を示す。頭文目録では引き続き「朱雀門」である。

表題の通り『長谷雄草紙』からの引用で、永青文庫本では上巻の二段、九～一一紙にあたる。絵巻は文人紀長谷雄（きのはせお）（八四五～九一二）に関する奇怪な物語に取材したものである。男が長谷雄を朱雀門に誘く場面、ついで朱雀門上で長谷雄が男と双六の勝負をし、双六で敗れた男が正体（鬼）を現す場面を、絵巻は別々に描く。ただし両場面は一連のものであり、図でも両者をまとめて抄出する。

最初の場面は朱雀門の南正面、東から柱間五間分の、下方を大きく描く。壇正積み基壇で、東第二間に石壇三級がある。礎石上にたつ主柱と控柱はともに円柱で、柱下に唐居敷と内開きの扉下部に蹴放しがある。〈31〉では蹴放しは石製、ここでは木製である。絵巻では東第一間も開口部で扉を装置していて、七間五戸の形式と合わない。しかし『宮室図』が宮内庁三巻本に限らず、いずれも該当箇所を壁とするのは、正しい描写とみられる。校正を加えた旨の記載などは図にはなく、典拠とした絵巻は永青文庫本ではなかったものと考えられる。

つぎの場面では、朱雀門の南正面の東半を、下は主柱の下端から上は二重屋根の軒先辺りまで収める。絵巻では右から第三間に扁額をかけ、第四間は腰長押から推して第一間と同じ連子窓を装置したかにみえる。しかし図では扁額はなく、第四間の柱間は不明である。絵巻では基壇上面は石敷、上層内部は拭板敷で、建物前方に巨木がある。そのうち図では石敷を描かず、人物も省略する。

## 33　八省院1（応天門・翔鸞楼（しょうらんろう））

表題は「八省院　應天門圖」で、「伴大納言繪巻物」と典拠を示す。頭文目録は「應天門」である。

表題の通り『伴大納言絵詞』からの引用で、出光美術館本では上巻の三段、九紙にあたる。炎上する八省院（朝堂院）の正門、応天門を西南方から俯瞰した構図ではあるが、画面の大半は炎と黒煙に囲まれる。応天門は、入母屋造、瓦葺屋根の西妻面と棟の一部がわずかにみえる程度で、門前方（南方）左手の翔鸞楼は、屋根の一部が炎の中に確認できるに過ぎない。図では炎と黒煙を除いて絵巻にみえる建物のみを抄出し、翔鸞楼の上部に「翔鸞樓」と記す。

## 34　八省院2（会昌門）

表題は「會昌門圖」で、「伴大納言繪巻物」と典拠を示す。頭文目録は「會昌門」である。

『伴大納言絵詞』からの引用で、出光美術館本では上巻の四段、一一～一二紙にあたる。

応天門炎上の報により、会昌門の門前に群がる官人たちの情景を描いた場面である。会昌門は八省院（朝堂院）の内郭門で、南の応天門に相対してたち、東西に回廊がのびる。絵巻は西南方から俯瞰した構図で、門と両脇に接続する回廊の一部がみえる。門は五間三戸の二重の楼門で、屋根は入母屋造、瓦葺である。人物にかくれて控柱など建物の一部がみえず、初層の柱間数は判然としない。上層は縁をまわし、正面両脇間は連子窓、中央間を除く各柱間は開口部で扉を装置する。また両脇の回廊の連子窓がみえる。図では人物描写はすべて省略し、建物のみを抄出する。

## 35　八省院3（大極殿ほか）

表題は「八省院圖」で、「年中行事御齋會絵巻物」と典拠を示す。頭文目録は「八省院」である。表題につづけて冒頭に大極殿、小安殿ほか建物名などを列記する。その内容は次の図に関するものも含み、それらは一連の図として掲載されたことがわかる。しかし各々は元の絵巻では異なる場面であり、対象となった建物も異なるため、ここでは便宜上、〈35〉〈36〉の二項に分けた。

『年中行事絵巻』住吉本では巻七「御斎会」の三段、一九～二九紙にあたる。御斎会は正月八日から七日間の日程で、八省院（朝堂院）大極殿で行われるもっとも重要な法会の一つである。最終日にあたる十四日、竟日の場面で、大極殿とその前庭、龍尾壇の周辺を描く。絵巻にも一部に建物名を示すが、図ではより詳しく記載する。ただし絵巻が描く多くの人物や龍尾壇上に設営された楽屋など、図ではすべて省略し、抄出するのは建物、大極殿正面にかかる幔そして樹木である。

大極殿東南方の蒼龍楼（そうりゅうろう）は複雑な外観をもつが、図では絵巻の通り忠実に抄出する。また画面の右手下方に描かれる、八省院の東方郭外、中務省の北側にあった内舎人と監物の存在も見逃さない。図中に「内舎人監物」と記し、さらに「拾芥加校本云」と注記する。図は絵巻の場面を抄出したものであるが、単なる書写ではなく他の資料によって内容を裏付けていることがわかる。個々の建物の実態とそれらの配置関係に注目するという編輯方針、それにもとづく典拠資料に対する姿勢が明確である。

## 36　八省院4（小安殿（こあどの）・昭慶門）

〈35〉と一連の図で、表題は〈35〉の冒頭にある。頭文目録は引き続き「八省院」である。

『年中行事絵巻』住吉本では巻七「御斎会」の二段、一三〜一七紙にあたる。御斎会の布施の場面で、絵巻の二段と三段は、法会の順序にてらして前後が逆である。〈35〉が三段、一九〜二九紙であるから、次にこの〈36〉をおくのは、法会の順序通りで、正しい配置ということになる。

御斎会の終了後、大極殿背後の小安殿において勤仕の衆僧が布施を受ける場面である。南方やや東寄りから俯瞰した構図で、画面手前に大極殿の屋根頂部がみえ、その背面から軒廊がのびて小安殿に至る。小安殿の東西側面は壁、北側（背面）は壁と扉で仕切る。さらにその背後、北方に昭慶門と左右の回廊の下半がみえる。昭慶門は五間三戸の門である。図中に「大極殿」「渡廊」「小安殿」「昭義門」、その左右に「廻廊」と記す。昭慶門を「昭義門」とするのは、絵巻の貼紙と同じである。絵巻にしたがったものかと思われるが、表題に列記する「昭義門」には「一曰昭慶門」との注記がある。また昭慶門の左手（西側）の廻廊に、「連子此圖是／四面當如此」と記す。〈35〉もそうであるが、大極殿や小安殿の棟頂端を飾る鴟尾について「鴟尾」と記すのは、とくに大極殿のそれが絵巻では金泥であることに注目したものかもしれない。〈35〉と同様、建物内外の多くの人物は、図ではすべて省略している。

## 37　真言院

表題は「眞言院圖」で、「年中行事繪巻物　御齋會」と典拠を示す。頭文目録は「眞言院」である。東博八巻本はこの図を欠く。

『年中行事絵巻』住吉本では巻六の四段「眞言院御修法」、二五〜二九紙にあたる。正月八日から七日間、宮中眞言院で行われた後七日御修法（ごしちにちのみしほ）の場面である。

眞言院は八省院（朝堂院）の北方西寄り、内裏外郭の西側に所在した。画面右手の建物は後七日の阿闍梨の宿坊で、南の弘庇から仮床をわたると、画面中央に修法を行う壇所がある。壇所は一点透視図法を用いて正面上方から見下ろした構図で、吹抜屋台の手法によって内法長押から下方、建物内部の様子を描く。桁行正面五間の母屋の、前方と左右の三面に庇をまわし、正面七間のうち中央間と左右から第二間目を開口部とする。前方を築地塀でコの字に囲み、正面中央に門の屋根がみえる。左右の築地は建物の側柱筋上に位置し、建物近くに出入口を設ける。

母屋正面奥にかかる五大尊の仏画や母屋左右の壁面にかかる両界曼荼羅など、絵巻が描く修法のための鋪設を、図でも詳細に抄出している。また図中には、阿闍梨の宿坊について「法務坊」、仮床について「敷板道」と記し「稱渡橋即是也」と注記するなど、建物を中心に適宜文字による説明を加えている。絵巻が描く人物は、図では抄出しない。しかし「伴僧座幔外」「長者座幔内」といった記載がある。前庭に左右対称に植えられた庭木を省略せず抄出する。注目されるのは、左は「松一本」、右は「梨二本」と記すことである。とくに後者の梨は、絵巻では一見したところ一木にもみえる。しかし二木との判断である。東博六巻本、摹古絵巻本には、「相并其／間無隙／故圖如／一樹歟」との注記がある。抄出にあたっては、建物はもとより樹木も注意深く熟覧していたことがわかる。

## 38　建春門・宣陽門

表題は「建春門宣陽門」で、「年中行事繪巻物」と典拠を示す。東博六巻本ではさらに「内宴」と注記する。また表題に加えて、「官人座内記所内室」と記す。官人座は建春門、内記所、内室は宣陽門に付属する施設である。頭文目録は「建春門」と「宣陽門」である。

『年中行事絵巻』住吉本では巻三の一段「闘鶏」、一〜二紙ならびに、巻五の「内宴」、一段の一〜五紙にあたる。前者について、絵巻に付箋で「以下内宴」とあるように、本来は巻五の「内宴」、一段の冒頭にあるべき画面が巻三に錯簡したものである。したがってここでは両者を正しく配置していることになる。

最初に築地塀がみえる。この構図は次にみえる建春門、宣陽門と同じであり、一連の場面であることが確認できる。建春門の右手（東側）にあることから、築地塀は外記庁や南所の一郭、その西面に比定される。はたして建春門との間に「壬生十丈」とあるのは、壬生大路を二条大路より宮域内に延長した場所であることを示す。図では築地塀内の施設について「南所」「外記」「外記廳」と併記し、各々について「拾芥加校本」「応永十六年図元在水本坊　大内千分圖」「水本坊屛風圖」と典拠を記載する。それらは諸図による校合を示すもので、諸図は東博六巻本の上（巻五）に収載される。

ついで巻五の「内宴」、一段の一～五紙が描くのは、仁寿殿の天皇に拝するため、同殿東庭に公卿達が列立する場面の一部で、内裏外郭の東面中央に開く建春門と、これに相応する内郭に開く宣陽門を東南方から俯瞰した構図である。絵巻ではさらに温明殿、綾綺殿そして仁寿殿東庭から仁寿殿に至る情景を、五～一一紙に描く（〈39〉参照）。

建春門は切妻造、瓦葺屋根で、妻飾は二重虹梁蟇股である。門外側（東側）の檜皮葺の片流れ屋根は南舎で、門北側の北舎には「官人座」の記載がある。画面左手の宣陽門も切妻造屋根だが檜皮葺で、妻飾は同じく二重虹梁蟇股である。この妻面の描写に関して、東博六巻本は「イ本」と記し、異本による別の描写をその上部に抄出する。宣陽門の内側（西側）の庇屋根には「日隠」と記し、「拾芥云／西有日隠」と注記する。門南側は南舎で「内室十二間」と記し、さらに南に「内記所」とあり、ともに「大内中圖」と典拠を示す。なお絵巻をみると、「内室」の貼り紙が温明殿の東面を画する塀にある。これは南舎の屋根から剥がれたものである。(8) 図の左端に二重斜線をひいて「温明殿東面高塀畧圖」と記し、さらに温明殿（〈39〉）へとつづくことを示唆する。

## 39　温明殿・綾綺殿・仁寿殿

表題は「温明殿　綾綺殿　仁壽殿圖」で、「年中行事繪巻物内宴」と典拠を示す。頭文目録は表題の通り「温明殿」「綾綺殿」そして「仁壽殿」である。

表題につづけて冒頭に「紫宸殿御後　恭禮門／仁壽殿南廊　崇明門本云陣坐北戸／露臺／左青瑣門官人坐」と建物名などを列記する。その内容は次の図二点に関するものも含み、またそれらの図には表題がないことから、この図と合わせて図三点は一連のものとして掲載されたようである。元の絵巻にいずれも同じ「内宴」である。しかし各々異なる場面であることから、ここでは便宜上、〈39〉〈40〉〈41〉の三項に分けた。

この〈39〉は、〈38〉につづく場面からの抄出で、『年中行事絵巻』住吉本では巻五の「内宴」、一段の五～一一紙にあたる。宣陽門を入って、西から温明殿、綾綺殿、仁寿殿東庭そして仁寿殿に至る景観を南東方から俯瞰したものである。仁寿殿は東面の南半と南面の東半を画面に収め、さらに仁寿殿の南にたつ紫宸殿の北庇東半は、吹抜屋台の手法によって描き、内法長押から下方、内側からみた格子や妻戸がみえる。仁寿殿南東隅は長押成だけ床を下げ、檜皮葺屋根も一段切り下げ、東向きに昇降階を設ける。屋根を切り下げるのは東三条殿の東対西南隅に注目した〈59〉も同様で、これについては「唐廂圖」とする。〈39〉の該当箇所に「石灰」とあり、次の〈40〉〈41〉でも同じ場所に確認できる。絵巻をみると、床は拭板敷ではなく白壁と同様に描いていて、清涼殿の石灰壇のように、床面を石灰で仕上げていたことがわかる。『大内裏図考証』では「石灰壇」として立項する。

8　福山一九七八

## 40　仁寿殿

〈39〉と一連の図で、表題は〈39〉の冒頭にある。頭文目録も同様であるが、描写内容から頭文目録はとくに「仁壽殿」が該当する。

『年中行事絵巻』住吉本では巻五の「内宴」、三段の一七〜二一紙にあたる。巻五「内宴」における実際の行事の順序は、一→三→五→二→四段であるから、錯乱する絵巻とは異なり、『宮室図』では行事の順序通りに図を配置していることになる。

この三段は仁寿殿前の東の板敷に昇殿着座する公卿、供御を奉る女蔵人を描いた場面である。一段とは視角を変えて、東北方から仁寿殿の東面と東庭を東北側から俯瞰し、画面上手に紫宸殿、左手に綾綺殿がみえる。儀式に直接関係しない綾綺殿は屋根を描くが、仁寿殿は吹抜屋台の手法によって内法長押から下を描き、建物内部の様子がよくわかる。図では、人物は省略するが、御簾や几帳、賢聖障子などは略さず抄出し、東庭の庭木（紅梅）も描く。図中には「仁壽殿母屋」「紫宸殿御後」「露臺仁寿殿／南簀子」「恭禮門」「仁壽殿南廊」といった建物名などを適宜記していて、一見複雑な内裏殿舎の組み立てと配置関係を読み解くのに役立つ。資料としての『宮室図』の役割を示唆するものであろう。

## 41　仁寿殿・綾綺殿

〈39〉〈40〉と一連の図で、表題は〈39〉の冒頭にある。頭文目録も同様であるが、描写内容から頭文目録はとくに「仁壽殿」「綾綺殿」が該当する。

『年中行事絵巻』住吉本では巻五の「内宴」、五段の二七〜三一紙にあたる。〈38〉〈39〉が一段、〈40〉が三段、そしてこの〈41〉は五段であるから、『宮室図』では実際の行事の順序に従って図を配列していることになる。

この五段は、仁寿殿の東庭上に設営された舞台で、内教坊の妓女六人が舞曲を奏する場面である。舞台のある東庭を中心にした一点透視図法を用いて北方から描いた構図で、画面右手に仁寿殿、左手に綾綺殿がある。御簾ごしに舞を御覧する天皇が着座するのは仁寿殿である。絵巻では仁寿殿の方は、吹抜屋台の手法を用いて内法長押から下方、建物内部を描く。図に抄出するのは、建物と一部の御簾であり、人物をはじめ庭上の舞台やそれを取り囲む幔も描かない。また絵巻での「内宴」はその後、二段、四段とつづくが、それらの場面は抄出、掲載しない。建物の情報は一、三、五段で尽きているとの判断であろう。求める情報は建物にあり、抄出の主たる対象は建物、との編輯方針が明確である。

なお、仁寿殿の東妻面をみると、宮内庁三巻本では欠損なく描写し、注記もないが、摹古絵巻本では、一部箇所を欠損したまま描き、「うつし落」と注記する。東博八巻本をみると、注記はないが、欠損した描写は摹古絵巻本と同様である。いっぽう東博六巻本が、「うつしをとし」と注記した上で、該当箇所に「イ」と記して欠損部分を朱で補筆するのは、異本による校合を示すものである。また紫宸殿北面東側の昇降階に、「本圖／階南北短可寫改」と注記がある。この注記は摹古絵巻本、東博六巻本にもあるが、東博八巻本にはない。さらに東博八巻本では、仁寿殿と綾綺殿の描写を分け、しかも絵巻とは逆に綾綺殿、仁寿殿の順に抄出する。かかる注記や校訂の有無、抄出内容の相違は、諸本の前後関係、系統の相違を推定・特定するための材料となる。

## 42　陰明門

表題は「陰明／門圖」で、「伴大納言繪／巻物」と典拠を示す。頭文目録は「陰明門」である。

表題の通り『伴大納言絵詞』からの引用で、出光美術館本では下巻の二段、四～五紙にあたる。応天門の炎上をめぐって、検非違使が舎人を召喚し、事情聴取を行う場面である。陰明門は内裏内郭の西面中央に開く門である。門を入って右（南）側が右兵衛府陣で、舎人の詰所となっていた。画面右手の石階を上がった奥にみえる朱の扉が陰明門で、その左手（南側）に東・北面に沓脱のある建物は正面三間で、左端間は長押成だけ床を下げる。図には「東」「南」の方位を記し、建物の位置関係を明確にしている。連行された舎人や尋問する判官などの人物、建物前の樹木は、図には抄出しない。また陰明門の扉について「此扉／今一／間當／在西／傳寫／之誤／矣」と注記する。門は間口三間で、扉を中央間に装置するのが正しいことを示すものである。この絵巻の場面をもとにした平面図が、『宮室図』（巻六、殿門巻第二）にみえ（〈111〉）、表題の「門舎圖」に注記して「後日考陰明門右兵衛陣圖也」とある。また『大内裏図考証』の「陰明門」の項には、この平面図と同様の図を掲載する。

## 43　朔平門 1

表題は「朔平門圖」で、「石山縁起」と典拠を示す。さらに「萬壽四年二月／大僧正深覚退／出之画」と注記する。この注記の内容は、後掲〈47〉に、より詳しく記す。頭文目録は「朔平門」である。

『石山寺縁起』からの引用で、石山寺本では巻四の四段、二七紙の末尾から二九紙にあたる。後述の〈47〉が直前の二六紙途中から二七紙、さらに〈50〉はその直前、二五紙から二六紙の途中にあたり、それらの図三点は一連の場面からの抄出である。

表題の注記にもある通り、敦良親王(あつながしんのう)（後の後朱雀天皇）の病気平癒のため、下命をうけて参内した石山寺の座主深覚大僧正が、後宮殿舎の一つ凝花舎での加持祈祷を終えて退出する場面である。内裏内郭の北中門である玄暉門を出て、さらに北の外郭築地に開く朔平門に向かう大僧正と見送る公卿、殿上人の姿を南西方向から描く。〈50〉では凝花舎、〈47〉では玄暉門、この図では朔平門を取り上げている。いずれの図も抄出するのは建物で、人物はすべて省略する。

この〈43〉は南西方からみた朔平門で、画面手前に建物二棟の屋根と、それらを囲む築地塀がみえるのは、蘭林坊の一郭である。表題の左横にも「蘭林坊」の記載がある。朔平門は三間一戸の八脚門である。妻飾は二重虹梁蟇股で、主柱上部に連子窓を設ける。基壇上に礎石を据えて円柱がたつ。両脇は壁で、左右に築地塀が接続する。板桟戸の扉口に蹴放し、柱下に唐居敷がみえる。絵巻では、朔平門と玄暉門は同じ形式の門で、軸部の朱塗、白壁、切妻造の屋根も共通する。ただし玄暉門と両脇の回廊が檜皮葺に対し、朔平門と築地塀は瓦葺である。

## 44　朔平門 2

表題は「朔平門」で、「承安五節圖」と典拠を示す。頭文目録は「朔平門」である。

『承安五節絵』の「帳台の試」第二段の絵にあたる。内裏外郭北面に開く朔平門を入り、さらに内郭北面に開く玄暉門に向かって参入する五節の舞姫の行列を東方南寄りからみた場面で、画面の右手に朔平門、左手に玄暉門を描く。この図は朔平門の方で、図中に「北」と方位を記して、視角を明示する。門は基壇上にたつ八脚門で、切妻造屋根の瓦葺き、側面は土壁、妻飾や棟は雲に隠れてみえない。朱塗りの円柱で、板桟戸に唐居敷や蹴放しもみえる。築地塀も門と同様、瓦葺で軸部は朱塗りである。図には絵巻が描く人物や牛車を抄出しない。なお東博六巻本や摹古絵巻本では、唐居敷や蹴放し、降り懸魚（桁隠し）について、壁と同じ「白」と記す。

## 45　玄暉門・徽安門・北廊

表題は「玄暉門　徽安門　北廊圖」で、「年中行事繪巻物中宮大響」と典拠を示す（宮内庁三巻本は「饗」を「響」と誤る）。また「玄暉門」の左下に「曲舎」と記す。頭文目録は「玄暉門」と次の「徽安門」である。

表題の通り『年中行事絵巻』からの引用で、住吉本では巻六の二段「中宮大饗」、一五～一八紙にあたる。玄暉門は内裏内郭の北中門で、東西両脇は築地回廊が接続する。中宮大饗は玄暉門西側の廊において正月二日に開催された行事で、場面は玄暉門西廊の北側、東は玄暉門から西は回廊途中に開く潜門形式の徽安門まで、饗の座に公卿が着座したところである。廊の東第一間に御簾を下げ几帳がみえるのは内侍の座で、廊内部の築地に山水人物画の軟障を張り、また北側庭上は東西を幔で仕切り、幄舎をたてる。

図が抄出するのは建物で、人物をはじめ建物以外の描写はすべて省略する。図中に「徽安門」「玄暉門」と記し、廊の上部に「北廊」とある。表題にもある「北廊」とは、内郭回廊の北面の意である。「北廊」に付記して「是即／玄暉門／西廊」とあるほか、玄暉門の上部に「南」、下部に「北」と方位を記して、視角を明示する。また玄暉門の北側東西両脇に付属する下屋の建物は、表題に「曲舎」と記すものであろう。左側（東側）の下屋の柱間に「狐格子」「同」とあるが、絵巻と合致しない。また東博六巻本には、西側下屋の屋根に「イ　このすじ無し」とあるのをはじめ、朱による補筆が散見し、異本による校訂を示す。

## 46　玄暉門 1

表題は「玄暉門」で、「承安五節圖」と典拠を示す。頭文目録は「玄暉門」である。

〈44〉と同じ『承安五節絵』の「帳台の試」第二段の絵にあたる。内裏外郭北面に開く朔平門を入り、さらに内郭北面に開く玄暉門に向かって参入する五節の舞姫の行列を東方南寄りからみた場面で、画面の右手に朔平門、左手に玄暉門を描く。この図は玄暉門の方で、図中に「北」「南」と方位を記し、門と内郭築地回廊（門の東側）の内側を南東方向から俯瞰したものであることを示す。

門は基壇上にたち、内部は板床張り、中央は土間の馬道である。馬道の東側は桁行三間で南面は吹き放ち、東面は土壁である。西側は桁行柱間一間で南面は舞良戸の引き違い、馬道に面する東面は横板壁である。屋根は母屋を切妻造瓦葺、四面の庇を檜皮葺とし、妻飾に棟束がみえる。図では人物など建物以外の描写は抄出しない。

この玄暉門は、〈45〉にみえる玄暉門や次の〈47〉の玄暉門と比較して、様相を大きく異にする。『大内裏図考証』は、それらを引用して三間一戸の門とする一方、「承安五節屏風画所圖」は「其結構可疑、故今不取焉」とあって、資料として採用しないことを記す。図中に、東廊について「東廊作瓦垣不圖」と記し、さらに「曲舎蓋画之誤」とあるのは、典拠とした絵の描写内容が不審であることを示唆するものである。なお東博六巻本や摹古絵巻本では、柱の一部について「白」と記す。

## 47　玄暉門 2

表題は「玄輝門圖」で、「石山縁起」と典拠を示す。さらに「萬壽四年二月／春宮在疑草舎／座主深覚大僧／正御祈早退出／之画」と注記する（「疑草舎」は「凝花舎」の誤記）。頭文目録は引き続き「玄暉門」である。

『石山寺縁起』からの引用で、石山寺本では巻四の四段、二六紙途中から二七紙にあたる。表題の注記の通り、敦良親王（あつながしんのう）（後の後朱雀天皇）の病気平癒のため下命をうけて参内した石山寺の座主深覚大僧正が、後宮殿舎の一つ、凝花舎での加持祈祷を終えて退出する場面である。玄暉門を出て、さらに北の外郭築地に開く朔平門に向かう大僧正と見送る公卿、殿上人の姿を南西方向から描く。

〈45〉が外側からみた描写であったのに対し、この図は門の南西方、内裏内郭の内側からみた構図である。玄暉門は三間一戸の八脚門で、屋根は切妻造、檜皮葺、妻飾は二重虹梁蟇股で梁上に横連子窓を開ける。東・西の廊は門とともに基壇上にたち、各柱間に格子を装置し、屋根は門と同じ檜皮葺で瓦棟とする。図中に「此圖不圖兵衛／陣屋及東西／廊之垣屋兵／諸圖不司」（「垣屋兵」は「垣屋塀」の誤記か）と記す。『大内裏図考証』の「玄輝門」の項にも『石山寺縁起』を挙げ、「内面無溝」と記すのは、〈45〉の『年中行事絵巻』などと比較したものであろう。この図もまた抄出するのは建物で、人物は省略する。ただし絵巻の格子の描写は、図では「格子」と記すだけで、大半を省略している。

## 48 常寧殿

表題は「常寧殿圖」で、「承安五節繪」と典拠を示す。頭文目録に「常寧殿」とある。

表題の通り『承安五節絵』からの引用で、「帳台の試」第四段の絵にあたる。常寧殿の南面中央から南方にのびる后町廊において脂燭をもつ殿上人の姿を、東方からみた場面である。画面の中心は后町廊で、右手に常寧殿の南面中央がみえる。常寧殿は四半敷の基壇上にたち、石階を下りて南に接続する后町廊は土間で、桁行方向に据えた土台上に円柱がたつ。『大内裏図考証』「后町廊」の項で「承安五節圖」を引用し、「圓楹有土居」と記すのは、これを指すのであろう。

図では人物はすべて省略し、建物のみを抄出する。「后町廊」「常寧殿」と記し、画面手前、后町廊の東側の井戸も抄出して、「后町井」と記載する。

## 49 弘徽殿・登華殿

表題は「弘徽殿登華殿圖」で、「承安五節圖」と典拠を示す。頭文目録は「弘徽殿」「登華殿」である。

『承安五節絵』では、「殿上の淵酔」第六段の絵にあたる。ただし承安五節「絵」ではなく承安五節「圖」とあり、絵巻ではなく屏風を指すものかもしれない。屏風には図にある柳が確認できる（〈27〉参照）。

殿上の淵酔終了後、殿上から舞姫の控所であった常寧殿の方へと練り歩く殿上人や供人の姿を、弘徽殿・登華殿の西側からみた場面である。両建物内から彼らを御簾・几帳越しに見物する女房たちの姿もみえる。建物のすぐ近くに雨落ち溝があって、縁はなかったことがわかる。

図では人物はすべて省略し、建物の西面と御簾、両建物間に開く門を抄出し、また庭の柳も描く。建物の壁面を格子状に描くのは一部で、大半は横桟のみである。格子の描写を省略したものか判然としないが、『大内裏図考証』の「弘徽殿」「登華殿」の項における該当箇所で、「承安五節圖」についてみると、各柱間は遣戸を装置したとする。

## 50 凝花舎

表題は「凝花舎圖」で、図右上に「石山縁起」と記して典拠を示す。頭文目録は末尾の「凝花舎」である。

『石山寺縁起』からの引用で、石山寺本では巻四の四段、二五紙から二六紙の途中にあたる。敦良親王（あつながしんのう）（後の後朱雀天皇）の病気平癒のため下命をうけて参内した石山寺の座主深覚大僧正が、凝花舎での加持祈祷を終えて退出する場面で、このあとにつづくのが〈47〉〈43〉である。凝花舎を北東方から俯瞰したもので、建物の東面と北面のほか、北の襲芳舎との間にたつ土塀、凝花舎南面東方から南の飛香舎にのびる廊、飛香舎の北面、両建物間を区切る土塀がみえる。凝花舎の前面の東孫庇は吹き放ちの弘庇で、東庇より長押成だけ床を下げる。周囲に高欄付の縁をまわし、東面中央に木階三級がある。東庇と東孫庇の段差を反映して、北面の縁もその境界で段差を設け、高欄もそのように描く。

絵巻は大僧正や、僧侶、公卿らを異時同図法によって描く。図ではそれら人物はすべて省略し、抄出するのは建物と庭木である。東庇にかかる御簾は抄出するが、東孫庇の畳は抄出せず、拭板敷を描く。凝花舎について「東庇」「北廂」「東階」の記載があり、飛香舎は「飛香舎」と記し、両建物を結ぶ廊に「東南渡廊」と記す。また建物間を隔てる土塀を「瓦垣」と記す。なお『大内裏図考証』の「凝花舎」の項には、「石山寺縁起 凝華舎圖」として、絵巻をもとに作図した平面図を載せる。

# 図解説（巻三）

## 51 仙洞御所1

巻三冒頭の図で、表題は「仙洞圖」であり、「年中行事朝勤行幸」と典拠を示す（宮内庁三巻本は「覲」を「勤」と誤る）。頭文目録には「年中行事繪仙洞圖」とある。『院宮』でも巻二の冒頭に収載される図である（〈院宮64〉）。

『年中行事絵巻』住吉本では巻一の五段、五三〜六二紙にあたる。後白河上皇の御所、法住寺南殿での朝覲行幸で、舞御覧の場面である。ここにみえる法住寺南殿は永暦二年（一一六一）創建時の御所という(9)。画面の中心にたつ建物は寝殿である。寝殿は南面し、正面柱間は九間である。ただし住吉本では左端の柱間が他の二倍近くある。これは左端から二つめの柱を絵師が描き忘れたことによるものと考えられる。この図では正確に九間に描く。寝殿周囲に組高欄付きの縁をまわし、正面中央に向拝があり、木階を設け、擬宝珠高欄をつくる。寝殿の屋根がみえるのはこの向拝だけである。縁の描写によると、寝殿正面右端の柱間一間は、床高を長押成だけ下げる。図でも忠実にそれを抄出する。床高を下げるのは東孫庇を示唆し、寝殿背面は確認できないものの、寝殿の規模は母屋の正面桁行六間で四面に庇をまわし（「六間四面」）、さらに右側面に孫庇を設ける、というものである。したがって正面桁行柱間は九間であるが、母屋正面桁行七間で四周に庇をまわす「七間四面」の建物ではない。

寝殿の左右に渡殿を接続し、向かって右手はさらに廊が前方に伸びて釣殿に至る。釣殿は切妻屋根の左右に縋破風（すがる）で庇を付け、前方にも入母屋造の屋根を付した複雑な屋根をもつ。遣り水にかかる反橋から、廊の途中に通路の存在がうかがえる。いっぽう寝殿の左方、渡殿が寝殿と結ぶのは西対である。渡殿から西対へは床高を木階三段分下げていて、寝殿と対に高低差をつけていたことがわかる。西対は妻面を南方に向ける南北棟の建物で、東西棟の寝殿とは棟方向を直交させる。西対前方の庇屋根は縋破風で処理する。この庇屋根の正面中央に昇降階を設け、その上部は長押をまわさず、屋根の軒先も後退させている。西対の前面と右側面は吹き放ちの弘庇である。対から画面手前に向かって中門廊がのび、途中に屋根全体を切り上げるのは中門である。画面外であるが、この中門に対応する位置、左方に表門を開いた。寝殿正面は寝殿と前方に伸びる廊によって囲繞し、前庭を形成する。前庭のさらに画面手前に園池がある。前庭から園池の中島へは高欄付きの反橋がかかる。寝殿、廊、渡殿、対、釣殿など、絵巻が描く建物はすべて檜皮葺である。

図では建物とともに樹木や庭石を抄出する。しかし人物はすべて省略する。中島の幄舎や池上に浮かぶ龍頭の舟も抄出しない。ただし寝殿東半の南面と東面にみえる、御簾下の打出の女房装束は省略しない。それらは人物ではなく建物と一体をなすものとの認識であろうか。中門に「中門」、西対に「垂幕」「紺」といった記載がある。また多くの樹木を抄出する中で、寝殿正面向かって右前方の樹木に「紅梅」、左前方の樹木に「白梅」と記す。

9 福山一九八四、川本二〇〇五

しかし住吉本では左・右とも紅梅にみえる。なおそれら図中の文字は、『院宮』にはない。

## 52　仙洞御所2

表題はなく、頭文目録に「同又」とある。東博六巻本には、「仙洞圖」と表題があり、「年中行事繪　朝覲行幸」と典拠を示す。『院宮』では〈院宮65〉に相当する。

『年中行事絵巻』住吉本では巻一の「朝覲行幸」のうち、法住寺南殿において朝覲行幸を出迎える場面で、〈51〉の五段五三～六二紙より前の、四段四〇～四三紙にあたる。〈51〉が寝殿を中心にした描写であったのに対し、この場面は寝殿の西方、西対から西中門そして西面築地塀に開く表門に至る邸の状況がよくわかる。西中門を出ると右手に目隠し塀、その向こうに殿上廊である。邸西面の築地塀は上土の形式である。そこに開く表門は四足門で、切妻造、檜皮葺、扉は板桟戸を内開きに装置し、唐居敷もみえる。

絵巻では三五～三九紙に寝殿、渡殿、西対を描く。しかしそれらは〈51〉と重複するため省き、図では四〇～四三紙をとくに抄出する。〈51〉にこの〈52〉をあわせれば、邸南面の全体像を把握できる、との合理的な編輯意図が垣間見える。絵巻は多くの人物を描写する。しかし図ではすべて省略する。目隠し塀に沿って樹木四本があるが、図では各々に「樹」と記すだけである。その前方の幔も描かない。いっぽう絵巻では幔に隠れてよくみえない目隠し塀の下部、地面との境まで、図では明瞭に描く。建物以外は大胆に省略する。しかし建物については加筆してでも多くの情報を描き込もうという意図がうかがえる。

## 53　東三条殿1

表題は「關白第」で、「年中行事繪／臨時客」と注記して典拠を示す。頭文目録は「関白第圖」である。『院宮』では〈院宮66〉に相当する。

『年中行事絵巻』住吉本では巻六、一段一～一〇紙にあたる。摂関家での東三条殿における臨時客の場面である。東三条殿は九～一〇世紀の藤原良房、忠平の邸宅としてみえ、さらに一一世紀中頃、頼通の時代に再建された東三条殿は、仁安元年（一一六六）一二月に焼失するまで長期にわたって存続した。三条坊門の北、西洞院の東に、東西一町、南北二町を占める大規模な邸で、藤氏長者、摂関家の邸の中でも、とくに儀式場として重要な役割を担い、他の貴族邸とは異なる性格を帯びていた。

絵巻が臨時客の舞台として描くのは、東対とその東方である。東の町小路に面して築地塀に開く東門を入ると、右手（北側）に侍廊とその奥に東二棟廊がある。西進して東中門廊に開く東中門から南庭に至る。画面上方に東対の南面、その内部を吹抜屋台の手法で描く。東対と東中門廊に沿って高欄付きの縁、さらに庭には遣り水が流れる。東対の南面中央に木階があり、遣り水に反り橋が架かる。

絵巻には多くの人物のほか、幔幕、樹木、門前の牛車がみえる。しかし図ではそれらはすべて省略する。ただし南庭の樹木や遣り水、その周辺の景石や草木そして東侍廊内の台盤などは抄出しており、省略は建物を重視したことによるものと考えられる。

図の下方は雲を配するが、東中門を入って遣り水をわたったあたりの雲中に、「祭出立所之繪中門前遣水／有橋高欄之躰与此橋無異」と記す。「祭出立所之繪」とは同絵巻の春日祭使の出立の場面である。鈴鹿家旧蔵本によると、第三段はこの図〈53〉と同じ東対の一郭を描き、文字の記載位置とほぼ同じ箇所に、東対正面近くの反橋と同様の高欄付きの反橋が確認できる。また図の左上手の雲中に、「同繪巻物祭出所繪／此所有七間之寝殿」

とある。鈴鹿家旧蔵本の右記と同じ場面に寝殿南面の東側の一部を描いていて、この寝殿も確認できる。鈴鹿家旧蔵本にある春日祭使出立の場面は、〈59〉としてもみえるが、同じ絵巻の別場面との校訂作業を示すものである。ほかに図には、東侍廊前方の庭との間を遮る塀について、「唐垣」の記載がある。なお住吉本では、塀の南面右端の支柱が東侍廊の東南隅の屋根を支える柱と同一にみえる。しかし塀東面は東侍廊の東南隅柱に接続する。塀と東侍廊のかかる関係は建築構造上、成立し難い。絵巻の描写は不審であるが、図ではそのまま書写している。

## 54　東三条殿2

表題は「大臣第圖」で、「年中行事／母舎大饗」と注記して典拠を示す。頭文目録は「同大臣第圖」である。『院宮』の〈院宮68〉に相当する。

『年中行事絵巻』別本の巻二、八段二一～三〇紙にあたる。大臣邸での正月大饗における鷹飼犬飼渡る場面で、〈53〉と同じ東三条殿である。南面する寝殿を中心に、東方は東透渡殿から東対、東中門廊の一部を描き、西方は西透渡殿と泉のある坪庭を介してその奥の西北渡殿、南へ伸びる西透廊、また西北渡殿から西に伸びる西中門廊と西中門そして西随身所までを描く。

図では建物はもとより、人物、樹木、南庭の幄舎、御簾や室内の家具調度に至るまで省略せず、絵巻の描写のまま抄出する。これは『宮室図』の中で、異質である。絵巻は白描本であるが、宮内庁三巻本は着彩し、東博六巻本では人物を中心に色名を記し、また着衣を薄墨で塗る。典拠とした元の絵巻は、着彩本であったらしい。摹古絵巻本でも色名を記すが、東博六巻本に比べて少なく、東博八巻本の同図（巻八‐四）は、描写自体の省略が著しい。

なお〈54〉と同じ図が『院宮』にあり（〈院宮68〉）、とくに東博六巻本と近似し、同様に色名を詳記する。寝殿西の木階前に溝を跨ぐ石を描くのも共通し、絵巻諸本にはみられない点である。ただし『院宮』にある「一本石据無之」の記載は、『宮室図』にはない。

## 55　院御桟敷

巻子を上下に分けた上段に〈55〉、下段につぎの〈56〉〈57〉を配置する。表題は「院御桟敷圖」で、「亀山院繪／文永賀茂祭」と注記して典拠を示す。頭文目録は「亀山院画合巻院御桟敷圖」である。『院宮』では〈院宮75〉に相当する。

『賀茂祭草子』からの抄出である。「文永賀茂祭」とは文永年間（一二六四～一二七五）の賀茂祭の意で、この絵巻は『文永十一年賀茂祭絵詞』とも称し（『群書類従』巻一五所収）、文永一一年（一二七四）四月一五日に行われた賀茂祭の行列と沿道の景観を描いたものである。

冒頭に絵巻の奥書を記す。「本奥書云／此繪亀山院御繪合之時／経業卿所調進也云々／画為信卿詞定成朝臣書之」とあり、亀山上皇（一二四九～一三〇五）が開催した「御繪合」の際に、藤原経業が調進したもので、絵は藤原為信が描き、詞書は藤原定成が書いたものという。頭文目録に「亀山院画合巻」とある所以である。奥書はつづけて、「元徳二年閏／六月中旬／隆兼朝臣／詞入道内／蔵権頭季／邦朝臣写／之」と記す。一部に脱漏があるが、さらに元徳二年（一三三〇）閏六月中旬、絵所預の高階隆兼が絵を描き、入道内蔵権頭の藤原季邦が詞を書写したという。なお現存する写本は、元禄七年（一六九四）、行列が約二〇〇年ぶりに再興されるのを機に、右記の元徳本を模写したものにはじまるとされる。

図に抄出するのは、絵巻の半ば以降である。さらに人物の描写や途中の詞を省略することで、全体を短縮している。着座する人物について、抄出しない代わりに、たとえば「右府生／秦久秋」のように記す。また省略した詞の箇所に「詞書」と記す。さらに建物について「院御桟敷」とあるほか、左方に描く長大な埒について「本圖／埒十間／今略之」と記し、短縮して抄出したことを明示する。「女使車自此街出」と描写の説明もある。なお典拠本が不明であるが、〈院宮75〉にはそれら図中の書き込みはなく、この〈55〉にはある描写の一部に確認できないところがある。

## 56　関白賀茂詣の馬場舎

巻子を上下に分けた下段の図で、上段は前記〈55〉である。横書で「子日圖」とあるのが表題で、画面右端に「年中行事繪　紫野齋院」と典拠を示す。頭文目録は「同紫野齋院圖」である。『院宮』では〈院宮76〉に相当する。

『年中行事絵巻』からの引用で、住吉本では巻二、一六〜二三紙にあたる。関白賀茂詣の一場面である。ただし関白賀茂詣は四月の「申の日」に行われたから、表題の「子日」は不審である。また頭文目録に「同」とあるのも、これでは「亀山院画合巻」を指すことになり整合しない。さらにまた「紫野齋院」とあるが、内容は賀茂下社（下鴨神社）である。紫野斎院については、『宮室図』では下（巻六）に『山槐記』から指図を引用している（〈108〉〈109〉参照）。

下社境内において神拝後に舞人が馬を走らせ、関白や公卿らが馬場舎で観覧する場面である。図では、建物、樹木、草木を抄出し、左方の賀茂川、そのすぐ近くに鳥居（一の鳥居）も描く。いっぽう人物をはじめ、走馬や車は省略し、図中に「於此所有走馬」「車毛糸」「馬出」と記すことで、抄出の省略を補っている。それら文字の記載は〈院宮76〉にはない。なお東博六巻本に一の鳥居がみえない。書写時の脱漏であろうか。

## 57　東三条殿3

巻子を上下に分けた下段の図で、〈56〉につづけて配置する。上段は〈55〉の左半にあたる。図の下方中央付近に横書で「寝殿圖」とあるのが表題で、「年中行事繪／大饗」と典拠を示す。頭文目録は「同立造所酒部所圖」である。『院宮』では〈院宮77〉に相当する。

表題の通り『年中行事絵巻』からの引用で、住吉本では巻一〇の二段、二〇〜二四紙にあたる。正月大饗後の賜禄の場面で、会場となった東三条殿の寝殿と西透渡殿を描く。図では人物はすべて省略し、抄出するのは建物のほか御簾、打出、前方庭上の幄舎、南庭西面を仕切る幔である。寝殿南面の右方にみえる御簾、打出の女房装束を建物とともに抄出するのは、〈51〉がそうであったように、建物と一体的なものとの判断であろうか。

図では庭の幄舎の上部に「立造所」、下部に「立造所酒部所等別圖」との記載がある。前者の「立造所」はここに描く幄舎を指すものだが、後者の「立造所酒部所等別圖」とあるのは、立造所や酒部所が「別圖」にもあることを示唆するものである。その「別圖」とは、絵巻の次の場面、二五〜三一紙を指すものと考えられる。『宮室図』ではこの図の次にとりあげているが（〈58〉）、ただし場面の一部、二九〜三〇紙に相当する部分のみである。

絵巻の二五〜三一紙は大饗始の拝礼の場面である。大饗の式次第から、したがって絵巻での順序は二〇〜二四紙と前後が逆ということになる。ともに南方からみた寝殿と西透渡殿であるが、二五〜三一紙にあたる拝礼の場面に比べ、二〇〜二四紙の賜禄の場面の方が建物に接近して描く。たとえば西透渡殿に注目すると、前者は南半のみで、後者は全体がみえる。ほぼ同様の描写でも、建物をより詳しく描き、情報量が多いのは賜禄の場面、二〇〜二四紙の方である。そこで二〇〜二四紙の場面の方を、抄出すべき図として選択したのであろう。なお頭文目録の「同立造所酒部所圖」は、『院宮』〈院宮77〉もそうであるが、図の内容と合わない。そもそも立造所はみえるが、酒部所はみえない。「立造所酒部所等別圖」とある図中の記載が、頭文目録に誤って記されたものではないか。〈院宮77〉には図中に文字の記載はない。

## 58　東三条殿4（渡殿階）

巻子を上下に分けた下段に、〈57〉につづけて配置する。上段は〈55〉の左方にあたる。図の上方に横書で「渡殿階圖」とあるのが表題で、「年中／行事　大饗」と注記して典拠を示す。頭文目録は「同渡殿階圖」である。『院宮』では〈院宮78〉に相当する。

表題の通り『年中行事絵巻』からの引用で、住吉本では巻一〇の二段、二九紙の途中〜三〇紙の始めにあたる。〈57〉でも記したように、住吉本の二〇〜二四紙は正月大饗後の賜禄の場面、二五〜三一紙は正月大饗始の拝礼の場面である。いずれも会場となった東三条殿の寝殿と西透渡殿を描くが、建物がより広範にわかる二〇〜二四紙を抄出して〈57〉となった。いっぽう〈58〉は、二五〜三一紙のとくに二九紙の途中〜三〇紙のはじめにみえる、西透渡殿の西端の描写を抄出したものである。

表題や頭文目録に「渡殿階」とある通り、西透渡殿の西端に、木階がある。むろん〈57〉でも確認でき、しかも〈58〉より分かりやすい。にもかかわらず重複を厭わずこの部分を抽出、掲載したのは何故か。

該当箇所をよく見ると、〈57〉では寝殿から連続してつながる西透渡殿の高欄は、西端の柱に接続して終わる。また高欄は終わるが床を下げて渡殿はさらにつづく。その様子は〈54〉でも確認できる。しかし〈58〉では、高欄は木階とともに下方に曲線を描き、西端の柱からすぐに木階が取り付くようにみえる。両者の絵巻の描写は、わずかではあるが異なるのである。〈58〉では、高欄の先端は幔に隠れてみえない。寝殿南面の階隠のそれと同様、擬宝珠付の高欄であったのか、あるいは刎（はね）高欄だったのか、実態は不明である。同じ絵巻で、しかも隣接する二場面である。そのうえ同じ構図の描写である。にもかかわらず描写内容が異なる。画面上はきわめて微細な相違だが、建物のあり方は大きく異なる。その点を固禅は見逃さなかった。そして両者を併記する形で掲載したのである。

## 59　東三条殿5（唐庇）

巻子を上下に分けた下段に、〈58〉につづけて配置する。上段は〈55〉の左端にあたる。図中の上方に「唐廂圖」とあるのが表題で、「年中行事／祭出立所」と典拠を示す。頭文目録は「同唐庇圖」である。『院宮』では〈院宮79〉に相当する。

表題の通り『年中行事絵巻』からの引用で、鈴鹿家旧蔵本では巻一の第二段、東対の前庭での列舞と奏楽を描く場面である。「祭出立所」、すなわち春日祭使出立の会場は東三条殿である。その場面は〈53〉でも参照している。

絵巻は、東対とこれに接続する東中門廊、それらが囲繞する前庭を西方から俯瞰した構図である。東対の南面や東中門廊西面に着座する公卿達、庭上の多くの舞人、そして東対の正面木階すぐ近くの、遣り水とこれに架かる反橋、庭木などを広範囲に描く。しかし固禅が注目するのは建物、とくに東対の西南隅である。図には東対の西南部のみを抄出し、人物はすべて省略する。

表題（頭文目録も）の「唐廂」とは、「開放の廂」の意で、「唐庇」とも記し[10]、貴族の住まいでは対の南広庇と同義、というのが通説である。[11]また「支那風な軒及至はその様な軒を持つ部屋」[12]であり、階隠を「唐庇」と呼んでいたことが指摘されている。[13]唐廂という呼称については、東三条殿の東対では南正面の軒の中央を切り上げているとし、そのような軒をもつことによるものか、ともされる。[14]しかし絵巻をよくみると、東対の屋根は西南隅、一間四方の部分を切り下げていて、その様態を忠実に抄出したのが〈59〉である。『年中行事絵巻』が描く東対の屋根形状について、右記の通説のように南面中央部の軒を切り上げたものとするより、南西隅を低くしたものと考える方が妥当である、という指摘がある。[15]早くにこのことに注目したのは、古く遡って固禅だったのである。

10　福山一九九四
11　太田静六一九八七、川本重雄二〇〇五
12　太田博太郎一九三七「唐破風に就いて」
13　太田博太郎一九三七「からひさしに就いて」
14　福山一九九四、関野一九四一
15　川本二〇〇五

東対の西南隅は南弘庇の西端間である。その西面の縁から西向きに昇降のための木階があった。東対と庭との直接の出入りは、南正面とこの西面の二面であった。西面の階を降りると、南流する遣り水があり、橋が架けられていた。唐廂は昇降口でもあったことになる。階隠が唐庇と呼ばれていたことに通じるものであろう。『枕草子』二六三段は、女房たちが外出のため車を寄せた場所を「西の対の唐廂」と記す。邸は関白藤原道隆の二条院南院で、西対は関白道隆の御所であったが、唐廂とは西対の、東南隅の唐廂の意かもしれない。

そこを何故「唐廂」と呼んだのか。「開放の廂」の意という通説は、南広庇と南唐庇が同一空間を指す場合があったことと整合的ではある。しかし「唐」を付けて呼んだ理由が不明である。鈴鹿家旧蔵本の描写で注目されるのは、固裡が唐廂とした東対の西南隅、木階のある西面の、上部に架かる部材（頭貫か内法長押か不明瞭）である。直材ではなく、上方に反った形状である。〈59〉では絵巻より明確に頭貫のごとく描き、しかも中央が山形で両袖が反転した曲線、いわゆる唐破風状である。この横架材を抄出する際、曲線の形状を意識したことは想像に難くない。唐廂の「唐」とは、庭から西面の木階を上がる際、正面にみえるこの横架材によるものではないか、という推論が成り立つ。後の貴族邸では、中門廊の側面先端付近の車寄に、唐破風の屋根がかかる。あるいはそれは、昇降口としての唐廂における横架材を起源とするものかもしれない。なおこの山形に反転した横架材上の中備に束がある。東博六巻本ではその下方に「イ」と朱記し、異本による別図を朱書で抄出する。模本の書写、校訂作業でも、該当箇所は注視されていたようである。

## 60　四天王寺西門

巻子を上下に分けた上段の〈55〉の左端に、別途、枠で囲んで配置する。下段〈58〉〈59〉の直上にあたる。表題は図の上方に欄を設けて横書で「有高欄門」と記し、さらに「圓光／大師／行状／記天／王寺／西門／圖」と典拠を示す。頭文目録は「法然繪有高欄門圖」である。『院宮』では〈院宮80〉に相当する。

表題の通り『法然上人絵伝』からの引用で、知恩院本では巻一六の第二段、九紙にあたる。ただし図では中央に縦の二重線があり、画面を左右に分断する。この二重線が冊子体の綴じ目の反映とすると、典拠とした元本は巻子状ではなかったことになる。この絵巻が多様な形状をもって流布したことを裏打ちするものであろう。

絵巻が描くのは四天王寺の西門で、病者・乞食を救済する法然上人の姿を明遍が夢にみる場面である。門の上半は画面外で見えないものの、柱上方に縁と高欄の一部を描いていて、西門は楼門の形式と考えられる。朱塗りの三間一戸で、両端に瓦葺屋根の築地塀に接続する。注目すべきは門と築地塀を取り巻くように基壇をつくり、かつ高欄を設けることである。それらは楼門内とともに着座する場であったと思われる。おそらくこの門前で極楽浄土の西方を拝するために設けられたものかとも考えられるが、こうした門のあり方は希少に属する。図に抄出するのは建物と樹木で、人物は省略する。門の正面中央、通路上の横長の台を略さないのは、建物と一体をなすものとの認識であろうか。

絵巻が聖徳太子創建の古い由緒をもつ四天王寺の堂塔伽藍ではなく、あえて西門付近を取り上げるのは、浄土信仰を背景に、その聖跡である西門付近こそが当時の四天王寺を代表させるべき場所であったからという[16]。それにしても、住宅ではなく寺院の、しかも門を抄出した図を『宮室図』のここに置くのは何故か。表題・頭文目録が、高欄のある門とする点が留意される。前記した通り、この図〈60〉の下方右手の〈58〉は、さらにその右の〈57〉との比較から、西透渡殿の西端について絵巻には異なる描写が見られることを示したもので、高欄のあり方に大きな相違があった。〈60〉はその高欄に注目するという視点から、掲載されたものではないか。絵巻が描く建物の部位（ここでは高欄）にこだわるという編輯方針が垣間見えるのである。なお、東博六巻本では、二重線によって描写が中断する部分

16　川上一九六一

に、「イ」と朱記して、内容の朱書による補筆がある。元本とは異なる絵巻で校訂したものであろう。

### 61　賀茂祭の桟敷

表題は「御桟敷圖」で、「年中行事」と典拠を示す。頭文目録は「年中行事画御桟敷圖」である。頭文目録はさらにつづくが、この図〈61〉が巻三掉尾の図である。東博六巻本では表題右脇に「イ　賀茂祭　桟敷屋」と朱記し、また図中に朱書による補筆があって、異本による校合を示す。『院宮』では〈院宮81〉に相当する。

表題の通り『年中行事絵巻』からの引用で、住吉本では巻一六の一段、一〜二一紙にあたる。賀茂祭における奉幣使の街頭行列を描いた場面である。画面右手に邸の築地塀に副ってたつ、板葺きの屋根で横板壁の桟敷がみえる。その左手には前面を板塀で囲み、妻戸、遣戸を装置し、蔀を上げる板葺建物の家がある。画面中央には築地塀の一部を壊してつくった桟敷がある。この桟敷の、柱を長押で押さえる技法が町屋と共通することから、両者の置換性が推察されている。[17] そのほか絵巻には行列をはじめ、行列を見物する群集など多くの人物がみえる。

図は絵巻の一段全体をすべて抄出する。ただし図に抄出するのは建物であり、建物以外では桟敷の近くや塀の内側、築地塀の上など建物に近い一部の人物、それに樹木である。大方の人物や行列の物見車などは省略して描かない。

図中には住吉本にはみえない文字がある。右下方の棟門は「使出／自此／門」、左下方の棟門には「使自／此門」と記し、行列が絵巻を見る方向とは逆で、左から右であることを示す。また門の両側の多くの人物について「雑人／群集」、物見車については、その描く位置に「女車立此街」と記すなど、描写の省略を文字によって補っている。なお東博六巻本は、住吉本の第九紙にあたる位置に「一条大路」と朱記する。描くのが「大小桟敷の群列」した街路としてよく知られる、[18] 一条大路であることを明示していて注目される。この記載は、宮内庁三巻本や摹古絵巻本、東博八巻本にはない。また図右下端に「佐六写」の墨書があるのは、その右の図、〈58〉〜〈60〉に関するものかと解される。

## 図解説（巻四）

宮内庁三巻本の巻三に相当するのは東博六巻本では巻三、摹古絵巻本では巻六四である。いずれも同じ頭文目録をもち、そこには巻三（摹古絵巻本では巻六四）掉尾の図〈61〉の題につづけて、さらに図名を列記するが、該当する図が見あたらない。宮内庁三巻本は巻三までである。東博八巻本は目録も図も存在しない。

それらの図を収載するのは、東博六巻本では巻四、摹古絵巻本では巻六三である。ともに頭文目録はない。また東博六巻本では、頭文目録にはあるものの、巻四に図は未掲載という事例があるのに対し、摹古絵巻本の巻六三は頭文目録通りにすべての図を掲載する（図総覧、総論2−1−4、2−2参照）。本書では東博六巻本における図の配列順に通番号を付しているが、摹古絵巻本の巻六三にはあって東博六巻本の巻四にはない図については、東博六巻本では欠番となる。ここではおもに摹古絵巻本の巻六三によりつつ、東博六巻本の巻四もあわせて解説する。

### 62　『年中行事絵巻』巻三闘鶏の貴族邸

摹古絵巻本、巻六三の、冒頭の図である。表題は「三間四面寝殿已下圖」で、「年中行事繪巻物／闘鶏」と典拠を示す。頭文目録は「同三間四面寝殿以下圖」である。宮内庁三巻本や東博六巻本でも摹古絵巻本のそれと同様、巻三の頭文目録に「同三間四面寝殿以下圖」とあるが、該当する図が

17　野口一九八八
18　林屋一九五五

見あたらない。摹古絵巻本の巻六三の、冒頭に配置することから、この図は巻三掉尾の欠図ではなく、巻四冒頭の図と推察される。巻四をもたない宮内庁三巻本はともかく、東博六巻本が巻四の冒頭でこの図を欠く理由は不明。『院宮』では〈院宮82〉に相当する。

表題の通り『年中行事絵巻』からの引用で、住吉本では巻三の二段、一二～二二紙にあたる。貴族邸での闘鶏の場面である。画面右手に築地塀とこれに開く東の表門がみえる。表門を入り侍廊前方の塀を右手に見て西進すると、東中門廊に開く東中門がある。東中門を入ると南庭で、右手に邸の正殿である寝殿が南面してたつ。寝殿の正面向かって右に反橋状の透渡殿を介して東対がたつ。寝殿の左手も透渡殿が接続し、西中門廊と西中門があって、寝殿前の南庭を囲む。寝殿右手の透渡殿の下を遣り水が流れ、東中門を入ったところに欄干をもつ反橋がかかる。以上、寝殿とその南庭を中心に、東対、東透渡殿、東中門廊、東中門、東表門、西透渡殿、西中門廊、西中門など、貴族邸のおもに南半を描く。寝殿の正面は柱間五間（柱と柱の間の数）であることから、寝殿は母屋三間で四周に庇をまわす三間四面の建物に推定される。表題・頭文目録もそのように記す。また表門は四足門ではなく、格下の棟門である。東表門の左右を漆喰で塗る脇壁がみえる。寝殿内に着座する邸の主人は、大臣任官前の上級貴族であろう。[19]

絵巻では樹木や遣り水などの庭の景観、幄舎や幔、牛車そして多くの人物を詳細に描写する。しかし図に抄出するのは建物のほかは樹木や遣り水の周辺である。ただし寝殿正面西半の御簾や下方の打出は省略しない。〈51〉〈57〉も同様であるが、それらは建物と一体のものとの認識であろう。なお図に東表門両脇の築地塀にみえる脇壁を抄出しないのは不審である。

## 63　野宮

表題は「野宮圖」で、「灌頂繪巻物」と注記して典拠を示し、さらに「後白河法皇宸筆／繪　住吉法眼」とある。頭文目録は「灌頂巻野宮圖」である。摹古絵巻本では〈62〉のつぎの図で、巻子中央に配置する。東博六巻本では巻四冒頭の図であるが、上下二段に分けた上段にこの図を、下段には右から〈64〉～〈66〉を配置する。『院宮』では〈院宮83〉に相当する。

表題・頭文目録にある「灌頂繪巻物」「灌頂巻」とは、『小柴垣草紙』である。この絵巻は寛和二年（九八六）、伊勢斎宮となるべく嵯峨の野宮で潔斎していた済子女王と、警固の武者平致光との密通事件を題材にしたもので、題名は済子が籠もった仮宮が小さな柴垣で囲まれていたことに由来する。原本は伝わらないとされるが、模本は一〇点以上あり、中でも住吉具慶の伝承をもつ模本は、江戸初期の模本の優品という。[20]

流布した異本により奥書は各種あるという。[21] 表題に注記して絵師住吉法眼とあるのは、鎌倉時代の住吉慶忍である。また詞書は後白河法皇の宸筆という。住吉慶忍は住吉派の遠祖で、この絵巻を最初に描いた絵師とされる。典拠とした元本は、奥書と詞書にこうした由緒をもつ本の一つということになるが、現時点で特定できていない。

画面右手の鳥居は野宮を象徴し、横に小柴垣がみえる。また建物の隅部、高欄付きの縁と縁長押、柱間装置の建具などの一部を描く。建物のこの構図は絵巻に反復するが、高欄は縁の隅までで、高欄のない側の縁で情交する、というのが典型的な場面構成である。しかし図の高欄は組高欄で全体にまわる。したがってこの図は致光が済子を訪れる絵巻冒頭の場面を抄出したものではないかと推察される。とすれば絵巻に致光と済子の姿は描かれていたはずである。図に抄出したのはおもに建物で、人物は省略したことになる。

## 64　釣殿

表題は「釣殿圖」で、「圓光大師行状記／月輪亭」と典拠を示す。頭文目録は「法然繪釣殿圖」である。『院宮』では〈院宮84〉に相当する。摹古絵巻本は〈63〉のつぎに、〈64〉～〈66〉を巻子の中央に配置する。〈64〉

19　川本一九九六
20　永青文庫二〇一五
21　リチャード・レイン一九九七

～〈66〉はまとめて外枠内に描き、各図の右側に表題欄を別途設ける。東博六巻本では巻子を上下に分けた上段に〈63〉、下段に右から〈64〉～〈66〉を配置する。〈63〉と〈64〉～〈66〉は横線で区切り、〈64〉～〈66〉は縦線で各図を区切る。この縦横の境界線を書写したのが摹古絵巻本の外枠とみられる。東博六巻本は摹古絵巻本に先行する写本に推定される。『院宮』は東博六巻本と同様であるが、各図右側の表題欄は空欄で、表題の記載がない。

「圓光大師行状記」すなわち『法然上人絵伝』からの引用で、知恩院本では巻一一の第六段、二〇～二一紙にあたる。この段は摂政・関白、大臣をつとめた九条兼実の邸、月輪殿を描く。月輪殿は兼実が晩年、法性寺山内に経営した別院である。兼実の孫道家の処分状によれば、鎌倉時代には御堂報恩院を中心に寝殿・小御所・東対ほか数宇の建物が付属していた。(22) 仏門に入った兼実が建仁二年（一二〇二）正月、月輪殿において出家の本意を遂げる場面で、師の法然から受戒し法名円証となる様子を画面中央の建物内に描く。この建物は寝殿と目される。しかし固禅が抄出したのは寝殿ではなく、釣殿である。釣殿は寝殿の右方手間に突き出す建物で、縁束の礎石を園池に向かって流れる遣り水に据える。邸をより広範囲に描く同絵巻の巻八の五段をみると、釣殿は表門から離れた、邸内のもっとも奥まった建物であることがわかる。なお紫式部公園（福井県越前市）内の釣殿は、この絵巻の釣殿を参考に再現したものとみられる。

## 65 織戸中門(23) 1

表題は「織戸中門圖」で、「圓光大師行状記」と典拠を示す。さらにその右に「大炊御門左大臣(経忠公)第」、左に「同記大宮内府(宗レ実公)第織戸中門亦同」と添書する。摹古絵巻本ではこのようにレ点を付けて実宗と正すが、東博六巻本では「実宗」と正しく記す。また「経忠」とあるのも誤りで、東博六巻本は「経宗」と正しく記す。頭文目録は「(同)織戸中門圖」である。『院宮』では〈院宮85〉に相当する。

『法然上人絵伝』からの引用で、知恩院本では巻一二の第一段、三紙にあたる。同段は、左大臣藤原経宗（一一一九～一一八九）の邸を描く。経宗の本宅として知られるのは大炊御門北、富小路西の大炊御門亭である。しかしこの絵巻の経宗の邸は、故成親卿家に推察される。権大納言藤原成親（故成親卿）の家は、中御門北、東洞院西にあり、もとは成親の父中納言家成の邸であった（『兵範記』仁平二年〈一一五二〉一一月一五日条）。成親は後白河法皇の籠臣だったが、安元三年（一一七七）六月鹿ヶ谷事件で備前に配流ののち死去。邸は法皇のものとなり、さらに経宗にわたり、二十六年間大臣をつとめた経宗の晩年の住まいになった。

図に抄出するのは三紙にみえる邸の門である。門両脇の塀は築地塀ではなく、上部を連子窓とする塀であり、また画面左手に寝殿らしき建物があることから、塀に開く門は中門とみられる。中門は檜皮葺の平唐門である。両開きの扉は網代とし、下部のみ斜材の組子で文様付きの板羽目とする。このような扉を「織戸」と呼び、これを装置する中門は「織戸中門」である。

病にあった経宗の邸に法然が訪れ、法然と僧の法談を経宗が隣室で聞く様子を描く場面である。詞書によれば、念仏往生のことなど気にも留めなかった経宗はこれを契機に信仰心をおこし、以後、法然に帰依し、文治五年（一一八九）の二月一三日、経宗は病のため出家、同二七日より上人参住して念仏をすすめ、翌日、念仏を唱えつつ往生を遂げる。平唐門の中門は左大臣の邸に相応しい偉容ではある。しかし扉の織戸は病中にあった邸主経宗の、その後の生き方を暗示するかのようである。

表題に添えて、「同記大宮内府(宗レ実公)第織戸中門亦同」とあるのは、同じ絵巻の知恩院本では、巻一二の第五段、一八～二〇紙に、内大臣藤原実宗（一一四五～一二一二）の邸を描き、同様に織戸中門がみえることを説いたものである。上土の築地塀に開く檜皮葺の棟門が表門で、その内側（画面左方）に連子窓の土塀に開く門が中門であることは疑いない。この中門に装置されるのが織戸であるから、織戸中門である。〈65〉の経宗邸と比べると、いずれも平唐門の形式で、両開きの扉も下部のデザインは共通する。

22 杉山一九五五

23 藤田二〇一六

しかし実宗邸の中門の扉をみると、上部は縦方向に部材が連子のごとくはめ込まれるだけで、経宗邸のような網代を描かず、一見しただけで織戸と判別するのは容易ではない。しかし経宗邸の織戸中門の扉から網代の描写を消去すれば、実宗邸のそれとよく一致する。つまり実宗邸では、扉の網代の描写は省略したもので、これもまた経宗邸と同じ織戸中門に他ならない。固禅は両者を同じ織戸中門とみたが、経宗邸を取り上げ、実宗邸の方は網代の描写に省略があるため、ここに付記するに留めたのだろう。なお『院宮』巻一に「織戸　明月記元久二年十二月十五日小童元服」と題して、『明月記』当日の条文と所収指図を載せる。藤原実宗邸での為家元服に関する記事で、所収指図に「織戸」がみえる。これが右記の織戸中門と同一との証左はないが、固禅は実宗邸での織戸に注目していた。

## 66　白川押小路殿寝殿

表題は「寝殿圖」で、「河東押小路殿／圓光大師行状記」と注記して典拠を示す。頭文目録は「押小路殿寝殿図」である。『院宮』では〈院宮86〉に相当する。

『法然上人絵伝』からの引用で、知恩院本では巻九の第一段、三～四紙にあたる。後白河上皇の御所、白川押小路殿の寝殿である。同巻第四段はこの御所をより広範囲に描き、寝殿以外の建物もみえる。文治四年（一一八八）、如法経供養に法然が先達を勤めた場面である。寝殿は正面桁行七間の檜皮葺の建物で、高欄付きの縁をまわし、中央に階と一間の階隠を設ける。右方は透渡殿から中門廊、中門とつづき、敷地右方を限る築地塀に四足門の表門を開き、左方もまた透渡殿から中門廊が接続し、左右の中門廊が寝殿前庭を囲繞する。道場にあてられたのは寝殿で、縁や透渡殿に参列の公卿らが着座、前庭には天童・舞童や楽の伶人座があり、その他僧俗男女が群集している。

図の典拠となった絵巻第一段では、寝殿の正面中央部を吹抜屋台の手法で描いており、仏壇・仏具をはじめ、法然や後白河院のほか僧侶などがみえる。加えて絵巻に通例の斜めからみた逆遠近法ではなく、正面からの一点透視法の構図により、寝殿の中心性を強調している。図では建物内部の人物などはすべて省略し、抄出するのは建物と寝殿正面左右の庭木である。

なお図では画面右手の透渡殿を反橋に描く。知恩院本の描写は反橋ではなく、両者は大きく異なる。書写時の誤記とは考え難く、典拠とした絵巻は別系統の写本とみられる。また図中に縦の二重線がほぼ等間隔に三箇所あって、図全体を横に四分割する。同様の二重線は同じ『法然上人絵伝』を典拠とする〈60〉や〈71〉〈72〉などにもみられるものである。元本は巻子状ではなかったことを強く示唆する。

## 67　車宿

東博六巻本では巻子を上下に分けた上段に〈67〉～〈73〉、下段に右から〈74〉〈75〉を配置する。摹古絵巻本では巻子を上下に分けず、上段の〈67〉～〈69〉、さらに〈70〉～〈73〉を各々ひとまとまりにして巻子中央に配置し、その後、東博六巻本では下段の〈74〉、〈75〉を巻子中央につづけて配置する。〈67〉～〈69〉と〈70〉～〈73〉をわけるのは、両者で図の天地幅が異なるためであろう。『院宮』は東博六巻本と同じ配置である。ただし各図の右にある表題欄は表題を記さず空欄である。なお『院宮』と東博六巻本では番号付の順序が異なるため、通番号と対応する図の順序が不同である。

図右の表題欄に「車宿」と記す（東博六巻本では「車宿圖」）。さらに「民部卿範光卿第／圓光大師行状記」と注記して典拠を示す。『院宮』では〈院宮88〉に相当する。

頭文目録は「同車宿圖」である。ただしその直前は〈74〉に対応する「年中行事繪大門中門図」で、「同」が『年中行事絵巻』を指すことになって合わない。しかしさらにその前は〈66〉の「押小路殿寝殿図」で、『法然上人絵伝』

を典拠とするから合致する。頭文目録における〈74〉の「大門中門圖」の位置は不審である。

表題の通り『法然上人絵伝』からの引用であり、知恩院本では巻一二の第四段、一六紙にあたる。出家後、病にあった民部卿藤原範光を後鳥羽院が密かに御幸して見舞う場面である。範光邸の寝殿らしき建物を大きく描き、絵巻の順序とは逆方向の画面左手に、邸の出入口があり、すぐ近くに板葺きの車宿がみえる。少なくとも三輌の牛車を収めるが、図に抄出するのは一輌である。東博六巻本では、図の上部に牛車の一部を、別途、朱書で描く。図中に「イ」と朱記し、異本による校合を示す。この図は〈院宮88〉にもみえない。

## 68 板葺棟門

表題は「板葺棟門圖」で、さらに「新安楽／圓光大師行状記」と注記して典拠を示す。頭文目録は「同板葺棟門圖」である。ただし宮内庁三巻本の頭文目録は「葺」が欠字である。『院宮』では〈院宮89〉に相当する。

この〈68〉から〈74〉まで、すべて門に関する図である。表題の通り『法然上人絵伝』からの引用で、知恩院本では巻一四の第四段、一九紙にあたる。この段は、顕真法印が大願し、文治三年（一一八七）竣工した勝林院の五つの寺坊を描く。「新安楽」とは比叡山の安楽谷の地名をとって名付けられたものである。柴垣で囲まれた中に、石や木片で屋根をおさえた板葺の建物五棟がたつのは、各々の寺坊である。図に抄出するのは画面右手の板葺の棟門である。柱下に唐居敷があり、門の内外を仕切る蹴放しも備え、板桟戸を装置するなど、寺坊全体の総門として相応しい重厚な門である。

## 69 織戸中門[24]2

表題は「織戸中門」で、「首楞厳／圓光大師行状記」と注記して典拠を示す。頭文目録では先の〈65〉と同じ「同織戸中門圖」である。『院宮』では〈院宮90〉に相当する。

『法然上人絵伝』からの引用で、知恩院本では巻九の第五段、二〇〜二一紙にあたる。写経を終えた後白河法皇が比叡山横川の首楞厳院（しゅりょうごんいん）へ奉納するための御幸を描いた場面で、山道から石段を上がって如法堂へ至る経路上に、連子窓で白壁の塀に中門が開く。中門も塀も屋根は檜皮葺で、中門に装置される両開きの扉は細い部材を斜めに組んだものである。この斜材を緑に着色するのは、塀の連子窓や山道左手にみえる法界房の御簾の縁と同様である。

図に抄出するのはこの中門と両脇の塀である。固禅が織戸中門としたのは、部材を斜め方向にきわめて粗く編んだものと解したためであろう。しかし斜めに編んだというより、組子を斜めに配して菱形の格子にした菱格子と見なした方が妥当で、これを織戸中門とするのは疑問である。

## 70 広隆寺来迎房の門

摹古絵巻本は、〈70〉〜〈73〉をひとまとまりにして巻子中央に配置する。各図の右に表題欄を設け、表題を記す。ただしこの〈70〉について、摹古絵巻本では表題欄に表題がなく、「廣隆寺来迎房／圓光大師行状記」と注記して典拠を示す。東博六巻本では「芝築地圖」の表題があり、同様の注記がある。またいずれの諸本の頭文目録にも、この図は見当たらない。『院宮』では〈院宮91〉に相当する。

『法然上人絵伝』からの引用で、知恩院本では巻四二の第五段、

25　藤田二〇一六

一七・一八紙にあたる。法然上人の遺骸を広隆寺の来迎院（来迎房円空の住房）へ移葬する場面である。敷地を画する塀の下部は築地で、緑の着彩が芝を示唆し、上部は網代垣である。開口部に方柱をたて、両開きの織戸を装置する。方柱は面取りし、柱上端近くを輪状に細め、また織戸の扉は八双金具を打つなど、しっかりしたつくりである。

東博六巻本にある表題「芝築地圖」の文字は、前後の〈70〉〈72〉とは筆致が異なり、朱書である。また同本において表題の頭に付く朱の〇印が、「芝築地圖」ではなく注記の「廣隆寺来迎房」の上にある。そこで「芝築地圖」は補筆とみられる。頭文目録にこの図が見当たらないのもそれを裏打ちする。

〈68〉～〈74〉は門に関する図である。その中にあってこの〈70〉が、門ではなく塀に関する図というのは整合的でない。しかし門に関する図であれば違和感はない。〈69〉が織戸中門の図であり、この〈70〉も織戸を描いていて、織戸の事例として収載した可能性がある。それでは何故、表題を誤って「芝築地圖」と記したのか。

図には扉の縦桟の間にある網代の描写がない。この図もつぎの〈72〉など同様、中央付近に縦方向の二重線があり、典拠とした絵は巻子ではなかったらしい。知恩院本では織戸を明瞭に描くが、典拠とした元本には扉の網代の描写がなく、図でもそのまま抄出したのであろう。織戸の図であることが不明確となり、「芝築地圖」と誤ったのでなかろうか。さらに推して、頭文目録に見当たらないのは、〈69〉のそれとの繰り返しを避けたことによるのかもしれない。

さて建暦二年（一二一二）の死去から一五年後の嘉禄三年（一二二七）、僧兵による知恩院廟所の破壊事件があり、遺骸は嵯峨へ移送、さらにこの来迎院へ移された後、翌安貞二年（一二二八）正月、西山粟生野にて荼毘に付された。詞書によれば、僧兵の攻撃に備え、嵯峨への移送では僧俗一千余人が武装して遺骸を護り、さらに嵯峨での遺骸安置の場所は隠密とされたが、山門衆徒による執拗な探索ありとの風聞から、「しのびて」さらに来迎院へと移送されたのであった。その後荼毘に付されるまで約半年の間、遺骸はここに安置されることになる。老僧が松明をかざす暗闇の中、法然の遺骸をのせた御輿がそのまま建物内へと入る場面で、秘密裡に運び込まれた遺骸が最期密やかに眠る住房の表門、その扉として織戸は相応しい(25)。直後の場面は火葬の後、遺骨をおさめた嵯峨二尊院である。築地塀に開く表門は平唐門であって、板桟戸の扉を装置するという対照的な情景である。

## 71　上土門 1

表題欄に「擧土門圖」とあり、「圓光大師行状記」と注記して典拠を示す。頭文目録でも、「同擧土門圖」とある。『院宮』では〈院宮92〉に相当する。『法然上人絵伝』からの引用で、知恩院本では巻三〇の第三段、九紙にあたる。ただしこの図も前の〈71〉などと同様、中央付近に縦方向の二重線がはいる。しかも摹古絵巻本では二重線の間に「折」とあり、典拠とした元本は巻子ではなかった。東博六巻本には「折」の記載はない。

元暦元年（一一八四）一の谷の戦いで捕虜の身となった平重衡のもとを法然が訪れ戒を授ける場面で、重衡がいた京中の屋敷を描く。図に抄出するのは画面右手、築地塀に開く屋敷の表門であるが、とくに門の上半であって、固禅が注目したのは陸屋根上に土をのせた上土門の形式である。屋根上の土を妻側は柄振板、平側は横桟でおさえ、さらに棟位置に半瓦を葺くなど、整った造りである。

## 72　平唐門

表題欄に「平門圖」とあり、「圓光大師行状記」と注記して典拠を示す。頭文目録の順序では、「同又」が対応することになるが、正しくはさらにつぎの「同平門圖」が該当する。つぎの〈73〉が上土門なので、頭文目録ではこの〈72〉とつぎの〈73〉が入れ違っていることになる。『院宮』では〈院宮93〉に相当する。

『法然上人絵伝』からの引用で、知恩院本では巻二九の第四段、一六紙にあたる。絵巻は法然の住房を描き、敷地を画する網代の塀に開く表門は、板葺きの平唐門である。棟門形式で円柱や腕木が太く、柱下部に唐居敷、蹴放しを備え、戸締まりのための閂も大きい。簡素ながらしっかりしたつくりの門である。つぎの段でも法然のこの住房は繰り返し描き、この門もみえる（二二紙）。むろんきわめてよく似るが、扉の横桟の位置や数が微妙に異なる。

図に抄出するのはこの平唐門で、右記した通り一六紙に描かれるものである。ただし大きく描くあまり、絵巻にはみえる軒先や画面手前の柱下端が図では外枠外でカットされている。なお東博六巻本では、門について「イ」と朱記して別途、図を朱書し、異本による校合を示す。

## 73　上土門2

表題欄に「擧出門圖」とあり、さらに「右大史某第／圓光大師行状記」と注記して典拠を示す。頭文目録では、前項〈72〉に記した通り、直前の「同又」とあるのがこの図に相当する。表題の「出」は「土」の誤記か。『院宮』では〈院宮94〉に相当する。

『法然上人絵伝』からの引用で、知恩院本では巻三三の第二段、九紙にあたる。絵巻が描くのは、建永二年（一二〇七）、後鳥羽院より法然に下った遠流の太政官勅書を認める、官人の屋敷である。表題に「右大史某第」とあるのは、詞書が記す太政官符に「右大史中原朝臣」とあることによる。「右大史」とは、太政官弁官局において弁官の下に位置し、実務を担当した史である。

図に抄出するのは、屋敷の築地塀に開く表門である。〈71〉と同じ上土門である。ただしこの門は棟瓦をもたず、上土もやや粗雑である。いっぽう柱下の唐居敷や蹴放しがみえる。なお東博六巻本では、上土の描写に「イ」とあり、異本による校合を示す。詳細は不明だが、知恩院本と比べると、上土の両端が波打って描くのがこれに関連するものか。

## 74　六月祓の表門と中門

図は外枠で囲み、枠外右に「年中行事画　大門中門圖」と表題を記す。頭文目録は、「年中行事繪大門中門圖」である。図中の下方にも横書で「大門中門圖」とあり、さらに「年中行事繪巻物」「戴餅」と横書で典拠を示す。東博六巻本にも図中に同じ表題があるが、枠外の表題はない。『院宮』では〈院宮87〉に相当する。

表題の通り『年中行事絵巻』からの引用で、住吉本では巻一〇の一段、三～六紙にあたる。貴族邸での六月祓を描き、画面右から築地塀と表門、東中門と東中門廊、その間の侍廊前にたつ塀がある。さらに東対、反橋状の透渡殿、寝殿とつづき、透渡殿下を流れる遣り水や寝殿南庭に樹木もみえる。

図に抄出するのは、東表門（表題の「大門」）と東中門（表題の「中門」）に挟まれた邸の外郭、出入口周辺で、ここで注目しているのは、邸の建物全体ではなく、とくに門の描写である。図中には「棟門」「四足門」のほか「侍所」「中門廊」「中門南廊」などの建物名、屋根葺材の「檜皮」「土棟」などを記す。また中門北廊の東面南端間の妻戸について「車寄戸　非折戸」とある。なお東博六巻本では、それらの図中文字はすべて朱書で、右頭に「イ」と朱記し、異本による校合であることを明示する。

## 75　伴大納言邸

図は外枠で囲み、枠外右に「伴大納言第圖」と表題を記し、「拠伴大納言繪也」と注記して典拠を示す。頭文目録は、「伴大納言繪」伴大納言第圖」である。東博六巻本では図中右端に「伴大納言第圖」と表題を記し、さらに「伴大納言繪巻物」とある。『院宮』では〈院宮95〉に相当する。

『伴大納言絵詞』からの引用で、出光本では下巻の、一〇紙途中～一一紙途中にあたる。絵巻は大納言が追捕使に連行された直後の大納言邸の屋内、とくに寝室の入り口付近を描く。寝室の入り口は床を一段高くし、両側に袖壁を設け、中央に帷（とばり）を下げる。

図はこの場面のとくに建物や家具調度を忠実に抄出したもので、図中に寝室を「塗籠」と記し、「帷代」とある。枕二つは大納言夫妻のもので、近くの飾太刀とあわせて描く。しかし鏡筥や泔坏（ゆするつき）、手前の室にある盆や高坏、また夫人や女房など人物は省略する。手前の長押にうたれた釘隠が図にみえないのは、典拠とした元本になかったからか、抄出時の抜け落ちか定かでない。東博六巻本では、障子絵の「黒キニ青引」「地白」の記載について、各々「イ」として「墨カキニ艮引」「皆白」の如く朱で添書して校合を示す。

## 76　左近馬場

表題は「左近馬場圖」で、「年中行事繪／競馬」と注記して典拠を示す。頭文目録は「年中行事繪」左近馬場圖」である。『院宮』では〈院宮96〉に相当する。

表題の通り『年中行事絵巻』からの引用で、住吉本では巻八の一段、四～七紙にあたる。巻八が描くのは左右近馬場で五月に行われる騎射である。五日の左近馬場での真手結（まてつがい）は左京一条西洞院である。この図はとくに左近馬場の埒（らち）と大殿屋（図に「乙殿屋」と記載）を抄出したものである。絵巻は見物する群集や周囲で遊ぶ子供たち、牛車、禄の長唐櫃などを描くが、図では建物・埒以外は省略する。図中に「東帯／帯劍」「此所立／禄唐櫃」「騎」「車三乗」など、省略した箇所の説明がある。また絵巻では画面右方に埒が長く続くが、図ではそのまま抄出せず「埒縮圖」と記す。表題は左近馬場の図であるが、固禅が注目したのは大殿屋であった。大殿屋の正面向かって左側の二間奥は壁、対するに右側に壁はない。しかし東博六巻本では「イ」と朱記し、異本により右側の三間奥を壁にする校訂を朱で加える。住吉本でも該当箇所は東博六巻本と同様である。典拠とした元本は住吉本系ではなかったらしい。

## 77　右近馬場

表題は「右近馬場圖」で、「年中行事／競馬騎射」と典拠を示す。頭文目録は「同右近馬場圖」である。『院宮』では〈院宮97〉に相当する。

『年中行事絵巻』からの引用で、住吉本では巻八の二段、一六～二一紙にあたる。〈76〉につづき、六日の右近馬場での真手結（まてつがい）は右京一条大宮で行われた。〈76〉と同様、図ではとくに右近馬場に設けた埒と大殿屋（図に「乙殿屋」と記載）を抄出する。ここでも建物以外に抄出するのは樹木だが、画面の右上方の、樹木や小祠、鳥居を描き、「一夜松」と記して北野天神であることを示す。建物の複数箇所に「今一圖」とあり、別本による校合を示す。東博六巻本には「イ」の朱記があり、さらに校合がなされている。

なお『院宮』には〈院宮96〉〈院宮97〉とは別に、『院宮』巻四として絵巻の巻八全体を収めた図がある（〈院宮101〉〈院宮102〉）。そこでは人物や車なども省略せずに描き、各場面について「左近騎射」「右近騎射」「同禄儀」と記す。ただし建物には左・右とも「馬場殿」とあるだけで、『宮室図』のような多くの文字の記載はない。

## 78　陸奥国国府 1

表題は「陸奥國府圖」で、「後三年記上巻／追罰發向繪」と典拠を示す。

さらに「序法印権大僧都玄慧／詞書世尊寺従三位行忠卿／書飛騨守惟久」と記す。「後三年記」とは『後三年合戦絵詞』であり、この絵巻は比叡山の僧玄慧が起草、詞書は世尊寺行忠が担当し、絵は飛騨守巨勢惟久の筆であるという。永保三年〜寛治元年（一〇八三〜八七）の後三年の役に取材したもので、陸奥守源義家が奥羽の豪族清原氏の相続争いに介入、藤原清衡を助けて平定し、源氏は東国での基礎を固め、武家の棟梁としての地位を確立した。

頭文目録は「後三年軍記陸奥國々府圖二」である。「二」は、二点の図の存在を示唆する。はたして摹古絵巻本ではこの〈78〉と次の〈79〉が該当する。しかし東博六巻本は〈78〉が巻四掉尾の図であり、〈79〉（とそれ以降）はみえない。なお『院宮』では〈院宮98〉に相当する。

絵巻の東博本では、上巻の第三段、一五〜一七紙にあたる。表題に「追罸發向繪」とあるように、陸奥国の国府の館を描いた場面である。絵巻の右から左への流れとは逆向きに、画面左手の上土の築地塀に開く表門を入ると、庭をはさんで主屋らしき建物があり、裏手に高欄付きの縁、さらに縁下から遣り水が流れ、舟を浮かべた園池に至る。建物手前に別棟で檜皮葺建物の屋根がみえる。図では建物のほか表門横の樹木、遣り水や池、池に浮かぶ舟、庭の草木などを抄出するが、人物や庭の鳥は省略する。

## 79 陸奥国国府2

表題は「陸奥圖府圖」（「圖府圖」は「國府圖」の誤記）で、「後三年記下巻／奉國解繪」と典拠を示す。頭文目録は〈78〉と同じ「後三年軍記陸奥國々府圖二」である。東博六巻本は〈78〉が巻四の巻末で、この図を欠く。『院宮』では〈院宮99〉に相当する。

『後三年合戦絵詞』からの引用で、絵巻の東博本では下巻の第五段、二四紙にあたる。表題の通り義家が出した解文に対する朝廷からの返書を義家が読む場面で、絵巻には朝廷からの使者とともにみえる。場所は〈78〉と同様、源義家の国府の館である。建物隅の縁とその周辺を描くが、縁は〈78〉とは異なり長押と平行に縁板をはる榑縁（くれ）である。図では建物だけを抄出し、人物は省略するが、図中に「國守座」の記載がある。

## 80 九條家寝殿一郭に関する諸図

表題は、右下方に「後京極第敷圖」とあり、「与建圖可考合」と注記する。都合六点の図を掲載する。右から順に、「寝殿殿之後皆遣戸」、「中門外之躰」、「中門内之躰」、そして表題と同じ「後京極第敷圖」、さらに「車宿」、「破風」と題する図二点を上下に配置する。「後京極第敷圖」のみ枠で囲み、右枠外に題を記す。〈80〉は、東博六巻本では欠図である。頭文目録は「後京極殿第圖」が相当する。ただし摹古絵巻本のそれは他と筆跡が異なり補筆の可能性が高い。

「後京極第敷圖」と題する図は平面配置図、それ以外の図五点は鳥瞰図である。これら六点の図は同じ邸を描いたものである。

この〈80〉は『院宮』では〈院宮100〉に相当する。ただし平面配置図は巻子の下半に外枠を設けて描き、最初の鳥瞰図二点を上半に、つづく鳥瞰図三点を上下に並べて配置する。『院宮』の図の配置が元の姿で、摹古絵巻本では各図を巻子中央に順に再配置したように推察される。また摹古絵巻本には右記の図の題のほか、平面配置図に室名、また鳥瞰図の図中に「中門」「殿上」「透廊」といった文字があるが、『院宮』にはない。

『桃華雑抄』は、この〈80〉と同様の図六点を収載する。『院宮』巻三収載の〈院宮40〉「寝殿図」は、固禅がそれらをもとに作成した図と推察されるものである。頭文目録にもあるように、「寝殿図」は後京極殿すなわち九条兼実の息良経（一一六九〜一二〇六）の邸を描いたものと固禅は解する。しかしそうではなく近世九條家の寝殿一郭に密接に関連した図である。[26]〈院宮100〉とは異なり、平面配置図には『桃華雑抄』のそれと同様、「北向」の記載があって、寝殿正面の向きもわかる。

26 藤田二〇〇七

# 図解説（上　巻五）

巻一～巻四のほか、さらに『宮室図』の「上」「下」として二巻二軸があるのは東博六巻本である。そして「上」は、『摹古絵巻』では巻七三、「下」は、巻七〇の一部が相当する。本書では上を巻五、下を巻六とした。巻四と同様、おもに『摹古絵巻』巻七三（摹古絵巻本）をもとに、東博六巻本も参照しつつ詳説する。

## 81　平安京左京1

表題は「東京圖」で、「拾芥抄加校本」と典拠を示す。頭文目録は「東京圖」である。

平安京の朱雀大路から東半、左京を描き、西を上に配置する。南北方向の路名を北面（図の右方）、東西方向の路名を東面（図の下方）に記し、左京に所在したおもな邸や後院、宮外の官衙等を図中に文字で記し、あわせて朱によってその範囲を示す。図中文字は縦書・横書があるが、向きは図の配置通り、西を上にする。一町を超える敷地の場合にも、敷地内に取り込んだ路を描き、消去しない。

尊経閣文庫本をみると、南北二町の六条院や、四町規模（方二町）の東寺は、敷地内の路を描かない。いっぽうこの図に東寺はない。そのほかたとえば邸の所在地について、冷泉北・室町東の小野宮は同様であるが、この図では四条南・堀川東にも小野宮の記載がある。また三条北・西洞院西の松殿、三条南・東洞院東の三条殿は尊経閣文庫本には不記載である。図では山井殿は三条坊門北・富小路西、正親町殿は一条南・西洞院東、顕頼御堂は九条北・高倉東とするが、尊経閣文庫本では各々、富小路東、西洞院西、高倉西である。いっぽう尊経閣文庫本にある小六条殿がこの図にはみえない。神泉苑と乾臨閣の関係も両者は異なる。さらに尊経閣文庫本では路幅を記すが、この図では記さない。なお、左京二条三坊十三町の「小二条院」を「小一条院」と誤るなど、摹古絵巻本は東博六巻本に比べて誤記が目立つ。

## 82　平安京左京2

表題は「左京圖」で、「拾芥抄加校本」と典拠を示す。頭文目録は「左京圖」である。

〈81〉と同様、平安京の朱雀大路から東半、左京を描き、西を上に配置する。南北方向の路名を北面に加えて南面にも記し（図の右方と左方）、東西方向の路名を東面（図の下方）に記す。さらに南面と東面には路幅も記す。東博六巻本には平安宮（の東半）に貼り紙があり、「内裏」や「大蔵」などの場所を朱線で描く。

〈81〉と同様、左京に所在したおもな邸や後院、宮外の官衙等を図中に文字で記載し、あわせて朱によってその範囲を示す。図中文字が縦書・横書両方あるのも同様だが、文字は北（右）が上である。一町を超える敷地の場合にも、敷地内に取り込んだ路を消去しない。かように〈81〉と共通するところもあるが、所在地の異なる邸があり、邸の数が多いなど、内容は相違する。とくにこの図では、一条大路北、東京極大路東の平安京外への拡張がみられ、また東寺を四町占地で記す。それらは尊経閣文庫本と共通する点で、〈81〉で例示した山井殿、顕頼御堂の所在地も、この図では〈81〉ではなく同本と共通する。また〈81〉では西八条殿を東西二町占地とするのに対し、この図は尊経閣文庫本と同様、南北二町東西三町を占める。しかし一方、たとえば図で三条南・西洞院西にある鬼殿は、〈81〉と尊経閣文庫本はともに西洞院東とし、〈81〉にはある四条南・堀川東の小野宮を、この図と尊経閣文庫本はともに記さないなど、描写内容は三者三様である。

中御門南・烏丸東について、〈81〉は「石井（いわい）」、この図では「松殿近院」と記し、さらに「今松殿」と付記して関白基房の邸地となったことを示す。尊経閣文庫本では両者を併記する。また邸数が〈81〉に比して多いのは、〈81〉では四条以南の記載が少ないためで、この図は〈81〉より年代が下がる状況を描いた可能性がある。

同じ平安京の左京の図、典拠も同じ「拾芥抄加校本」である。しかし表題は〈81〉が「東京圖」、この図は「左京圖」である。「拾芥抄加校本」に二種の図が存したか、あるいは「拾芥抄加校本」なる同名異本の二本によるものか、さらにはいずれかの「拾芥抄加校本」が誤記という可能性も排除はできない。『都城院宮之図』によると、〈81〉に対応する図は「拾芥抄加校本」、〈82〉とつぎの〈83〉に対応する図は「拾芥抄校本」とあり、典拠が異なることを示唆する。あるいはこの図の「拾芥抄加校本」は、正しくは「拾芥抄校本」かもしれない。とまれ『拾芥抄』の校本という典拠について、系統の特定は今後の課題である。

## 83 平安京右京

表題は「右京圖」で、頭文目録は「右京圖」である。表題に〈81〉〈82〉の如き典拠は記さない。『都城院宮之図』によれば、「拾芥抄校本」である。

平安京の朱雀大路から西半、右京を描く図である。〈82〉と同様、西を上に配置する。南北方向の路名を北面と南面に記し（図の右方と左方）、東西方向の路名を西面（図の上方）に記す。さらに西面には東西方向の路の幅員を記す。南北方向の路幅を記すのは大宮大路のみである。南北方向の路名は誤って左京のそれを記す。しかし、たとえば「東洞院」にはその脇に「号木辻」と朱記して正す。

この図は右京の全体規模に関わる致命的な不備がある。平安宮は南北一〇町を占めるが、この図は九町である。東西の路名のうち土御門大路が欠落している。また三条（二条大路〜三条大路）は南北三町で一町分が不足するのは、三条坊門小路の欠落によるものである。朱雀院は三条大路と四条大路に各々北面、南面して南北四町を占めるところ、図では南北三町とし、六角小路に北面する。〈82〉「左京圖」にかかる誤りはない。『都城院宮之図』では、表題を「右京圖」とする図がこの図に相当するが、右記のごとき誤りはない。ちなみに尊経閣文庫本の「西京圖」でも、正しく描写している。

## 84 四行八門

表題は「四行八門圖」で、「拾芥抄」と典拠を示す。頭文目録は「四行八門圖」である。

一町を東西に四分割、南北に八分割して都合三二の宅地をつくる、四行八門の街区構成を図示したものである。中央に南北方向の小径が通るから、周囲をすべて小路が囲む街区で、「西一行」〜「西四行」の記載があるので、この街区は左京である。

図下に説明がある。まず「坊」からはじめ、「町」、「行」、「門」の順に各々の数え方について、左京、右京の順に説く。とくにこの図は「行」と「門」の説明に対応するものである。さらに改行して平安京の条坊について説く。すなわち、一条のうちに四坊があり、一坊は一六町からなり、さらに一六町のうちに四保がある。一町には四行、一行には八門があって一戸主とする。一戸主は間口五丈、奥行一〇丈である。後半の一町に関する説明はこの図に対応するが、前半はつぎの〈85〉「坊保圖」に関するものである。『拾芥抄』では、この図と次の〈85〉は一連の図である。

## 85 坊保

表題は「坊保圖」で、「拾芥抄」と典拠を示す。頭文目録は「坊保圖」

である。

図二点を上下におく。上の図は一坊が一六町からなることを左京で例示し、下の図は南北が二町の北辺（一条より北の領域）について、これも左京で例示したものである。図の右に説明がある。保の数え方に関するもので、左京では西北角からはじめて一・二・七・八町が一保、三・四・五・六町が二保、一一・一二・一三・一四町が三保、九・一〇・一五・一六町が四保であると説く。しかしこの説明に対応する保の記載が、図にはない。尊経閣文庫本には図中に一～四保の記載がある。ただし一一・一二・一三・一四町が三保であることを記さない。

## 86 平安宮1

表題は「南都所傳宮城古圖」である。頭文目録は「南都所傳大内裏圖」である。

平安宮を描いた図で、『大内裏図考証』では「南都所伝宮城図残欠」として引用し、また『平安通志』（京都市参事会、一八九五年）も収載する。現在、伝本は確認されておらず、右記の二書から知られるに過ぎないという。図の成立年代は判然としないが、大同二年（八〇七）四月左右近衛府設置以前に遡る、平安宮の初期の状況を伝えるものという。[27]『宮室図』のこの図は、固禅が『大内裏図考証』に引用したものと考えられる。ただし、『大内裏図考証』では官奴司の「官」を「宮」にするという誤記があるのに対し、この図では正しく「官奴司」と記す。いっぽうで『大内裏図考証』にはある「殷富」を記さない。『平安通志』では官奴司と正しく記し、「殷富」の記載もある。しかし「上東門」を記さない。「上東門」はこの図でも『大内裏図考証』でも確認できる。

## 87 平安宮2

〈86〉の次の図以降、都合四点の図は、摹古絵巻本と東博六巻本では図の配列順序、表題と図の関係が大きく相違する。頭文目録と表題の順序が一致し、また表題と図の内容が整合的なのは東博六巻本の方である。したがって本書では、東博六巻本での図の配列順に〈87〉～〈90〉とした（詳細は総論2-2-5を参照）。摹古絵巻本では〈89〉〈87〉〈88〉〈90〉の順となる。

東博六巻本では、表題は「大内裏圖」である。頭文目録は「大内圖」であり、「拾芥抄加校本」と典拠を示す。摹古絵巻本では、〈90〉の表題と図右方の記載がこの図に混入している。

平安宮を描く図である。東を上に配置する。平安宮の図は『宮室図』に多く収載するが、画面中央の朱雀門の外側東西に東仗舎、西仗舎を描くのは、この図の大きな特徴である。この点に注目すると、尊経閣文庫本に「同圖年来所持写加之」と朱字で表題を記す図がよく近似することがわかる。『大内裏図考証』が収める複数の平安宮の図をみると、「校本拾芥抄宮城図」と題する図が同じ特徴をもつ。いずれも描写内容はまったく同一というわけではないが、よく近似する。

## 88 平安宮3

表題は「大内圖」で、「拾芥抄加校本」と典拠を示す。これは〈87〉と同じであるが、さらに東博六巻本では「本云　皇城指圖本」、摹古絵巻本では「本云皇城指圖」とある。頭文目録は「大内裏圖」のつぎの「又」とあるのが、この図に対応する。

表題、頭文目録の通り、平安宮を描く図である。東を上に配置するが、図中文字は原則、南を上に記す。この図は、宮城中央部を占める内裏や、

27 東野二〇〇五

その西南方にあって宮城正面に位置する八省院、さらにその西の豊楽院の一郭を省略して描くところに大きな特徴がある。尊経閣文庫本では、〈87〉で紹介した「同圖」と題する図の前に収載する、「宮城指圖省略」と題する図が、この図に相当するものである。東京大学史料編纂所本でも「宮城指圖　省略」と題して同様の図がみえる。『大内裏図考証』では「古本拾芥抄省略宮城圖」と題して、同様の図を掲載する。

## 89　平安宮 4

東博六巻本では、表題に「大内裏圖」とあり、「醍醐水本坊屛風」と典拠を示す。頭文目録は「醍醐水本坊屛風圖大内裏圖」である。摹古絵巻本は表題を「大内圖」とし、「拾芥抄加校本」と注記するのは、〈87〉にあるべきものである。

平安宮を描く図で、この図も東を上に配置する。表題左に「内裡中隔別圖」と記し、内裏中隔の内側については別途、殿舎の配置構成を描く図があるという。〈97〉「大内圖」がこれに相当するものと考えられる。また八省院（朝堂院）については図中に殿舎を描き込むが、これも〈100〉「八省院圖」として収載する。いずれも表題に添えて「水本坊屛風」と典拠を示す注記がある。

『大内裏図』醍醐寺報恩院本（古代学協会所蔵）は、醍醐寺の子院報恩院に伝わる図の写本で、元本は不明とされるが、この図に酷似する。[28] 後述するように、〈97〉〈100〉もまた同図に酷似することがそれを裏打ちする。なお神宮文庫は醍醐水本坊所伝図の一写本、二葉を蔵し、「醍醐水本坊所蔵六枚屛風之図」から抄出した図とされ、その内の一枚は宮城図であるが、千分之一の図であることから推して、つぎの〈90〉に関係するものとみられる。[29]『大内裏図考証』にこの図全体は収載しないが、部分的には引用している。

## 90　平安宮 5

東博六巻本では、表題に「醍醐水本坊大内裏千分一之圖」とある。頭文目録は「同千分一之圖」である。摹古絵巻本が〈89〉の表題をこの図の表題として記すのは誤りである。〈89〉と同様、醍醐水本坊屛風からの抄出で、平安宮を描く図である。ただしこの図は西を上に配置する。神宮文庫が所蔵する写本、二葉のうち一枚は宮城図で、一町を四寸に描くことから千分の一の図であって、この図に関係するものとみられる。[30]

図右に「以一分當壹丈　今縮之以二厘五毛一丈」の如く縮尺を詳記する。図中には宮城内の施設についてその規模を詳記し、宮城に通じる周辺の路名とその幅員についても記す。さらに図左には、「宮城東西三百九十四丈南北四百七十丈」と記し、さらに八省院、豊楽院、大内、中隔、中和院、中和門内についても東西、南北の規模を明記する。また東面、西面の両方とも南端に開く門を「談天門」とするが、東面は「是傳寫誤」とある通りで、正しくは郁芳門と注記する。なお内裏（図では「大内」）東面中央に開く宣陽門を「全」陽門と誤記する。

## 91　平安宮 6

表題は「大内圖」で、「東涯先生傳来古圖」と注記して典拠を示す。頭文目録は〈90〉に対応する「同千分一之圖」の次が、〈92〉に対応する「大内裏中隔圖」で、この図に対応する題が頭文目録に見あたらない。同じ図は『都城院宮之図』にみえる。表題は同一で、頭文目録は「伊藤長胤本又」（「又」は大内圖の意）と明記する。平安宮を描いた図で、東を上方に配置する。また二条大路をはさんで平安宮の南側にある神泉苑、大学寮、穀倉院について、各々の所在地に東西、南北の規模とともにその存在を明記している。

28　京都文化博物館一九九一
29　福山一九七一
30　福山一九七一

「東涯先生」とは伊藤東涯（一六七〇～一七三六）である。東涯は儒者伊藤仁斎（じんさい）（一六二七～一七〇五）の長子で、名は長胤（ながつぐ）という。父仁斎が京都堀川に開いた家塾古義堂の二代目として、仁斎の著作の編集・刊行につとめるなど、その学問と思想を伝え大成させた儒者であり、同時代、江戸の荻生徂徠とともに東西の二大家とされる。(31)

古義堂の蔵書、書画など五五〇〇点、一万冊が、天理大学附属天理図書館に「古義堂文庫」として所蔵されている。たとえば「平安城左右職九條坊保圖」と題する図は、東涯が宝永元年（一七〇四）作成した平安京の全体図である（ただし古義堂文庫本は明和五年〈一七六八〉伊藤善韶による写本で、古代学協会蔵本が原本とみられる）。〈91〉に関連して注目されるのは、「古義堂文庫」に収める「大内裏圖」（請求記号：古七九‐六）である。『古義堂文庫目録　復刻版（天理図書館叢書第二十一輯）』（八木書店、二〇〇五年一二月）によれば、「外題東所」とある。「東所」とは東涯の三男、伊藤善韶（一七三〇～一八〇四）で、古義堂四代目東里の父である。図は縦一四七〇㎜、横九〇四㎜の大判一鋪で、平安京の南北は一条～三条、東西は東大宮～西大宮を描く。描写内容の中心は平安宮であるから、「大内裏圖」の題に偽りはないが、とりわけこの図が注目されるのは、平安宮の宮外南面にあたる左京・右京の三条の領域も描写範囲に含めていることである。前記した通り、翻って〈91〉が神泉苑、大学寮、穀倉院の存在をあえて記すことにそれは通じるものであろう。「大内裏圖」の方が記載内容は多く、とくに内裏殿舎の配置を詳細に描くのに対し、〈91〉では外郭を単線で描くだけに留まるなど、相違する点も少なくはない。とはいえ八省院の南面外側、東西にたつ翔鸞楼、棲鳳楼は同じ描き方であるなどの共通点もみられ、〈91〉はこの「大内裏図」を元に簡略化した図、という可能性も小さくはないものと推察される。この図では描かない内裏殿舎の配置については、一部が〈103〉にみえる。

## 92　平安宮中重隔

表題は「大内中重隔圖」で、「拾芥抄加校本」と典拠を示す。頭文目録は「大内裏中隔圖」である。

平安宮内裏の外郭および、その内側を廻る内郭の、築地回廊とこれに開く門を描く図である。図は東を上に配置する。内郭内の殿舎は省略し、外郭と内郭によって囲繞される内裏の二重構造がよくわかる。尊経閣文庫本に「中亘隔」と題する図がこの図に相応する。ただし西を上に配置する。またその次に掲載する図は、次の〈93〉に相当する。

## 93　平安宮中和院

表題はなく、頭文目録でも該当する題を見出せない。尊経閣文庫本をみると、「中重隔」とある図が〈92〉で、続けて掲載の表題のない図がこの〈93〉に相当する図である。両図は一連の図であり、固禅もそのような認識で、頭文目録がないのはそのためであろう。本書では便宜上分けて、各々〈92〉〈93〉とした。

内裏外郭の内側西半は、内裏の区画（内郭）とは別区画で、北半に采女町と内膳司、南半の北東方に中和院の一郭があった。この図はとくにそれらの配置を示す図である。図は上が北である。内容は外郭内の一部であるから、〈92〉の一部を拡大、再掲した図と見ることもできる。両者が一連の図である所以である。ただし『都城院宮之図』によると、該当する図には「中和院圖」と表題があり、「拾芥抄加校本」と典拠を示す。また頭文目録にも「同中味院圖」（「和」を「味」に誤る）とあって、両図を分けて扱っている。尊経閣文庫本では、〈92〉〈93〉に相当する図はともに西を上に配置していて方位は合致する。対して〈92〉は東を上に、この図では北を上

31　吉川一九七一

に配置し、両図の方位が合わない。典拠と考えられる「拾芥抄加校本」がそのように配置したことによるものであろうか。

## 94　内裏1

表題は「寶泉院蔵大内圖　縮圖」である。頭文目録は「寶泉院蔵大内裏圖」と記す。

東寺宝泉院所伝の内裏図を縮小、転載したものである。西を上に配置する。表題の左脇に、「鳥曹司僧房等間数及建春門内南掖三舎之外大概／同拾芥圖故今畧之不圖」とある。拾芥抄が収載する内裏図と概ね同様であることから、ここでは内裏内郭回廊の東南隅の鳥曹司、西南隅の修理職内候、校書所外候、僧房そして、建春門内の南脇の建物三棟（「侍従所」「画所」「御書所」）以外は省略したという。はたして内裏外郭、内郭などは単線で描き、それらについてのみ施設名と規模を記載する。

『大内裏図考証』をみると、鳥曹司や修理職内候、校書所外候の項および、侍従所、画所、御書所の項にこの図を引用し、さらに「東寺寶泉院所傳大内圖」「東寺寶泉院所傳大内裏圖」などと題して、該当箇所を挿図として掲載している。

## 95　内裏2

表題は「大内圖」で、「拾芥抄加校本」と典拠を示す。頭文目録は「又大圖」である。内裏の外郭内を描いた図で、東を上に配置する。殿舎平面を詳細に描くものではなく、殿舎の配置と規模を単線で示す。殿舎名に加えて適宜、規模を記載する。

## 96　内裏3

表題は〈95〉と同じ「大内圖」で、「大圖」と典拠を示す。頭文目録は「又」である。引き続き「大内圖」の意だが、典拠は〈95〉の拾芥抄ではなく、「大圖」という図である。

描く範囲は〈95〉と同じで、殿舎の配置と規模を単線で示し、名称を記載するという描写内容も共通し、東を上に配置するのも同様である。ただしこの図には、西面北方や南庭西側、屈折して南面西から南北に流れる御溝がみえる。これは陽明文庫本「内裏図」や九条家本「内裏図」、南都二条家本「内裏図」などにも確認できるが、この図の御溝のあり方はとくに陽明文庫本、南都二条家本に近い。

## 97　内裏4

表題は「大内圖」で、「水本坊屛風」と典拠を示す。頭文目録は「水本坊大内裏圖」である。

内裏を描いた図で、東を上に配置する。〈89〉が同じ醍醐水本坊屛風からの引用で、表題左脇に「内裡中隔別圖」との記載がある。「別圖」にあたるのがこの図であり、〈89〉では省略した内裏について、別途示したものである。〈89〉は『大内裏図』醍醐寺報恩院本（古代学協会所蔵）に酷似し、その図中、内裏についてみると、この〈97〉もまた酷似することがわかる。

内裏殿舎の配置と規模を単線で描くのは〈95〉〈96〉と同様であるが、内裏西方の中和院や采女町・内膳司の一郭、外郭西面中央に開く宜秋門まで広範囲に描く。右記『大内裏図』醍醐寺報恩院本には確認できるが、摹古絵巻本、東博六巻本ともに、図左下方の木工内候の東面築地の線を欠く。

## 98 朝堂院1

表題は「八省院圖」で、「拾芥抄加校本」と典拠を示す。頭文目録は「八省院圖」である。

表題の通り、八省院(朝堂院)の全体図で、南を上に配置する。建物の配置、規模を単線で示し、図中に建物名を記す。大極殿を「九間三面」とするなど一部建物については規模を記す。東朝集堂の北東、東面南端に東面してたつ含耀門の「耀」を「輝」と記す。

## 99 朝堂院2

表題は「八省院圖」で、「大圖」と典拠を示す。頭文目録は「又大圖」である。

表題の通り、八省院（朝堂院）の全体図である。西を上に配置する。応天門の南に相対する朱雀門とさらにその前方左右の東仗舎、西仗舎も描く。図中には建物名を記し、また回廊の長さを適宜示す。建物規模について、たとえば大極殿は「九間四面　九箇間」であり、〈98〉とは異なる。また南正面右手の長樂門の記載を欠く。〈98〉と同様、含耀門を「含輝門」と記す。

## 100 朝堂院3

表題は「八省院圖」で、「水本坊屏風」と典拠を示す。頭文目録は「水本坊八省院圖」である。八省院（朝堂院）の全体図で、東を上に配置する。〈99〉と同様、南は朱雀門までを描く。図中に建物名を記載するが、規模は記さない。

〈89〉の大内裏図がこの図と同じ「醍醐水本坊屏風」を典拠とする図で、『大内裏図』醍醐寺報恩院本（古代学協会所蔵）にきわめて近似する。同図の八省院をみると、この〈100〉にきわめて近似することがわかる。しかも〈89〉に比して、〈100〉の方が各殿舎の昇降の階段をより詳しく描く点で、『大内裏図』醍醐寺報恩院本に一層近似する。いずれも醍醐水本坊屏風を典拠とするという〈89〉〈97〉〈100〉について、『大内裏図』醍醐寺報恩院本が元本であったことを裏打ちするものである。

## 101 豊楽院1

表題は「豊樂院圖」で、「大圖」と典拠を示す。頭文目録は「文亀二年傳寫大内裏圖」である。

豊楽院の全体図で、建物名とともに規模を適宜記載するほか、建物と回廊間の距離を記す。〈96〉〈99〉と同様、典拠は「大圖」である。図下方に文亀二年（一五〇二）二月十二日に書写したものであることを記し、頭文目録もこれを反映する。『大内裏図考証』の豊楽院、豊楽殿の項に、この図が「文亀中傳寫圖」「文亀中傳寫豊楽院圖」としてみえる。「大圖」の成立は文亀二年の書写以前に遡ることになる。

図左上方に「本云豊樂院指圖」と記し、さらに「東西五十六丈／南北百三十六丈四尺」とある。この文字の方向は上記文亀二年という書写の年紀とも同じである。図は東を上に配置するが、文字の向きは元の図では北を上に配置したことを示唆する。回廊の東面南方および、西面北方の吉徳門の位置にあった虫損も忠実に書写している。図右下方に「従二」とあり、その下は虫損を示す墨線で、「位」の一部がみえる。南面する豊楽門の北東にたつ延英堂について、単線で描くが堂名の記載を欠く。豊楽殿西南の承歓堂（図では「永観堂」、〈102〉も同様）の北につづく廊に開く承秋門を、南の明義堂との間に描く。これは東に相対する逢春門についても同様である。また外郭築地に開く開明門とその西南にある含利門の門名を誤って逆に記す。

## 102　豊楽院2

表題は「豐樂院圖」で、「拾芥抄」と典拠を示す。頭文目録は「豊楽院圖」である。

〈101〉と同様、豊楽院の全体図であるが、北を上に配置し、図中に「南」「北」の方位も記す。建物名は記載し、規模は不記載である。また四周をまわる外郭築地は、〈101〉のごとく複線ではなく、単線である。

〈101〉の豊楽院の図に比べて描写内容は不正確である。まず、西南方の招俊堂の北側にたつ陽徳門を描かず廊とする。東南方の延英堂の北にたつ含利門を描かない。含利門、陽徳門を、外郭築地に開く門として描く。外郭西面に開く吉徳門と福来門の門名を逆に記す。内郭南面の西方に開く嘉樂門を描かない。

右記の中で、たとえば外郭西面北方の門を「福来門」とする点について、『大内裏図考証』の福来門の項では、「古本拾芥抄圖」、「文亀中傳寫圖」を挙げ、さらに拾芥抄によると、萬秋門の南にあった門とする。「文亀中傳寫圖」とは〈101〉を指し、福来門はそのように確認できる。さらにつづけて「校本拾芥抄圖」、「南都所傳圖」、「神泉苑所傳圖」、「京兆圖」がすべてこの門を「西面北廂門」とするのは誤写であるという。『大内裏図考証』ではこの図〈102〉ではなく、〈101〉の図が正しいとの見解である。そしてこの図〈102〉の典拠である「拾芥抄」とは、『大内裏図考証』が記す「拾芥抄」「古本拾芥抄圖」ではなく、「校本拾芥抄圖」に推定される。なお尊経閣文庫本で福来門を「南廂萬秋南」と記すのは『大内裏図考証』の見解に一致するが、「已上西面北方」と朱記するのはこの図〈102〉に一致し、『拾芥抄』には混乱がみられる。

## 103　内裏5

表題はない。頭文目録は「異本殿舎圖」である。

内裏の紫宸殿と東の宜陽殿、北方の仁寿殿、承香殿、西方にたつ清涼殿、後涼殿の一郭を抄出し、殿舎の配置、規模を単線で示す図である。図は東を上に配置する。

『都城院宮之図』に同じ図が確認できる。その表題は「大内圖」で、「東涯先生傳来古図」と注記して典拠を示す。この表題と注記は〈91〉のそれと同じである。〈91〉は大内裏（平安宮）の図である。同図の元になった可能性がある天理大学附属天理図書館蔵「大内裏圖」は、内裏殿舎の配置と規模を詳細に描く。殿舎の外形を単線で示すのは、この〈103〉と同様である。そこで『都城院宮之図』にあるように、〈103〉もまた「東涯先生傳来古図」という「大内圖」から抄出した図ではないかと推察される。

なお『都城院宮之図』ではさらに「此圖大同拾芥抄而有小異故抄出其異者／備考」とある。「拾芥抄」の図と比較して小異があるため抄出したものという。また「江端春庵所傳大内圖／与此圖相同而紫宸殿／隅庇ヲ隅ノ小庇ト畫リ／又雞座ヲ不注」とある。南部藩医の江幡春庵（一八一七～？、後に通誠）が蔵した「大内圖」と比較し、紫宸殿の隅庇や雞座の記載に相違があるとする。

## 104　清涼殿1

## 105　清涼殿2

〈104〉の表題は「清涼殿古圖」である。さらに「以大僧都秀雅藏本写之」と典拠を示す。頭文目録は「清涼殿古本」である。〈105〉の表題は「古圖」で、さらに「本書圖以狼藉／今加校訂」とある。頭文目録は「考訂圖」である。〈104〉を考訂した図が〈105〉ということである。

典拠は、大僧都秀雅の蔵本である。内裏の清涼殿を中心に描いた図で、西方の後涼殿との渡殿、南東の紫宸殿に至る廊、清涼殿の東庭、そして北の渡殿を介して東庭北方にある滝口陣などを描く。殿舎の配置や殿舎内の間仕切り、東庭の竹台や溝、立蔀、庭へ下りる階段などを単線で示し、柱間装置は妻戸を表記する。また殿舎内の部屋名や建物名を記す。〈104〉には、間仕切りや妻戸、建物名の表記に脱漏箇所が複数あり、〈105〉ではそれらを校訂、補筆している。

### 106　清涼殿3

表題は「寛政六年三月一日欣子内親王入　内清涼殿鋪設」である。頭文目録は「寛政六年三月一日清涼殿鋪設圖」である。

欣子内親王（一七七九～一八四六）は後桃園天皇の唯一の子女で、天皇は欣子誕生の年に崩御、皇位継承したのは閑院宮の祐宮師仁（光格天皇）である。寛政六年（一七九四）三月一日に欣子は入内、同月七日に中宮に冊立されている。平安復古様式の寛政度内裏の竣工は寛政二年（一七九〇）で、同年一一月に天皇は還幸している。この図が描く入内時の清涼殿は、固禅の『大内裏図考証』にもとづく、竣工後間もない頃の復古様式の殿舎ということになる。

清涼殿の図で、東を上に配置する。殿内の間取りを単線で描き、柱や妻戸の方立ての位置を黒丸で示す。ただし描くのは清涼殿の全体ではなく、母屋は夜御殿（図では「夜御帳」）から北、西庇は台盤所から北、それに北廂と西面、北面の縁である。図中に室名を記し、鋪設の状況を示す。

## 図解説（下　巻六）

巻一～巻四のほか、さらに『宮室図』の「上」「下」として二巻二軸があるのは東博六巻本である。本書では各々、巻五、巻六とした。

東博六巻本の「下」すなわち巻六によると、冒頭に「殿門巻第二」と題して頭文目録を載せる。さらに目録の後の識語に、「右目録」と記した後、「殿門巻第二」の中から『宮室図』巻一～巻四に不掲載のものを選出して一巻にまとめたのがこの巻であるという。「殿門巻第二」という巻子が存在し、目録は全篇掲載した上で、その中から既出の図は除いて重複しないもののみを抄出し、一巻にまとめたのが東博六巻本の「下」、ということである。

東博六巻本の「下」は、したがって「殿門巻第二」の全篇ではない。しかし目録とともに全篇を収載する巻子が、『幕古絵巻』巻七〇として伝わる。本書では、東博六巻本の「下」収載の図・記事〈107〉～〈111〉について、『幕古絵巻』巻七〇（幕古絵巻本）をもとに、東博六巻本をも参照しつつ解説する。

### 107　東三条殿6

表題は「年中行事画牛飼童饗饌」である。頭文目録にも「年中行事画牛飼童饗饌圖」とある。『院宮』では〈院宮71〉に相当する。

表題の通り、『年中行事絵巻』からの引用で、鷹司本では巻二の第三段、「大饗尊者牛飼の饗」の場面である。大臣家大饗の一環で、式日順ではこの前に鷹飼等帰参、後に大饗始（主客再拝）、そして鷹飼犬飼渡るの場面とつづく。それぞれ住吉本、同別本に描くが（巻一〇第二段、巻一〇第五段、別本巻二第八段）、尊者牛飼饗の場面は鷹司本とは別系統の住吉本にはみえない。『宮室図』では、鷹飼等帰参は〈57〉〈58〉、鷹飼犬飼渡るの場面は〈54〉である。

東三条殿の東門と敷地内を北方から俯瞰したもので、画面左手前に四足門の東門、その北側（画面手前）に上土の築地塀の一部がみえる。東門を入って左方（南側、画面上方）は東随身所、その西隣（画面右手）は東車宿で、さらにその西に東中門南廊がある。東随身所、東車宿そして東中門南

32　角田一九八四

廊は吹抜屋台の手法で内法長押より上部を省略して描き、内部の様子がわかる。東随身所は桁行柱間四間で、北面は土庇の出庇とし、母屋北面の柱間に蔀を装置する。西隣の東車宿は土間床で、柱間は四間、画面手前が母屋、向こう側が南庇で、南庇の南面東端に妻戸を装置する。また東中門南廊は、画面右手の縁の上部に描く内法長押から推して、梁間二間にみえる。柱上には舟肘木をおく。

図では画面左手前の東門、築地塀は省き、東随身所、東車宿、東中門南廊を抄出する。絵巻が描く幔や人物、調度なども抄出する一方、東門とともに幔幕の外側（北側）、東門近くの人物はすべて省略する。『院宮』〈院宮71〉がそれらも略さずに描くのとは対照的である。建物の描写にとくに重点を置くという編輯方針が『院宮』より『宮室図』の方が明確であるともいえる。

## 108　斎院客殿1

## 109　斎院客殿2

表題は〈108〉が「客殿圖」、〈109〉が「又」で、頭文目録も同様である。〈108〉は『山槐記』仁安二年（一一六七）四月九日条、〈109〉は同記二十七日条からの抄出で、ともに斎院御禊に関する一連の記事である。当時の賀茂斎院は後白河天皇の娘式子内親王（一一四九〜一二〇一、卜定一一五九年〜退下一一六九年）である。両条ともに指図を収める。『山槐記』の九日条の指図には「客殿圖」とあるが、〈108〉の図に不記載なのは表題で示したからであろう。『都城院宮之図』に、〈108〉〈109〉に相当する図がある。各々「客殿圖」、「斎院御禊客殿座図」と表題を付ける。

賀茂斎王に卜定された皇女が奉斎のため常住した施設が紫野斎院である。その推定位置は大宮末路の西、南大路北の一郭であって、現在は櫟谷（いちいだに）七野神社が鎮座する辺りともされる。紫野斎院は内院と外院の二重構造だったらしく、内院の北面中央に開く北中門を入ると客殿があった。(32)

〈108〉〈109〉の図は客殿とその周辺を描くものである。〈108〉の図の上に「南」と記し方位を示す。〈109〉の図も同様に上が南である。〈108〉の図で下方の塀に開く「中門」は北中門、その東方（図の左手）にも門（図では「戸」と記載）があって、塀はさらに南折してつづく。その東方（図左手）にたつ「鳥居」（条文では「内鳥居」「東面鳥井」）は大宮末路に開く東門に相対するものである。客殿は母屋正面三間で、四面に庇をもつ三間四面の建物である。母屋と庇に高低差はないことを図中に記す。西庇に上御座、参議座、南庇に弁、外記、史の座そして、東庇に判官等の座を敷く。北庇の北に描くのは建物の縁であろう。〈109〉の図によると、客殿の東や南方に「官掌等幄」、南に「検非違使幄」を仮設している。ともに五間に二間の幄舎で、内部に床子をたてる。

## 110　倚廬

表題はない。頭文目録は「佛名圖」である。

『迎陽記』貞治三年（一三六四）七月二十六日条の一部を抄出し、あわせて同条所収の指図を載せる。『迎陽記』は東坊城秀長（一三三八〜一四一一）の日録である。条文の引用冒頭の「安貞三年」は誤りで、正しくは貞治三年である。東博六巻本も誤り、『都城院宮之図』に相当する図を掲載するが、同様に誤る。後光厳天皇の倚廬への渡御に関する記事であり、所収の指図は倚廬の図である。

場所は土御門東洞院内裏である。永仁四年（一二九六）後深草上皇の新造に始まる屋敷に、建武四年（一三三七）北朝の光明天皇が還幸して後、崇光、後光厳、後円融、後小松と代々の天皇が皇居とし、応永八年（一四〇一）の焼失まで約一〇〇年にわたって存続した。暦応二年（一三三九）、康安二年（一三六二）、貞治五年（一三六六）の少なくとも三度の修理があり、貞治五年は寝殿を中心に比較的大規模な修理だったようである。記事はこの修理以前ということになる。東洞院大路に西面して四足門を開き、中門、中門廊、寝殿西廊（二棟廊）そして寝殿を定型通り配置し、寝殿東南には

33　藤田二〇〇一
34　丸山一九八六

廊を介して小御所があった。

引用記事によれば、倚廬は「東対」に設けられた。この東対は小御所の北方、寝殿からは蹴鞠庭をはさんで東方に位置した。[33] 図の上部に「北」と記して方位を示す。図は倚廬の平面と内部の鋪設を描いたものである。北面の柱間は五間、西面は二間であるが、南面は四間、東面は一間で、また内部にたつ柱も柱筋が通らない箇所がある。柱位置がかように整合的でないのは、鋪設の描写を優先したためであろう。北側に御帳、鈍色端の御座三帖、南側に同帖座三帖とある建物中央が天皇御座の空間で、西二間は女房候所とする。倚廬はそれら二室を南北に構成したものともされるが、[34] ここでは東西に配置している。女房候所の北面東第二間からは、台所と連絡する渡殿が北方へつながる。建物内外とも柱間には遣戸を装置する。また南面と西面に縁をまわす。

『師守記』同日条では「対屋」と記し、あわせて倚廬となった対屋（東対）ならびに北隣やや西寄りに雁行形にたつ台所の一部を描く図を収載する。『迎陽記』のこの図より一層詳細に倚廬の状況がわかる。いずれも倚廬に関する図として希少かつ貴重であり、固禅が注目した所以と推察される。しかし固禅が引用したのが『師守記』ではなく『迎陽記』というのは、資料収集の限界を示唆するものであろうか。

## 111　門舎図

表題は、「門舎圖」である。つづけて「此圖蓋禁門躰也」と記し、「拠伴大納言繪巻」と典拠を示す。さらに「後日考陰明門右兵衛陣圖也」とある。頭文目録は「門舎圖」である。

『伴大納言絵詞』からの引用で、出光美術館本では下巻の二段、四〜五紙にあたる。この場面については、『宮室図』巻二に絵巻からの抄出図をすでに掲載している（〈42〉「陰明門」）。この図は絵巻をもとに作成した平面配置図である。絵巻では画面手前が東で、〈42〉でもそのまま抄出し、方位も記載する。しかしこの図は絵巻とは異なり手前が北である。図中に方位はなく、「陰明門外」「内」の記載によって内裏内郭の内外を示す。陰明門の扉に「圖扉在放」とある「放」とは、蹴放しの意であろう。『大内裏図考証』に「伴大納言物語畫東庇圖」と題してこの図を掲載する。両者を比較すると描写内容に若干の相違はあるものの、考証に役立てられたものであることは間違いないであろう。

参考文献


相澤正彦・國賀由美子編『石山寺縁起絵巻集成』中央公論美術出版、二〇一六年一一月。
伊藤大輔「承安五節絵屏風」、『愛知県史　別編　文化財二　絵画』愛知県県史編纂室、二〇一一年三月。
永青文庫　春画展日本開催実行委員会編『図録 SHUNGA』二〇一五年。
太田静六『寝殿造の研究』吉川弘文館、一九八七年二月。
太田博太郎「唐破風に就いて」『建築学会論文集』第六号、一九三七年八月。
太田博太郎「からひさしに就いて」『東洋雑誌』第九号、一九三七年八月。
川上貢「法然上人繪傳に見える建築」、『日本絵巻物全集　第一三巻　法然上人繪傳』角川書店、一九六一年五月。
川島絹江『『源氏物語』の源泉と継承』笠間書院、二〇〇九年三月。
川本重雄『寝殿造の空間と儀式』中央公論美術出版、二〇〇五年六月。
川本重雄「貴族住宅」、小泉和子・玉井哲雄・黒田日出男編『絵巻物の建築を読む』東京大学出版会、一九九六年一一月。
京都文化博物館編『光源氏と平安貴族』京都文化博物館、一九九一年一〇月。
宮内庁三の丸尚蔵館編『絵巻――蒙古襲来絵詞、絵師草紙、北野天神縁起』、一九九四年一〇月。
杉山信三「藤原兼実建立の御堂二三について」、奈良国立文化財研究所編『文化史論叢』、一九五五年一二月。

関野克「京極土御門殿の東対に就いて」『建築史』三-三、一九四一年五月。
角田文衛「紫野斎院の所在地」、『王朝文化の諸相　角田文衛著作集四』法蔵館、一九八四年七月。
野口徹『中世京都の町屋』東京大学出版会、一九八八年五月。
林美一・リチャード・レイン監修『秘画絵巻【小柴垣草子】』河出書房新社、一九九七年八月。
林屋辰三郎『古代国家の解体』東京大学出版会、一九五五年一〇月。
東野治之『日本古代史料学』岩波書店、二〇〇五年三月。
福山敏男『住宅建築の研究（福山敏男著作集五）』中央公論美術出版、一九八四年八月。
福山敏男「唐廂」、『平安時代史事典』角川書店、一九九四年四月。
福山敏男「年中行事繪巻について」、『新修日本絵巻物全集　第二四巻　年中行事絵巻』角川書店、一九七八年一一月。
福山敏男『日本建築史研究　続編』墨水書房、一九七一年一月。
藤田勝也編「裏松固禅『院宮及私第図』の研究」中央公論美術出版、二〇〇七年二月。
藤田勝也「南北朝時代の土御門東洞院内裏について」『日本建築学会計画系論文集』五四〇号、二〇〇一年二月。
藤田勝也「平安・鎌倉時代の織戸、織戸中門」、西山良平・鈴木久男・藤田勝也編著『平安京の地域形成』京都大学学術出版会、二〇一六年一〇月。
丸山茂「倚廬、休廬、廬——建築形式からみた大嘗宮正殿の形式についての一試論——」『建築史学』第六号、一九八六年三月（後に『神社建築史論——古代王権と祭祀』中央公論美術出版、二〇〇一年七月所収）。
山本陽子「新出の東北大学図書館本『承安五節絵巻』模本について」、『明星大学研究紀要』日本文化学部・言語文化学科、一一号、二〇〇三年三月。
山本陽子『絵巻における神と天皇の表現』中央公論美術出版、二〇〇六年七月。
吉川幸次郎「仁斎東涯学案」、『伊藤仁斎・伊藤東涯（日本思想大系三三）』岩波書店、一九七一年一〇月。

# 総論

## はじめに

『宮室図』は、平安宮および平安宮内裏に関する資料のうち、とくに絵巻物からの抄出図を中心に集成したものである。編者は裏松固禅（本名光世、一七三六〜一八〇四）。宮内庁書陵部、東京国立博物館に所蔵されるものが知られている。

住宅、宮中の殿舎に関する固禅の研究では、平安京および平安宮、内裏を対象にした膨大な研究成果である『大内裏図考証』、関連して内裏の変遷を跡づけた『皇居年表』が早くから注目されてきた。また院御所・公家邸宅に関する諸図を関連記事とともに集成した図面資料集ともいうべき『院宮及私第図』に、近年、筆者は注目し、影印・翻刻するとともに収載図をめぐって詳細に検討を加えた。

『宮室図』は、平安宮および内裏に関する研究『大内裏図考証』の内容を裏付ける絵・指図の資料集であり、寛政の復古造営において実際に活用されたと考えられる点でも、『大内裏図考証』と密接不可分な存在である。また、絵巻物からの抄出図や京域や宮域などの図面を集成する点で、『院宮及私第図』とも深く関連する。はたして後述するように、両者は一部で内容が重複する。固禅による編著作のうち、『宮室図』は『大内裏図考証』や『院宮及私第図』などとともに注目すべき研究成果なのであるが、本格的な分析はこれまでなされておらず、究明すべき課題は少なくないのが実情である。

ここでは、『宮室図』の成立時期や、諸本の構成や特徴など、全体像を俯瞰するとともに、『宮室図』と密接な関係があり、また『宮室図』から派生した資料について概観することで、研究史における意義の一端を明らかにしたい。

## 1 『宮室図』の成立時期

『宮室図』は平安宮および平安宮内裏に関する資料を中心に集成したものである。したがって成立時期には固禅の事績、とりわけ『大内裏図考証』の成立経緯が深く関わるものと考えられる。[1]また後に詳述するように、『院宮及私第図』（以下、『院宮』と略す）と一部で重複する内容をもち、『院宮』とも少なからず関連性がある。ここではまず固禅の来歴を概観したうえで、『大内裏図考証』や『院宮』の成立経緯によりつつ、『宮室図』成立の時期について、いささかの推論を試みたい。

裏松固禅（本名光世）は、元文元年（一七三六）一一月、堂上歌壇の第一人者であった前内大臣烏丸光栄の末子として京都に生まれた。延享四年（一七四七）七月、前権中納言裏松益光の養子となり裏松家を相続、一二月に従五位下を叙せられた。寛延二年（一七四九）一〇月元服、昇殿を聴され、同時に左兵衛佐に任ぜられ、宝暦元年（一七五一）六月に従五位上、同五年（一七五五）五月に正五位下に叙せられ、翌年八月右少弁に任ぜられた。その後も順調に昇進し、宝暦八年（一七五八）三月蔵人となり、また禁色を聴され、四月には左少弁に転じて御祈奉行となり、勧学院別当に補された。しかし同年七月、京都所司代が神道家の竹内式部を拘束するという宝暦事件が起こり、式部の門人の一人であった固禅も出仕を止められ所職を辞することになった。同年一二月には養父の益光が薨じている。宝暦一〇年（一七六〇）五月、四辻実長の末子謙光（公圭）を養子に迎え、同年七月落飾・出家して固禅と号した。そして安永七年（一七七八）六月に出行を聴されるまでの約二〇年間、蟄居生活を学問に専心して過ごし、故実家としての評価を次第に高めていった。

天明八年（一七八八）正月の火災（天明の大火）で内裏が焼亡し、平安復古の様式による再建のため、朝廷内で評価されていた固禅の故実研究が活かされることになった。同年三月の参内許可は蟄居から数えて実に三〇

註

1　東野治之「『古画類聚』の成立」（『松平定信　古画類聚　本文篇』毎日新聞社、一九九〇年五月）によれば、松平定信による『古画類聚』の編纂では、裏松固禅の収集史料が用いられた。その史料とは『大内裏図』であって、東博蔵本では『宮室図』東博六巻本がこれに該当し、『大内裏図考証』はこの『大内裏図』すなわち『宮室図』にもとづく著作であるとする。

年ぶりで、翌四月には内裏新造に関する諮問を朝廷より受け、その後数ヶ月にわたり殿舎から調度に至る事柄について、古儀採用をめぐって朝廷と固禅の間で頻繁にやりとりがあった。固禅の研究を基礎に、一部に平安復古の様式を採用した内裏は、寛政二年（一七九〇）一一月に竣工し（寛政度内裏）、光格天皇は還御した。

　内裏完成から約四年後の寛政六年（一七九四）五月、固禅に『大内裏図考証』を献上するよう朝廷から命があった。遡って天明年間にはすでに『大内裏図考証』正編の第一次稿本は作成されており、続編の稿本もまた天明年間頃から存在したらしいが、この献上の仰せを受けて後、正編の下書き本（第二次稿本）の作成、つづいて清書本（献上本）作成のための作業が、固禅を中心に複数の人々が担当して鋭意進められた。そして三年後の寛政九年（一七九七）一二月一〇日、固禅は『大内裏図考証』正編三〇巻五〇冊を朝廷に献上、三日後に朝廷から褒美が与えられた。さらに翌寛政一〇年（一七九八）九月には、内裏造営以来の御用勤仕と『大内裏図考証』献上の功によって、生涯金三〇斤が朝廷より固禅に下賜されている。[2]

　殿舎の図の作成と考証の著述を、禁中全体にわたって行うという固禅による壮大な研究は、高橋宗直（一七〇三〜一七八五）の紫宸殿・清涼殿に関する研究に触発されたものであり、その時期は固禅蟄居中の明和二〜三年（一七六五〜六）頃であった。[3]後に『大内裏図考証』として結実する膨大な関係資料の収集作業はこの頃より開始されたものと考えられる。その後、天明八年（一七八八）までには、平安京および平安宮の諸施設に関する指図の作成とその考証がなされている。[4]

　『宮室図』掲載の絵画資料は、それら指図の作成、また考証の著述のために活用される基礎的な資料であり、また寛政度内裏の造営、とりわけ紫宸殿・清涼殿をはじめとする復古による殿舎の造営現場において、施工の詳細に資する場面も少なくはなかったものと考えられる。その内容に鑑みて、『宮室図』の資料収集の作業は『大内裏図考証』の編輯と不可分であって、作業自体は天明八年以前、あるいは明和年間に遡るということになろう。

　いっぽう掲載資料の収集時期の下限はいつか。手掛かりになるのは『宮室図』巻五の最末〈106〉（〈　〉は通番号を示す）である。表題に「寛政六年三月一日欣子内親王入　内清涼殿鋪設」とある通り、欣子内親王（一七七九〜一八四六、新清和院）の入内時における清涼殿の鋪設を描いたものである。光格天皇の皇后となる欣子内親王の、寛政六年三月一日の入内、同月七日の立后儀の御用を、固禅は仰せつけられており、先例を諸記録に求めて収集し、『入内雑事抄』『立后雑事抄』[5]などにまとめている。したがってこの図〈106〉もまた固禅による作成の可能性がある。ただし東博六巻本の巻五は、巻六とともに、巻一〜四とは趣を異にする点に留意する必要もある（2-1-2参照）。東博六巻本では全六巻で『宮室図』を構成するが、本来は巻一〜四の内容が『宮室図』であって、巻五所載図から『宮室図』の成立時期を即断できない。

　とはいえ前記した通り、この二ヶ月後に『大内裏図考証』の献上を固禅は朝廷より命ぜられていることを勘案すると、これまで収集した資料をもとに編輯作業がなされたのが寛政六年以降であったとの推測は可能であろう。はたして天明八年以降、寛政年間のとくに前半期は造内裏御用や欣子内親王の入内・立后儀御用など固禅は多忙をきわめ、『大内裏図考証』の作成作業は捗らなかったというから、[6]『宮室図』など編著をまとめる時間的余裕などほとんどなかったものとも考えられる。

　また『宮室図』が、『院宮』と一部で重複した内容をもつことも留意される（2-3参照）。固禅の意図の有無はともかく、収集資料が両方に重複掲載されるのは、両者の編輯時期に浅からぬ関連性があったことを示唆する。その『院宮』の編輯作業もまた、『大内裏図考証』の編輯と併行してなされたものと考えられるのであって、[7]『宮室図』の編輯も寛政六年以降、『大内裏図考証』清書本が献上された寛政九年頃にかけて進められたのであろう。

　固禅は『大内裏図考証』と合わせて『院宮』（古代学本）を松平定信に献上している。そして後述するように、『宮室図』東博六巻本は松平定信の蔵本を模写したものであった。また定信の編輯事業によることが広く知られている『集古十種』の中に、『宮室図』と同じ内容を持つ巻子が存在

2 固禅の沿革・事績について、『裏松家譜』（東京大学史料編纂所蔵）、詫間直樹「寛政度内裏造営と裏松固禅」（詫間編『京都御所造営記録——造内裏御指図御用記（五）』中央公論美術出版、二〇一五年二月）などを参照。

3 『無仏斎手簡集』寛政四年（一七九二）五月二〇日付書状、詫間直樹「裏松固禅の著作活動について——『大内裏図考証』の編修過程を中心として——」（『近世公家社会における故実研究の政治的社会的意義に関する研究』科学研究費補助金研究成果報告書、研究代表　吉田早苗　二〇〇五年）。

4 『蒙斎手簡』天明八年書状、詫間註3前掲論文。

5 『入内雑事抄』内閣文庫蔵、請求番号一四五—一二八〇、『立后雑事抄』内閣文庫蔵、請求番号一四五—一二八一、古〇四二—〇七五四。

6 詫間註3前掲論文。

7 藤田勝也編『裏松固禅「院宮及私第図」の研究』中央公論美術出版、二〇〇七年。

する（摹古絵巻本）。固禅による右記の編著三編が一連のものとして位置づけられていたことを、このことは物語る。朝廷に献上されたのは『大内裏図考証』であって、関連する指図や絵画資料が献上されることはなかったようであるし、『大内裏図考証』には作成した指図や絵画資料を固禅はほとんど掲載してはいない。しかし『宮室図』に掲載の資料、とくに絵画資料は造内裏御用関係の資料として実際の現場で役立てられるとともに、『大内裏図考証』における考証を裏付ける基礎資料でもあったから、それらもまた一書にまとめられるのは必然であった。院御所や公家邸の指図を中心とする『院宮』に対し、平安宮の殿舎について、とくに絵画資料を中心にまとめられた資料集が『宮室図』である。『大内裏図考証』や『院宮』とともに、同時期に『宮室図』が成立した所以であろう。

## 2　『宮室図』の諸本

### 2-1　諸本の概要

裏松固禅の編輯による『宮室図』として知られているのは、次の三点である。[8]

『宮室圖』全三軸　宮内庁書陵部蔵、函架番号：二七六函六六六号
『宮室圖』全六軸　東京国立博物館蔵、函架番号：資料二三五四
『宮室圖』全八軸　東京国立博物館蔵、函架番号：資料二三一五

さらに、『宮室圖』の内容をもつ巻子として、左記がある。

『集古十種　宮室』（『摹古絵巻』所収）巻六三、六四、六九、七〇、七三、七五-1、七五-2の全七軸、宮内庁書陵部蔵、函架番号：B二函八四号[9]

以上四点について、本書では各々順に、「宮内庁三巻本」「東博六巻本」「東博八巻本」「摹古絵巻本」と略記する。

なおほかに、「宮室圖」と題する資料が東京国立博物館に蔵される（函架番号：資料二三五二）。巻子本で、全五軸。ただし絵巻物からの抄出図ではなく、内裏殿舎の情景を新たに描きなおしたものである。同じ名称でも『宮室図』の内容とは大きく異なることから、ここでは除外した。

#### 2-1-1　宮内庁三巻本

宮内庁三巻本（二七六函六六六号）は、巻子本で全三軸。各巻とも冒頭裏側に題簽（縦二四六㎜、横三四㎜）を貼り「宮室圖」と表題を墨書し、その下に「裏松入道所輯」と記し、さらに「一」「二」「三」と巻数を記す。また「三」には「止」と注記して、全三巻からなることを明示する。法量は、縦（天地の幅）は全巻とも五〇〇㎜である。各巻とも雲母引きの料紙で丁寧に巻子に装丁し、厚紙で裏打ちする。頭文目録などの筆致や、表題と図の配置も整然としていて、全編にわたって彩色を施すなど、いわゆる清書本としての趣をもつ。

宮内庁書陵部所蔵資料目録によれば、「図書寮文庫」に「宮室図」としてみえ、写本で点数は三点、編著者は裏松光世（裏松固禅）とするが、旧蔵者を記さない。各巻とも冒頭と末尾に「阿波國文庫」の印（縦五八㎜、横一七㎜）を捺す。「阿波國文庫」は徳島藩主蜂須賀家の蔵書印である。この蔵書は、歴代同家が収集した和漢典籍約三万冊に、藩の儒者であった柴野栗山（一七三六～一八〇七）の旧蔵書約一万冊、さらに一二代藩主斉昌（一七九五～一八五九）が国学の師と仰いだ屋代弘賢（一七五八～一八四一）の蔵書「不忍文庫」約二万冊をその死後に加えて、都合約六万冊にもおよぶものであったという。しかし明治維新後、藩士に分譲され、また戦災等で消失し、罹災を免れた一部も売却されて四散したらしい。[10]「阿波國文庫」の印は、宮内庁三巻本が、蜂須賀家藩主の収集本、あるいは柴野栗山、屋代弘賢の蔵書のいずれかにその出自があることを明示するものということになる。定信の命により、柴野栗山、屋代弘賢に絵師住吉広行

8　詫間註3前掲論文の「固禅著作一覧表」。
9　東野註1前掲論文によれば、『摹古絵巻』全八九巻は、新宮水野家伝来。
10　武田清一「洲本に大量に現存する柴野栗山の蔵書について」、『歴史と神戸』一九七号、一九九六年八月。

を加えた一行が、京都・奈良に点在する古社寺の宝物類を調査し、記録にまとめていて（『寺社宝物展閲目録』）、定信のもと、栗山と弘賢は知己であった。

まず屋代弘賢は、松岡辰方とともに塙保己一の門下生であり、弘賢と辰方はともに武家故実の伊勢貞丈の息貞春を師とした。弘賢が考証家、国学者として、固禅の『宮室図』を蔵書の一つとして所持した可能性はある。ただし弘賢の旧蔵書には、それを示す「不忍文庫」の印が「阿波國文庫」とともにある。しかし宮内庁三巻本には「不忍文庫」の印がなく、そのことは宮内庁三巻本が弘賢旧蔵本であった可能性を低くしている。

いっぽう柴野栗山は、讃岐国に生まれ、三〇代で阿波藩儒となり、また京都堀川で塾を開き、天明七年（一七八七）、五二歳の時、老中首座松平定信に召致され幕府の儒官となった。定信に重用された栗山は寛政の三博士と称され、寛政度内裏の造営で幕府が内裏造営掛を置いた際には古制の調査に携わり、寛政四年（一七九二）栗山の考証をもとに紫宸殿の賢聖障子が住吉広行によって描かれている。翌年定信の老中解任後も、栗山は幕府儒官として活躍したという。内裏造営に関する栗山の著作では、賢聖障子に関する「賢聖障子名臣冠服考証」がよく知られているが、「寛政御造営記」では内裏の全体配置図や紫宸殿・清涼殿をはじめ各殿舎の平面図のほか昆明池障子や年中行事障子などの図も詳細に描いており、内裏の殿舎・調度に強い関心をもっていたことがわかる。[11]

後述するように、宮内庁三巻本は東博六巻本や幕古絵巻本と同系列の本と見なせる。東博六巻本は松平定信の蔵本を模写したもので、幕古絵巻本も定信編輯にかかるものである。さらに内裏造営での古儀調査や関連してなされた著述活動からうかがえるように、栗山が定信のいわゆるブレーンであったことなどを勘案すると、宮内庁三巻本が栗山の蔵書であった蓋然性は低くない。ただし栗山の死後、遺言に従って蔵書一切は阿波藩に献納され「阿波國文庫」となったわけだが、栗山の旧蔵書には、江戸の阿波藩邸に造られた書庫の名、「万巻楼」の朱印が捺されたという。[12]しかし宮内庁三巻本にこの蔵書印は確認できない。「万巻楼」には収蔵されなかった栗山旧蔵書が別に存した、ということなのかもしれないが、詳細は不明である。

かように栗山の旧蔵書というのは推測の域を出ない。とはいえ『宮室図』は定信に献上され、定信の蔵書の一つとなっていた事実、加えて後述するように、宮内庁三巻本とこれに該当する東博六巻本の巻一〜三を比較すると、両者は同系列ながら東博六巻本では複数の図を欠いていることから推して、宮内庁三巻本が定信蔵本により近い本であったことは間違いないだろう。

なお、さらに推して、宮内庁三巻本こそが定信へ献上された定信の旧蔵本、あるいはその一部ではないか、という想定も一応は可能である。しかし東博六巻本は、巻三の頭文目録に列記する図の前半は巻三に、後半は巻四に掲載する。幕古絵巻本では巻六四、巻六三に各々あたるが、宮内庁三巻本は全三巻で、頭文目録に記載はされても、東博六巻本の巻四、幕古絵巻本の巻六三に相当する巻を欠く。このことは東博六巻本の元本である定信の蔵本が、宮内庁三巻本とは別に存した可能性を示唆するものであろう。

### ２－２　東博六巻本

東博六巻本（函架番号：資料一三五四）は、巻子本で全六軸。ただし各巻とも終端の巻き軸はない。木箱（縦五五〇㎜×横二四〇㎜×高さ一二〇㎜）に収める。木箱の蓋に「宮室圖　六巻」、本体に「建築圖」と墨書する。本紙冒頭に直接墨書で外題を記す。上方あるいは中ほどに「宮室圖」とあり、下方に「一」〜「四」、「上」、「下」と巻名を記す。本書では「一」〜「四」を巻一〜四、「上」「下」を上（巻五）、下（巻六）とする。法量は、巻一〜四は縦（天地の幅）四八九㎜で宮内庁三巻本より若干小さいが大差はない。しかし上・下（巻五・六）の方は縦（天地の幅）三九三㎜と、巻一〜四に比して明らかに小さい。東京国立博物館の蔵書カードによると、巻一〜四は「甲四巻」、対するに上（巻五）と下（巻六）は「乙二巻」のように、両者を明確に区別している。

巻一〜四は絵巻物からの抄出図である。いっぽう上（巻五）・下（巻六）

11 藤貞幹『禁裡図考』、東京文化財研究所蔵、請求記号：B〇三による。ほかに内裏関連では『新内裏詳図及附説』などがある。

12 武田註10前掲論文。

は図を集成したもので、巻一〜四と上（巻五）・下（巻六）は大きく異なる内容をもつ。巻一〜四では、各巻とも墨線だけを写し、後に着彩するための色名を注記した白描模本である。

外題の「宮室圖」と巻名の間に、巻一〜四は「裏松入道所輯」、下（巻六）は「裏松入道撰／殿門」（「／」は改行を示す。以下、同様。）と記す。上（巻五）はほぼ中央に「宮室圖」とあり、下方に「上」と記載する。

また巻四を除く各巻末尾の裏にも、天地逆向きに直接墨書で表題を記す。巻一は、冒頭と同じく上方に「宮室圖」と記し、「裏松入道撰／内裏」と割書し、さらに下方に「上」と記す。巻二では、「宮室圖」と記し、下方に「六巻之内」と記す。巻三では、中ほどに「宮室圖」とのみ記す。上（巻五）では中ほどに「宮室図」とあり、さらに「裏松入道」と記す。そして下（巻六）では巻三と同じく、中ほどに「宮室圖」とのみ記す。

かように各巻とも、「裏松入道」の記載がある。巻一〜四では「所輯」や「撰」、下（巻六）では「撰」と記すが、上（巻五）では「裏松入道」とのみ記すなど、表記に若干の相違があり、上（巻五）では固禅の関与の内実が不明確ではある。しかしいずれも固禅の関与は示しており、東博六巻本の全体が固禅編輯による祖本をもとにした、元本の模写によるものとみて差し支えない。

各巻とも末尾に識語がある。巻一は「右宮室圖　白川楽翁所蔵／文化十四年丁丑四月十日晴川摹」、巻二は「楽翁殿蔵本　文化十四年十月七日養信摹」、巻三は「右宮室圖裏松入道所輯／前越中守楽翁殿蔵本也／文化十三年六月二日摹養（花押）」、巻四は「右宮室圖裏松入道所輯／前越中守楽翁殿蔵本也／文化十三年歳閏八月六日摹／養（花押）」、上（巻五）は「白川少将蔵本／文政元年七月上旬摹之　養（花押）」、下（巻六）は「文政元年八月上旬／養（花押）」である。

巻一の「晴川」、巻二の「養信」は、狩野晴川院養信（一七九六〜一八四六）である。また巻三〜六にみえる花押は養信のそれであって[13]、しかも「養（花押）」という署名の形式について、文化一四年（一八一七）〜文政二年（一八一九）の二〜三年に限られるとの指摘がある[14]。時期的に年紀は整合的である。以上、全巻とも養信の模写によるものと判断できる。

識語を年次順に整理すると、左記のようになる。

文化一三年（一八一六）六月二日　巻三
文化一三年（一八一六）閏八月六日　巻四
文化一四年（一八一七）四月七日　巻一
文化一四年（一八一七）一〇月七日　巻二
文政元年（一八一八）七月上旬　上（巻五）
文政元年（一八一八）八月上旬　下（巻六）

養信は一九〜二二歳、文化一一年に晴川に改号して直後の頃である。養信に『公用日記』を遺している。しかし右記の日条に『宮室図』に関する記事は見出せない[15]。ただしこの頃の日記は「漢文調の文体で、奥絵師としての公的な業務を書留めた」もので、「御用をつとめなかった日の記述はみられない」というから[16]、『宮室図』の模写作業は業務外の私事として日記には記さなかったのであろう。模写の順序は巻三、巻四が巻一、巻二に先行する、その理由は定かではない。

巻一〜四、上（巻五）に、「白川楽翁」「楽翁殿」「前越中守楽翁殿」「白川少将」とあるのは、松平定信である。養信が模写したのは定信の蔵本である。ただし下（巻六）にはその旨の記載がない。これについて留意されるのは、下（巻六）の頭文目録末尾の朱書である。下（巻六）は「殿門巻第二」と題する巻子を元本とするが、同巻子には巻一〜四に収載の図がすでに含まれており、頭文目録ではそれらに巻数の「一」〜「四」を朱記し、また巻一〜四に未掲載の図については、別途、印を付した上で、この印を付した図四点を抄出してまとめたのが下（巻六）、というものである。元本である「殿門巻第二」の全体をそのまま模写した巻子ではないのである。したがって、下（巻六）については、元本をそのまま模写したものではないという作成の経緯から、定信の蔵本によるものであることはあえて明記しなかったのではなかろうか。

13　『落款花押大辞典　上巻』淡交社、一九八二年一二月。
14　松原茂『断面日本絵画史』木耳社、一九八八年一一月。
15　東京国立博物館蔵本による。
16　池田宏「狩野晴川院『公用日記』にみる諸相」、『東京国立博物館紀要』第二八号、一九九三年三月。

「殿門巻第二」の内容は、後述するように、摹古絵巻本の巻七〇にみることができる。この摹古絵巻本は『集古十種』の一部とされることから、定信の編輯にかかるものと考えられる。また上（巻五）に対して下（巻六）とあるから、両者は一対である。「大内裏圖巻第一」、「殿門巻第二」にある「第一」「第二」も、それを示唆する。さらに模写の時期が巻一〜四、上（巻五）、下（巻六）には連続性があり、この頃も含めて養信が行っていた膨大な絵巻物の模写作業では、松平定信所蔵の模本を用いることも一度ならずあったという。[17] それらを勘案して、下（巻六）の作成で参照された「殿門巻第二」が定信蔵本であったとして大過はないであろう。なおこのことは、後に紹介する『考古畫譜』の記載によっても裏付けられる。

以上、要するに東博六巻本は、松平定信の所蔵本を狩野晴川院養信が文化一三年六月〜文政元年八月に模写、下（巻六）については元本から一部抄出して作成したもの、ということである。

東博六巻本の巻一〜四と上（巻五）下（巻六）の間における内容と法量の著しい相違は、上（巻五）は「大内裏図巻第一」、下（巻六）は「殿門巻第二」と題する巻子を元本にしたものであったことに起因し、『宮室図』とは本来、巻一〜四を指すものと推察される。とはいえ「大内裏図巻第一」「殿門巻第二」もまた東博六巻本が記すように固禅の編輯にかかる作品と考えて差し支えなく、『大内裏図考証』を補完するものであったところから、『宮室図』の一部として見なされたのかもしれない。このことを示唆するのは、『考古畫譜』の記述である。

黒川真頼編著『訂正増補　考古畫譜』（『黒川眞頼全集　第一　訂正増補考古畫譜　上巻』国書刊行会、一九一〇年）の「巻四　畿部」に、『宮室図』が取り上げられている。

宮室圖　四巻　（A）

裏松入道固禪輯、

〔補〕眞頼曰、宮室圖四巻、摹本博物館にあり、

又曰、院宮及私第圖といふものあり、宮室圖と参觀すべきものなり、ゐノ部に掲げたり、就きて見るべし、

同　二巻　（B）

同圖異本、松平定信入道樂翁藏本

〔補〕眞頼曰、宮室圖二巻、摹本博物館にあり、

又曰、此の二巻は、四巻の宮室圖に漏れたるを補ひたるなり、

同　五巻　（C）

同着色圖

〔補〕眞頼曰、宮室圖五巻、摹本博物館にあり、

『宮室圖』に四巻、二巻、五巻の三点があったとする（記号A〜Cは筆者による）。

Aの四巻で「摹本博物館にあり」というのは、東博六巻本の巻一〜四の四巻、Bの二巻で「摹本博物館にあり」というのは、同じ東博六巻本の上（巻五）、下（巻六）の二巻に相当するものと考えられる。

Aについて、『院宮』を参看すべき史料としてことさら挙げているのが留意される。「ゐノ部に掲げたり」とあるのは、『訂正増補　考古畫譜』（『黒川眞頼全集　第二　訂正増補考古畫譜　下巻』国書刊行会、一九一〇年）の「巻十一　爲部」に挙げられる「院宮及私第圖　二巻」のことである。そこでは同図について、「宮室圖（三種あり、巻四きノ部に掲げたり、）とは異なるものにて、みな指圖なり」と説く。『宮室圖』とは「異なるもの」であることの根拠が「みな指圖なり」であることとする。この「院宮及私第圖　二巻」とは、古代学本系『院宮』の模本であって、古代学本の『院宮』がおもに記録類から指図・関連記事を集成した巻子からなるのとは異なり、Aの『宮室圖』では指図以外の史料を集成したものであることを指摘しているわけである。はたしてAすなわち東博六巻本のとくに巻一〜四は、指図類ではなく、絵巻物からの抄出図である。かかる作品が『宮室圖』である、という認識である。ただし『院宮』東博本全四巻において、『院宮』古代学本に対応する巻一と巻三ではなく、巻二と巻四の方をみると、大半が絵巻物からの抄出図である。しかもとくに巻二の内容は『宮室図』巻三、巻四と重複した内容をもつ（2-

17　松原註14前掲書。

3参照）。黒川眞頼が『宮室図』を説く中で『院宮』を挙げたのは、両者のかかる関連性によるものであろう。

つぎにBについて「同圖異本」とあるのは、Aとは出自、内容を大きく異にする本であることを意味し、「大内裏図巻第一」「殿門巻第二」を指すものと考えられる。しかし同時にそれらもこの時代には「異本」ながら『宮室図』として認識されていたことがわかる。またBは「四巻の宮室圖」であるAを補うものであるという。本来の『宮室図』とはAであり、Bはこれに追加された巻であることを示唆する。「松平定信入道樂翁藏本」とあるのは摹古絵巻本の伝来の経緯に通じるものであろう。なお裏松固禅の編輯はAのみに記され、Bにその記載がないのは不審である。またCについて、着色図で軸数が全五巻、そして模本の蔵所が博物館（東博）であることから推して、『宮室圖』全五軸（函架番号：資料二三五二）を指すものであろう（2-1冒頭参照）。

なお『補訂版　国書総目録　第二巻』（岩波書店、一九八九年一一月）は、「宮室図〈きゅうしつず〉」を立項する。裏松固禅の著作で、写本として「東博（四巻）（二巻）（五巻）」の存在を示し、典拠は「考古画譜」によるものと記す。宮内庁三巻本や東博八巻本、摹古絵巻本は、右記の黒川眞頼編著『考古書譜』に挙げられておらず、そのためここでも不記載である。

### 2-1-3　東博八巻本

東博八巻本（函架番号：資料二三一五）は、巻子本で全八軸。各巻とも冒頭裏側に題簽を貼り「宮室圖」と表題を墨書し、つづけて「巻壱」「巻弐」「巻三」「巻四」「巻五」「巻六」「巻七」「巻八」と巻数を記す。また「八」には「止」と注記し、全八巻からなることを明示する。法量は、全巻とも縦（天地の幅）三九五㎜。これは東博六巻本の上（巻五）、下（巻六）に近似し、巻一～四あるいは宮内庁三巻本に比して小さい。各巻とも雲母引きの料紙で巻子に装丁する。

巻四と巻六は着彩し、その他の巻子は墨書だけを写した白描模本である。描線だけで着彩を前提にした色名の記載はない。また後述するように、元本の絵を忠実に模写せず、絵の一部のみを抄出した箇所が複数見られる。さらに巻子本として装丁されているとはいえ、同じ白描模本の東博六巻本と比べて、全巻を通して体裁に一貫性を欠く。図の掲載順序にもそれはうかがえる。さらに他本とは異なり、東博八巻本には各巻とも、頭文目録がない。伝来の経緯は管見に明らかでない。

### 2-1-4　摹古絵巻本

摹古絵巻本は、『摹古絵巻』（B二函八四号、新宮水野家伝来、全八九巻）所収の巻子である。『摹古絵巻』は江戸末期の写本である。その後半にあたる巻四六～八九を『集古十種』とする。『集古十種』は松平定信が中心になって臣下の学者・絵師らの資料を収集、編纂した古文化財図録で、全八五冊の版本に約二千点の文化財を収める。[18] 序文は寛政一二年、刊行を終えたのは文化初年（一八〇四）以前とされる。巻四六～八九の中には『集古十種』の続編とも言うべき『古画類聚』の一部を含む。『古画類聚』の成立時期は寛政九年以降、文化年間半ば頃までという。上記した宮内庁三巻本や東博六巻本の内容に照らして、『摹古絵巻』に所収の『集古十種』の中で、巻六三、巻六四、巻六九、巻七〇、巻七三、巻七五-1、巻七五-2の都合六巻、七軸が、『宮室図』に該当する内容をもつ。[19]

江戸大塚に所在した松平家抱屋敷の集古園には、定信が蒐集した膨大なコレクションがあったという。『宮室図』の内容をもつこれら七軸の巻子は『集古十種』の一部とされていることから、定信の蔵本、あるいはそれを元本とするものであったことは間違いない。東博六巻本は定信蔵本の狩野養信による書写本だが、江戸末期の写本という摹古絵巻本もまた、『宮室図』の定信蔵本により近い内容をもつ巻子ともみなせる。いずれにせよ摹古絵巻本と東博六巻本は同じ定信蔵本の系統に属する巻子である。この摹古絵巻本の、宮内庁三巻本、東博六巻本などとの対応関係は、表1に示した通りである。

全六巻のうち巻七五は二軸からなる。ただし一軸を前後に二分したもので、もとは同じ巻子である。各巻とも冒頭表側に題簽を貼り「集古十種宮室」

18　福島県立博物館編『福島県立博物館　平成一二年度第一回企画展図録　あるく・うつす・あつめる　松平定信の古文化財調査　集古十種』、二〇〇〇年三月。

19　東野註1前掲論文が、『大内裏図考証』のもとになった固禅の資料として『大内裏図』を挙げるのは『宮室図』のことであり、その註27に「当館蔵の分は、資料番号二三五四」とあるのは東博六巻本である。さらに「書陵部蔵の分は、註（7）『摹古絵巻』六三、六四、六九、七〇、七三巻など」として摹古絵巻本の存在を示唆する。七五巻がみえないが、「など」として省略されたものか。

と表題を墨書する（巻七五-2のみ、さらに「その二」の注記有り）。法量は、縦（天地の幅）は、巻七五-1、巻七五-2が四四〇㎜、巻六九が五〇〇㎜、巻六四が四三六㎜、巻六三が三九八㎜、巻七三が四〇〇㎜、巻七〇が三九六㎜である。『宮室図』の巻一～三に相当する巻子に比べ、巻四～六に相当する巻子は天地幅が小さい。とくに東博六巻本の巻四の四八九㎜に対し、これに相当する摹古絵巻本の巻六三は三九八㎜で、差が著しい。東博六巻本では〈63〉～〈75〉は各図の境界を墨線で区切り上下二段に配置して天地幅いっぱいに描くが、摹古絵巻本では図の外枠を墨線で描き、各図とも中央に配置するのはそのためであろう。したがって摹古絵巻本では図の上下に大きな空白部を生じている。

各巻とも雲母引きの料紙で丁寧に巻子に装丁し、厚紙で裏打ちする。各巻とも白描線画で、色名を墨書で適宜記載する。ただし、巻七五-1の〈2〉は着彩し、巻七五-1や巻七三には朱書、朱線がある。

各巻とも、「宮室図」と題する記載はない。しかし巻七三には東博六巻本の上（巻五）と同様、頭文目録があって、「大内裏図巻第一」と題する。また巻七〇には東博六巻本の下（巻六）と同様、頭文目録があって、「殿門巻第二」と題する。ただし東博六巻本の下（巻六）は、『宮室図』巻一～四に掲載済みの図は除外し、未掲載の図のみを収める巻である。摹古絵巻本の巻七〇では、各図は頭文目録通りの配列で、かつ目録に記載のすべてを収載する。つまり巻七〇は「殿門巻第二」であり、その巻子が『宮室図』とは別に確かに存在したことを示すものであって、またその全容が知られる貴重な写本の一つということができる。そしてまた「大内裏図巻第一」とその頭文目録に題される巻七三もまた、かかる書目の巻子の存在を示唆するものであろう。

『宮室図』と見なし得る巻子が右記以外にも存在する可能性は少なからずあるが、『宮室図』として知られ、また『宮室図』と同じ内容をもつ巻子としてこれまで管見に触れたのは、以上の四点である。

## 2-2　全体の構成と諸本の特徴

ここではまず『宮室図』の全体構成について概観し、さらに諸本間の異同に注目して各々の特徴について検討する（図総覧および表1参照）。

### **2-2-1　全体の構成**

宮内庁三巻本の巻一は東博六巻本の巻二、宮内庁三巻本の巻二は東博六巻本の巻一にほぼ相当し、宮内庁三巻本と東博六巻本では、巻一と巻二の巻数が逆である。巻三の内容は両者同じである。いっぽう東博八巻本では、宮内庁三巻本の巻一に相当する内容は巻二、五、六、巻二に相当する内容は巻一、三、四、そして巻三に相当する内容は巻七、八に収める。しかも各巻における図の配列順序をみると、宮内庁三巻本や東博六巻本とは大きく異なる（詳細は後述2-2-3）。また摹古絵巻本は『宮室図』としてまとまった体裁をもつものではないものの、宮内庁三巻本や東博六巻本とは各巻が明確な対応関係をもち、いっぽう東博八巻本とは構成を異にする。

東博六巻本や摹古絵巻本は松平定信の蔵本の系統に属し、宮内庁三巻本も同じ系統の写本とみなせる。対して東博八巻本は、それらとは異なる写本の系統に属する本を元本にしたのではないかと推察される。しかしまた東博八巻本の全巻の内容自体は、宮内庁三巻本におおむね合致する。そこで東博八巻本は宮内庁三巻本などと同系統の本を元本にしつつ、図の配列の大幅な改編によって新たに成立した可能性もある。

宮内庁三巻本と東博六巻本では巻一と巻二の巻数が逆であるが、どちらが本来のあり方か。参考になるのは東博六巻本の下（巻六）の頭文目録である。巻一～巻四掲載の図について「一」～「四」をその題目の頭に注記して示す。たとえば朱雀門は「二」とあり巻二所載の図であることを示す。この巻の「二」というのは東博六巻本の巻二ではなく、宮内庁三巻本の巻二を指す。つまり東博六巻本が参照した元本における巻一と巻二の内容は、宮内庁三巻本のそれらと一致する。このことは両本が同じ系統本から派生したものであることを示すとともに、東博六巻本の「一」「二」は誤りで、元本に従えば正しくは順に「二」「一」と記すべきものだったということになる。

また宮内庁三巻本は全三巻、すべて絵巻物からの抄出図で、東博六巻本の巻一～三に相当し、東博六巻本の巻四は宮内庁三巻本には存在しない。しかし巻四もまた巻一～三と同様、絵巻物からの抄出図である。しかも宮内庁三巻本の巻三の頭文目録には、東博六巻本の巻四掲載の図名を列記する。さらに東博六巻本の巻四に相当する巻が摹古絵巻本では巻六三として伝わる。したがって巻四が『宮室図』の一本として存在したことは疑いない。宮内庁三巻本は全三巻で一応完結した体裁をもつ。とはいえ、目録はあるのに図が不掲載というのは、やはり不完全の感を免れない。宮内庁三巻本の元本には、東博六巻本の巻四、摹古絵巻本の巻六三に相当する巻も、あるいは存在したのではないかと考えられる。ただし東博六巻本の巻四は掲載する図一六点のすべてに朱が入っており、稿本の赴きが強い。

また宮内庁三巻本には不掲載の図があるという点に関連して留意されるのは、着彩し清書本の趣をもつ宮内庁三巻本の方に、他の二本にはない脱漏がみられる点である。たとえば〈30〉〈52〉では表題を欠き、〈3〉では「春花門」を記さず、〈38〉では注記の「内宴」を記さないなどである。そのような相違が書写時によるものか、元本に起因するものかは不明だが、後述する掲載図の有無や、着彩と白線描画という相違とともに、三者各々を特徴付けるものといえる。とまれそのような相違はあるにせよ、三者が同系統であることは、図の構成に加えて各図の表題の記し方によっても裏付けられる。表題の文字の配列までほとんど同一といってよいほど三者は酷似するのである。

さて、宮内庁三巻本や東博八巻本に存在しないのは、東博六巻本の巻四、上（巻五）、下（巻六）である。このうち巻四が『宮室図』を構成する巻の一つであろうことは上記した。また上（巻五）、下（巻六）の成立経緯についてもすでに推論した。両巻は『宮室図』巻一～四の成立以降に、「大内裏圖巻第一」「殿門巻第二」と題する巻子二巻を模写したものと推察された。とくに「殿門巻第二」の模写では、『宮室図』巻一～四に既出の図は除外して、未掲載の図のみを収めて下（巻六）となった。そして巻一～四に上（巻五）、下（巻六）を加えた全六巻をもって新たに『宮室図』としたのが、東博六巻本ということである。

東博六巻本の巻二の冒頭下部に「宮室六巻之内」、同巻の末尾裏面に「六巻之内」とあることは前記した。かかる記載は巻二のみだが、全六巻構成であるとの認識を示すものであろう。ただしそれが東博六巻本の成立時点なのか、あるいは松平定信蔵本という元本からのものかは定かではない。いずれにせよ絵巻物からの抄出図を収める巻一～四に対し、とくに上（巻五）は後に詳述するように平安京や平安宮を中心に指図類を収載したものであって、異質の巻子が混在するかにみえる。しかし一方で、ともに『大内裏図考証』の考証にあたって参照、活用された資料群であり、そのような資料群を『大内裏図考証』とは別に集成したもの、というのが『宮室図』の編輯方針であったとすると、巻一～巻四に上（巻五）、下（巻六）を付加したのは、必ずしも奇異なことではなかったともいえよう。

## 2-2-2 図の有無

諸本間の異同について、掲載する図の有無に注目して検討する。

宮内庁三巻本（全巻）は、東博六巻本では巻一～三の三巻、東博八巻本では巻一～八の全巻、摹古絵巻本では巻七五-1、巻七五-2、巻六九、巻六四の全四軸、三巻にあたる（表1参照）。宮内庁三巻本は摹古絵巻本と図の構成、配列とも共通するが（後述）、それらにはあって東博六巻本、東博八巻本には存在しない図が複数ある。逆に東博六巻本や東博八巻本にはあって、宮内庁三巻本や摹古絵巻本には存在しない図、というのは確認できない。すなわち、宮内庁三巻本や摹古絵巻本の全体を通して確認できる〈1〉～〈61〉の計六一点がもっとも多く、東博六巻本や東博八巻本には欠番があるということである。

図総覧では、巻一～三の中で、東博六巻本に不在の図を網掛け1（背景　）、東博八巻本に不在の図を網掛け2（背景　）で示した。東博六巻本では〈2〉〈8〉〈20〉～〈22〉〈27〉の六点、東博八巻本では〈15〉〈23〉〈37〉〈57〉〈60〉の五点である。東博六巻本と東博八巻本の欠番が重複しないのは、図の欠落が両本で異なる理由によるものであることを示唆する。

東博六巻本での欠図は同本の巻二（宮内庁三巻本の巻一）に集中する。そのうち〈2〉に注目すると、東博六巻本の巻六の頭文目録では「年中行事画待賢門圖」として挙げ、巻一所載の図である旨を注記する。東博六巻本の元本である松平定信蔵本に〈2〉は存在したことをこれは強く示唆する。とすると同図は養信の模写の際に欠落したか、あるいは省略したものかと考えられる。欠図はこの待賢門の図以外では紫宸殿、清涼殿に関するものである。待賢門については〈3〉があり、紫宸殿、清涼殿についても他に複数の図を収載するから、それら図六点の欠落は巻の内容を大きく損なうものではない。なお〈2〉に関して、宮内庁三巻本では表題「郁芳門圖」の右に「待賢」と注記し、郁芳門は誤りで待賢門が正しいことを示す。東博八巻本では表題を「郁芳門圖」とし、誤ったままである。また摹古絵巻本では、全巻を通してこの図のみ着彩している。表題は「郁芳門圖」で右に「待賢」と注記するのは宮内庁三巻本と同様で、文字の配置まで酷似している。

つぎに東博八巻本における欠図は、宮内庁三巻本の巻一収載の図が二点、同様に巻二に一点、巻三に二点の都合五点であり、巻一～三の全体にわたることになる。巻一は紫宸殿と清涼殿が各一点、巻二では真言院、巻三では東三条殿と四天王寺西門である。東博六巻本がそうであったように、他にも図を掲載する紫宸殿・清涼殿や東三条殿については、欠図が内容に大きな差異を生じさせるものではない。しかし真言院、四天王寺西門の欠落、とくに平安宮内の施設である真言院の図を欠くことは、宮内庁三巻本や東博六巻本との相違を際立たせている。後述するように編輯の方針とりわけ各巻の構成、図の配列順序において、宮内庁三巻本や東博六巻本に対して、東博八巻本は著しく異なる。欠図の理由の詳細は不明だが、編輯時の省略によるものなら、そのことが深く関わる可能性がある。

東博六巻本では、巻三の頭文目録の前半は巻三に収載し、後半は巻四として収める。この頭文目録には列記されるにもかかわらず、不掲載の図がある。〈62〉〈79〉〈80〉の計三点で、図総覧では網掛け3（背景▒）で示した。

東博六巻本の巻四に相当する内容の巻子は、摹古絵巻本の巻六三として伝わる。この摹古絵巻本の巻六三をみると、上記〈62〉〈79〉〈80〉はいずれも目録通りの配列で、しかるべき場所に収載する。網掛け3（背景▒）で示した図三点は、東博六巻本では確認できないが、摹古絵巻本には掲載されるということである。

摹古絵巻本の巻六三にしたがえば、〈62〉は東博六巻本の巻三最末の欠図ではなく、巻四冒頭の欠図ということになる。上記三点の欠図はいずれも東博六巻本の巻四ということである。巻四の内容の巻子は宮内庁三巻本や東博八巻本には不在であることは前記した。

〈62〉〈79〉〈80〉を頭文目録通り収載する摹古絵巻本の巻六三の存在は、東博六巻本の元本にはそれらの図が存したことを示唆するものである。東博六巻本の巻六「殿門巻第二」の頭文目録に、欠図の一つ〈80〉にあたる「後京極殿寝殿圖」を挙げ、その頭に「四」とあって巻四収載の図である旨の注記があることも、元本での存在を裏付けるものであろう。欠図の理由は欠落か省略か、明らかではない。

頭文目録で「陸奥國々府圖」に注記して「二」とあるのは図二点と解される。〈78〉〈79〉がこれに相当するが、〈79〉は同じ「陸奥國々府圖」として〈78〉があるとの判断によって省略したか、それ故に抜け落ちたもの、また〈80〉については絵巻物からの抄出図ではないことから省略した、という推測は可能である。しかし〈62〉は絵巻物からの抄出図である。寝殿を中心に貴族邸を描いたこの場面を収載しない理由は不明である。

## 2-2-3　図の配列順

図の配列順序に注目して、諸本間の異同を検討する。検討対象は平安宮および内裏に関する図を収めた巻子で、宮内庁三巻本の巻一と巻二、東博六巻本の巻一と巻二、東博八巻本では巻一～六そして、摹古絵巻本では巻七五-1、巻七五-2、巻六九である（表1参照）。

宮内庁三巻本の巻一における図の配列順序はつぎの通りである。宮城一二門のうち、東面の陽明門にはじまり、南方の待賢門へとづつく。さらに待賢門をはいって内裏外郭南面の春花門を見て、建礼門に至る。建礼門から北進し、内裏内郭の南面中央の承明門を経て、正面にたつ内裏正殿の紫宸殿に至る。紫宸殿およびその東面の軒廊、西面の弓場殿、さらに紫宸殿西南にたつ校書殿、月華門、安福殿、そして紫宸殿西北にたつ清涼殿の場面を掲載し、また紫宸殿西北の明義門、清涼殿南面の殿上間とつづき、清涼殿東面と清涼殿の東北にある承香殿を結ぶ新長橋で終わる。この配列順序から看取できる経路は、①宮城東面の陽明門あるいは待賢門から入り（〈1〉～〈3〉）、②内裏へは南面中央の建礼門、承明門を経てまっすぐ北進し（〈4〉～〈6〉）、③正面中央の紫宸殿とその周辺、そして清涼殿（〈7〉～〈30〉）、である。①宮城へ東面から入り、②内裏へ南面から入り、③紫宸殿・清涼殿に至る、という明確な動線である。

東博六巻本では巻二に相当し、前記したように紫宸殿、清涼殿、待賢門に欠番はあるが、配列の順序はまったく同じである。摹古絵巻本では巻七五-1と巻七五-2の二軸に分かれるが、両巻通して図の構成と配列順序はまったく同じで、東博六巻本の如き欠図もない。

つぎに宮内庁三巻本の巻二における図の配列順序はつぎの通りである。宮門一二門のうち、南面中央の朱雀門にはじまり、同門をはいってまっすぐ北進、朝堂院の南門である応天門に至る。さらに北進して会昌門を入り北進をつづけ、竜尾壇から大極殿、その北の小安殿に至る。つぎに朝堂院の西北を占める真言院を見た後、内裏へは外郭東面の建春門から入って、温明殿、綾綺殿、仁寿殿そして、外郭西面の陰明門の順である。そのつぎは、あらためて内裏外郭北面の朔平門から入って南進し、内郭北面の玄輝門を入って後宮の常寧殿、その西方にたつ弘徽殿、登華殿そしてさらに西方の凝華舎でおわる。この配列順序から看取できるのは、①宮城南面の朱雀門から入り（〈31〉〈32〉）、②朝堂院内を北進、さらに真言院へ（〈33〉～〈37〉）、③内裏へは東面の建春門から入って陰明門まで西進し（〈38〉～〈42〉）、つぎには④北面の朔平門から再び入って玄輝門を南進（〈43〉～〈47〉）、⑤後宮の常寧殿と西方の殿舎（〈48〉～〈50〉）である。①宮城へ南面から入り、②朝堂院、真言院、③内裏へ東面から入って西進、④再び内裏へ北面から入って南進、⑤常寧殿と後宮西方の殿舎という配列もまた、明確な動線である。

東博六巻本では巻一に相当し、同巻では欠番はなく、配列の順序は宮内庁三巻本とまったく同一である。摹古絵巻本では巻六九に相当し、同巻もまた欠番はなく、配列の順序は宮内庁三巻本とまったく同一である。

以上、宮内庁三巻本や東博六巻本の巻一、巻二そして摹古絵巻本の巻七五-1、巻七五-2、巻六九における、図の配列順序から読み取れる動線は、現実の経路ではなく、おそらくは宮城図や内裏図などを参考に組み立てた机上の経路である。そこには明確な編輯方針が看取できるのであって、三諸本が元本を同じくする、あるいは同系列の元本によるものであることを強く示唆するものでもあろう。

いっぽう東博八巻本はどうか。該当するのは巻一～六であるが、上記諸本との比較において、巻の総数が大きく異なることからその内容が異なるのは当然として、収載図の配列順序もまた、共通しない点が少なくない（図総覧参照）。そこで東博八巻本について、あらためて巻一から検証する。

まず巻一は、宮内庁三巻本では巻二の①②に相当する。巻二は清涼殿に関する計八点の図からなるが、宮内庁三巻本では巻一の③の一部に相当する。巻三は朔平門にはじまり陰明門そして建春門から宣陽門を経て仁寿殿へと西進する順で、宮内庁三巻本では巻二における④の一部と③に相当する。ただし陰明門が建春門に先行するため、③のように宮門から閤門へと一貫して西進する経路というわけではない。巻四は宮内庁三巻本では巻二の④の一部および⑤に相当する。巻五は紫宸殿と清涼殿で、宮内庁三巻本では巻一の③の一部に相当する。巻六は宮内庁三巻本では巻一の①と②および、③の一部を含む。

宮内庁三巻本の巻一の①～③、巻二の①～⑤によく対応するのは、東博八巻本では巻一であり、他の巻も配列順序が共通するところがないわけではない。しかし宮内庁三巻本の巻一の③が東博八巻本では巻二、巻五、巻六に分散し、宮内庁三巻本の巻二の④が東博八巻本では巻三と巻四に分かれる。宮門や閤門をまとめ、また紫宸殿と清涼殿の周辺を別途まとめようとしたことに、それは起因するものであろう。しかし前者の場合、建礼門、承明門は除いており不徹底である。また後者については巻二が清涼殿だけの巻で、後述するようにその冒頭には紫宸殿と連絡する南東の廊のみを抄出する。殿舎の部分ごとにまとめようとする意図はうかがえても、しかし清涼殿は巻五にもあるから、方針は不徹底と言わざるを得ない。また巻四の後半、後宮では⑤に一応は対応するが、凝華舎が常寧殿に先行していて経路は乱れている。

かように図の配列順序に関して、宮内庁三巻本や東博六巻本そして摹古絵巻本のような一貫性が東博八巻本にはなく、全体として編輯は中途半端である。おそらくはそれら諸本と共通する本を元本にしつつ、図の配列に関して一部に上記の如き改編を加えたことによるものと推察される。しかし改編の方針は一定せず、しかも宮内庁三巻本や東博六巻本の巻数二、摹古絵巻本では巻数三に対し、都合六軸で大幅に軸数が多いうえ、巻一から巻六を通して、その順序に明確な編輯方針は看取できない。

要するに図の配列順序からみて、宮内庁三巻本や東博六巻本、摹古絵巻本に比して東博八巻本は善本とは言い難い。このことは次項の描写内容における省略の実態からもうかがえるところである。

### 2-2-4　描写内容の相違

各本の描写内容について検討する。対象となるのは比較検討が可能な宮内庁三巻本の全巻、東博六巻本の巻一～三、東博八巻本の全巻、摹古絵巻本の巻七五-1、巻七五-2、巻六九、巻六四である。

まず、人物と木など建物以外の抄出について、図総覧にまとめた（「描写方法」欄）。宮内庁三巻本と東博六巻本、摹古絵巻本を比較検討すると、大きく相違するのは〈56〉である。東博六巻本には場面左方の鳥居がない。模写時の脱漏であろうか。他の図については、各本はまったく同一と言ってよく、このことは各本が同一の元本からなり、なおかつともに忠実に模写したものであることを裏打ちする。清書本とも目される宮内庁三巻本とともに、東博六巻本、摹古絵巻本もまた善本の一つということができる。

いっぽう東博八巻本はどうか（参考図版を参照）。縦の法量（天地の幅）が全巻とも三九五㎜で、他本と比較して約一〇〇㎜前後も小さい。そのため上・下とも描けない箇所が生じてしまい、また時には便宜的に一つの図を複数に分け、左右に並べて描いた箇所もある（後述）。とくに場面の下部にあるべき人物や樹木は、天地幅の制約から、画面内に収められないことがある。さらに東博八巻本では、後述するように、場面の冒頭は人物や木で建物がないため抄出を省略した図もある。そのような場合を別にしてもなお、東博八巻本には人物や木の省略が際立つ（図総覧「描写方法」欄参照）。やや煩瑣ではあるが、宮内庁三巻本、東博六巻本、摹古絵巻本との相違点をつぎに列記する。

〈10〉木を省略
〈13〉木を省略
〈21〉人物・木を省略（東博六巻本は欠図）
〈25〉人物を省略
〈32〉一部の木を省略
〈36〉人物を描く（輪郭線のみ）
〈49〉木を省略
〈54〉一部の人物を描く（輪郭線のみ）
〈55〉詞書を省略
〈56〉木を省略

かように東博八巻本は人物・木の省略が広範に認められる。ちなみに宮内庁三巻本や東博六巻本、摹古絵巻本では省略し、東博八巻本では省略しない、といった図は管見に確認できない。

さらに建物自体の描写についても、東博八巻本には改変や省略が目立つ。つぎに例示する通りである。

〈6〉承明門と西方の永安門を一画面に描かず、左右に分ける。

〈7〉絵巻では一場面だが、紫宸殿は巻六-7（巻内番号。巻数-巻内の通番号）、月華門周辺は巻五-1に分けて収載する。

〈16〉〈17〉を〈13〉の下に配置する。しかも〈16〉の校書殿・安福殿のうち、安福殿を〈17〉に続く殿舎として描く。

〈19〉清涼殿南面の青璅門や長橋がない。

〈20〉清涼殿東面の中央（篇額）の周辺だけで、しかも〈19〉（巻五-12）の下に配置する。

〈21〉一部のみを粗描する。また東孫庇南側の落板敷周辺は、図を分けてその下方に配置する。

〈22〉清涼殿南面から東方紫宸殿にのびる廊周辺のみを抄出し、清涼殿は省略する。

〈24〉石灰壇から南方のみ抄出する。また図中の注記を一部省略する。

〈25〉清涼殿南面から東方紫宸殿に至る廊周辺のみを抄出し、清涼殿は省略する。

〈27〉屏風内の色紙に記す文字を省略する。

〈35〉絵巻の一九紙からはじまる「内舎人監物」を省略する。大極殿の図二点、西華門の図一点を分けて描く。しかも大極殿の図二点は〈36〉の後に配置する。

〈36〉昭慶門と小安殿を分ける。

〈41〉仁寿殿と綾綺殿の順を逆に配置する。

〈51〉冒頭の五三紙、五四紙の場面を略す。

〈53〉注記を省略する。

〈55〉冒頭の一部のみ描く。

〈61〉注記を一部省略する。

右記の内、〈6〉や〈36〉は料紙の天地幅が狭いという制約によるものであろう。しかし〈21〉が図を二点に分ける理由にはならない。あるいは巻子の長さにも制約があったかとも推察させる。

〈22〉〈25〉が清涼殿を省略したのは、南面から東方への廊に注目したためであろう。〈13〉の校書殿・安福殿にあわせて、校書殿の下方に〈16〉の校書殿を配置し、その下方に〈17〉の校書殿、そしてその左方に安福殿を配置するのもまた、同じ殿舎はまとめるという編輯意図によるものと考えられる。しかし安福殿の図に「安福殿（御齋會會条）」と記して〈17〉の図の如く記すのは誤りで、実際には〈16〉の安福殿である。さらに〈7〉では一場面にみえる複数の建物について、各々を別の巻に収めるが、それによって建物ごとに整理されたわけでもなく、意図は不明である。〈41〉は、絵巻の描写とは逆に配置する。その意図も不明である。かように東博八巻本には省略が目立ち、編輯の意図が判然としない箇所が少なくない。

### 2-2-5　東博六巻本の上・下（巻五・六）と摹古絵巻本

東博六巻本の上（巻五）は、「大内裏図巻第一」を元本とする巻子である。摹古絵巻本では巻七三が相当する。両者の内容上の相違点を敢えて挙げれば、〈82〉左京図において、東博六巻本では大内裏に貼紙があり、〈106〉清涼殿において、東博六巻本では「北廂」に記載文字に脱漏がある。また摹古絵巻本の方が、東博六巻本に比べて図の描線が鮮明で、文字の崩しが少ないことも指摘はできる。しかし全体を通して、表題はもとより図の表現、図中の文字に至るまで、まったく一致するといってよいほど両者は酷似する。たとえば〈101〉豊楽院図では、虫損の位置や形状まで両者はよく一致している。両者の元本が同一もしくは同系統の本によるものであることは疑いなく、描写内容の検討に際しても、概ね両者は軽重なく扱える。

ただし注意すべき点がある。〈86〉の次の図以降、〈91〉の直前の図までの都合四点の図については、両者は大きく相違することである。東博六巻本での図の表題を掲載順にa～d、図を掲載順にA～Dとし、両本について比較すると次の通りとなる。

| 東博六巻本 | 『摹古絵巻』巻七三 |
| --- | --- |
| a A | a C |
| b B | d A |
| c C | b B |
| d D | c D |

頭文目録と表題の順序（a↓d）が一致するのは東博六巻本である。表題と図の対応関係はどうか。両者が共通するのはbBの組み合わせのみである。またdの「千分一之図」は図の内容から判断してDにあたるものと考えられる。その場合、表題cに対応する図はAかCかのいずれかとなる。図の内容から推してcCの組み合わせが妥当と推察される。すなわち東博六巻本が正しく、摹古絵巻本の巻七三には、表題と図の対応関係および、図の配列順序に錯誤がみられるということである。そこで〈86〉の次の図以降、〈91〉の直前の図までの都合四点の図について、本書では東博六巻本をもとに各々〈87〉～〈90〉とした。当該箇所に限っては、図と表題の対応関係、配列順序とも正確な東博六巻本に拠るのが妥当である（図解説〈87〉参照）。

つぎに東博六巻本の下（巻六）は前記した通り、「殿門巻第二」をもとに『宮室図』巻一～四に不掲載の図を採録して一巻としたものである。「殿門巻第二」は摹古絵巻本の巻七〇が相当する。「殿門巻第二」の全体像については後述（2-5）することとし、ここでは東博六巻本の下（巻六）収載の図について、摹古絵巻本の巻七〇収載のそれらと比較する。

該当するのは〈107〉～〈111〉の都合五点の図で、『摹古絵巻』では巻七〇-20、巻七〇-37～40が相当する（図総覧参照）。〈107〉は、『年中行事絵巻』からの抄出図で、東博六巻本と摹古絵巻本の描写内容は一致する。同じ図が『院宮』にもある。『院宮』との比較では、省略や描写に粗雑な箇所がみられることは後述するが、そのような特徴も東博六巻本と摹古絵巻本の巻七〇はよく一致する。また〈108〉～〈110〉は、絵巻からの抄出図ではなく、貴族の日録から記事・指図を引用したものである。各図とも図の内容、図中の文字や引用記事の改行箇所に至るまで、よく一致するといってよい。〈110〉で「貞治」を「安貞」と誤るのも同じである。〈109〉について東博六巻本の指図には記載漏れと考えられる箇所がわずかにある程度である。〈111〉は絵巻の描写をもとに平面図化したものであるが、表題、図とも両者はまったく同一といってよいほど酷似する。以上から、東博六巻本が参照した「殿門巻第二」の元本が、摹古絵巻本の巻七〇の元本と同一もしくは同系統の本によるものであることは疑いないところであろう。

### 2-3　『宮室図』と『院宮及私第図』

『宮室図』宮内庁三巻本の巻三、これに相当する東博六巻本の巻三や摹古絵巻本の巻六四、そして東博六巻本の巻四とこれに相当する摹古絵巻本の巻六三は（表1参照）、『院宮』東博本の巻二と重複した内容をもつ。また前記した通り、〈107〉は〈院宮71〉（〈院宮（番号）〉は『院宮及私第図』（藤田註7前掲書）における通番号を表す）に相当する。『宮室図』と『院宮』のこのような対応関係についてまとめたのが、表2である。『宮室図』と『院宮』に共通する図は、いずれも絵巻物からの抄出図であり、『院宮』では巻四もそうであるが、『宮室図』に『院宮』巻四収載の図二点〈院宮101〉〈院宮102〉はみえない。ここでは『宮室図』と『院宮』巻二を比較検討する。

まず図の配列順序に注目して全体の構成をみると、『宮室図』巻三の冒頭〈51〉は、『院宮』では〈院宮64〉にあたり、『院宮』巻二冒頭の図である。〈52〉以降についても『院宮』巻二と図の配列順序は同じで、『宮室図』巻四掉尾の図〈80〉が『院宮』巻二最末の〈院宮100〉にあたる。頭文目録も『宮室図』と『院宮』巻二はよく一致する。各々が同一の系統の元本をもとに編輯されたものであることは疑いない。[20]

しかし相違点もある。ひとつに表題の有無、二つ目に着彩や注記の有無、そして三つ目に図の点数の相違である。

まず、『院宮』巻二では（巻四も同様に）、図に表題は一切記さない。しかし『宮室図』東博六巻本や摹古絵巻本ではほぼすべてにわたって表題が

20　宮内庁三巻本の巻三の頭文目録では、「板葺棟門図」の「葺」を空欄とする。東博六巻本や摹古絵巻本では「葺」を記す。これは『院宮』と同じである。

ある。[21]

〈64〉～〈73〉（〈院宮84〉～〈院宮86〉〈院宮88〉～〈院宮94〉）には表題欄がある。『院宮』の該当箇所にも欄はあるが、すべて空欄である。『宮室図』『院宮』ともに、元本にはすでに表題があり、すべてが不記載の『院宮』に対し、『宮室図』では忠実に模写されたのか、あるいは元本に表題は不記載で、『宮室図』編輯時に記したものかもしれない。

なお表題に関して、〈70〉は東博六巻本と摹古絵巻本で異なる。東博六巻本は「芝築地圖」と記すが、摹古絵巻本は記載がない。ただし東博六巻本の「芝築地圖」は、前後の〈59〉〈71〉とは筆致が明らかに異なり、朱書である。また同本では表題の頭に朱で〇印を付すが、「芝築地圖」ではなく注記の「広隆寺来迎房」の上に〇印がある。そこで東博六巻本の「芝築地圖」は後補と考えられる（図解説〈70〉参照）。

着彩の有無についてはどうか。『宮室図』宮内庁三巻本は彩色を施す。東博六巻本や摹古絵巻本は着彩せず、図中に色名を記す。またいずれにも詞書や建物を説明する文字が少なからずみえる。しかし『院宮』は着彩せず、図中の文字もほぼ皆無である。[22] かように『宮室図』の方が図としての内容の密度が濃く、とりわけ着彩する『宮室図』宮内庁三巻本の完成度は高い。

図の点数についてはどうか。摹古絵巻本に対して東博六巻本に欠図があることは前記した。図総覧の網掛け3（背景▒）の図三点〈62〉〈79〉〈80〉である。そこでもっとも図の収載点数が多く充実する摹古絵巻本と『院宮』を比較すると、〈院宮67〉、〈院宮69〉〈院宮70〉〈院宮72〉～〈院宮74〉の都合六点を『宮室図』は欠く。

まず〈院宮67〉～〈院宮71〉の図五点は、いずれも『年中行事絵巻』の大饗の場面である。このうち『宮室図』にあるのは、〈院宮68〉に該当する〈54〉、〈院宮71〉に該当する〈107〉である。〈院宮70〉は人物描写だけで建物を描かないから、『宮室図』での未収載が同図だけなら、建物を描かないことが理由として考えられる。しかし〈院宮67〉〈院宮69〉にあたる図も『宮室図』は収載していない。

両者の相違は頭文目録に反映されている。『宮室図』の頭文目録をみると、次の〈55〉（〈院宮75〉）は「亀山院画合巻院御桟敷圖」で、その右肩に「同大臣第圖」とあって、それは〈54〉（〈院宮68〉）を指すものであることがわかる。しかしこの題は〈54〉（〈院宮68〉）のみならず、〈院宮67〉～〈院宮71〉にもあてはまるものである。はたして『院宮』の頭文目録でも「年中行事画大臣第圖」を『宮室図』のそれと同様に記している。そこで大饗に関するこれら図五点はすべて後補の可能性が高いと考えられる。

『院宮』の頭文目録の追記、「年中行事画大臣第圖」にあたる〈院宮67〉～〈院宮71〉は、『院宮』ではすべて収載したが、『宮室図』では編輯時に〈54〉の一点をもって代表させ、後にまた下（巻六）に〈107〉を掲載したのではないか。いずれも東三条殿に関する図で、この〈54〉以外にも同邸に関する図は収載しているので問題はない、との判断であろうか。あるいは、〈院宮67〉～〈院宮71〉のうち、〈院宮68〉以外の図四点は、『宮室図』の元本には存在したが、書写時に省略したものかもしれない。[23]

つぎに〈院宮72〉～〈院宮74〉は、『院宮』の頭文目録では「年中行事画齋院御禊画」「北野縁起圖」「石山縁起圖」と記すが、それらも「年中行事画大臣第圖」と同様、「亀山院画合巻院御桟敷圖」（〈院宮75〉）の右方および右下方に追記したものである。追記とみなせるのは、「亀山院画合巻院御桟敷圖」の上の「同関白第圖」（〈院宮66〉）との間に、〇印を記すからである。いっぽう『宮室図』の頭文目録にそれらの追記はない。そこで『院宮』東博本の元本にはすでに後補されていたか、あるいは『院宮』編輯時に追加されたのに対し、『宮室図』の元本は後補以前の本であったか、あるいは『宮室図』編輯時には追加しなかった、とも考えられる。頭文目録に追記する『宮室図』〈54〉や『院宮』の〈院宮67〉～〈院宮74〉の、後補の実態が不明であるため、いずれにせよ上記は推測の域を出ない。

さて絵巻物に紫宸殿や清涼殿の描写はきわめて豊富である。しかしそれらを描く場面を『院宮』は一切収載しない。いっぽう『宮室図』ではとくに巻一に多くの場面を収め、しかも建物の同じ部分であっても重複を厭わず繰り返し収載する。両者の編輯方針の相違が顕著である。象徴的なのは『年中行事絵巻』の、住吉本では巻一〇にあたる場面の扱いである。同巻

21 『宮室図』宮内庁三巻本では〈52〉（巻三―2）が唯一表題を記さない。東博八巻本も〈52〉に表題はないが、東博六巻本、摹古絵巻本では〈51〉と同じ表題を記す。宮内庁三巻本では〈51〉と同一であることから省略されたものか。

22 〈院宮73〉〈院宮74〉〈院宮101〉〈院宮102〉に注記はみえるが、それらの図は『宮室図』には不掲載である。

23 〈院宮71〉にあたる図は、摹古絵巻本の巻七〇「殿門巻第二」に収載していて、これを抄出した東博六巻本の下（巻六）は巻頭に収載する（〈107〉）。ただし建物や人物の描写に一部省略があり、また建物細部の描き方も粗雑であることから、『院宮』とは異なる元本によるものとも考えられる。

は全五段構成で、第一段一～九紙は貴族邸、第二段一〇～一三紙に建物は描かず、第三段一四～一九紙は紫宸殿、第四段二〇～二四紙と第五段二五～三〇紙は東三条殿である。『院宮』ではそのうち紫宸殿を描く第三段だけが未収載である。対して『宮室図』では第三段の場面を巻一、紫宸殿の諸図の冒頭（〈7〉）に収載する。[24]

『宮室図』と『院宮』の編輯過程では、絵巻の描写内容によって適宜、取捨選択がなされたであろう。その書名にしたがえば、おもに平安宮や内裏など宮廷の建物の図を集成するというのが、『宮室図』編輯の基本方針だったはずである。上記に検証したように、同じ元本を用いながら『院宮』収載の図を『宮室図』が複数欠くという事実は、『宮室図』として内容に瑕疵を生じさせるものなどではなく、編輯方針に沿ったことの反映といえるだろう。

### 2−4　『宮室図』と『大内裏図考証』

『宮室図』東博六巻本の上（巻五）、摹古絵巻本の巻七三は、平安京や平安宮を中心に指図類を収載した巻である。冒頭に「大内裏図巻第一」と題する目録を掲載することから明らかなように、その内容は「大内裏図巻第一」である。

ここでは『大内裏図考証』での引用図と比較・検討する。なお前記（2-2-5）の通り、摹古絵巻本では〈87〉から〈90〉において、表題と図の対応関係に錯誤がみられ、加えて東博六巻本とは配列順序も異なる。当該箇所について、ここでは対応関係、配列順序とも正確な東博六巻本にもとづく。

図は〈81〉～〈106〉の計二六点である。そのうち〈81〉～〈103〉の都合二三点が平安京や宮城に関する図である。いっぽう『大内裏図考証』にみえる図は左記の通り一八点で、ほかに所伝不詳図がある。それらと〈81〉～〈103〉との対応関係は次のように推察される。[25]

古本拾芥抄
拾芥抄〈84〉〈85〉〈102〉
校本拾芥抄〈81〉、〈87〉、〈91〉〈93〉、〈95〉、〈98〉
板本拾芥抄〈82〉〈83〉、〈88〉
京兆図
神泉苑所伝図
東寺宝泉院所伝宮城図〈94〉
東寺一子院所伝都城図
東寺所伝都城残欠図
南都二条法眼家所伝宮城図
南都所伝宮城残欠図〈86〉
南都所伝大内裏一古図
醍醐水本坊屏風図〈89〉、〈97〉、〈100〉
応永十六年所写宮城千分一図〈90〉
文亀二年伝写豊楽院図〈101〉
伊藤長胤所伝図〈91〉〈103〉
宮城古図
大内大図

『大内裏図考証』にみえる『拾芥抄』には、右記のとおり『古本拾芥抄』、『拾芥抄』、『校本拾芥抄』、『板本拾芥抄』がある。いっぽう「大内裏図巻第一」には『拾芥抄』、『拾芥抄校本』、『拾芥抄加校本』がある。

〈81〉東京図と〈82〉左京図は、ともに平安京左京の図であるが、表題、描写内容ともに異なる。にも拘わらず『宮室図』が典拠をともに「拾芥抄加校本」と記すのは不審である。〈82〉は「拾芥抄加校本」ではなく「拾芥抄校本」とも考えられる（図解説〈82〉参照）。つまり「拾芥抄校本」と「拾芥抄加校本」は異なるということである。

また〈88〉の典拠を「拾芥抄加校本」と記すのは、「拾芥抄校本」の誤記と考えられる（図解説〈88〉参照）。そしてこの図を省略した図が『大内

24　第一段一～九紙は〈院宮23〉、第二段一〇～一三紙は〈院宮70〉、第四段二〇～二四紙は〈院宮77〉、第五段二五～三〇紙は〈院宮67〉。このうち〈院宮23〉は絵巻の描写をもとに平面図化したものであるが、三～五紙は絵巻の描写を収載する（〈院宮87〉）。いっぽう『宮室図』では紫宸殿〈7〉のほか、〈院宮77〉にあたる東三条殿の図〈57〉、〈院宮87〉にあたる貴族邸の図〈66〉がみえるから、『院宮』の方が編輯方針はより明確であったともいえる。

25　福山敏男『日本建築史研究　続編』墨水書房、一九七一年一月所収の「平安京とその宮城の指図」。同論考に「年中行事絵などの絵巻や雲図抄・清獬眼抄などの記録、山槐記・兵範記などの日記に部分的に出ている絵図や指図、江戸時代に入ってから後に作られた復原図などを除」いた、「平安京の左右京や宮城の指図の類として」『大内裏図考証』にその名がみえる図として列記される。

26　『記録文書篇　別輯　宮城図』思文閣出版、一九九六年二月の「解説」（村井康彦・瀧浪貞子執筆）。

裏図考証』の「板本拾芥抄宮城省略圖」に比定される。そこで「大内裏図巻第一」の「拾芥抄校本」は、『大内裏図考証』では「板本拾芥抄」に相当するものと考えられる。とすると「大内裏図巻第一」に多くみえる「拾芥抄加校本」とは、『大内裏図考証』における「校本拾芥抄」ということになろう。

〈83〉右京図は表題に典拠を記さないが、〈82〉左京図と一連の図であり、典拠は「拾芥抄校本」である（図解説〈83〉参照）。また〈93〉は頭文目録、表題とも不記載である。描くのは内裏西方の中和院周辺で、『拾芥抄』では「中重隔」の図に続いて掲載する図であることから、「大内裏図巻第一」でも〈92〉と一連の図として収載したものと考えられる。〈92〉は「拾芥抄加校本」であることから、〈93〉もそのように推測できる。また頭文目録に「異本殿舎圖」とある〈103〉は、表題になく、出典も記さないものの、典拠は「東涯先生傳来古圖」と考えられる図である（図解説〈93〉参照）。

〈96〉〈99〉に典拠として記す「大圖」は明らかでない。〈96〉の内裏図は、殿舎規模を記さない点で、陽明文庫本『宮城図』にある内裏図の系統に近いものと考えられる。また〈99〉の八省院図の描写内容は、陽明文庫本、九条家本のいずれとも相違し、九条家本に類似する神泉本、陽明文庫本と類似する二条本（南都二条家所伝図）といった他の諸本とも相違する。(26)〈96〉〈99〉の「大圖」が『大内裏図考証』の「大内大図」である可能性も排除はできないが、詳細は今後の課題である。

以上、不明な点もあるが、「大内裏図巻第一」が収める宮城に関する図〈81〉～〈103〉は、『大内裏図考証』の編輯で活用されたものと考えられる。むろんこの巻を含む『宮室図』が、『大内裏図考証』の典拠資料のすべてを網羅しているわけではもとよりない。「大内裏図巻第一」の作成に際しては図の取捨選択がなされている。

この取捨選択の内実について、さらに検証する。『大内裏図考証』では典拠とした図全体を掲載する場合と、考証に関連する図の一部のみを抄出、掲載する場合がある。「大内裏図巻第一」収載の図は、『大内裏図考証』ではいずれの扱いがなされる傾向にあったのか。掲載のあり方に注目して一覧したのが、表3である。

『大内裏図考証』の典拠となる図の中で、図を掲載するのは一部であり、また掲載しても図の全体を掲載するのはさらにその一部であって、多くは考証に関わる箇所を抄出、掲載するに留まる。「大内裏図巻第一」収載の図についても同じ傾向にあったようで、上記の通り半数近くは『大内裏図考証』には不掲載である。

『大内裏図考証』に図の全体を掲載していても、これと同じ図を「大内裏図巻第一」でも取り上げている場合がある（表3の「掲載のあり方」欄の「〇」、以下同様）。『大内裏図考証』での扱いとは別に、「大内裏図巻第一」では掲載図の取捨選択がなされたようである。また『大内裏図考証』に掲載の図とは異なる系統の写本による図が「大内裏図巻第一」にみえる（「△」）。それらも考証に際して活用したものとすると、典拠資料の広がりを示唆するものであろう。そしてまたとくに『大内裏図考証』に不掲載（「×」）、あるいは掲載はしても一部箇所に留まる図が「大内裏図巻第一」には収載されていて（「□」）、図の全体像が確認できる意義は大きい。

さて、「大内裏図巻第一」には上記平安京、平安宮に関連する図に続けて清涼殿の図三点を収載する（〈104〉～〈106〉）。ただし〈105〉は〈104〉の校訂図であるから、実質的には図二点である。このうち〈104〉（〈105〉）の「清涼殿古圖」は『大内裏図考証』にその名が間々みえる。考証に際して広範に活用しており、『禁腋秘抄』や『雲図抄』など他の故実書も勘案のうえ作成した復元図も提示する。しかし典拠としたこの図自体は不掲載である。上記した他の不掲載の図（「□」）がそうであるように、「大内裏図巻第一」によって図の全体像が知られるのは貴重である。なお〈106〉は新造成った寛政度内裏の清涼殿に関する指図であって、いわば考証の成果を示したものともいえる。同図が「大内裏図巻第一」に収載の理由は不明だが、かかる図はこの一点のみ、しかも末尾に配することから、単なる編輯上の瑕疵や竄入などではないように思われる。あるいは「大内裏図巻第一」は、『大内裏図考証』で活用した資料を単に集成しただけの作品ではない、という編輯意図を示唆するものかもしれない。

### 2-5 「殿門巻第二」と『宮室図』

『宮室図』は巻一～四の全四巻であったが、「大内裏図巻第一」の内容をもつ上（巻五）、さらに「殿門巻第二」から『宮室図』巻一～四に未掲載の図五点のみを採録して下（巻六）とし、『宮室図』は全六巻の構成となった（東博六巻本）。

東博六巻本の下（巻六）冒頭に「殿門巻第二」の目録を挙げている。ただし同巻収載の図の大半は下（巻六）には不掲載であり、下（巻六）によって「殿門巻第二」の全容を知ることはできない。しかし摹古絵巻本の巻七〇は「殿門巻第二」の内容をもつ巻子であり、目録通りにすべての図を収載する。この「殿門巻第二」は固禅の編輯と考えられるもので、ここでは摹古絵巻本をもとに「殿門巻第二」について概観したい。

摹古絵巻本の「殿門巻第二」には東博六巻本と同様に頭文目録があり、両者を照合すると、東博六巻本では「殿門巻第二」の頭文目録を忠実に写したことがわかる。ただし、東博六巻本にみられる、図名の上部にある〇印や「一」「二」といった『宮室図』の巻番号の記載は、下（巻六）編輯時の加筆であって、当然のことながら摹古絵巻本にはない。

「殿門巻第二」に収載の図は都合四〇点である。図の配列順序は頭文目録の通りである。摹古絵巻本の「殿門巻第二」の頭文目録、表題、そして各図が対応する『宮室図』の図について一覧にまとめた（表4）。摹古絵巻本では、各図の境目を縦の墨線によって明確に区分し、各図に表題を記す。ただし『宮室図』にはみられる注記のない場合がある。

「殿門巻第二」はその題から、殿舎や門の図を集成した巻ということになる。確かに門の図を多く収載するが、東三条殿の一部、伴大納言邸、さらに内裏の殿舎、賀茂祭の桟敷に至るまで、収載図の内容は多彩である。またそれら図の配列順序も不規則である。『宮室図』巻一～四の図が多く、絵巻物からの抄出図が全四〇点中の三六点、九割を占める。一方で『山槐記』などの日記から指図・記事を引用し、また絵巻物の描写を平面図化したものもある。

『宮室図』収載の図の点数を巻ごとにみると、巻一は三〇点中の六点（二〇％）、巻二は二〇点中の五点（二五％）、巻三は一一点中の六点（五五％）、さらに巻四は一九点中の一八点（九五％）の図を「殿門図巻第二」に確認できる。『宮室図』の巻数が一から四へと増えるにしたがい、図の点数の割合も増える。かかる傾向が何を意味するのか、にわかに判断しかねる。収載図の多様性や配列順の不規則性から推して、「殿門図巻第二」に明確な編輯方針があったとは考え難い。なお『宮室図』巻三、巻四の図の収載は、『院宮』東博本の巻二の図の収載をも意味する。図の配列順序を見る限り、「殿門巻第二」に『院宮』との関連性を見出すことは困難である。

前記したように、「殿門巻第二」は絵巻物からの抄出図が全四〇点の図のうち三六点を占める。それらは『宮室図』巻一～四にみられるが、唯一、未掲載の図がある。「年中行事画牛飼童饗饌圖」（巻七〇-20）である。未掲載ゆえ『宮室図』東博六巻本の下（巻六）に採録している。頭文目録に続く巻頭の図である〈107〉。この〈107〉は、「殿門巻第二」からの採録であり、はたして摹古絵巻本の巻七〇のそれと同一の内容をもつ。同図は『院宮』にもみえる〈院宮71〉。この『院宮』の図に比べ、東博六巻本や摹古絵巻本には建物や人物に一部省略があり、建物細部の描写も粗雑である。『院宮』〈院宮71〉とは異なる元本によるものか、「殿門巻第二」としてまとめる時点で改変したものかもしれない。

## 3 『宮室図』の広がり ——派生した作品——

『宮室図』から派生した作品、関連の深い資料について概説する。

宮内庁書陵部が「旧松岡本」として蔵する資料は、松岡辰方の孫明義の遺言にしたがって宮内省に献上された松岡辰方の旧蔵書である。この中に、『都城院宮之図』『宮門図』『宮殿之図』『東三条殿両中門図』といった住宅関連資料が見いだせる。

27　注記が後の書写時の加筆なら、『都城院宮之図』も固禅編輯の可能性がある。とすると『宮室図』と同じ史料を一部に用いた、『宮室図』とは別の固禅による作品で、辰方は『院宮及私第図』と同様、『都城院宮之図』もまた固禅の研究成果の一書として所持していたことになる。

『都城院宮之図』（宮内庁書陵部蔵、松岡本、江戸末期写、函架番号：B七−四五八）（参考図版を参照）は、辰方の蔵書目録である『文政蔵書目録』（内閣文庫蔵）第六巻の、「殿舎及調度舗設等部　筥入」冒頭にある「都宮及院宮之圖　二巻」に該当するものと考えられる。ちなみに『院宮及私第図』はこのつぎに「院宮及私第之圖　四巻」として挙がっており、『宮殿之図』も「宮殿之図　一巻」としてみえる。それらは同じ「一筥」に納められていた。なお後述する『宮門図』も第六巻にみえる点では同じだが、『都城院宮之図』などとは別の「長袋部」の冒頭に、「宮門之圖　一巻」と記されるものである。

辰方は『大内裏図考証』や『内裏図』『皇居年表』などを蔵していて、それらは『文政蔵書目録』第五巻の「殿舎部」にみえる。この部では内裏関係資料が多くを占めるが、公家住宅に関する資料が数点あって注目される。『鷹司殿寝殿』『寝殿図』そして右記の『東三条殿両中門図』などである。ただしそれらについては、明治の増補分であることを示す朱による圏点がある。

### 3-1　『都城院宮之図』と『宮室図』

『都城院宮之図』は上・下の二巻、二軸で、全五六点の図を収載する。上・下巻とも法量は縦（天地幅）が三八〇㎜で、『宮室図』東博六巻本の上（巻五）・下（巻六）の三九三㎜に近い。上巻は外題に「都城院宮之圖」、その下方に「上」と墨書する。また「都城　宮城　内裏／八省　豊樂　眞言院」と裏書きする。上巻の冒頭に頭文目録があり、上・下巻に収載の図をすべて列記する。下巻も上巻と同様、外題に「都城院宮之圖」、その下方に「下」と墨書する。また「都城及院宮之圖坤」と裏書きする。目録は上巻冒頭にまとめているためか、下巻に目録はない。頭文目録は整然と図名を列記し、上・下巻を通して各図の表題も一貫した筆致である。ただし文字の大きさは不統一で、図と文字の配置も一貫性を欠く。

各巻の構成ならびに『宮室図』との関係を一覧した（表5）。上巻は全二七点で、平安京図からはじまり宮城図、内裏、里内裏の閑院内裏の図などを収める。下巻は全二九点で、内裏の清涼殿、校書殿、安福殿のほか、八省院や豊楽院、真言院といった大内裏内の諸施設、さらには斎院客殿の図などを収める。図はいずれも指図もしくは、絵巻物が描く建物を平面図化したものであり、『宮室図』巻一～四にあるような絵巻物からの抄出図はない。

編輯者や成立年次を示す記載はない。〈都城18〉（〈都城（番号）〉は『都城院宮之図』における通番号を表す。表5参照。）「大内圖」は「東涯先生傳来古圖」を典拠とする図であるが、「江端春庵所傳大内圖」との校合を注記する。この注記は書写時ではなく元本にあったものとみられる。「江端春庵」が漢学者の江帾春庵とすると、春庵は文化一四年（一八一七）生、嘉永二年（一八四九）九月の没であるから、『都城院宮之図』の成立はこの頃以降ということになる。[27]

『宮室図』東博六巻本の上（巻五）、下（六巻）、摹古絵巻本では巻七三および巻七〇の一部に相当する図がみえる（表5の『宮室図』の欄を参照）。『都城院宮之図』の上巻では〈都城1〉～〈都城18〉の一八点、下巻では〈都城28〉、〈都城39〉～〈都城47〉の一〇点である。全五六点のうち半数にあたる都合二八点が『宮室図』収載の図である。

また『宮室図』の方からみると、右記の巻にあるほとんどすべての図を収載していて、『都城院宮之図』にないのは上（巻五）（『摹古絵巻』巻七三）の図二六点のうち〈105〉〈106〉の二点、下（六巻）（『摹古絵巻』巻七〇の一部）の図五点のうち〈107〉の一点の、あわせて三点のみである。『宮室図』と『都城院宮之図』の密接な関係がうかがえる。

右記の図三点を収載しない理由について、〈105〉は〈104〉の考訂図であるから重複を避けたため、〈106〉は寛政度再建内裏の清涼殿の図であり、性格が異なるからと考えられる。また〈107〉は絵巻物からの抄出図である。『宮室図』巻一～四に相当する図は『都城院宮之図』にはみえず、絵巻物からの抄出図は収載しないという明確な編輯方針によるものであろう。真言院に関する図の冒頭〈都城48〉が『宮室図』巻二の〈37〉ではなく、絵巻の描写を平面図化したものであるのは象徴的である。

いっぽう『都城院宮之図』収載の図で『宮室図』にみえないのは、上巻では〈都城19〉～〈都城27〉、下巻では〈都城29〉～〈都城38〉、〈都城48〉～〈都城56〉である。〈都城19〉～〈都城27〉は閑院内裏、〈都城29〉～〈都城38〉もまた二条内裏や小六条殿、土御門内裏といった里内裏に関する図である。そして〈都城48〉～〈都城56〉はすべて真言院に関する図である。したがって『都城院宮之図』は『宮室図』に収載の図に、閑院内裏をはじめとする里内裏や、真言院に関する図を加えて新たに編輯した作品ということもできる。

『都城院宮之図』の編輯に際して『宮室図』を参照したとするなら、その典拠本は何か。東博六巻本の上（巻五）、『摹古絵巻』巻七三は「大内裏図巻第一」である。また下（巻六）の方は「殿門図巻第二」からの一部採録であるが、摹古絵巻本の巻七〇に「殿門図巻第二」は伝わる。『都城院宮之図』はそれらを書写したものという可能性はある。煩瑣を厭わず、『都城院宮之図』が『宮室図』と相違するおもな点を次に列記した。なお「大内裏図巻第一」および、「殿門図巻第二」からの抄出図について、東博六巻本と摹古絵巻本間の異同については、2-2-5参照。

〈都城1〉〈81〉大路名や坊名を加筆する一方で、南東西の三方は大路を複線で示さず略す。

〈都城2〉〈82〉高陽院東方の神祇官町周辺について、図下方に「拠拾芥鈔神祇官／町説如是」と注記して別案を示す。また一町を超える敷地規模の邸では、路を描かない。大内裏に貼紙があるのは東博六巻本と同じだが、貼紙の内容はより詳しい。

〈都城3〉〈83〉左京図とは逆に、上を東におく。「拾芥抄校本」の表題あり。

〈都城4〉〈84〉「同」による省略や、脱漏箇所の加筆挿入がある。

〈都城5〉〈85〉「一二」を「三」と誤記。「十一十二十三十四為三保」がないことや、「九十十五十六町是為四保」を記す位置は、『拾芥抄』（尊経閣本）と同じ。

〈都城6〉〈86〉豊楽院の「楽」の誤記を訂正。「殷富」（殷富門）を記す。

〈都城7〉〈87〉建礼門の位置を誤り、訂正する。「正親司」の右脇に「正親町」と記す。

〈都城8〉〈88〉「酒殿」を朱で加筆する。

〈都城9〉〈89〉「藻壁門」を記さない。

〈都城10〉〈90〉「四丈　一分」の「一分」を「二分」と誤記する。図左上に「応永十六[巳丑]年閏三月十日写之／書判有之」（巳は己の誤り）の記載あり。

〈都城11〉〈91〉「梨本」内の南方にある東西の線について、「此径誤當削」と記す。「朔平門」を記す。大極殿前の「登橋」を記す。東博六巻本や摹古絵巻本は大学寮を「南北一町四丈」とするが、「南北二町四丈」と記す。

〈都城12〉〈92〉図の説明を詳記する。

〈都城13〉〈93〉頭文目録に挙げ、表題も記す。

〈都城15〉〈95〉門・出入口の位置を黒点で明記する。

〈都城16〉〈96〉「南」の記載あり。門・出入口の柱位置を黒点で明記する。

〈都城17〉〈97〉「昭陽舎北」に「淑景舎」とも誤って併記する。

〈都城18〉〈103〉「大内圖[東涯先生傳来古図]」と表題を記す。表題に添えて「江端春庵所傳大内図／与此図相同而紫宸殿／隅庇ヲ隅ノ小庇ト書リ／又雞座ヲ不注」と記す。また「此圖大同拾芥抄而有小異故抄出其異者／備考」と注記する。隅庇を「庇」と記す。

〈都城28〉〈104〉図中の妻戸や出入口を省略せずに記す。

〈都城39〉〈111〉『都城院宮之図』は「伴大納言焼應天門繪巻物」、東博六巻本や摹古絵巻本は「拠伴大納言繪巻」と記す。

〈都城40〉〈98〉昭義門の左脇に「従門東／十五間」と記す。門の柱位置の黒点を省略しない。

〈都城41〉〈99〉東博六巻本や摹古絵巻本は会昌門に「五間戸三間」を記さないなど、殿舎規模に関する記載漏れがある。

〈都城42〉〈100〉 表題を記さない。

〈都城43〉〈101〉 虫損箇所を「虫損」と記す。東博六巻本や摹古絵巻本は嘉樂門を記さない。門の位置を黒点で明記する。

〈都城44〉〈102〉「東」「西」の方位を記す。東博六巻本や摹古絵巻本は嘉樂門を記さず、門の柱位置の黒点に省略がある。

〈都城45〉〈108〉『都城院宮之図』では指図の後に条文の引用、東博六巻本や摹古絵巻本では条文の引用の後に指図をおく。東博六巻本や摹古絵巻本では「齋院禊祭定」の「祭」を「□」と記して空欄とする。指図中の注記の脱漏あり。

〈都城46〉〈109〉『都城院宮之図』では指図の後に条文の引用、東博六巻本や摹古絵巻本では条文の引用の後に指図をおく。「齋院御禊　客殿座圖」と表題を記す。また東博六巻本には図中の「朱塗臺盤」に省略あり。

右記のごとく、『都城院宮之図』には明らかな誤記や脱漏がある。一方で引用元に忠実な記載や、東博六巻本や摹古絵巻本にはみられない注記もある。典拠本の特定は現時点で困難ではあるが、「大内裏図巻第一」および「殿門巻第二」の一部の内容をもつ東博六巻本や摹古絵巻本において、『都城院宮之図』と重複する箇所については、『都城院宮之図』は『宮室図』の内容を補う存在として位置づけることができる。

### 3-2 『宮門図』『年中行事絵朝覲行幸』と『宮室図』

『宮門図』（宮内庁書陵部蔵、松岡本、江戸中期写、函架番号：B二-二九）（参考図版を参照）は軸装で全一巻。法量は、縦（天地幅）五一五㎜で、『宮室図』宮内庁三巻本の五〇〇㎜より若干大きい。書目の通り、絵巻物が描く門の抄出図である。頭文目録はないが、各図に表題を記す。図は白描線画で、色名を図中に記す。図冒頭の表題を配列順に示す。

A　待賢門圖　年中行事／朝覲行幸繪巻物

B　年中行事繪巻物射礼　待賢門　建禮門　春花門

C　建禮門屋上圖　年中行事繪巻物　朝覲行幸

（記号A～Cは筆者による）

Aは『宮室図』の〈2〉、Bは〈3〉、Cは〈4〉にあたる。図の配列順も『宮室図』と一致し、『宮門図』は『宮室図』からの抄出本とみなせる。〈2〉に注目すると、同じ白描線画は東博六巻本である。しかし東博六巻本では〈2〉は欠図である。また〈2〉を収める宮内庁三巻本や摹古絵巻本、東博六巻本はいずれも着彩し、表題は「郁芳門圖」と誤る。ただし宮内庁三巻本、摹古絵巻本では頭文目録は「待賢門」で、表題右に「待賢」と訂正する。

『宮門図』巻末に識語がある。「右年中行事繪巻物門之繪抄録以藤井伊豫掾／秘本令模写事可有秘蔵者也」と記し、「文化十二年五月」の年紀がある。さらに「日中山松岡丹治辰方（花押）」と署名する。『年中行事絵巻』の門の描写を抄録したもので、藤井伊豫掾が蔵した秘本を模写した秘蔵本である旨を、所蔵者である松岡辰方が記す。それは文化一二年（一八一五）で、『宮室図』から派生して『宮門図』が作成されたのである。ただしこの『宮門図』の元本である藤井伊豫掾が蔵した秘本というのが『宮室図』なのか、あるいは『宮室図』から抄出、編輯した『宮門図』だったのか定かではない。

『年中行事絵朝覲行幸』（巻子装、全一巻、早稲田大学図書館蔵、請求記号：ワ三-三六四五-四）は、『宮門図』と同じ内容をもつ（図1）。年紀はなく成立年は不明である。法量は縦（天地幅）が四九九㎜で宮内庁三巻本にほぼ一致する。『宮門図』と同様、『宮室図』〈2〉〈3〉〈4〉の抄出であるが、表題や図中文字の位置や大きさ、筆致に至るまで、まったく同一といってよいほど両者は酷似する。白描線画の図も同様で、両図に相違点をみつけるのはきわめて困難である。

『年中行事絵朝覲行幸』は「本間叢書」の一書で、本間百里の旧蔵書である。[28] 本間百里（天明四年〈一七八四〉～嘉永七年〈一八五四〉）は高倉流の衣紋方として松岡行義とともに活躍した有職故実家であったが、故実の師

28　早稲田大学図書館の書誌情報による。『補訂版　国書総目録　第六巻』（岩波書店、一九九〇年七月）の「年中行事絵巻」の項に、「年中行事絵朝覲行幸、模写、本間叢書四」として挙げられる。なお、類似の名称をもち裏松固禅作とされる史料に『年中行事絵物』（京都大学図書館蔵、中院文庫　請求記号4-22）がある。識語に中院通知（一七七一～一八四六）の書写を記し、その内容は『院宮及私第之図』の〈院宮38〉〈院宮39〉〈院宮23〉（掲載順）である。

は行義の父辰方であり、辰方の撰による『織文図会』を増補・補修、『装束織文図会』と改題して刊行している。こうした辰方と百里の師弟関係から推して、『年中行事絵朝覲行幸』は辰方蔵の『宮門図』を正確に模写したものと推察され、『宮室図』から派生した作品の一つということになる。

### 3-3　狩野養信『古図抄出』、松平定信『古画類聚』と『宮室図』

『宮室図』東博六巻本は、狩野養信が松平定信の蔵本を模写したものであったが、その定信による『古画類聚』を範として養信が編輯した作品に『古図抄出』がある。(29) 東京芸術大学美術館所蔵の『古図抄出』（全八巻、自筆本）によれば、御用絵師の参考とすべく、多くの絵巻物から多様な場面を抄出していて、総点数は七〇〇余図にもおよぶ。各巻は肖像・調度・装束などに分類し、外題に「建築ノ部」のほか「襖ノ部」「几帳ノ部」「楽器・枕・灯台・机・硯ノ部」などとある通り、付書院や門、立蔀、板戸、簀子など建築に関わる図をはじめ、建具や家具・調度なども取り上げている。

「楽器・枕・灯台・机・硯ノ部」には、「天神縁起隆成粉本云々」などと記す碁盤の図や脚付の盤の図、「建築ノ部　庭園・門」には同様に「天神縁起隆成粉本」と記す朱辛櫃の図を収める(図2)。それらはいずれも『宮室図』の〈26〉、殿上の間にみえるものである。

〈26〉は、宮内庁三巻本、摹古絵巻本、東博六巻本では表題に「天満宮絵詞／隆成彩本」（「彩」は「粉」の誤記か）、東博八巻本では「天満宮繪詞／隆成画巻」と注記がある。また『古図抄出』には加えて、「裏松入道所輯宮室図ニ／是ヲ引」、「裏松入道所輯／宮室圖ニ引」あるいは、「浦松入道所輯／宮室圖ニ出ル」といった添書がある。したがって『古図抄出』のそれらの図が、『宮室図』〈26〉からの引用であることは疑いないであろう。(30) 固禅による『宮室図』の、定信蔵本を模写した養信は、自身が編輯した『古図抄出』に、『宮室図』から図を引用・掲載したのである。

つぎに、右記した通り、松平定信『古画類聚』（寛政七年〈一七九五〉）は、養信が『古図抄出』の編輯・作成にあたって参照した作品である。序文の凡例に「宮室の部ハ、裏松入道のあつめたるをつく」とあり、宮室の部では固禅収集の資料を用いた旨を明記する。ここにいう固禅の資料とは、『宮室図』を指すものと考えられている。(31)

そこで『古画類聚』宮室の部（巻一四〜二〇）について、同様の図を『宮室図』の中に探索すると、次のような対応関係がある。(32) まず巻一四では、1-〈24〉、2-〈30〉、4-〈15〉、5-〈49〉、8-〈25〉（『古画類聚』の図番号-〈『宮室図』の通番号〉を示す）の五点が共通し、ほかに『古画類聚』の11は『宮室図』〈53〉の一部を参照したものとも見なせる。つぎの巻一五では15が『宮室図』〈77〉の一部に該当し、さらに巻一六では、1-〈28〉、2-〈44〉、3-〈29〉、4-〈46〉の四点が挙げられる。以上の都合九〜一一点の図のすべてかどうかはともかく、それらは『古画類聚』宮室の部において定信が固禅の資料を用いたとする序文の凡例を裏付けるものであろう。さらに〈29〉については、器財の部、巻二三の2としてもみえ、器財の部ではそのほか巻二三の1が〈15〉の図、人形服章の部でも巻四の10が〈24〉の図である。凡例には明記しないが、固禅の資料は宮室の部以外でも活用された可能性がある。

定信は『古画類聚』の編輯に際して、原資料にあたるのではなく固禅収集の、いわゆる二次資料を全体の一部とはいえ用いた。このことは資料収集における限界を示すものともいえるが、(33) しかし見方をかえて、それはまた固禅の収集資料がきわめて信頼性の高いもの、との定信の認識を示唆するものともいえるだろう。定信が凡例に「裏松入道」とその名を明記したこと自体が何よりの証左である。『古図抄出』でも、養信は固禅による『宮室図』からの転載であることを注記していた。裏松固禅、そして彼が編輯した『宮室図』は、その後の新たな作品の編輯者にとって信頼するに足る編者であり、依拠すべき資料として存在したようである。

### 3-4　『家屋図考抄』と『大内裏図考証　附絵図』

前項まで、『宮室図』から派生した可能性のある作品を概観した。固禅



29　松原茂「「古図抄出」と「公用日記」——記録魔狩野晴川院——」、『水茎』第八号、一九九〇年三月。

30　朱辛櫃については赤澤真理『源氏物語絵にみる近世上流住宅史論』中央公論美術出版、二〇一〇年二月、一二九頁に紹介される。なお、『古図抄出』の確認作業・写真（図2）入手に際して同氏よりご高配をいただいた。

31　東野註1前掲論文。固禅の資料とは『大内裏図』であるとし、具体的には『宮室図』東博六巻本や『摹古絵巻』を指すことを注記する（同論文の注27）。

32　『古画類聚』の巻数と図番号は、『松平定信　古画類聚』毎日新聞社、一九九〇年五月による。

33　東野註1前掲論文。

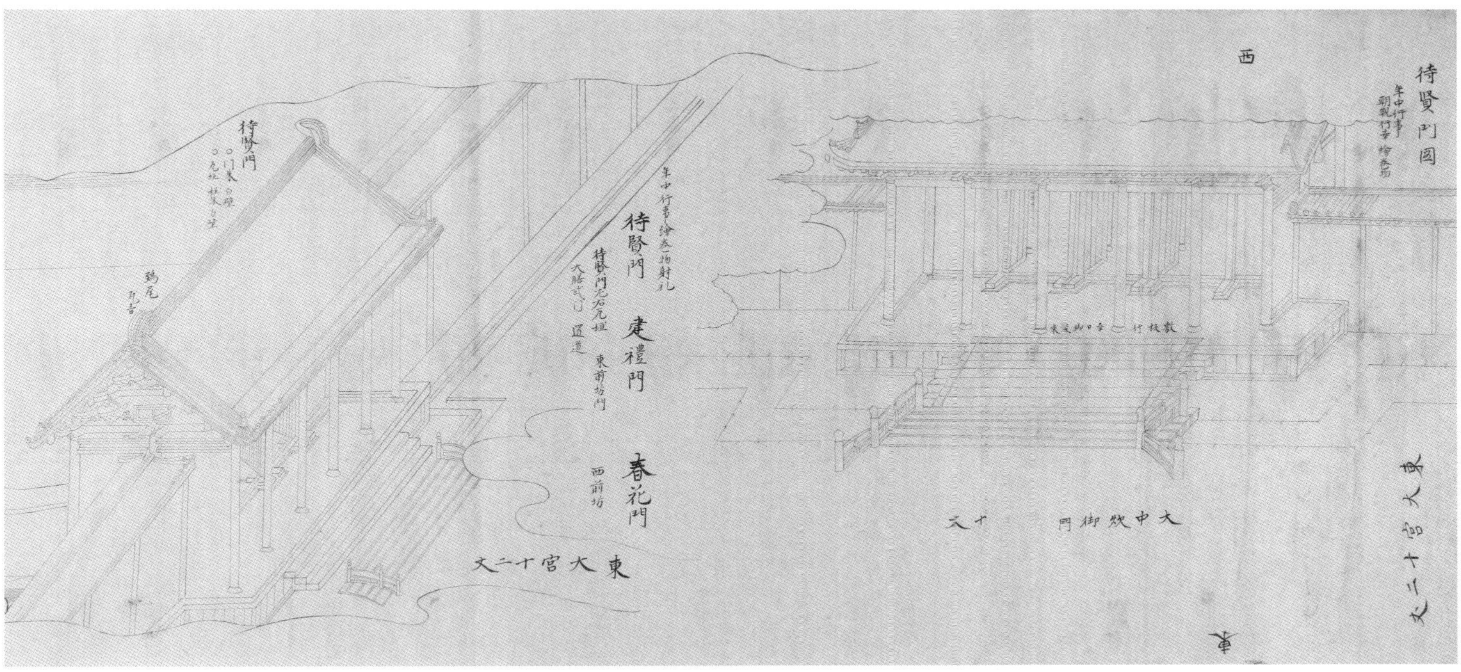


図1　年中行事絵朝覲行幸（早稲田大学蔵、冒頭）

の業績、その存在の大きさに鑑みて、関連する作品が今後新たに見出される可能性は少なくない。最後に、管見に触れた限られた範囲内で右記以外の作品を紹介することにしたい。

『家屋図考抄』（巻子装、全一巻、早稲田大学図書館蔵、請求記号：チ八‐七五七）もまた、固禅の収集資料をもとに作成されたものである（図3）。年紀はなく書写年は不明である。法量は縦（天地幅）が四五六㎜で、『宮室図』宮内庁三巻本や東博六巻本よりやや小さく、摹古絵巻本に近い。絵巻物からの抄出図を白描線画で収め、すべて『宮室図』あるいは『院宮及私第図』東博六巻本の巻二収載の図によって構成している。料紙の天地幅いっぱいを占める図を配置した後、小さな図を巻末にまとめて上下二段に配置する。図の配列順は『宮室図』や『院宮及私第図』とは異なる。まず『宮室図』に見られる図について、掲載順ではなく、『宮室図』での番号順に列記する。左記の一三点である。

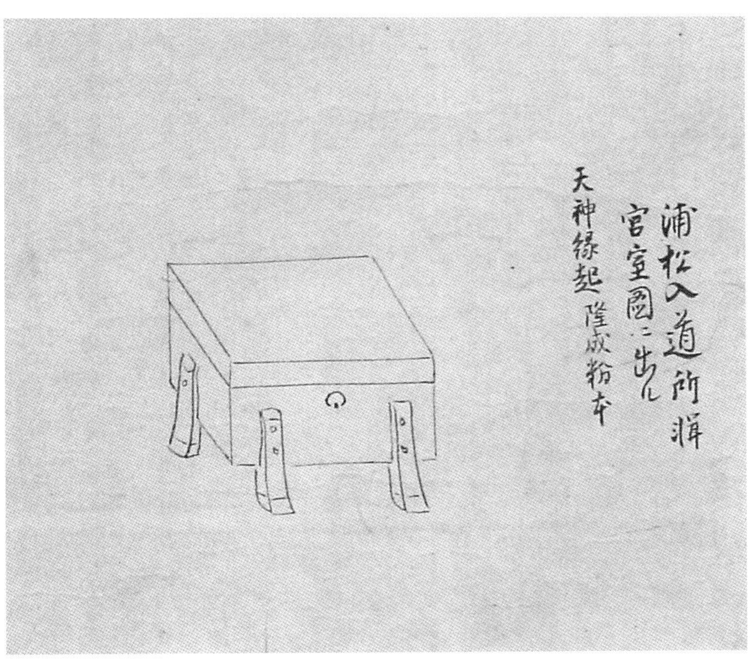


図2『古図抄出』（東京芸大蔵）にみえる『宮室図』からの引用

〈54〉、〈61〉、〈62〉、〈65〉、〈67〉～〈73〉、〈78〉、〈80〉

いずれも『宮室図』の巻三、巻四に収載の図あるいはその一部で、それらは『院宮及私第図』東博本の巻二も収載する。『院宮及私第図』での番号を示すと次のようになる。

〈院宮68〉、〈院宮81〉、〈院宮82〉、〈院宮85〉、〈院宮88〉～〈院宮94〉、〈院宮98〉、〈院宮100〉

また右記に加えて『家屋図考抄』には〈院宮67〉もみえるが、この図は『宮室図』には未収載である。

『家屋図考抄』の都合一四点の図について内容を概観すると、東三条殿、賀茂祭桟敷、貴族邸、陸奥国国府など、また車宿のほか上土門、板葺棟門、平唐門、織戸中門といった各種の門を取り上げていて、宮城や内裏の図は含まれていない。『宮室図』にはみられない〈院宮67〉を収載するのは、典拠元が『院宮及私第図』であることを示唆するものである。しかし一方、とくに〈67〉(〈院宮88〉)の車宿や〈68〉(〈院宮89〉)の板葺棟門など巻末に収載する各種の門の図について、表題がない『院宮及私第図』に対して、『家屋図考抄』が表題を明記するのは、『宮室図』と共通する点である。『家屋図考抄』の典拠が『宮室図』か『院宮及私第図』か、判断するのは容易ではないが、固禅による収集資料をもとにした作品であることは間違いない。

また、たとえば〈54〉(〈院宮68〉)では中央部、〈院宮67〉では右半を抄出し、〈78〉(〈院宮98〉)では左端を略し、〈80〉(〈院宮100〉)では図の一部を略すなど、書写に際しての省略が少なからずみられる。『宮室図』や『院宮及私第図』がそもそも絵巻物からの抄出図の集成によって成立した作品という面があったが、『家屋図考抄』における書写の省略はそれらを起点にさらに引用、編輯した、いわば二次的作品であることを示すものであろうか。かかる作品は管見以外にも、おそらく多く編輯、創出されたものと考えられる。固禅による業績の影響力の大きさが、ここでもあらためて確認できるのである。(34)

つぎに、『大内裏図考証　附絵図』(古代学協会蔵、京都文化博物館寄託、

図3　家屋図考抄(早稲田大学蔵、部分)

34　ほかにたとえば、東北大学図書館蔵本『承安五節絵』では、貼紙によって建物描写を補っているが、その校訂は「所以宮室圖補也」とある通り、『宮室図』をもとにしたものであった。山本陽子『絵巻における神と天皇の表現』中央公論美術出版、二〇〇六年七月。

35　京都文化博物館編『光源氏と平安貴族』京都文化博物館、一九九一年一〇月。

登録番号三Ａ-二九、寄託品番号（旧番号）Ｂ一〇）は、「大内裏考證繪圖」と墨書のある木箱に収められる巻子、一軸である。この木箱と合わせて、同じ古代学協会所蔵の『大内裏図考証』とともに松平家伝来とされ、定信所蔵本と考えられている。(35) 法量は縦三八一㎜、横一七・三三三㎜、厚紙で裏打ちし、「大内裡考證繪圖」と外題を墨書する。神泉苑図、日記収載の閑院指図、東寺西院大師堂の平面図、東寺百合文書、そして唐招提寺金堂建図（正面図）など多種多様な図を収める。下方に付された番号にしたがえば、収載点数は全二九点である。沢田名垂が『家屋雑考』の寝殿造鳥瞰図の作成で参考とした、『院宮』にも収載の貴族邸の配置図二点も収める。(7) 収載図の中で、「都城四邊圖」と題する図は『大内裏図考証』にもみえ、また「異本拾芥抄所載圖」とある大内裏図は「御厨子所所傳圖」と典拠を記す。後者は『宮室図』にはみえないが、前者は『大内裏図考証』に類似の図があり、『大内裏図考証　附絵図』が固禅の編輯によるものであることを推察させる。

『宮室図』との関係では掲載順に、〈36〉の一部、小安殿、〈3〉の一部、春花門と建礼門、〈35〉の一部、蒼龍楼周辺にあたる描写を掲載する。いずれも淡彩で着色するのも同様である。『宮室図』収載の図と共通するとはいえ、このように図の一部のみの描写であること、また〈35〉において、永陽門前の石段を描かない図に、貼紙で石階の描写を加え、「石階／脱一／所今／改正」と正していることから、それらは『宮室図』編輯の過程で作成された図の一部の可能性はある。とすると『大内裏図考証　附絵図』は、『宮室図』から派生した作品というわけでは必ずしもないが、『宮室図』に深く関連し、固禅編輯の可能性もある資料ということになる。

以上、『宮室図』ならびに関連する作品をめぐって概観した。本書では、宮内庁三巻本を原色図版で影印・掲載した。宮内庁三巻本を選んだのは、全巻にわたって着彩すること、他本と比べて欠図がないこと、清書本の趣をもつこと、そして阿波國文庫という来歴から当時の故実家との関わりがより具体的に想定されることによる。加えて、宮内庁三巻本（および東博八巻本）では欠落する巻、すなわち東博六巻本では巻四ならびに上（巻五）、下（巻六）、摹古絵巻本では各々、巻六三、巻七三および、巻七〇の一部については、巻子の良好な摹古絵巻本を取り上げ、これもまた原色図版で影印・掲載した。さらに全六軸で『宮室図』としてまとまった体裁をもつ東博六巻本の全巻を、トレース図によって紹介した。

## 表1　『宮室図』諸本巻数対照表

| 宮内庁三巻本 | 東博六巻本 | 摹古絵巻本 | 東博八巻本 |
|---|---|---|---|
| 巻一 | 巻二 | 巻七五―一、七五―二 | 巻二、五、六 |
| 巻二 | 巻一 | 巻六九 | 巻一、三、四 |
| 巻三 | 巻三 | 巻六四 | 巻七、八 |
|  | 巻四 | 巻六三 |  |
|  | 上（巻五） | 巻七三 |  |
|  | 下（巻六） | （巻七〇） |  |

## 表2　『宮室図』と『院宮』対照表

| 『宮室図』の通番号 | 『宮室図』の巻内番号 | 『院宮』巻二の該当図 | 『院宮』の描写方法 | 備　考 |
|---|---|---|---|---|
| 51 | 巻三―一 | 〈院宮64〉 | 人物を省略・打出のみ |  |
| 52 | 巻三―二 | 〈院宮65〉 | 人物・木を省略 |  |
| 53 | 巻三―三 | 〈院宮66〉 | 人物を省略 |  |
| 54 | 巻三―四 | 〈院宮68〉 | 人物を描写 |  |
| 55 | 巻三―五 | 〈院宮75〉 | 一部人物を描写 |  |
| 56 | 巻三―六 | 〈院宮76〉 | 人物を省略・木を描写 |  |
| 57 | 巻三―七 | 〈院宮77〉 | 人物を省略・打出と幕あり | 東博八巻本なし |
| 58 | 巻三―八 | 〈院宮78〉 | 人物を省略 |  |
| 59 | 巻三―九 | 〈院宮79〉 | 人物を省略 |  |
| 60 | 巻三―一〇 | 〈院宮80〉 | 人物を省略・木を描写 | 東博八巻本なし |
| 61 | 巻三―一一 | 〈院宮81〉 | 一部人物を描写 |  |
| 62 | 巻六三―一（摹古絵巻本） | 〈院宮82〉 | 人物・幕を省略 | 東博六巻本なし |
| 63 | 巻四―一 | 〈院宮83〉 | 人物を省略・木を描写 |  |
| 64 | 巻四―二 | 〈院宮84〉 | 人物なし |  |
| 65 | 巻四―三 | 〈院宮85〉 | 人物なし |  |
| 66 | 巻四―四 | 〈院宮86〉 | 人物を省略・木を描写 |  |
| 67 | 巻四―五 | 〈院宮88〉 | 人物なし |  |
| 68 | 巻四―六 | 〈院宮89〉 | 人物なし |  |
| 69 | 巻四―七 | 〈院宮90〉 | 人物を省略 |  |
| 70 | 巻四―八 | 〈院宮91〉 | 人物を省略 |  |
| 71 | 巻四―九 | 〈院宮92〉 | 人物なし |  |
| 72 | 巻四―一〇 | 〈院宮93〉 | 人物なし |  |
| 73 | 巻四―一一 | 〈院宮94〉 | 人物なし |  |
| 74 | 巻四―一二 | 〈院宮87〉 | 人物を省略・木を描写 |  |
| 75 | 巻四―一三 | 〈院宮95〉 | 人物を省略 |  |
| 76 | 巻四―一四 | 〈院宮96〉 | 人物を省略 |  |
| 77 | 巻四―一五 | 〈院宮97〉 | 人物を省略・木を描写 |  |
| 78 | 巻四―一六 | 〈院宮98〉 | 人物・鳥を省略、木を描写 |  |
| 79 | 巻六三―一八（摹古絵巻本） | 〈院宮99〉 | 人物を省略 | 東博六巻本なし |
| 80 | 巻六三―一九（摹古絵巻本） | 〈院宮100〉 |  | 東博六巻本なし |
| 107 | 巻下―一（摹古絵巻本　巻七〇―一〇） | 〈院宮71〉 | 人物を描写 |  |

## 表3 「大内裏図巻第一」と『大内裏図考証』比較表

| 「大内裏図巻第一」 | 記載される典拠 | 『大内裏図考証』表題 | 典　拠 | 掲載のあり方 |
|---|---|---|---|---|
| 〈81〉左京1 | 拾芥抄加校本 | | | |
| 〈82〉左京2 | 拾芥抄加校本 | 左京圖 | 拾芥抄 | △ |
| 〈83〉右京 | 不記載（拾芥抄校本） | 右京圖 | 拾芥抄 | △ |
| 〈84〉四行八門 | 拾芥抄 | 四行八門圖 | 拾芥抄 | ○ |
| 〈85〉坊保 | 拾芥抄 | 坊城圖 | 拾芥抄 | ○ |
| 〈86〉平安宮1 | 南都所傳宮城古圖 | 南都所傳宮城図圖残映 | 南都所傳宮城古図 | ○ |
| 〈87〉平安宮2 | 拾芥抄加校本 | 校本拾芥抄宮城図 | 校本拾芥抄 | ○ |
| 〈88〉平安宮3 | 拾芥抄加校本 | 板本拾芥抄宮城省略圖 | 板本拾芥抄 | ※ |
| 〈89〉平安宮4 | 醍醐水本坊屏風 | 醍醐水本坊所傳図 | | □ |
| 〈90〉平安宮5 | 醍醐水本坊大内裏千分一之圖 | 不掲載 | | × |
| 〈91〉平安宮6 | 東涯先生伝来古圖 | 不掲載 | | × |
| 〈92〉平安宮中重隔 | 拾芥抄加校本 | 不掲載 | | × |
| 〈93〉平安宮中和院 | 不記載（拾芥抄加校本） | 古本拾芥抄中和院圖ほか | | △ |
| 〈94〉内裏1 | 宝泉院蔵大内圖 | 東寺寶泉院所傳大内圖 | | □ |
| 〈95〉内裏2 | 拾芥抄加校本 | 不掲載 | | × |
| 〈96〉内裏3 | 大圖 | | | |
| 〈97〉内裏4 | 醍醐水本坊屏風 | 不掲載 | | × |
| 〈98〉朝堂院1 | 拾芥抄加校本 | 不掲載 | | × |
| 〈99〉朝堂院2 | 大圖 | | | |
| 〈100〉朝堂院3 | 醍醐水本坊屏風 | 不掲載 | | × |
| 〈101〉豊楽院1 | 大圖 | 不掲載 | | × |
| 〈102〉豊楽院2 | 拾芥抄 | 不掲載 | | × |
| 〈103〉内裏5 | 不記載（東涯先生傳来古圖） | 不掲載 | | × |

○図全体を掲載、△引用元を異にする図を掲載、□図の一部のみを掲載、×不掲載、※表題は異なるが、「大内裏図巻第一」と同じ図と推測される図を掲載。

## 表4 「殿門巻第二」（摹古絵巻本 巻七〇）と『宮室図』の比較一覧

| 摹古絵巻本 巻七〇 | 図・記事名 | 摹古絵巻本 巻七〇 頭文目録 | 摹古絵巻本 巻七〇 表題 | 『宮室図』巻数 | 『宮室図』の通番号 | 『院宮』の通番号 |
|---|---|---|---|---|---|---|
| 巻七〇―一 | 野宮 | 野宮圖［灌頂巻］ | 野宮圖［灌頂繪巻］［後白河法皇宸筆］［繪 住吉法眼］ | 巻四 | 〈63〉 | 〈院宮83〉 |
| 巻七〇―二 | 六月祓の表門と中門 | 年中行事画大門中門圖 | 年中行事画大門中門圖 | 巻四 | 〈74〉 | 〈院宮87〉 |
| 巻七〇―三 | 伴大納言邸 | 伴大納言第圖 | 伴大納言第圖［拠伴大納言繪巻］ | 巻四 | 〈75〉 | 〈院宮95〉 |
| 巻七〇―四 | 陸奥国国府1 | 國府圖 | 國府圖［陸奥］［後三年記上巻 追罸發向繪］ | 巻四 | 〈78〉 | 〈院宮98〉 |
| 巻七〇―五 | 陸奥国国府2 | 又 | 國府圖［陸奥］［後三年記下巻 奉國解繪］ | 巻四 | 〈79〉 | 〈院宮99〉 |
| 巻七〇―六 | 待賢門 | 年中行事画待賢門圖 | 年中行事画待賢門圖［朝覲行幸巻］ | 巻一 | 〈2〉 | |
| 巻七〇―七 | 東三条殿4（渡殿階） | 又渡殿圖 | 又渡殿階圖 | 巻三 | 〈58〉 | 〈院宮78〉 |
| 巻七〇―八 | 東三条殿5（唐庇） | 又唐廂圖 | 又唐廂圖 | 巻三 | 〈59〉 | 〈院宮79〉 |
| 巻七〇―九 | 四天王寺西門 | 有高欄門圖 | 有高欄門圖 | 巻三 | 〈60〉 | 〈院宮80〉 |
| 巻七〇―一〇 | 釣殿 | 釣殿圖 | 釣殿圖 | 巻四 | 〈64〉 | 〈院宮84〉 |
| 巻七〇―一一 | 織戸中門1 | 織戸中門圖 | 織戸中門圖 | 巻四 | 〈65〉 | 〈院宮85〉 |
| 巻七〇―一二 | 白川押小路殿寝殿 | 寝殿圖 | 寝殿圖 | 巻四 | 〈66〉 | 〈院宮86〉 |
| 巻七〇―一三 | 車宿 | 車宿圖 | 車宿圖 | 巻四 | 〈67〉 | 〈院宮88〉 |

| 摹古絵巻本 巻七〇 | 図・記事名 | 摹古絵巻本 巻七〇 頭文目録 | 摹古絵巻本 巻七〇 表題 | 『宮室図』巻数 | 『宮室図』の通番号 | 『院宮』の通番号 |
|---|---|---|---|---|---|---|
| 巻七〇―一四 | 板葺棟門 | 板葺棟門圖 | 板葺棟門圖 | 巻四 | 〈68〉 | 〈院宮89〉 |
| 巻七〇―一五 | 織戸中門2 | 織戸中門圖 | 織戸中門圖 | 巻四 | 〈69〉 | 〈院宮90〉 |
| 巻七〇―一六 | 広隆寺来迎坊の門 | 芝築地圖 | 芝築地圖 | 巻四 | 〈70〉 | 〈院宮91〉 |
| 巻七〇―一七 | 上土門1 | 擧土門圖 | 擧土門圖 | 巻四 | 〈71〉 | 〈院宮92〉 |
| 巻七〇―一八 | 平唐門 | 平門圖 | 平門圖 | 巻四 | 〈72〉 | 〈院宮93〉 |
| 巻七〇―一九 | 上土門2 | 擧土門圖 | 擧土門圖 | 巻四 | 〈73〉 | 〈院宮94〉 |
| 巻七〇―二〇 | 東三条殿6 | 年中行事画牛飼童饗饌圖 | 年中行事画牛飼童饗饌 | 巻六 | 〈107〉 | 〈院宮71〉 |
| 巻七〇―二一 | 九條家寝殿一郭に関する諸図 | 後京極殿寝殿圖 | 後京極殿第 | 巻四 | 〈80〉 | 〈院宮100〉 |
| 巻七〇―二二 | 朱雀門1 | 朱雀門 | 朱雀門圖［拠伴大納言繪巻上巻］ | 巻二 | 〈31〉 | |
| 巻七〇―二三 | 八省院2（会昌門） | 會昌門 | 會昌門圖［同上］ | 巻二 | 〈34〉 | |
| 巻七〇―二四 | 建春門・宣陽門 | 年中行事画建春門宣陽門内室及温明殿［并］渡廊綾綺殿圖 | 年中行事画建春門宣陽門内室及温明殿［并］渡廊綾綺殿圖 | 巻二 | 〈38〉 | |
| 巻七〇―二五 | 仁寿殿 | 又仁寿殿圖 | 仁壽殿圖 | 巻二 | 〈40〉 | |
| 巻七〇―二六 | 待賢門・春花門・建礼門 | 又春華門及仗舎圖 | 又春華門及丈舎圖 | 巻一 | 〈3〉 | |
| 巻七〇―二七 | 待賢門・春花門・建礼門 | 又仗舎圖 | 仗舎圖 | 巻一 | 〈3〉 | |
| 巻七〇―二八 | 左近馬場 | 又左近衛府馬場殿圖 | 又 左近衛府弓馬場殿圖 | 巻四 | 〈76〉 | 〈院宮96〉 |
| 巻七〇―二九 | 右近馬場 | 又右近衛府馬場殿圖 | 又 右近衛府弓馬場殿圖 | 巻四 | 〈77〉 | 〈院宮97〉 |
| 巻七〇―三〇 | 弓場殿 | 又安福殿右近陣及月華門圖 | 又 安福殿右近陣座及月華門圖 | 巻一 | 〈13〉 | |
| 巻七〇―三一 | 玄暉門・徽安門・北廊 | 又玄暉門及仗舎徽安門圖 | 又 玄暉門及仗舎徽安門圖 | 巻二 | 〈45〉 | |
| 巻七〇―三二 | 賀茂祭の桟敷 | 又賀茂祭桟敷屋圖 | 又 賀茂祭桟敷屋圖 | 巻三 | 〈61〉 | 〈院宮81〉 |
| 巻七〇―三三 | 賀茂祭の桟敷 | 又 | 又 | 巻三 | 〈61〉 | 〈院宮81〉 |
| 巻七〇―三四 | 賀茂祭の桟敷 | 又 | 又 | 巻三 | 〈51〉 | 〈院宮81〉 |
| 巻七〇―三五 | 承明門 | 又承明門圖 | 又 承明門圖 | 巻一 | 〈5〉 | |
| 巻七〇―三六 | 建礼門 | 又建礼門圖 | 又 建礼門圖 | 巻一 | 〈4〉 | |
| 巻七〇―三七 | 斎院客殿1 | 客殿圖 | 客殿圖 | 巻六 | 〈108〉 | |
| 巻七〇―三八 | 斎院客殿2 | 又 | 又 | 巻六 | 〈109〉 | |
| 巻七〇―三九 | 倚廬 | 佛名圖 | 〈題なし〉 | 巻六 | 〈110〉 | |
| 巻七〇―四〇 | 門舎図 | 門舎圖 | 門舎圖［此圖蓋禁門躰也］［拠伴大納言繪巻］［後日考陰明門右兵衛陣圖也］ | 巻六 | 〈111〉 | |

［ ］は割書、添書。

# 表5 都城院宮之図 全二巻 一覧

| 通番号 | 図・記事名 | 頭文目録 | 表題 | 出典と引用箇所 | 『宮室図』 |
|---|---|---|---|---|---|
| 上巻 | | | | | |
| 1 | 平安京左京1 | ［拾芥抄加校本］東京圖 | 東京圖［拾芥抄加校本］ | 拾芥抄 | 上（巻五）〈81〉 |
| 2 | 平安京左京2 | ［同］東京圖 | 左京圖［拾芥抄校本］ | 拾芥抄 | 上（巻五）〈82〉 |
| 3 | 平安京右京 | ［同］西京圖 | 右京圖［拾芥抄校本］ | 拾芥抄 | 上（巻五）〈83〉 |
| 4 | 四行八門 | 四行八門圖 | 四行八門圖［拾芥抄］ | 拾芥抄 | 上（巻五）〈84〉 |
| 5 | 坊保 | 坊保圖 | 坊保圖［拾芥抄］ | 拾芥抄 | 上（巻五）〈85〉 |
| 6 | 平安宮1 | ［南都所傳］宮城古圖 | 南都所傳宮城古圖 | 南都所傳宮城古圖 | 上（巻五）〈86〉 |
| 7 | 平安宮2 | ［拾芥抄加校本］大内圖 | 大内圖［拾芥加校本］ | 拾芥抄 | 上（巻五）〈87〉 |
| 8 | 平安宮3 | ［同］又 | 大内圖［拾芥加校本 本云 皇城指図］ | 拾芥抄 | 上（巻五）〈88〉 |
| 9 | 平安宮4 | ［醍醐水本坊屏風］又 | 大内裏圖［醍醐水本坊屏風］ | 醍醐水本坊屏風 | 上（巻五）〈89〉 |
| 10 | 平安宮5 | ［同所々傳］又千分一圖 | ［醍醐水本坊］大内裏千分一之圖 | 醍醐水本坊大内裏千分一之圖 | 上（巻五）〈90〉 |
| 11 | 平安宮6 | ［伊藤長胤本］又 | 大内圖［東涯先生傳来古圖］ | 東涯先生傳来古圖 | 上（巻五）〈91〉 |
| 12 | 平安宮中重隔 | ［拾芥抄加校本］大内中重隔圖 | 大内中重隔圖［拾芥加校本］ | 拾芥抄 | 上（巻五）〈92〉 |

| 通番号 | 図・記事名 | 頭文目録 | 表　題 | 出典と引用箇所 | 『宮室図』 |
| --- | --- | --- | --- | --- | --- |
| 13 | 平安宮中和院 | ［同］中和院圖 | 中和院圖［拾芥抄加校本］ | 拾芥抄 | 上（巻五）〈93〉 |
| 14 | 内裏1 | ［東寺寶泉院所傳］大内圖 | 宝泉院蔵大内図［縮図］ | 寶泉院蔵大内圖 | 上（巻五）〈94〉 |
| 15 | 内裏2 | ［拾芥抄校本］大内圖 | 大内圖［拾芥抄加校本］ | 拾芥抄 | 上（巻五）〈95〉 |
| 16 | 内裏3 | ［称大圖］又 | 大内圖［大圖］ | 大圖 | 上（巻五）〈96〉 |
| 17 | 内裏4 | ［醍醐水本坊屛風］又 | 大内圖［水本坊屛風］ | 醍醐水本坊屛風 | 上（巻五）〈97〉 |
| 18 | 内裏5 | ［伊藤長胤本］又 | 大内圖［東涯先生傳来古圖］ | 東涯先生傳来古圖 | 上（巻五）〈103〉 |
| 19 | 閑院内裏1 | ［自暦記］閑院内裏圖 | 閑院内裏圖 | 自暦記 | |
| 20 | 閑院内裏2 | 又考定圖 | 考定自暦記閑院内裏圖 | 自暦記 | |
| 21 | 閑院内裏3 | ［愚昧記］又 | 愚昧記　承安四年七月押此圖 | 愚昧記 承安四年七月 | |
| 22 | 閑院内裏4 | ［同］又 | 〈題なし〉 | 愚昧記 承安四年一二月一日条 | |
| 23 | 閑院内裏5 | ［山槐記］又 | ［閑院内裏圖］山槐記 | 山槐記 治承三年正月六日条 | |
| 24 | 閑院内裏6 | ［同］又清涼殿圖 | 閑院内裏圖［清涼殿］ | 山槐記 治承三年五月二〇日条 | |
| 25 | 閑院内裏7 | ［玉海］左仗座圖 | ［玉海］寿永二年十一月朔旦 | 玉葉 寿永二年一一月朔日条 | |
| 26 | 閑院内裏8 | ［玉海］清涼殿圖 | 〈題なし〉 | 玉葉 文治三年一一月二四日条 | |
| 27 | 閑院内裏9 | ［同］閑院内裏摂政直廬圖 | 閑院内裏 | 玉葉 建久元年一〇月二六日条 | |
| **下巻** | | | | | |
| 28 | 清涼殿1 | ［大僧都秀雅蔵本］清涼殿古図 | 清涼殿古圖［以大僧都秀雅蔵本写之］ | 大僧都秀雅蔵本の古圖 | 上（巻五）〈104〉 |
| 29 | 里内裏1 | ［台記］二條内裏陣座圖 | 台記　二条内裏陣座指図 | 台記 保延二年一二月一七日条 | |
| 30 | 里内裏2 | ［勘仲記］清涼殿圖 | 弘安七年四月八日灌佛［清涼殿図　勘仲記］ | 勘仲記 弘安七年四月八日条 | |
| 31 | 里内裏3 | ［長秋記］小六條殿圖 | 小六條殿図 | 長秋記 天承元年正月三日条 | |
| 32 | 里内裏4 | ［雲図抄］新長橋図 | 雲圖抄新長橋圖 | 雲圖抄 | |
| 33 | 里内裏5 | ［同］長橋絶間圖 | 雲圖抄　長橋絶間図 | 雲圖抄 | |
| 34 | 里内裏6 | ［同］校書殿以南圖 | 雲圖抄　射場殿　校書殿　月華門　（……ほか） | 雲圖抄 | |
| 35 | 里内裏7 | ［同］弓場殿圖 | 雲圖抄弓場殿圖 | 雲圖抄 | |
| 36 | 里内裏8 | ［台記］又［弓場殿等図］ | 台記　康治二年正月十八日丙午賭弓別記圖 | 台記 康治二年正月一八日条 | |
| 37 | 里内裏9 | ［雲図抄］温明綾綺二殿圖 | 雲圖抄　温明殿西面　綾綺殿東庇圖 | 雲圖抄 | |
| 38 | 里内裏10 | ［同］常寧殿圖 | 雲圖抄　常寧殿圖 | 雲圖抄 | |
| 39 | 門舎図 | ［伴大納言草子］右兵衛陣圖 | 門舎圖 | 伴大納言絵詞下巻、二段～四六紙 | 下（巻六）〈111〉 |
| 40 | 朝堂院1 | ［拾芥抄加校本］八省院圖 | 八省院圖［拾芥加校本］ | 拾芥抄 | 上（巻五）〈98〉 |
| 41 | 朝堂院2 | ［称大圖］又 | 八省院圖［大圖］ | 大圖 | 上（巻五）〈99〉 |
| 42 | 朝堂院3 | ［水本坊屛風］又 | 〈題なし〉 | 醍醐水本坊屛風 | 上（巻五）〈100〉 |
| 43 | 豊楽院1 | ［称大圖］豊楽院圖 | 豊楽院圖［大圖］ | 大圖 | 上（巻五）〈101〉 |
| 44 | 豊楽院2 | ［拾芥鈔］又 | 豊楽院圖［拾芥抄］ | 拾芥抄 | 上（巻五）〈102〉 |
| 45 | 斎院客殿1 | ［山槐記］齋院客殿圖［二］ | 客殿圖 | 山槐記 仁安二年四月九日条 | 下（巻六）〈108〉 |
| 46 | 斎院客殿2 | （同上） | ［齋院御禊］客殿座圖 | 山槐記 仁安二年四月二七日条 | 下（巻六）〈109〉 |
| 47 | 倚廬 | ［迎陽記］倚廬指圖 | 迎陽記 | 迎陽記 貞治三年七月二六日条 | 下（巻六）〈110〉 |
| 48 | 真言院1 | ［年中行事画］眞言院図 | 真言院圖［年中行事繪巻物　御齋會］ | 年中行事絵巻　巻六　四段二五～二九紙 | |
| 49 | 真言院2 | ［不如年月］又 | ［年月不知］真言院畧圖 | 真言院略図 | |
| 50 | 真言院3 | ［東寺所傳］又 | 東寺古圖 | 東寺古図 | |
| 51 | 真言院4 | ［永治二年］又 | 真言院圖［勘解由司廳也］ | 真言院図 | |
| 52 | 真言院5 | ［同］又 | 永治二年記 | 永治二年記 | |
| 53 | 真言院6 | ［治承二年］又 | 真言院［治承二年］ | | |
| 54 | 真言院7 | ［建暦二年］又 | 建暦二年［壬申］御修法雑々日記 | 建暦二年御修法雑々日記 | |
| 55 | 真言院8 | ［永亨］又 | ［永亨造立］真言院圖［東寺宝輪院蔵書］ | 真言院圖 | |
| 56 | 真言院9 | 〈記載無し〉 | 真言院護摩堂一宇指圖 | 真言院護摩堂一宇指圖 | |

［　］は割書、添書。

# 参考図版

# 凡例

一、『宮室図』東博八巻本の縮小率は約一九%、『都城院宮之図』は約一九%、『宮門図』は約一六%である。

一、『宮室図』東博八巻本に〈 〉カッコ書きで施した番号は、原色図版のそれに対応する通番号である（図総覧参照）。『都城院宮之図』に〈都城（番号）〉の如く施した番号は、同書の通番号である（表5参照）。『宮門図』にも、『宮室図』で該当する図の通番号を示した。

# 『宮室図』東博八巻本

# 巻一

〈32〉

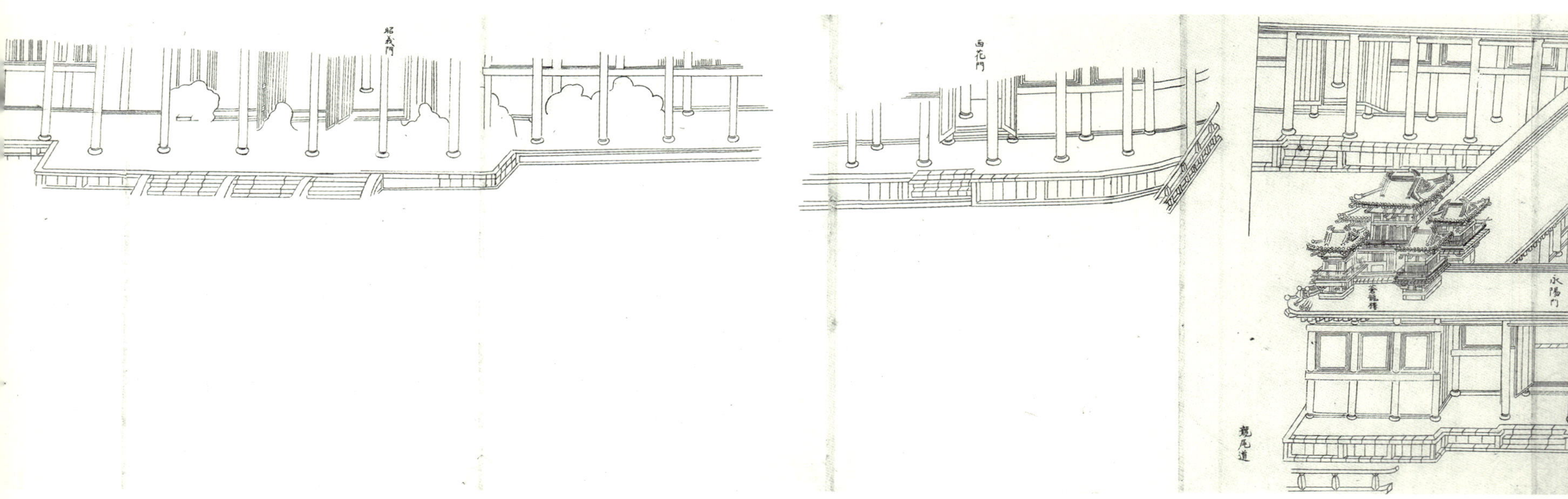

〈36〉

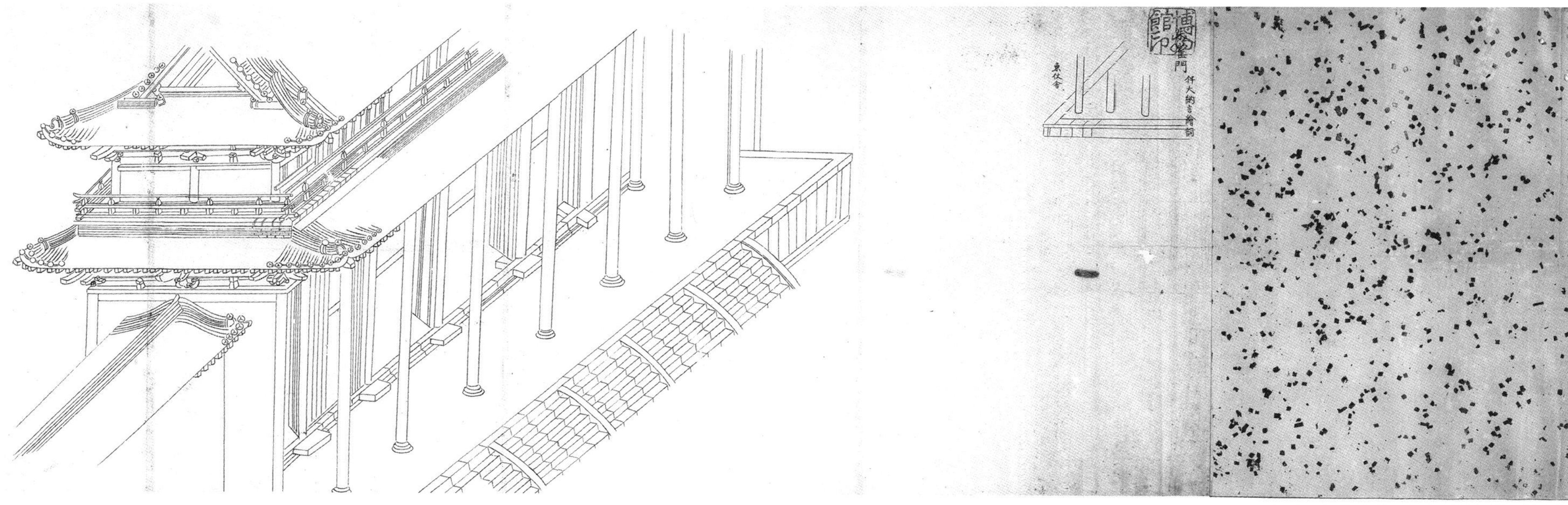

〈31〉

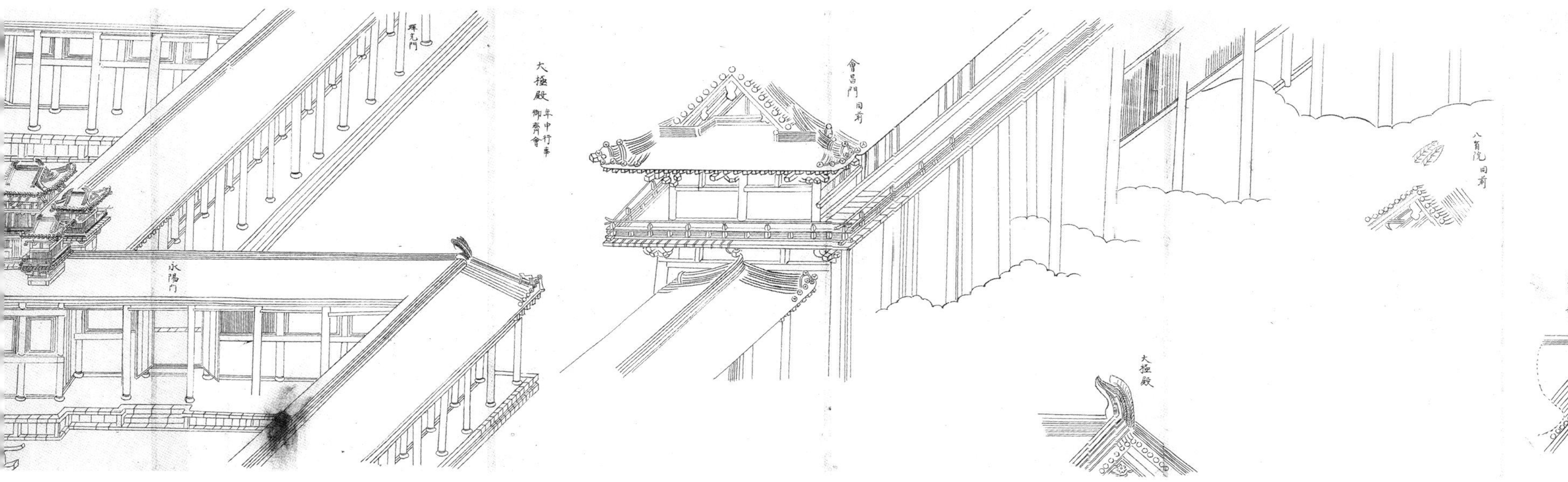


〈35〉 〈34〉 〈33〉

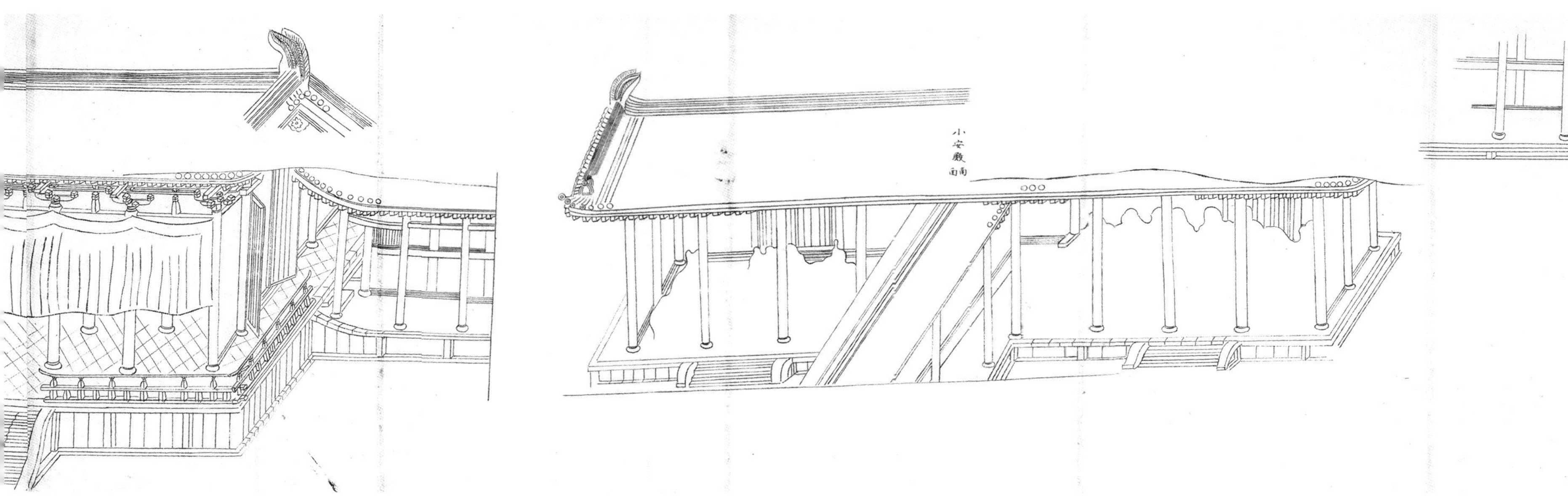

〈35〉

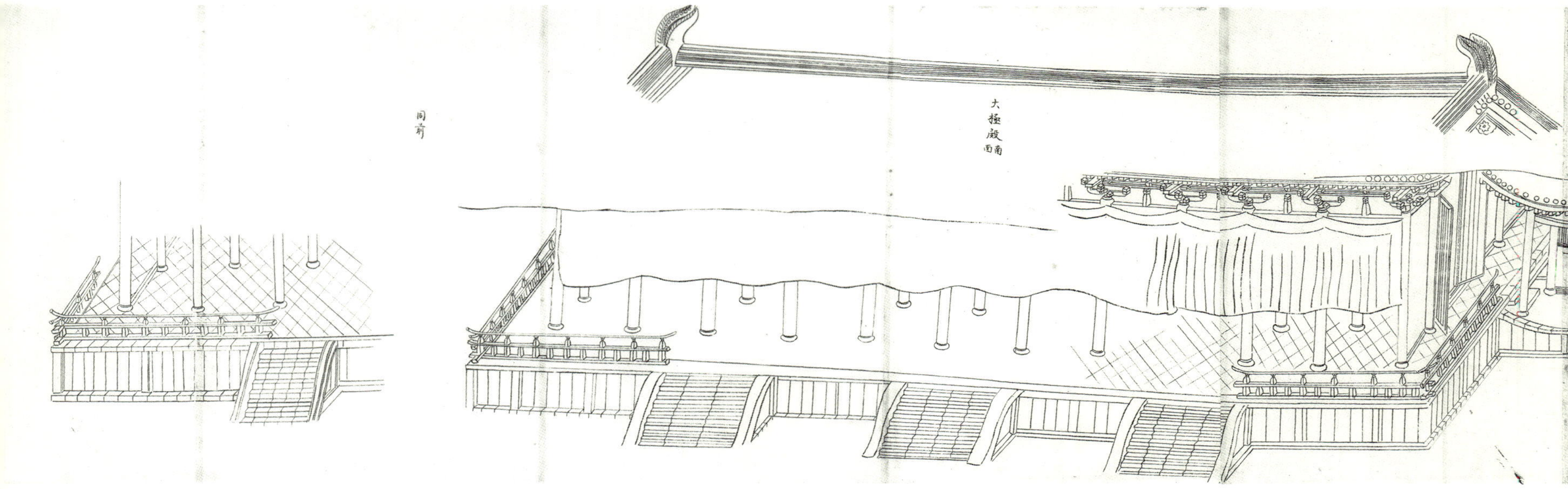


〈35〉

# 巻二

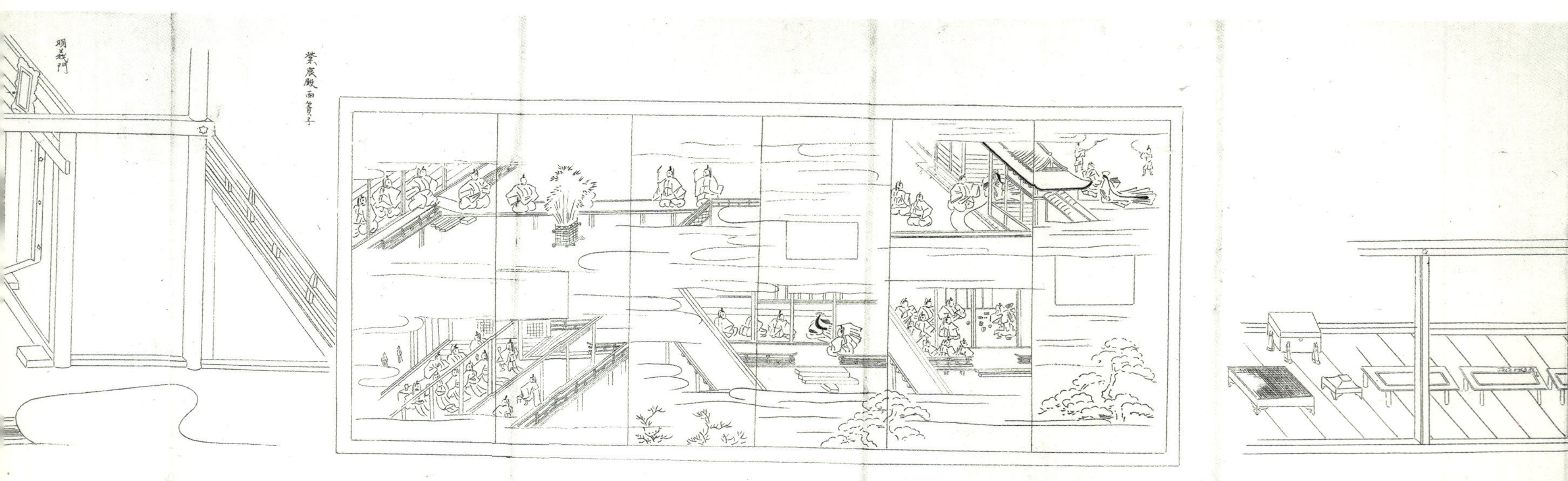


〈27〉

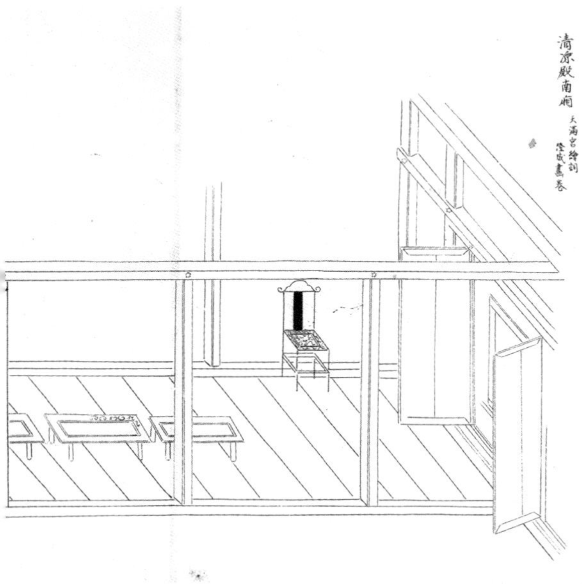
清涼殿南廂

〈26〉

志貴山縁起

〈25〉

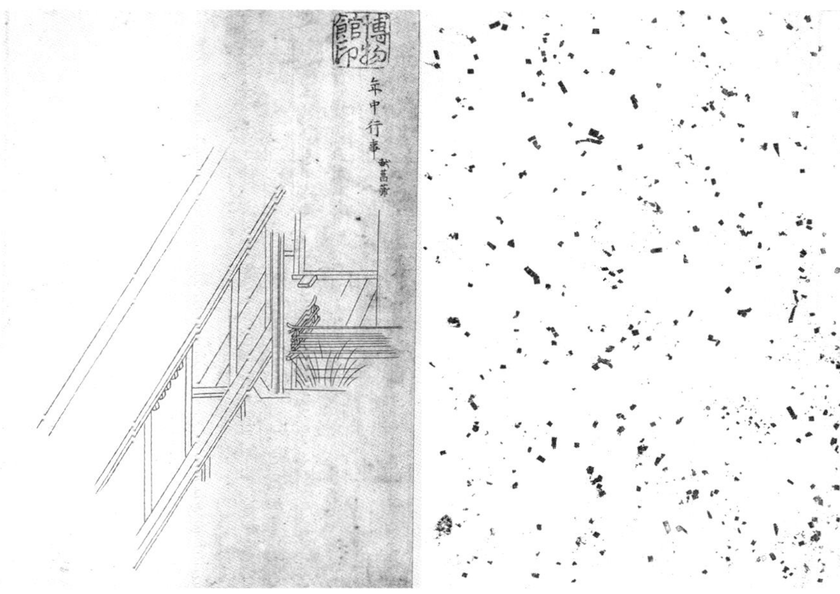
博物館印
年中行事

〈22〉

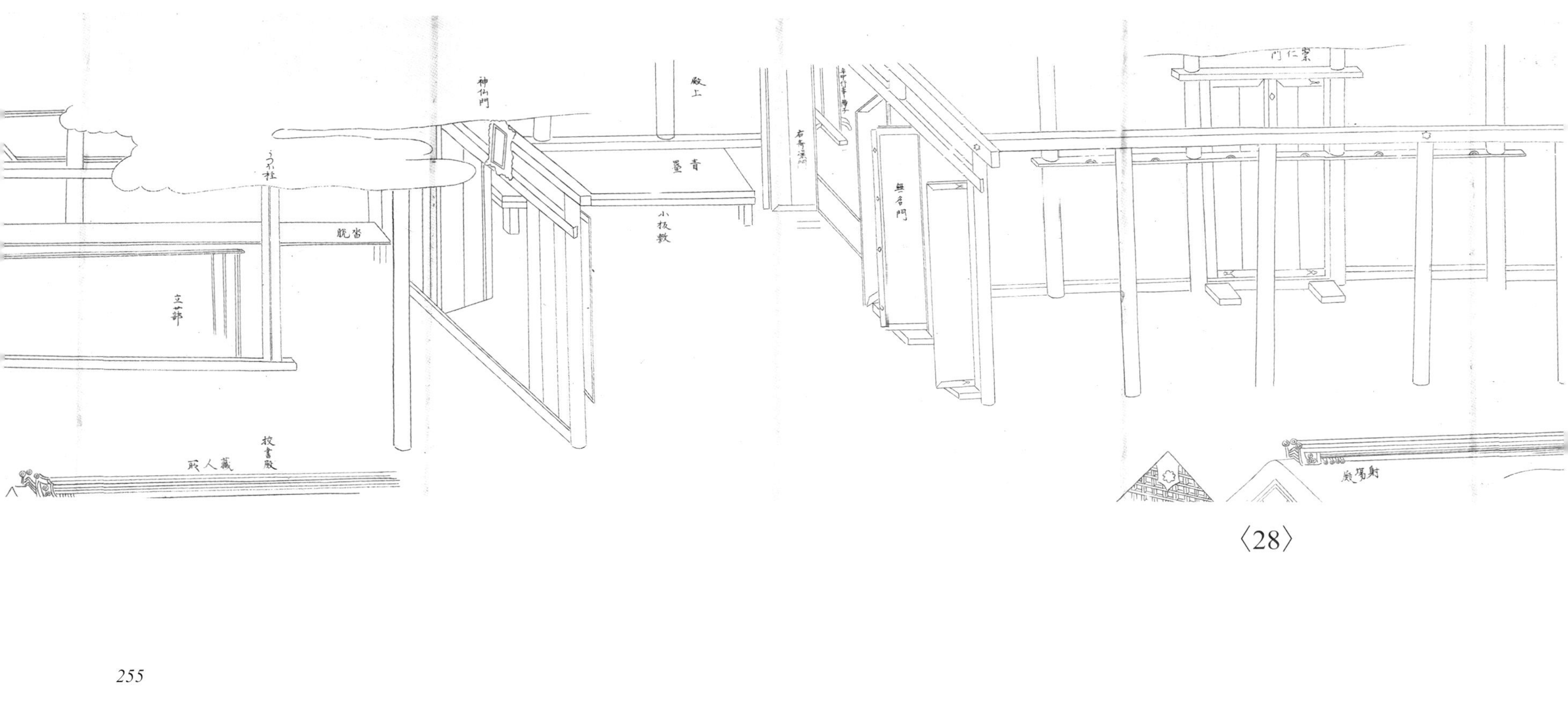
神仙門
殿上
うつほ柱
沓脱
小板敷
立蔀
校書殿
藏人所
右青瑣門
年中行事障子
無名門
射場殿

〈28〉

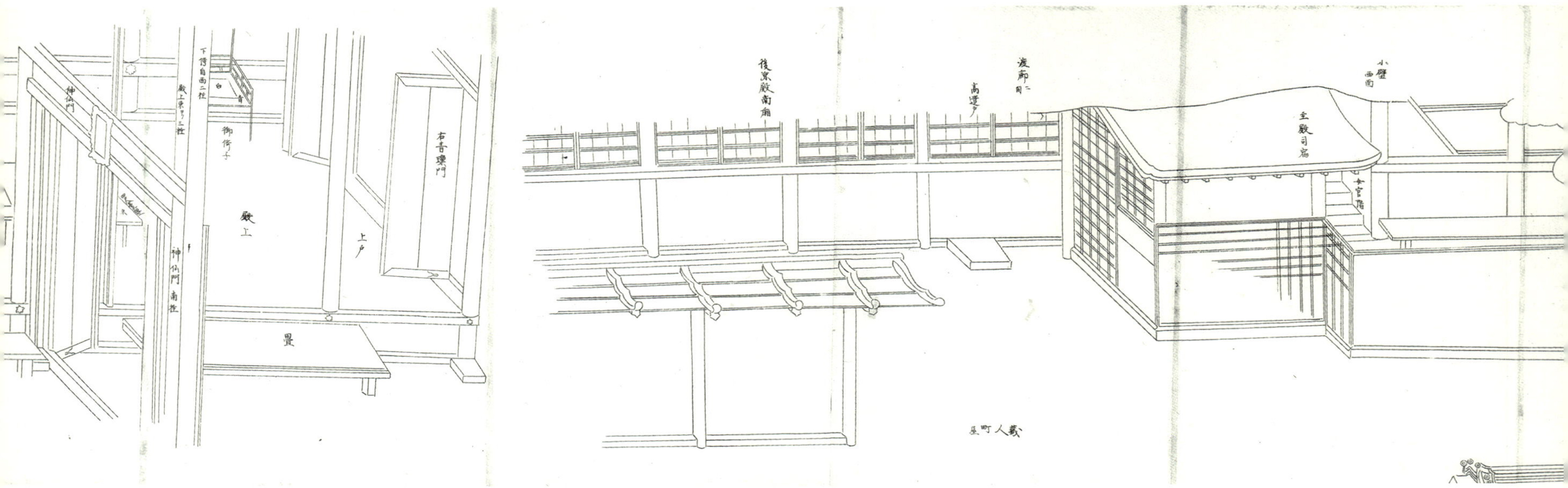

〈29〉

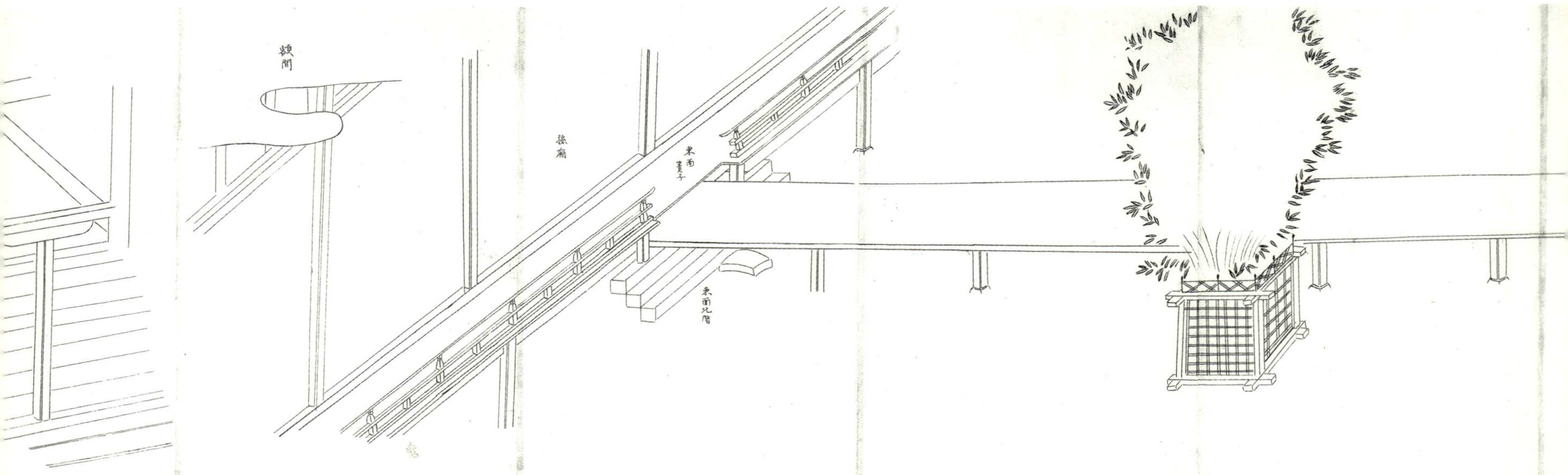

# 巻三

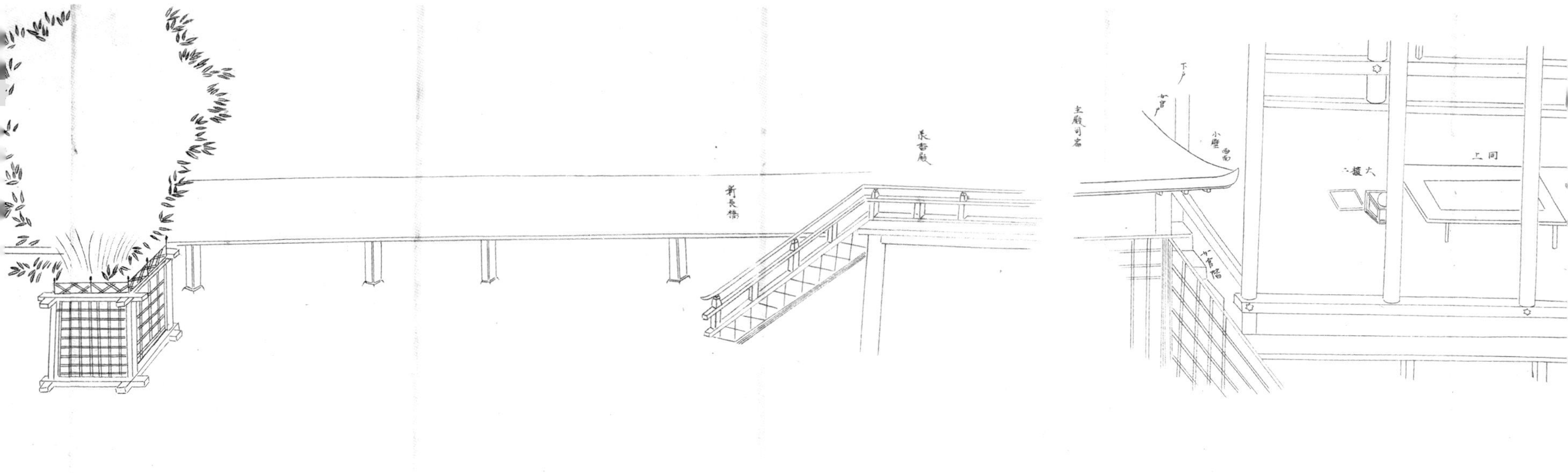

〈30〉

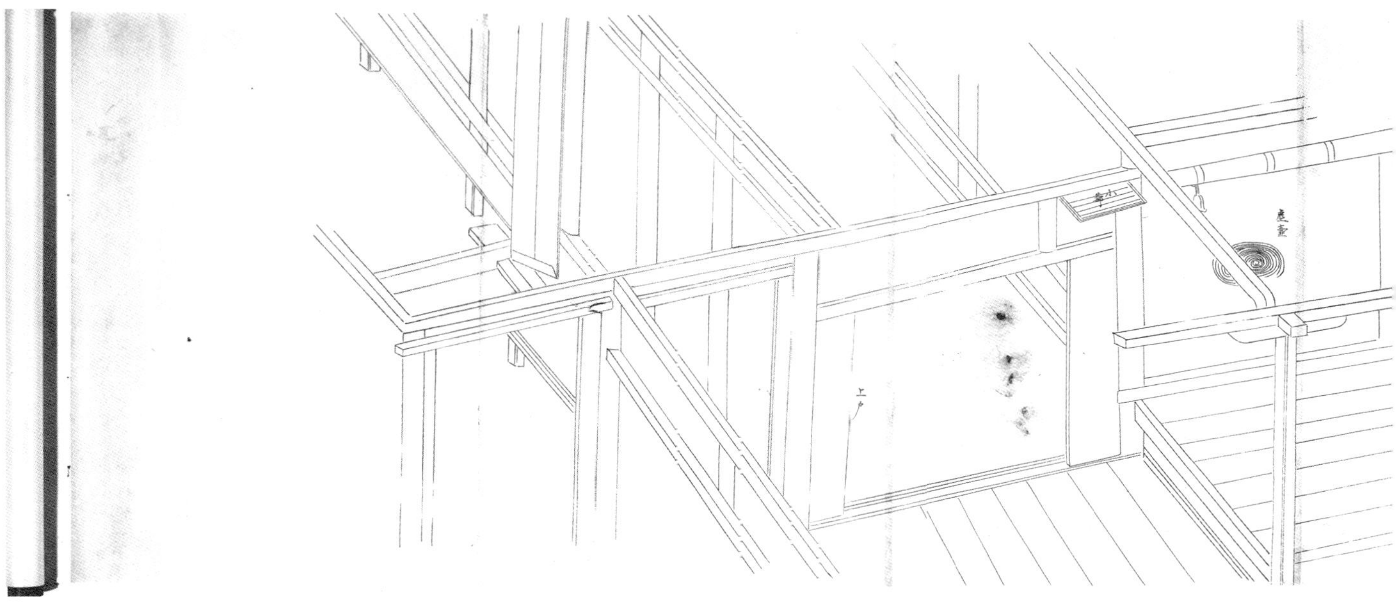

〈24〉

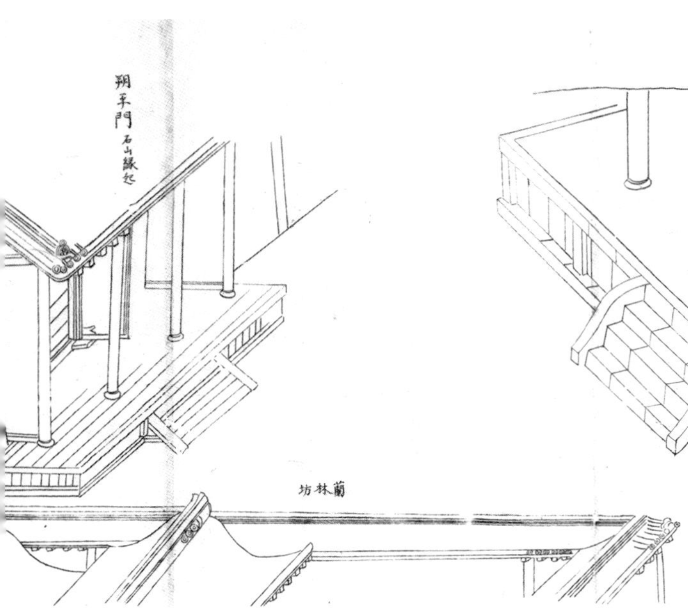


〈43〉

〈44〉

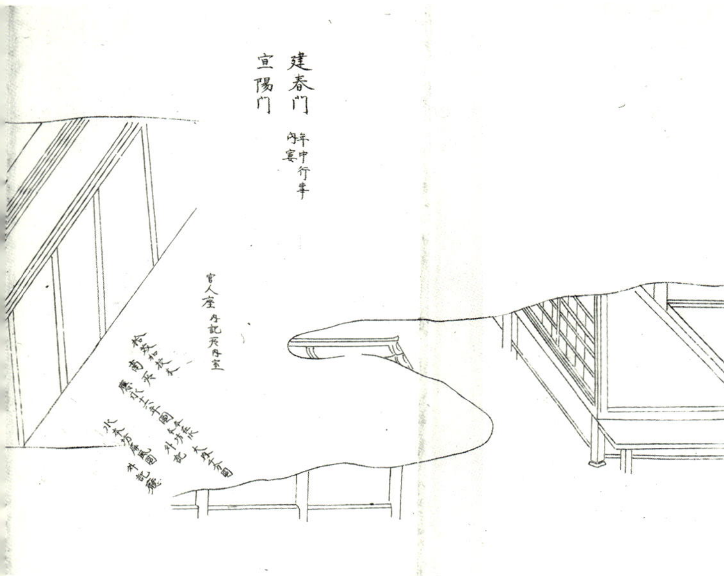


〈38〉

〈42〉

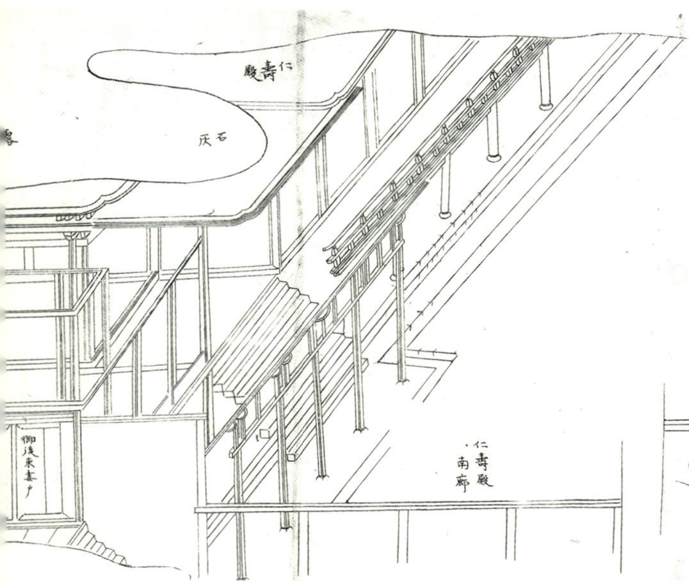


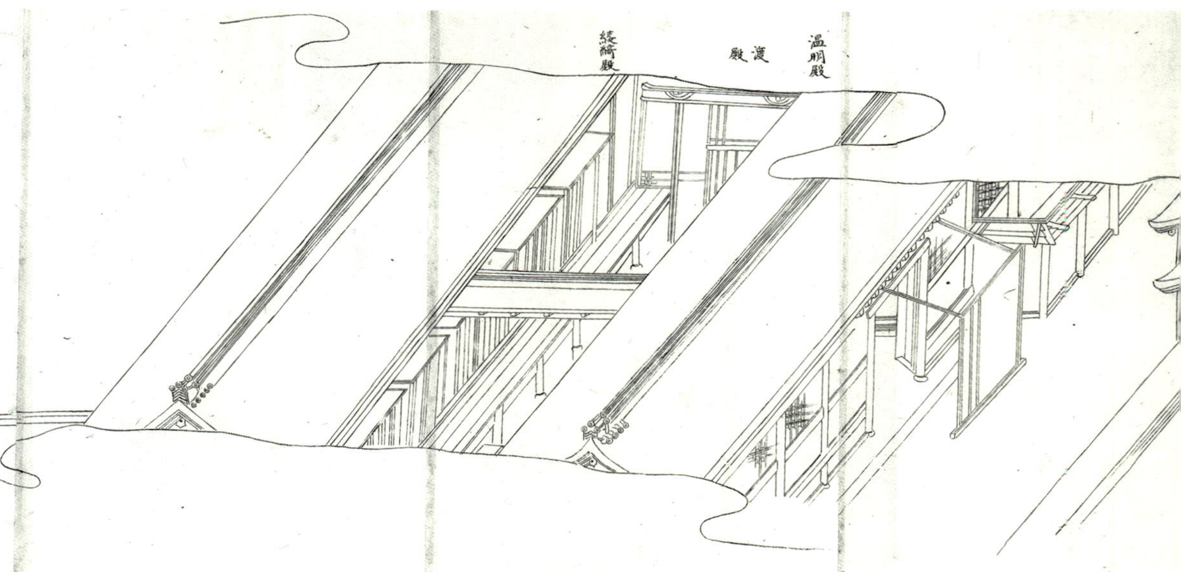


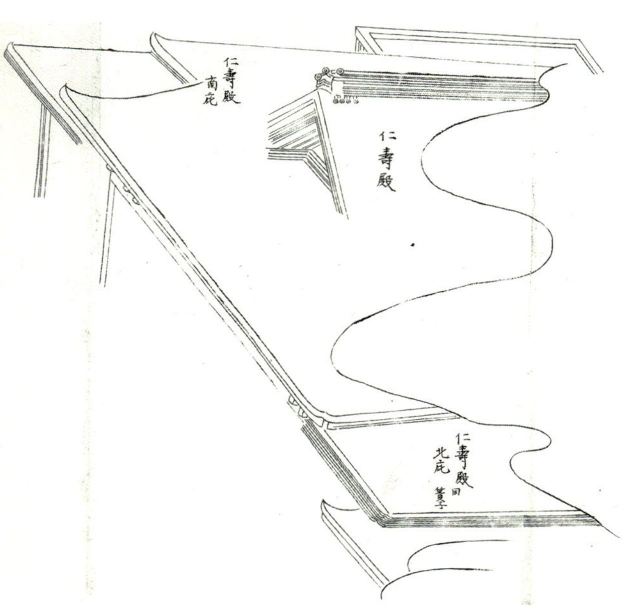


〈41〉

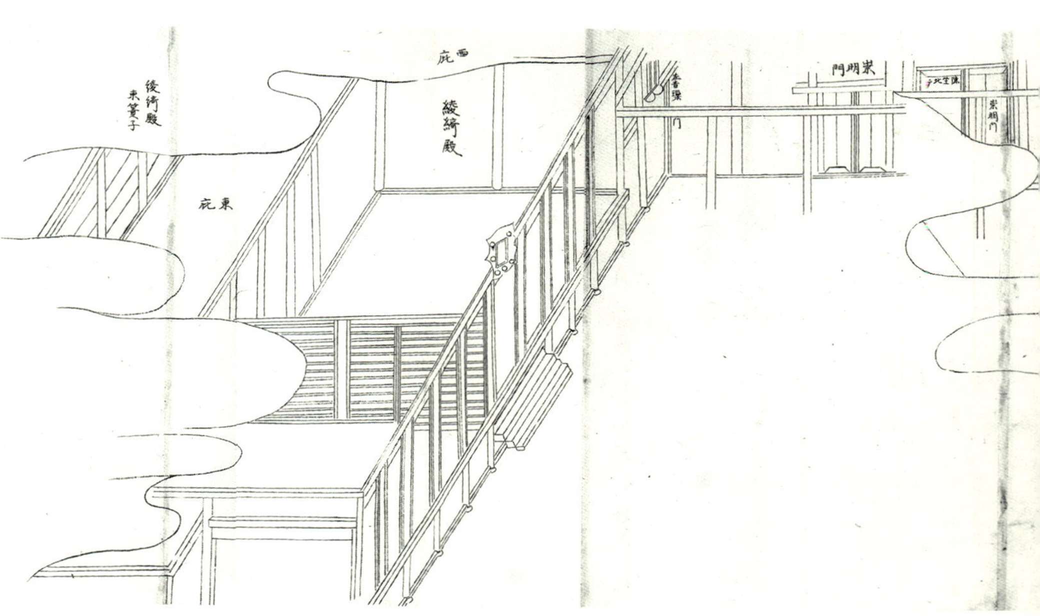


〈41〉

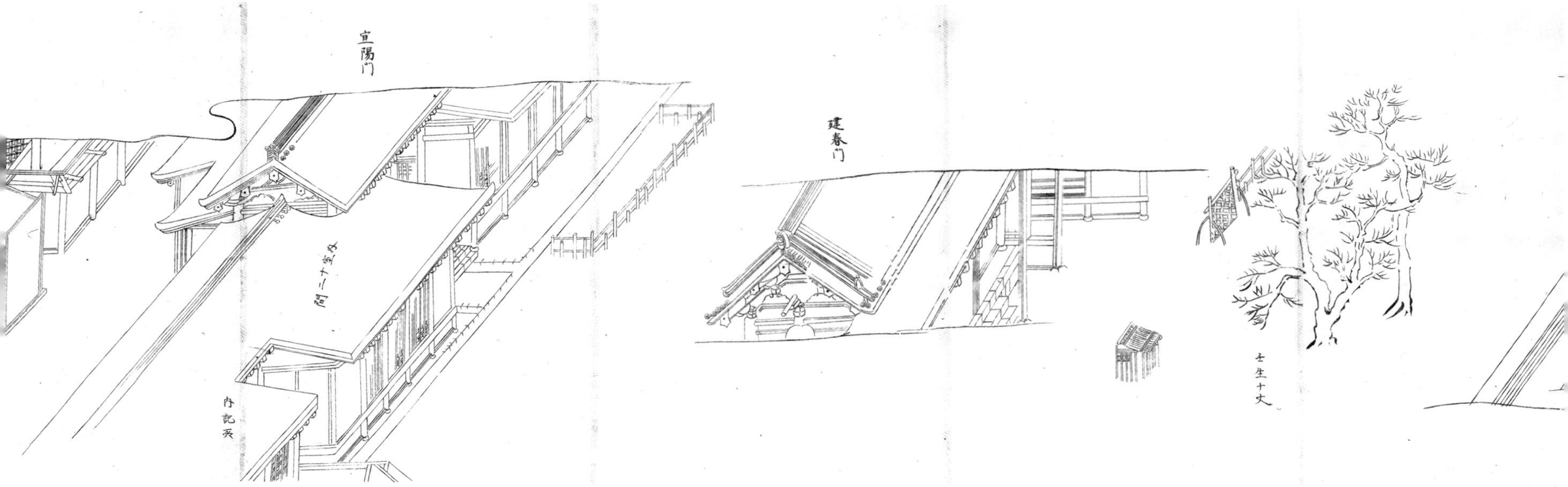


〈39〉

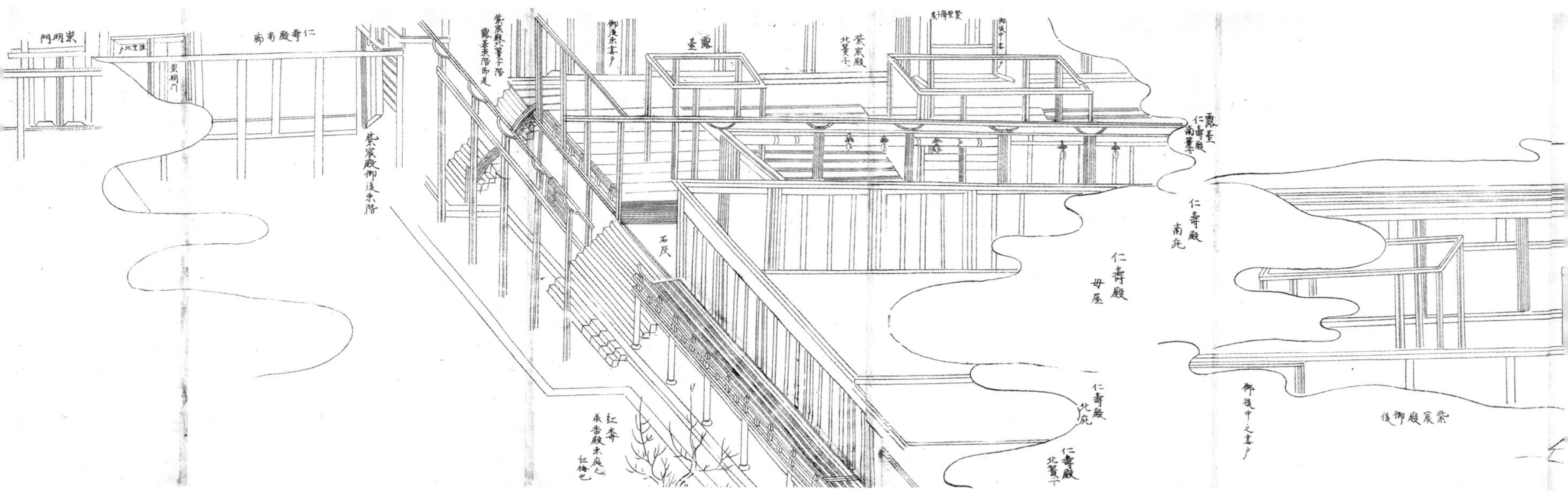


〈40〉

# 巻四

〈47〉 〈46〉

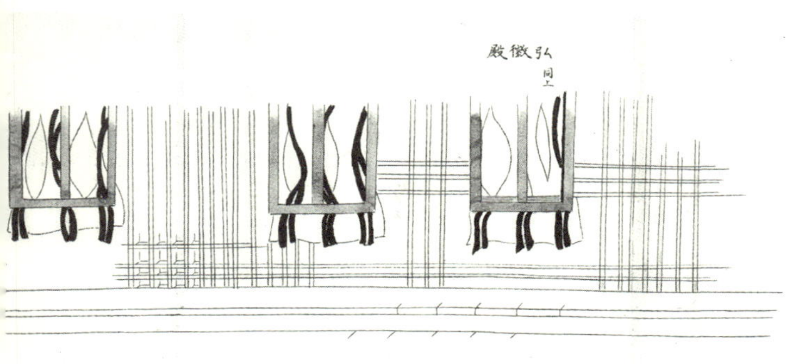


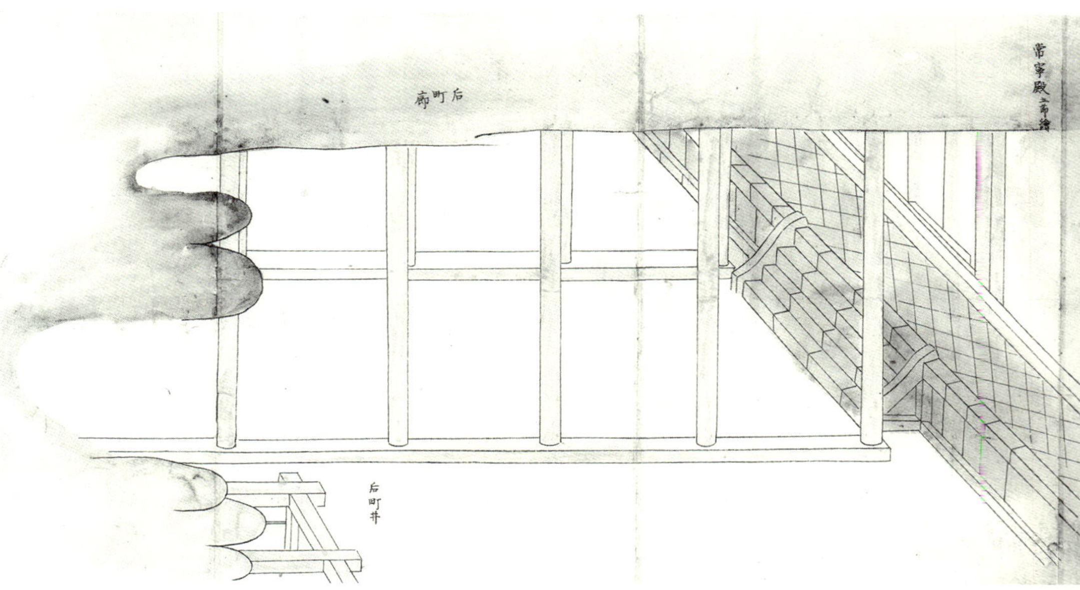


〈49〉

〈45〉

〈48〉 〈50〉

# 巻五

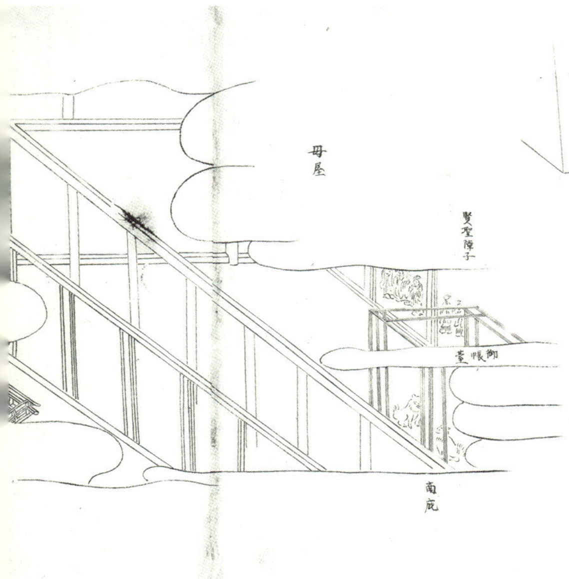

〈11〉

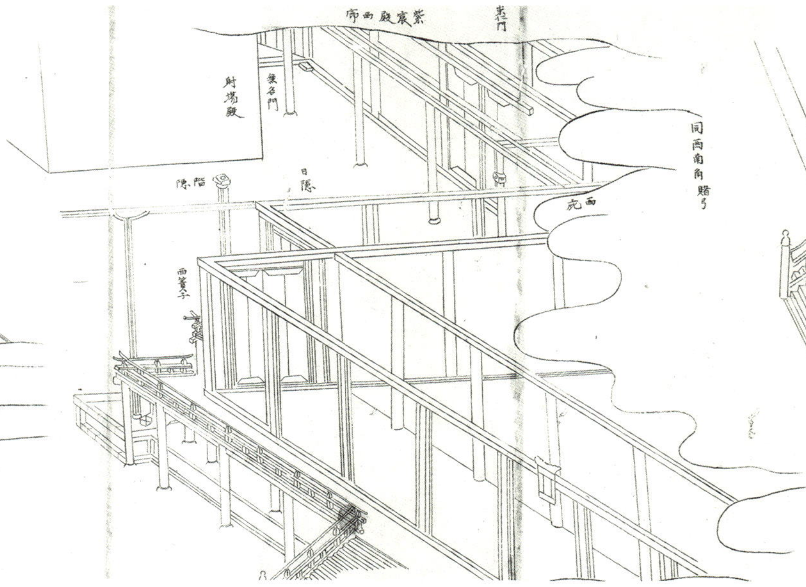

〈10〉

〈9〉

〈14〉

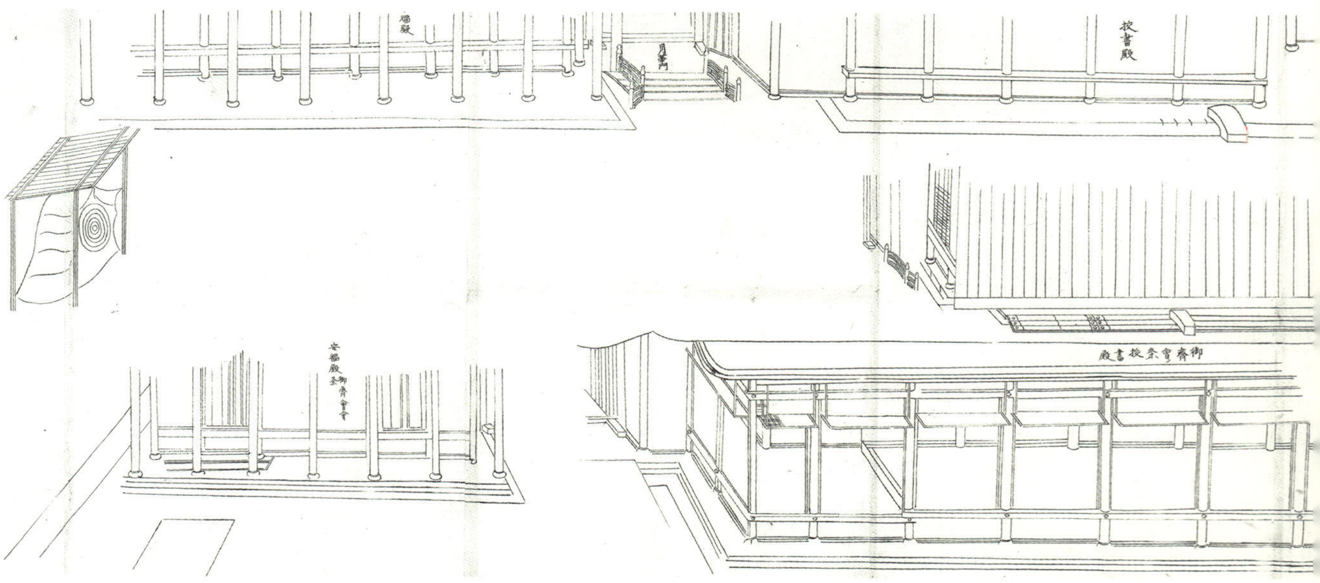

上〈13〉
中〈16〉
下〈17〉

〈8〉

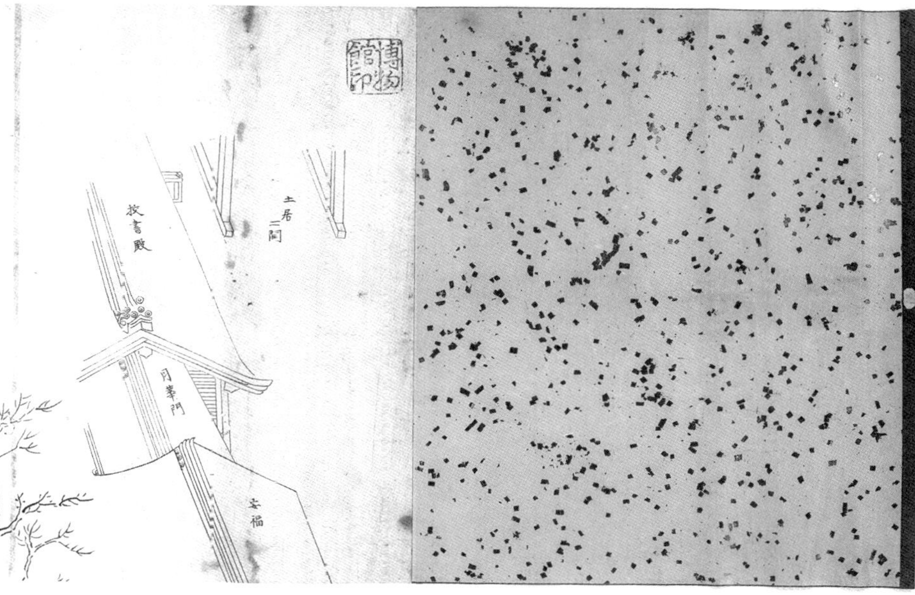

〈7〉

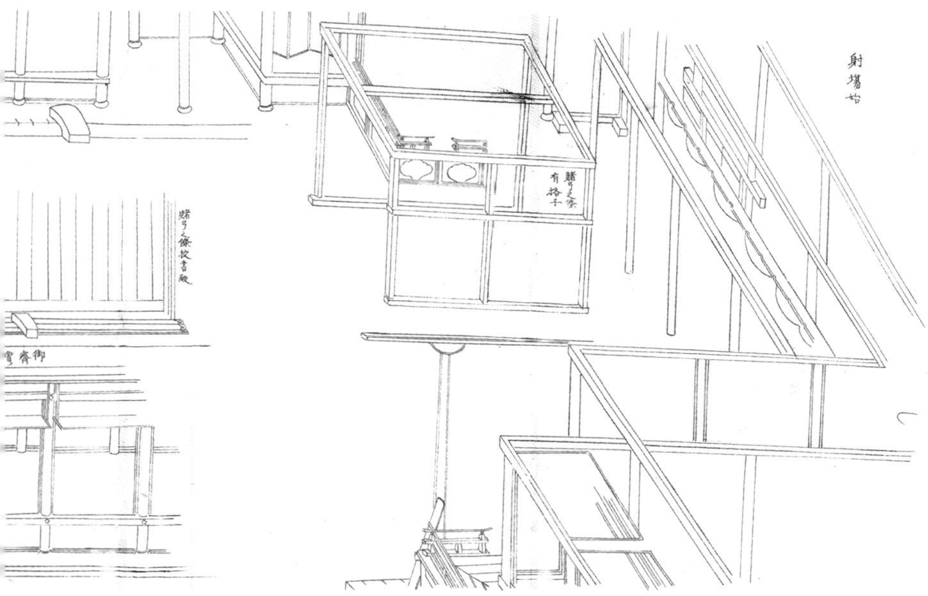

〈13〉

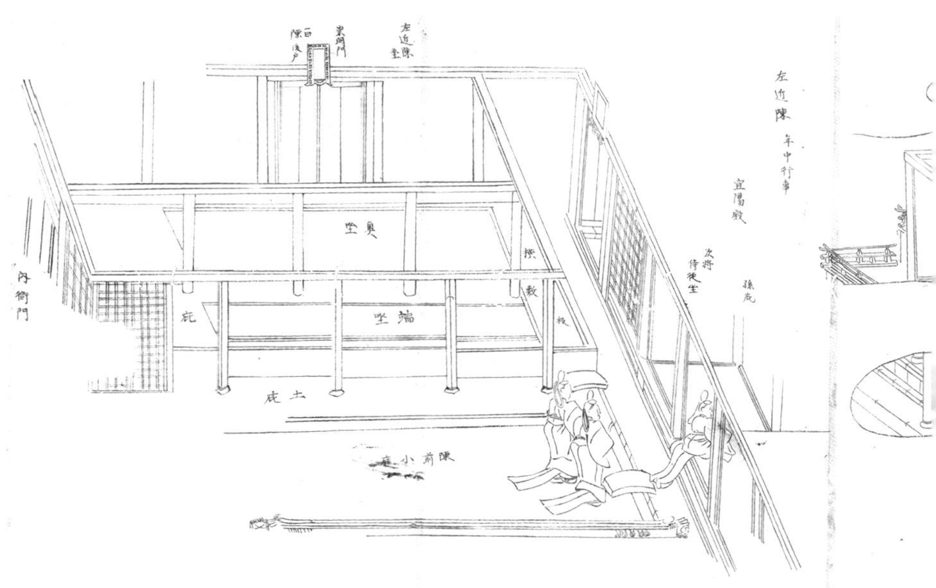

〈12〉

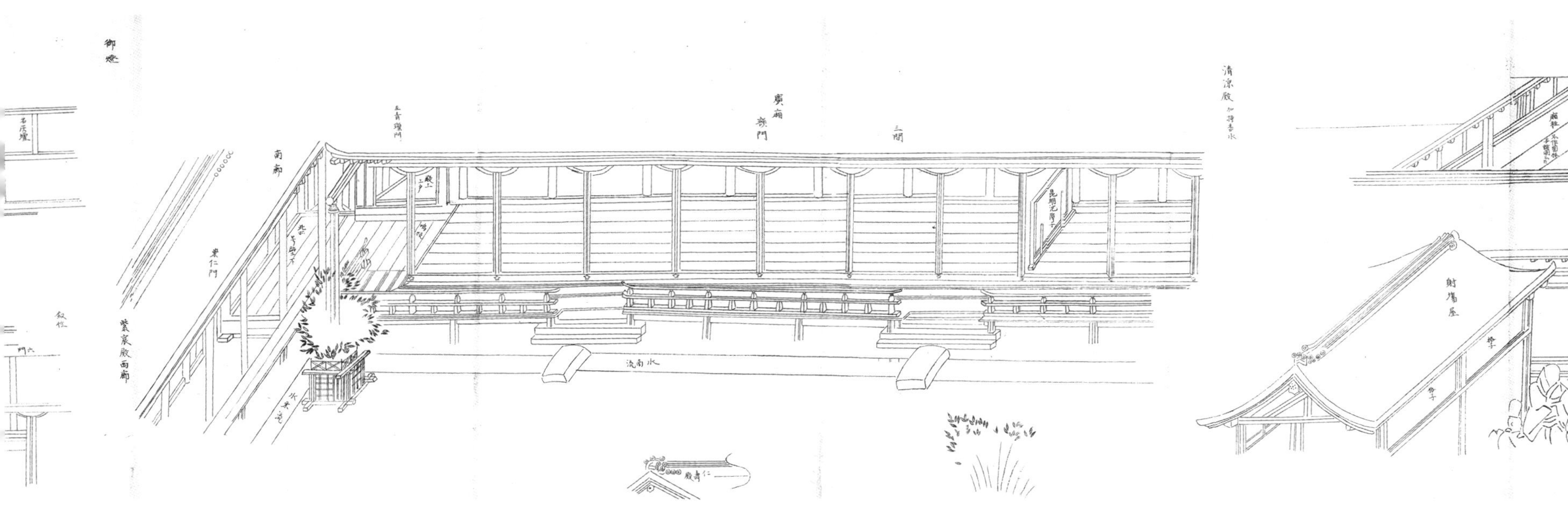

〈18〉

〈21〉

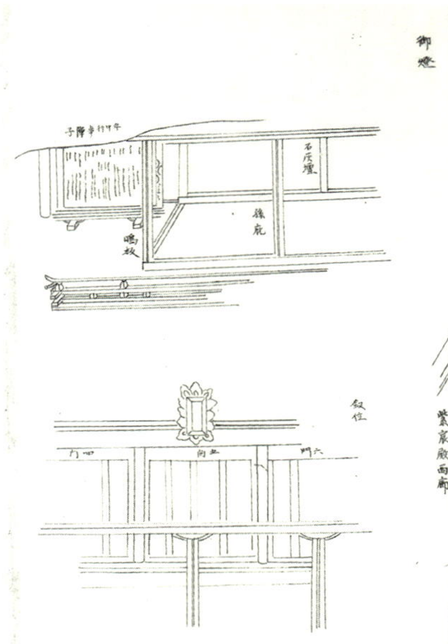

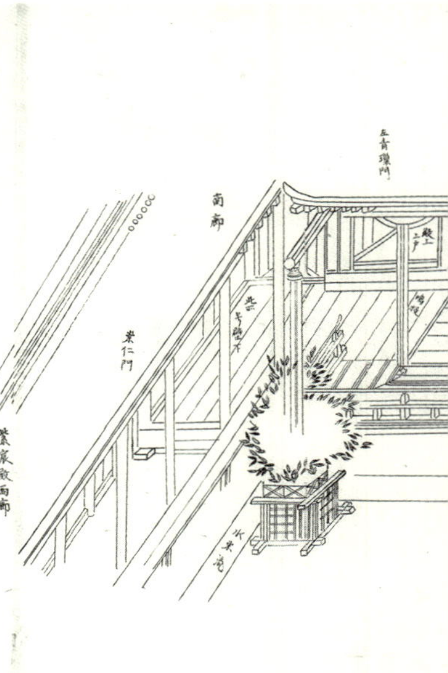

上〈19〉
下〈20〉

# 巻六

〈3〉　〈2〉

〈1〉

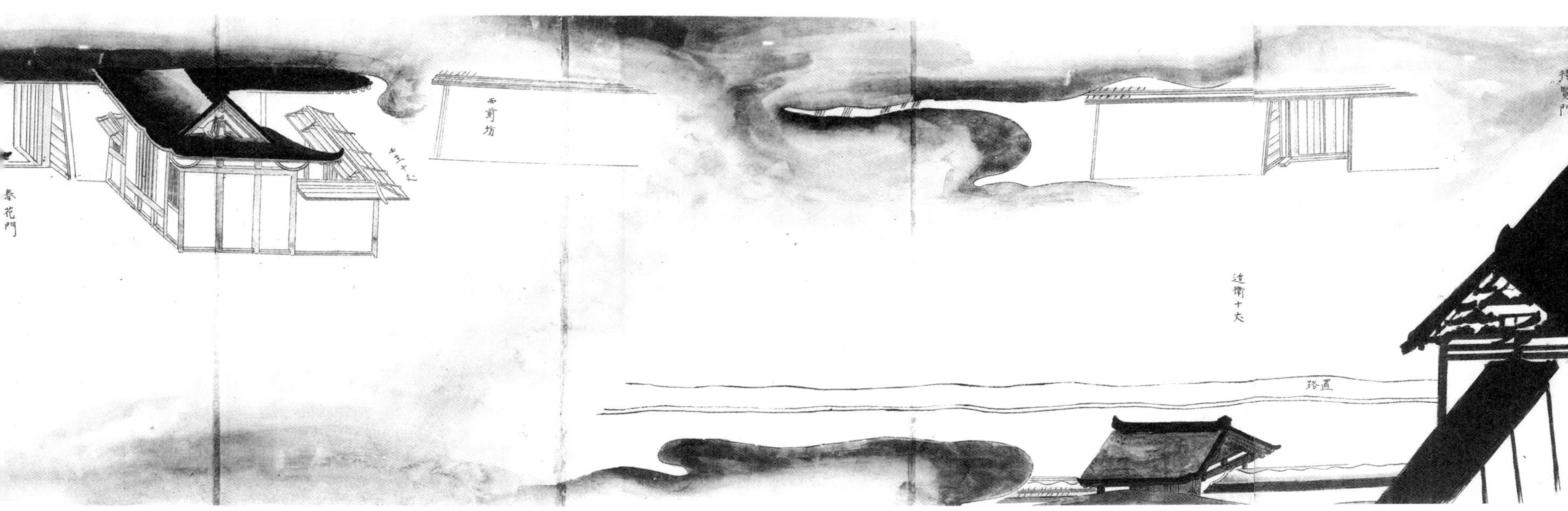

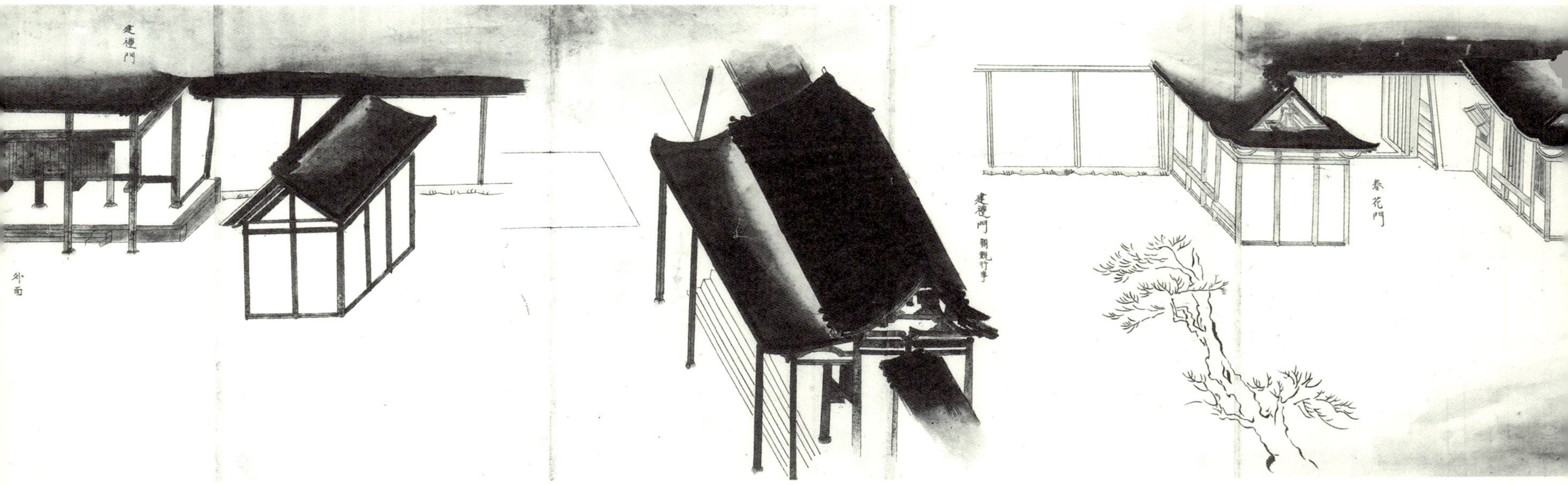


〈3〉 〈4〉

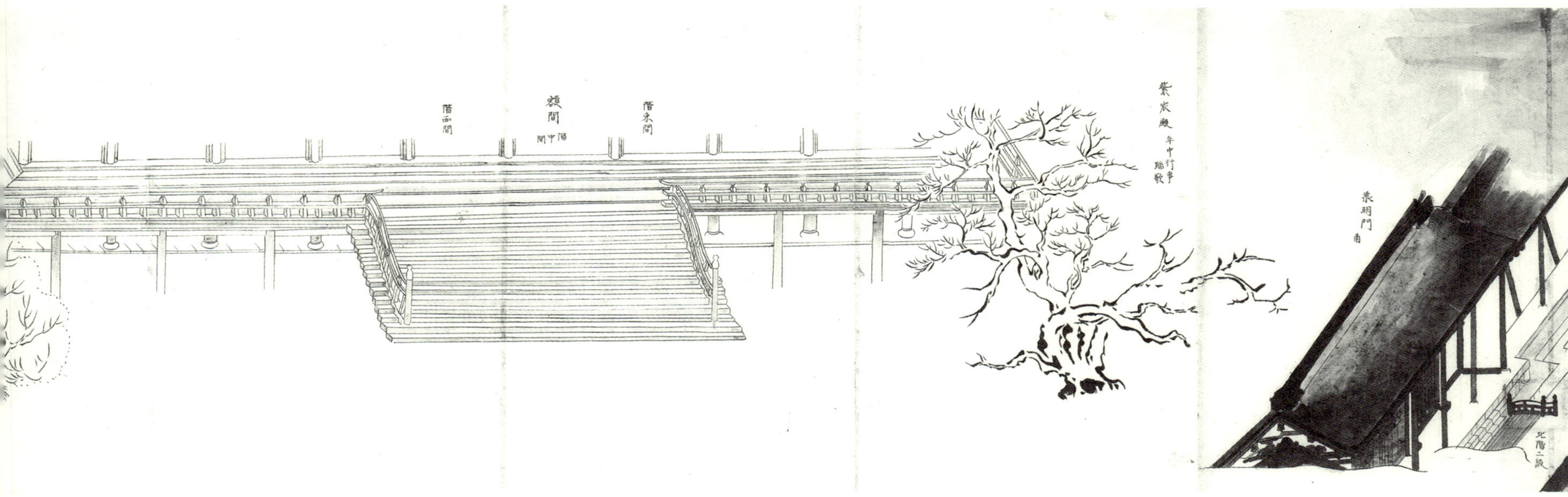


〈7〉

# 巻七

〈6〉

〈5〉

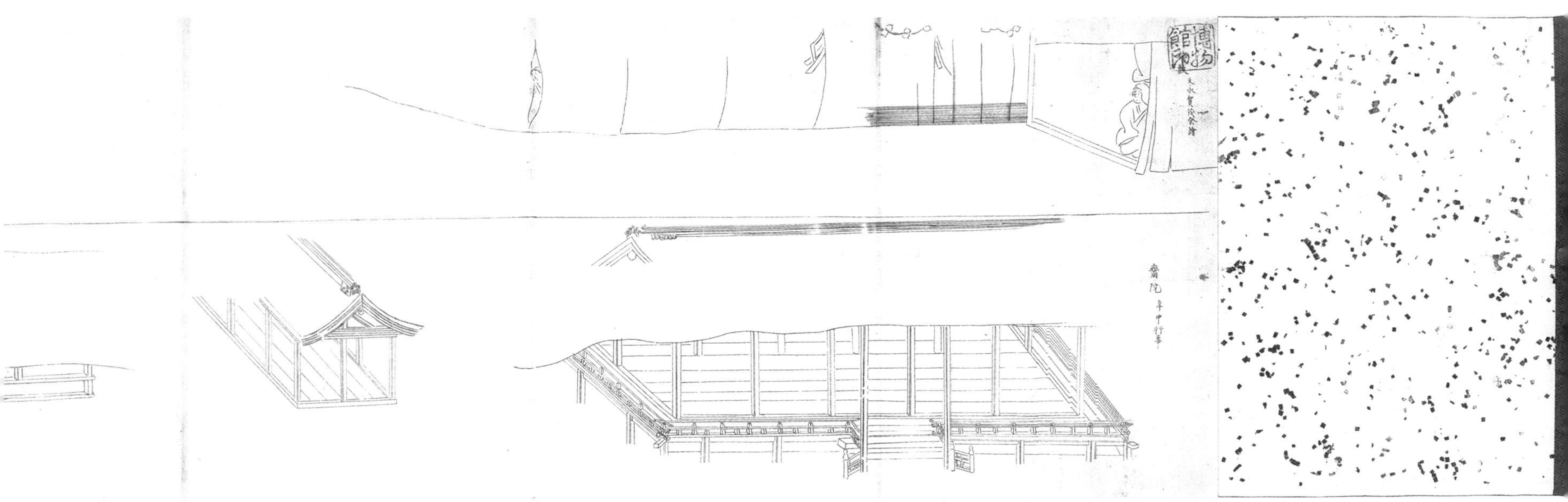

上〈55〉
下〈56〉

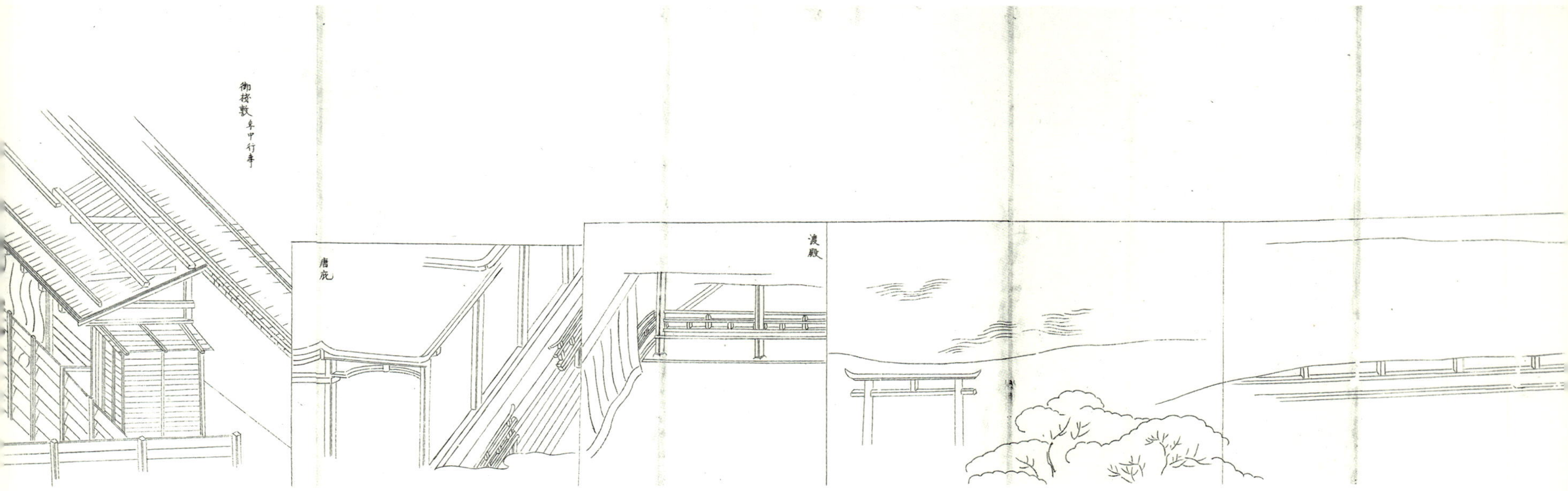


〈59〉 〈58〉

〈61〉

# 巻八

〈52〉

〈51〉

〈53〉

〈54〉

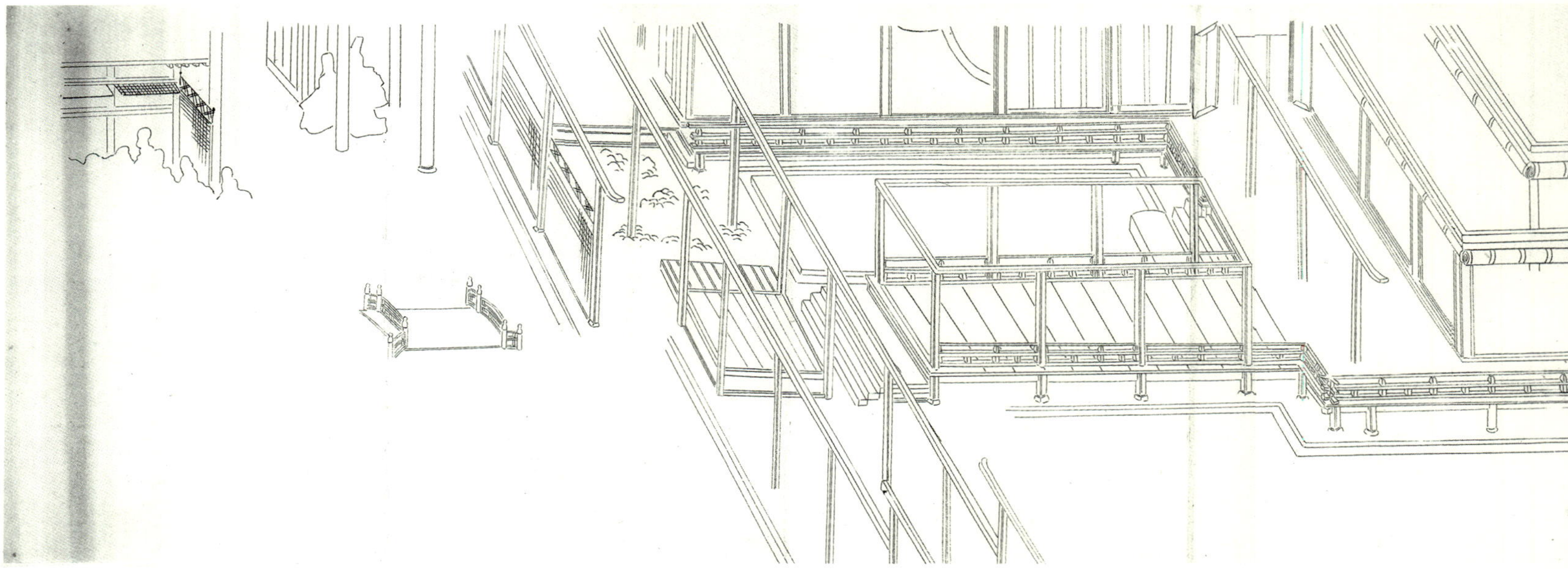

『都城院宮之図』　全一軸

# 上巻

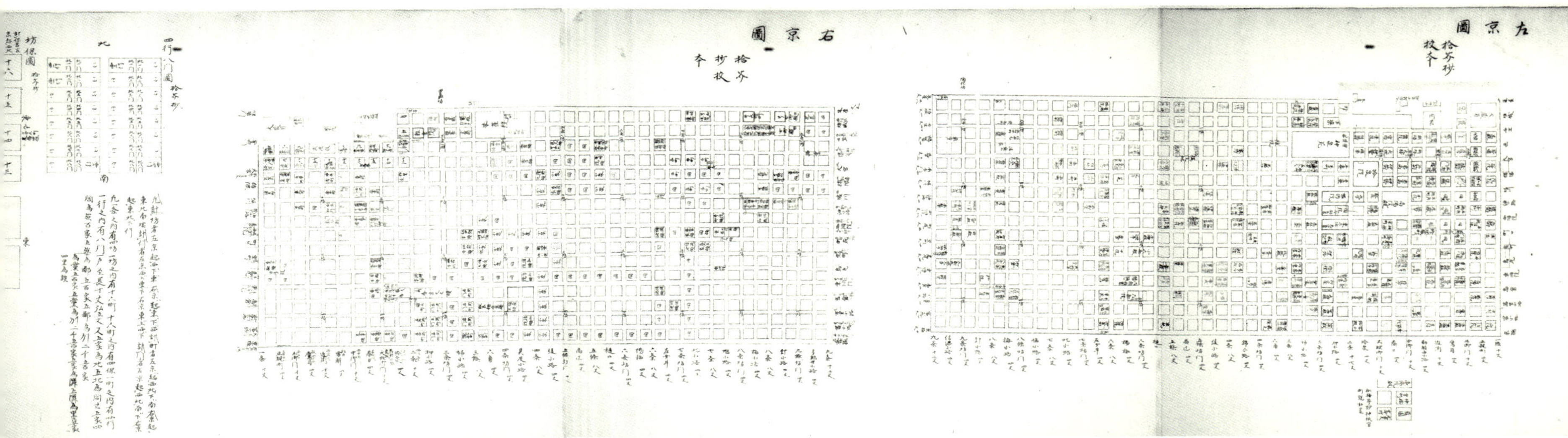


〈都城 5〉 〈都城 4〉 〈都城 3〉 〈都城 2〉

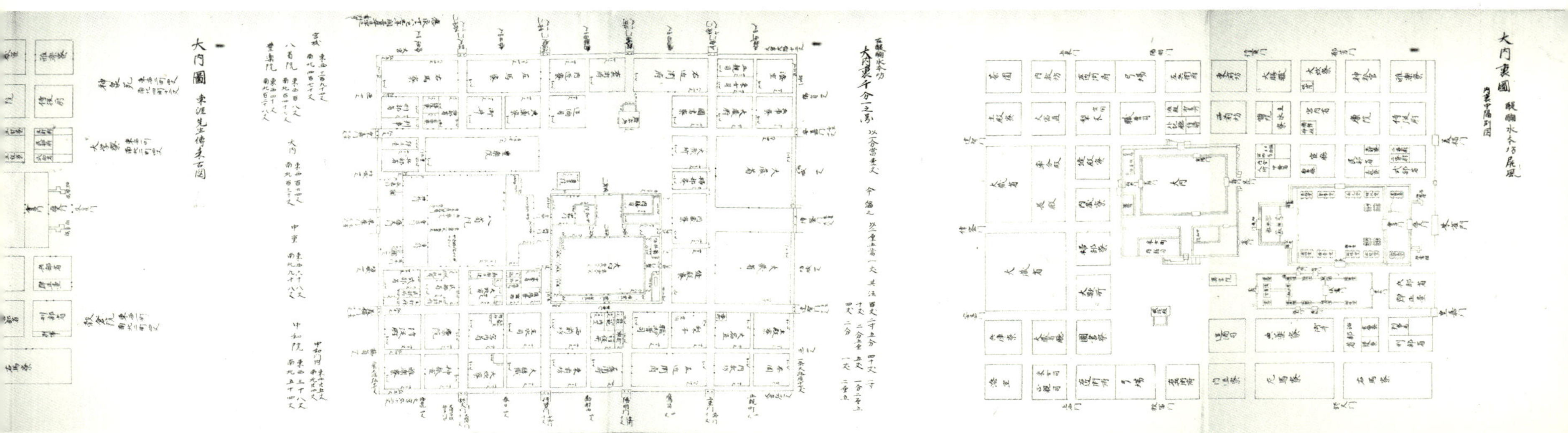


〈都城 11〉 〈都城 10〉 〈都城 9〉

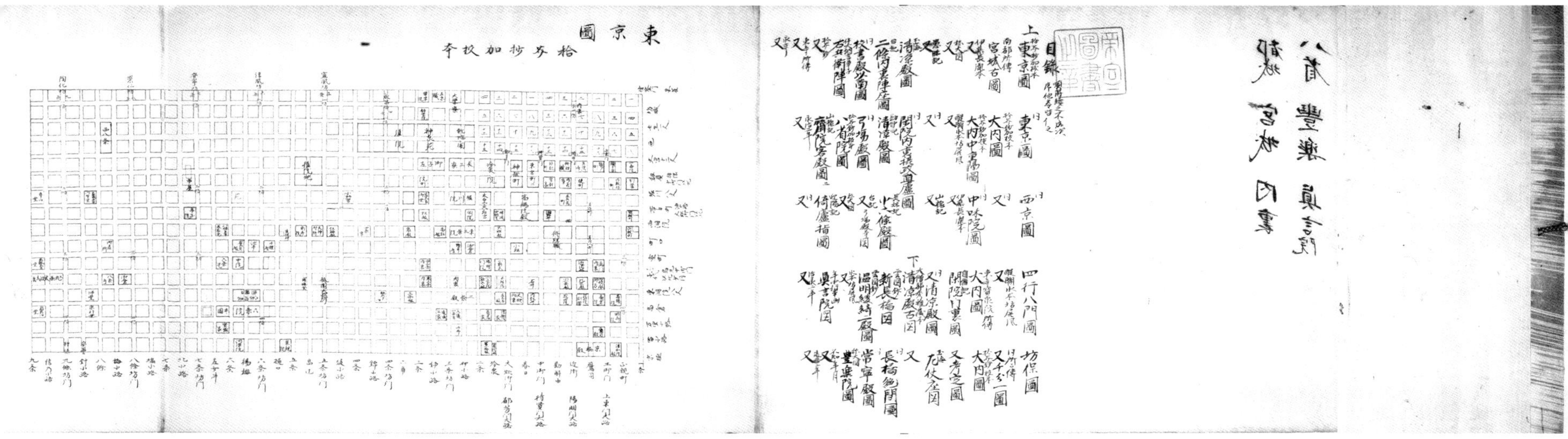


〈都城 1〉

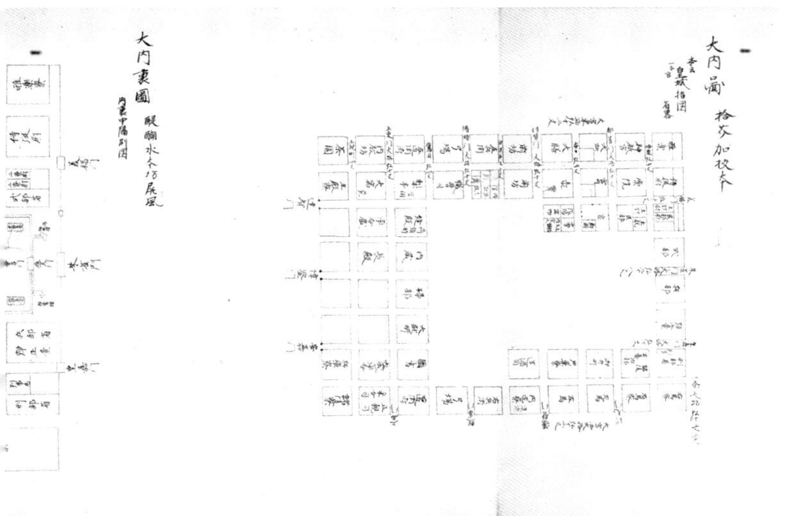


〈都城 8〉

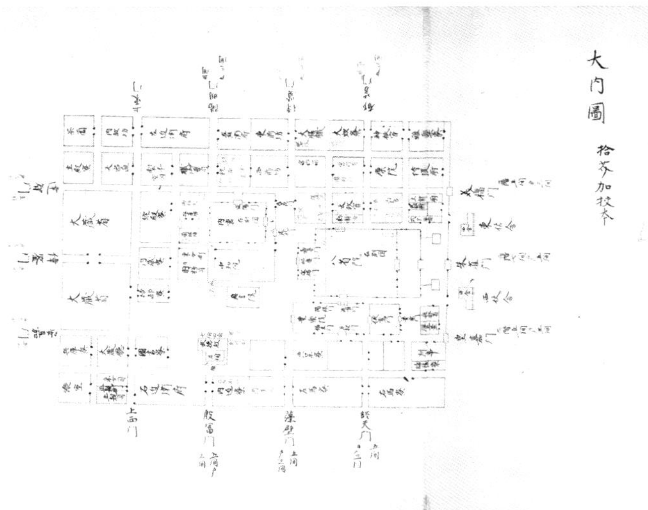


〈都城 7〉

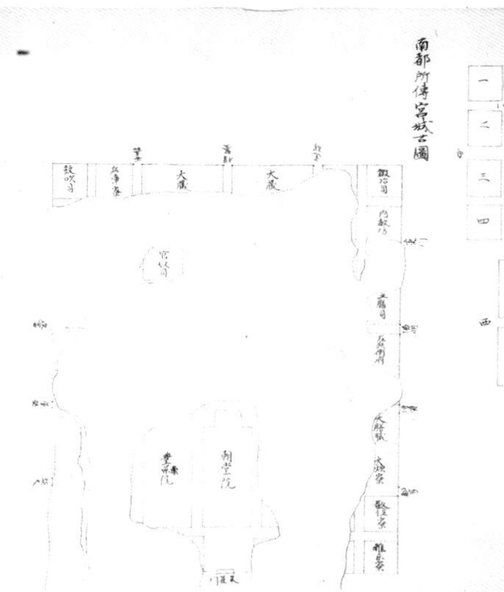

〈都城 6〉

〈都城 14〉

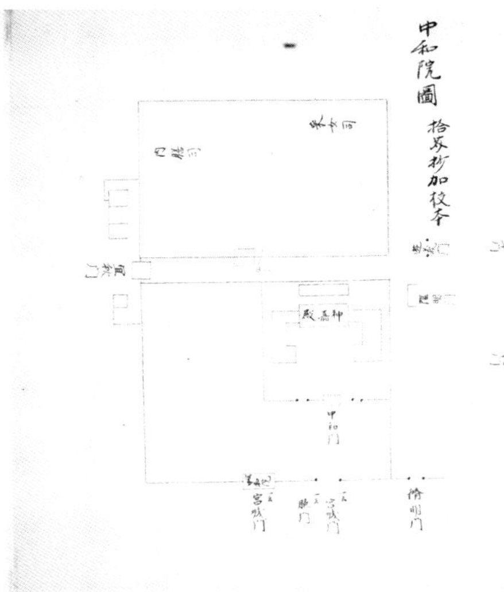


〈都城 13〉

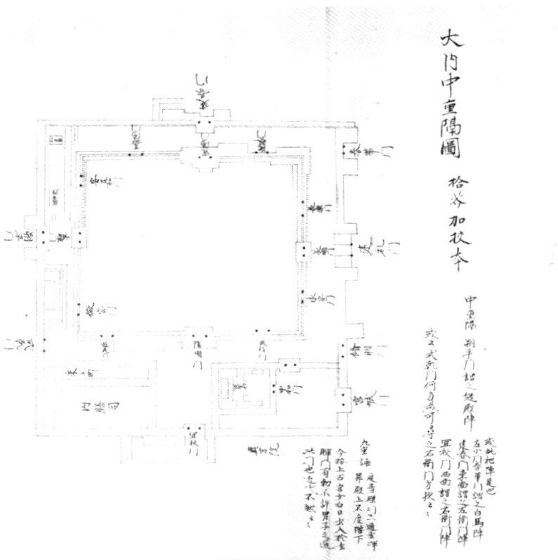


〈都城 12〉

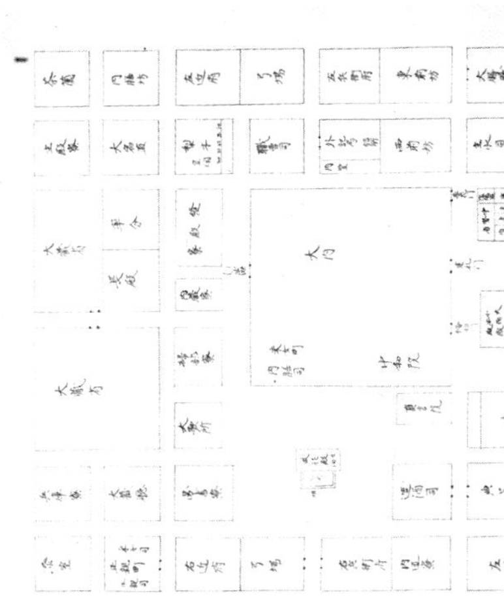

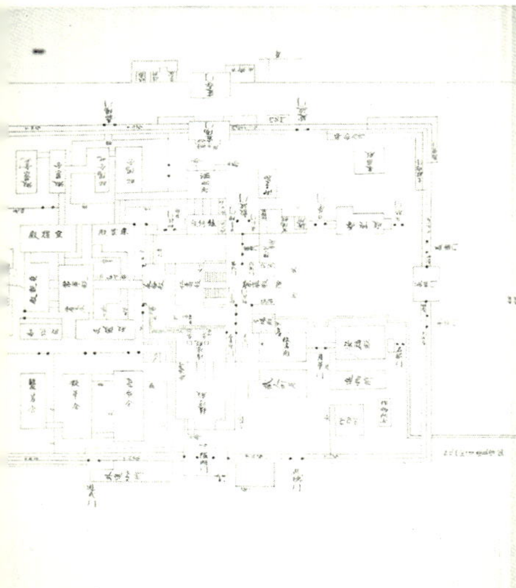

〈都城 16〉

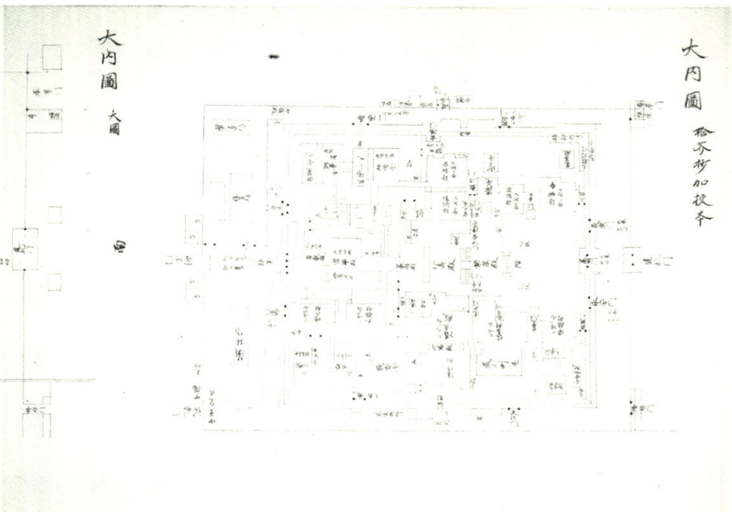

〈都城 15〉

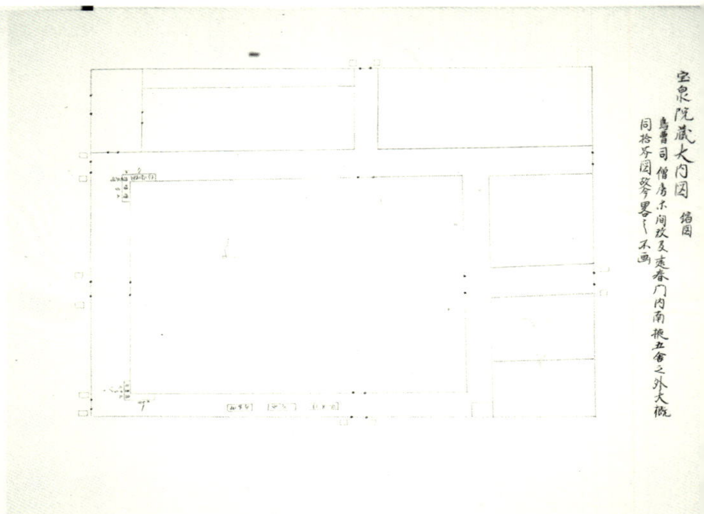

〈都城 14〉

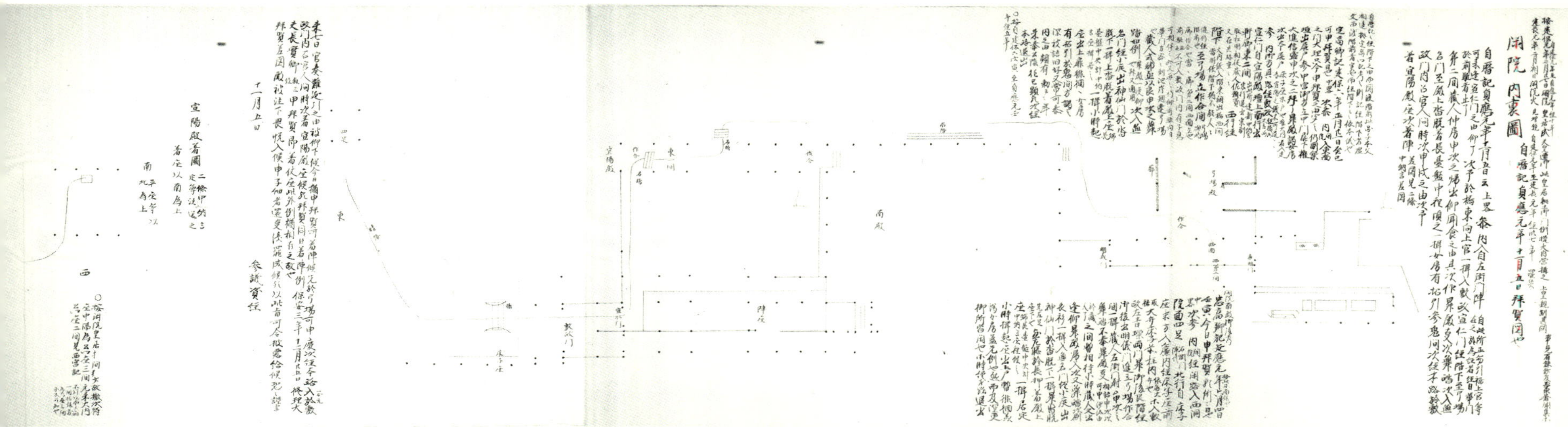

〈都城 19〉

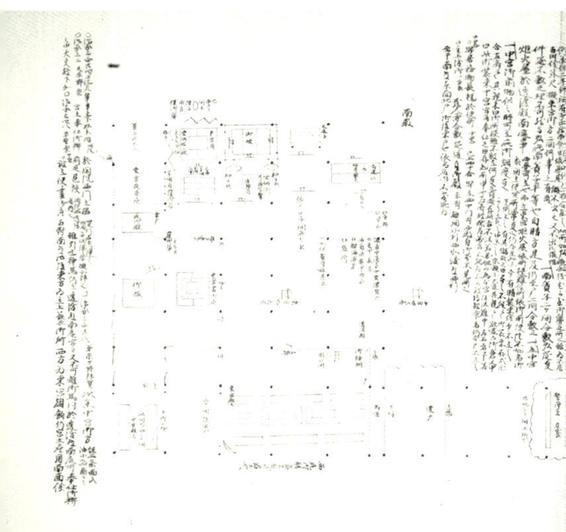

〈都城 23〉

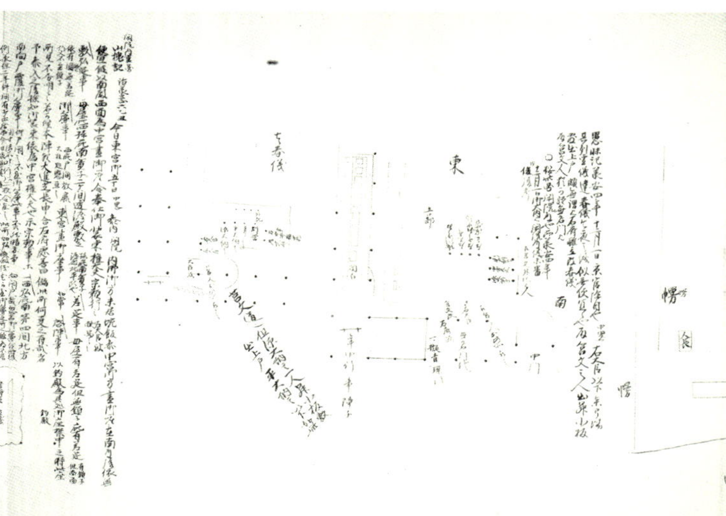

〈都城 22〉

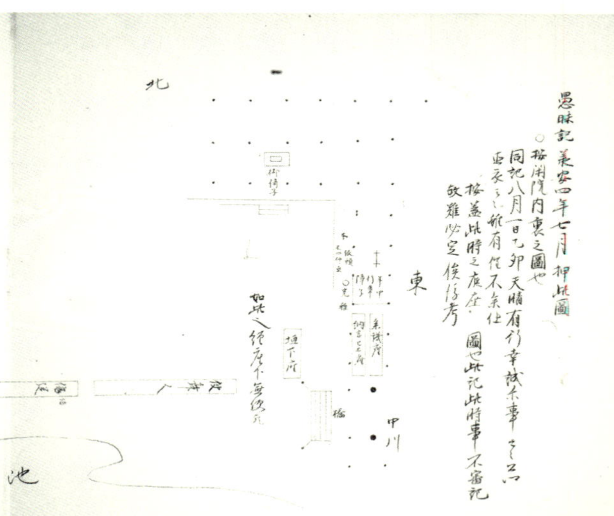

〈都城 21〉

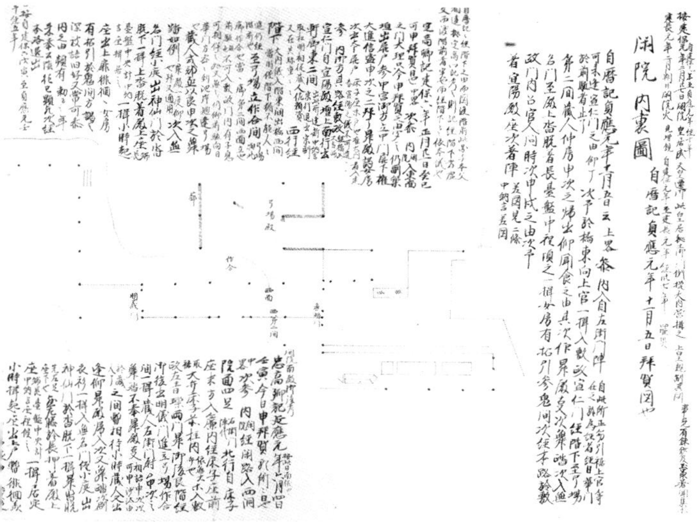


〈都城 19〉

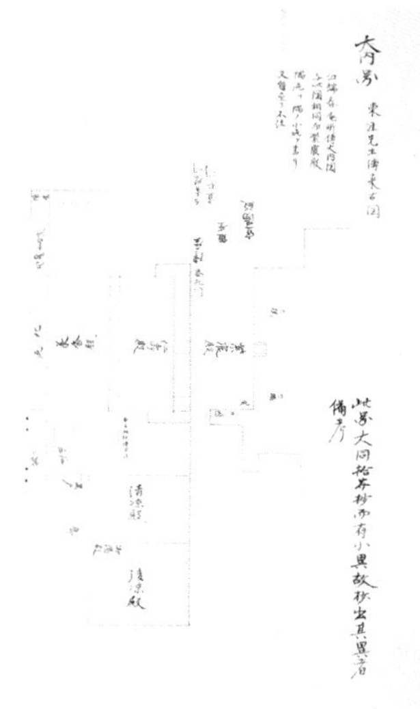

〈都城 18〉

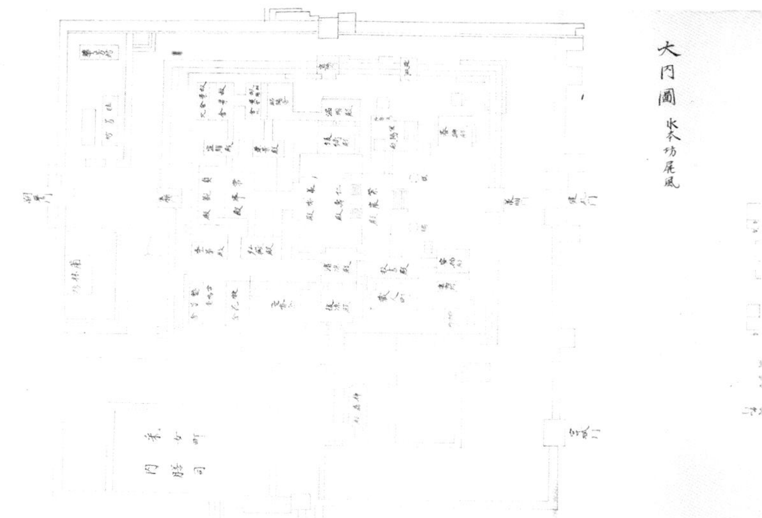


〈都城 17〉

〈都城 21〉

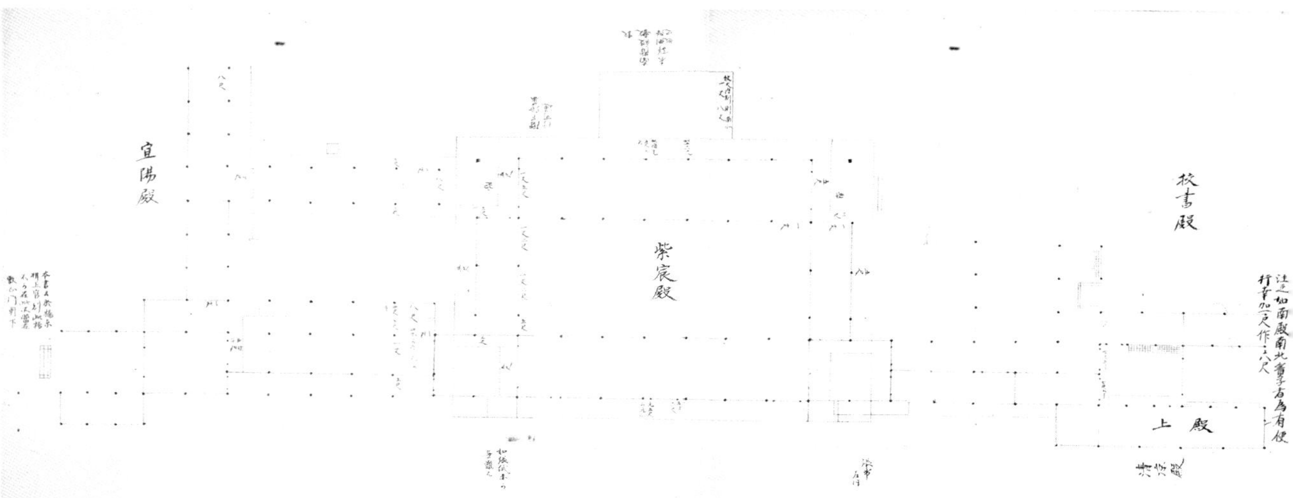


〈都城 20〉

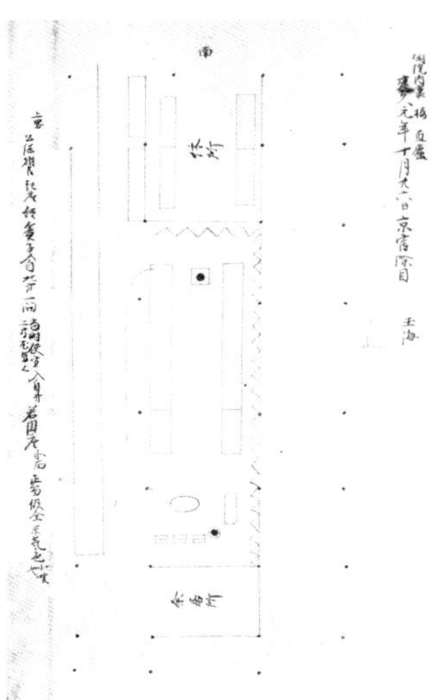

〈都城 27〉

〈都城 26〉

〈都城 25〉

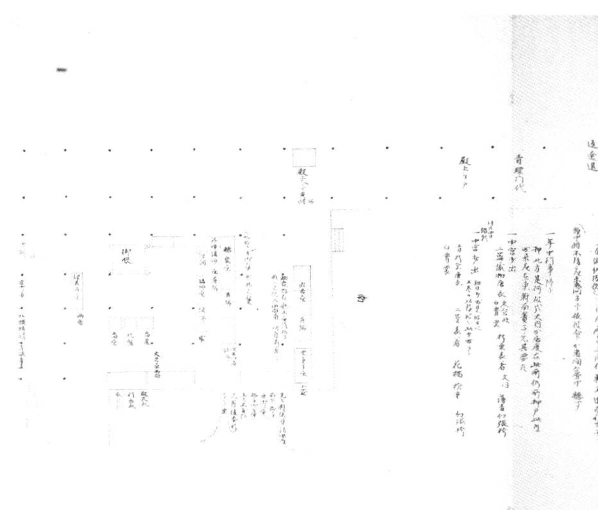

〈都城 24〉

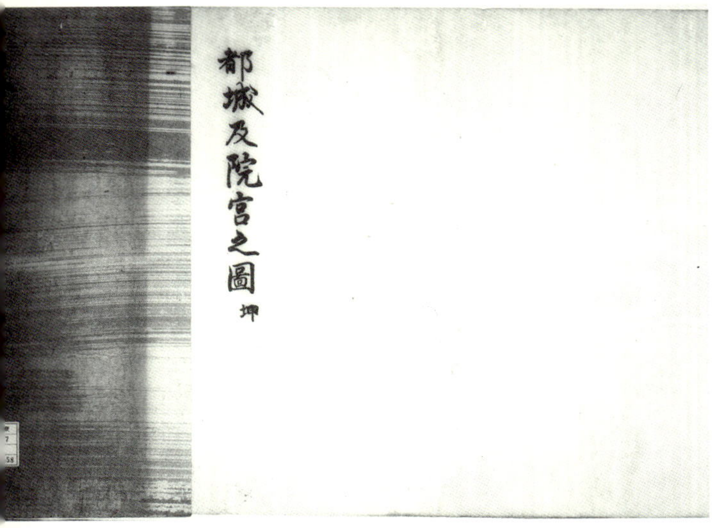


# 下巻

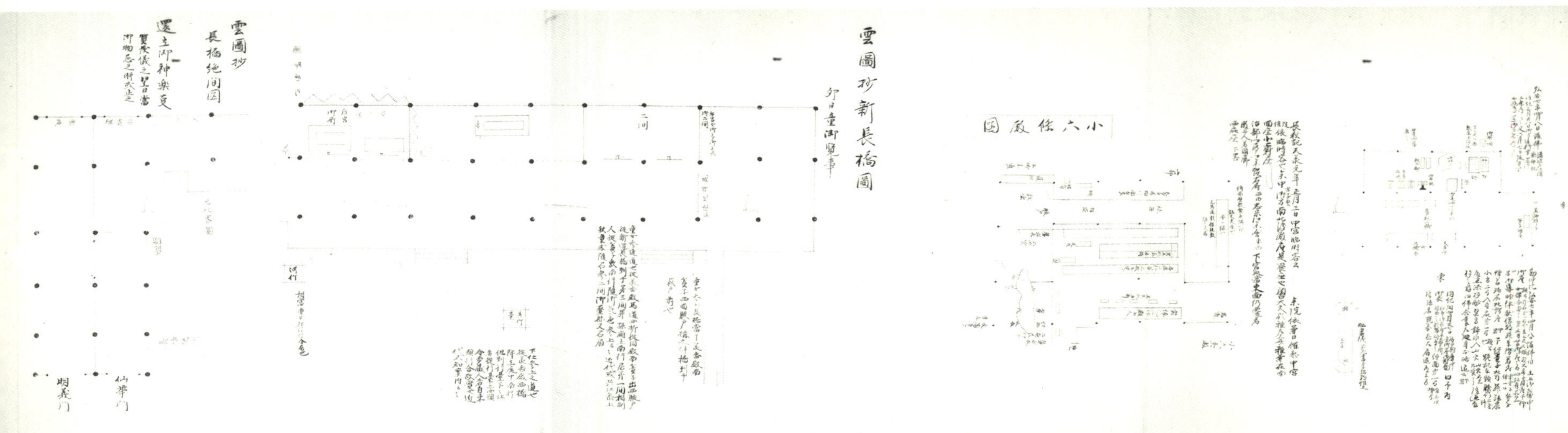


〈都城 33〉 〈都城 32〉 〈都城 31〉 〈都城 30〉

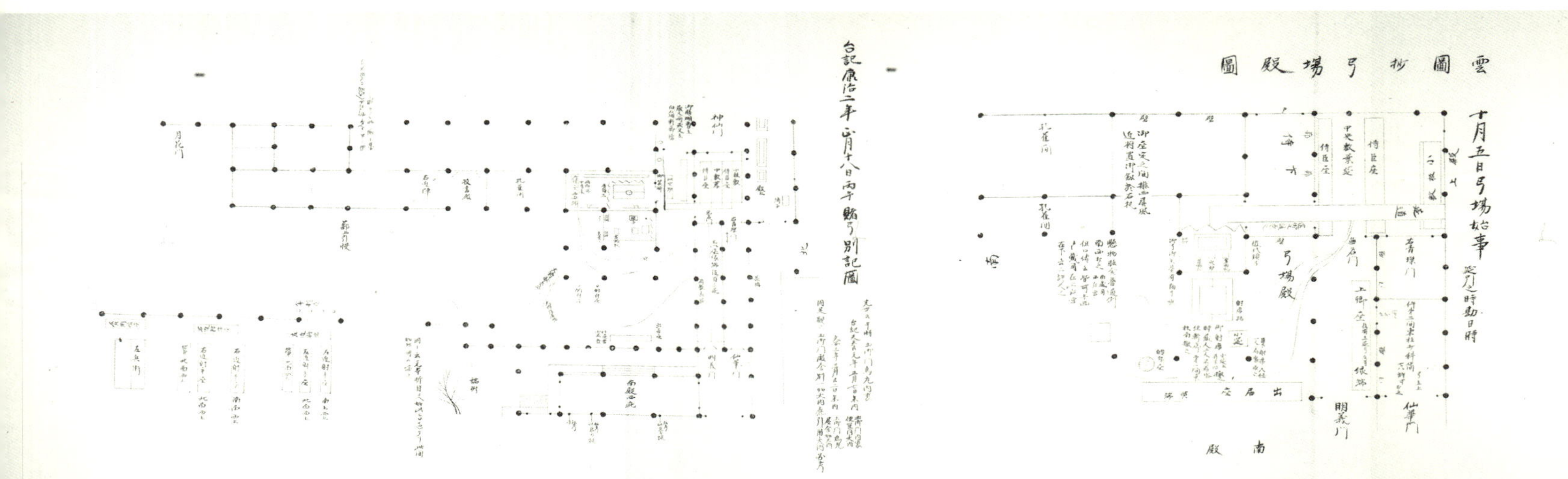

〈都城 36〉 〈都城 35〉

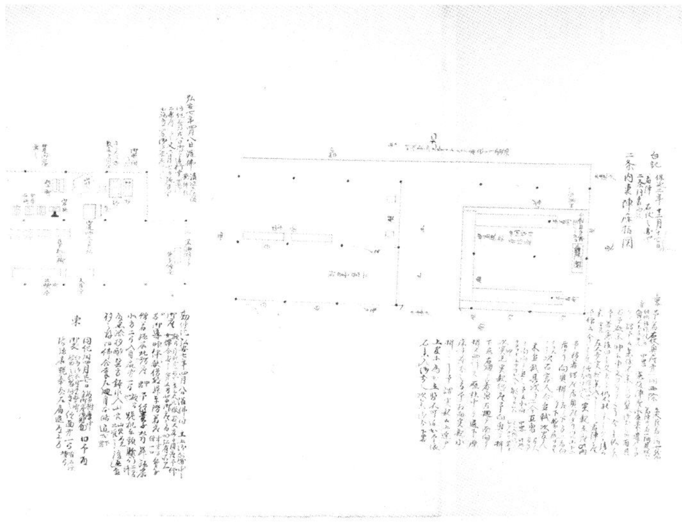

〈都城 29〉

〈都城 28〉

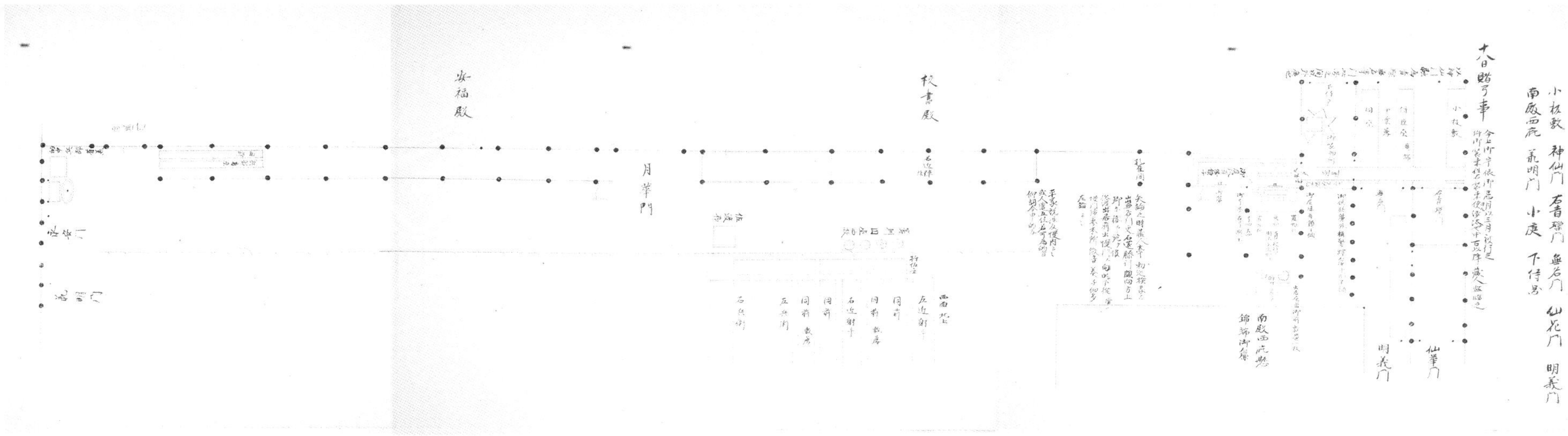

〈都城 34〉

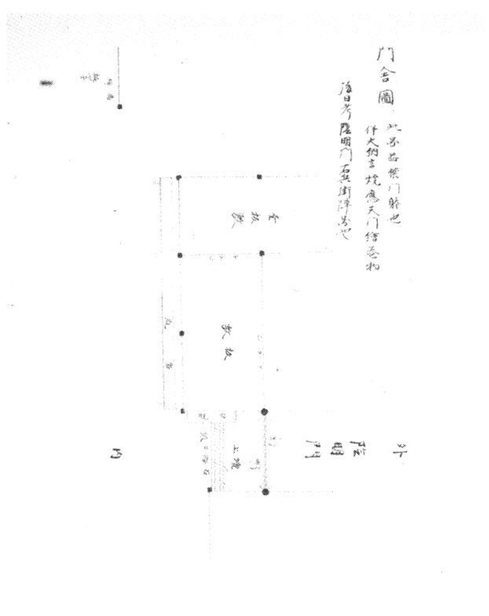

〈都城 39〉

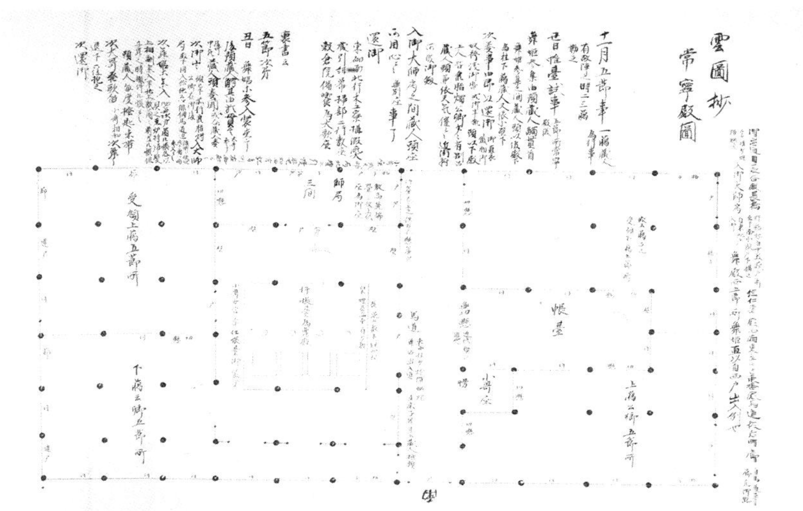


〈都城 38〉

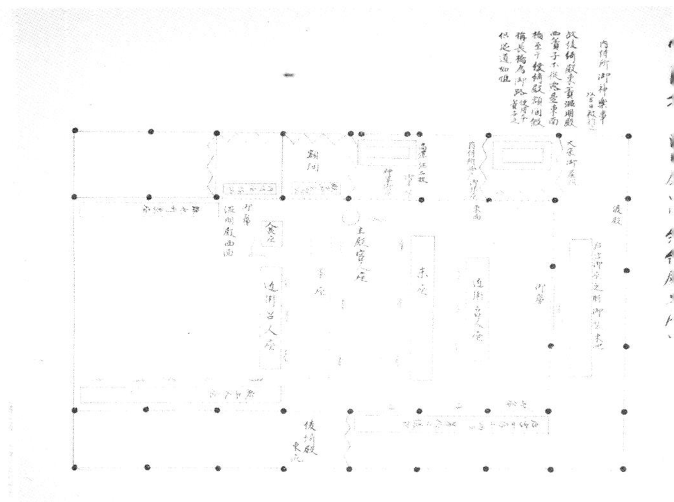

〈都城 37〉

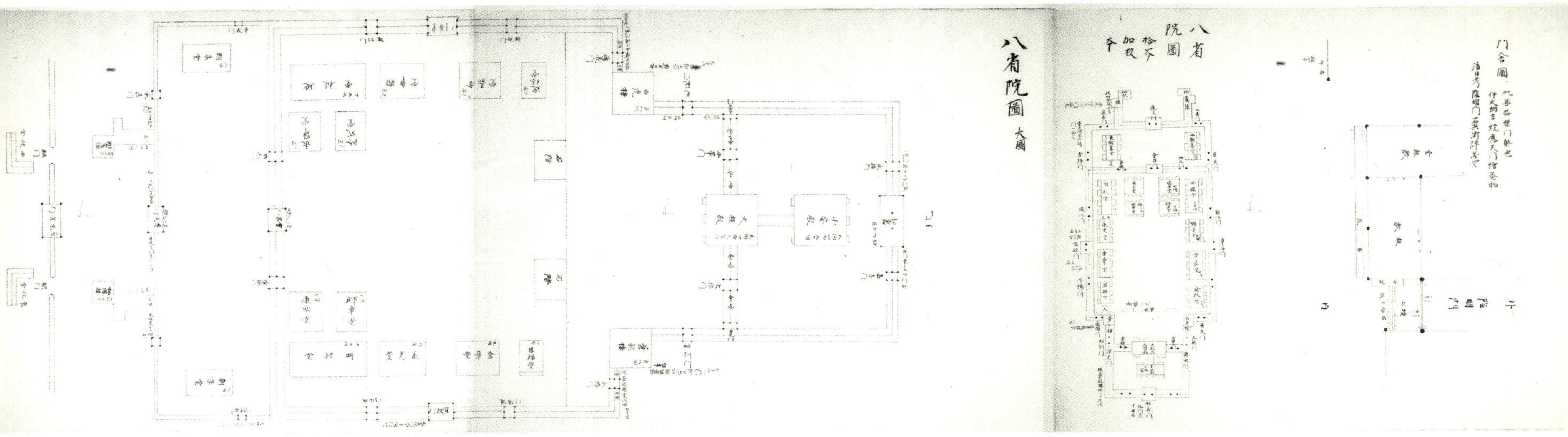


〈都城 41〉 〈都城 40〉

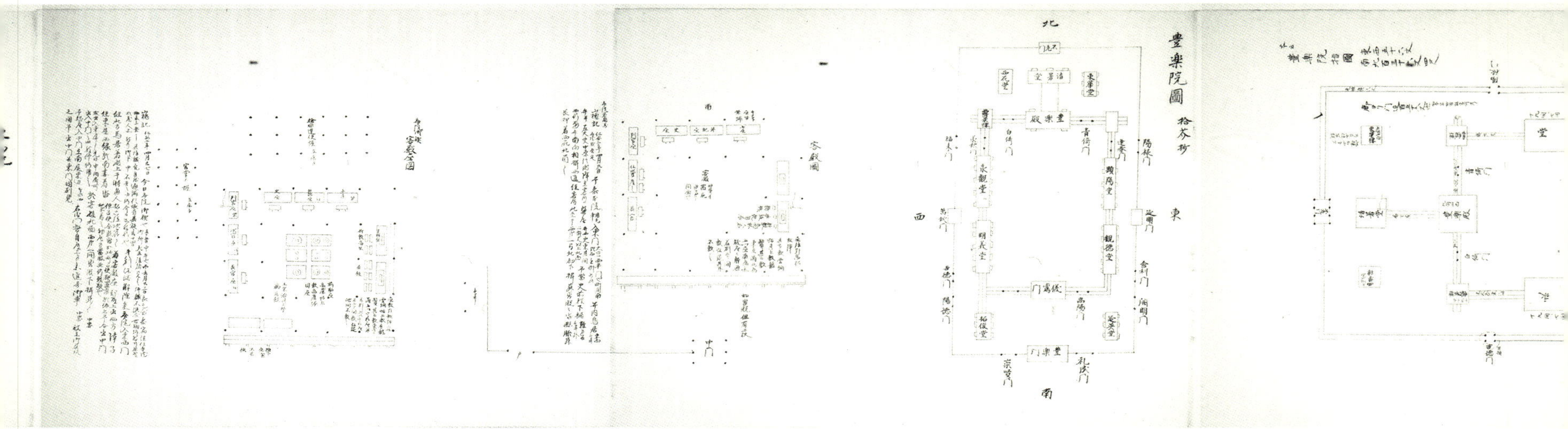


〈都城 46〉 〈都城 45〉 〈都城 44〉

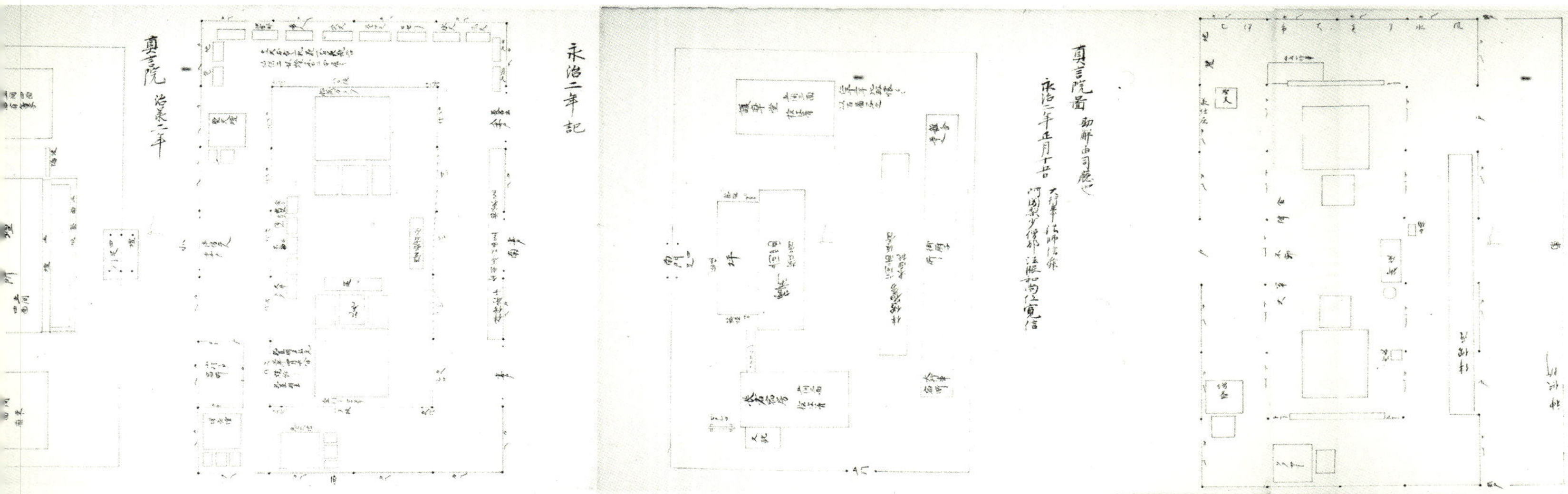


〈都城 53〉 〈都城 52〉 〈都城 51〉 〈都城 50〉

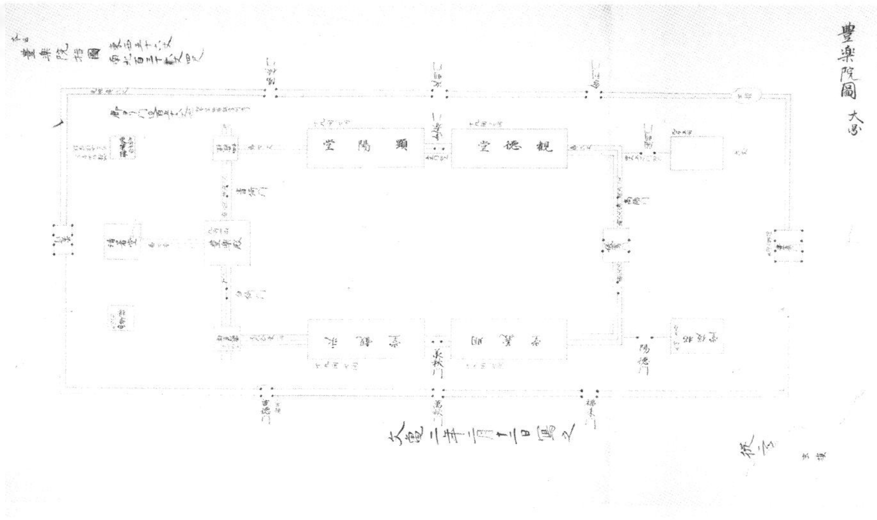


〈都城 43〉

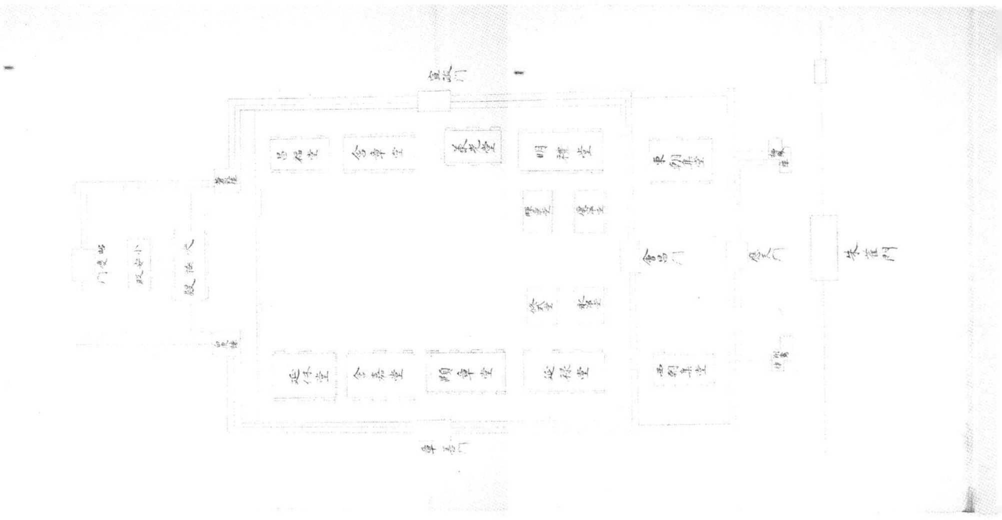

〈都城 42〉

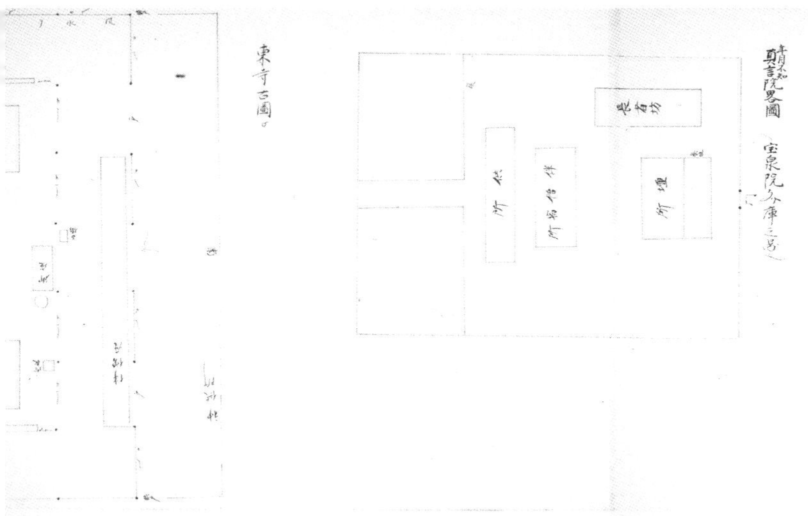


〈都城 49〉

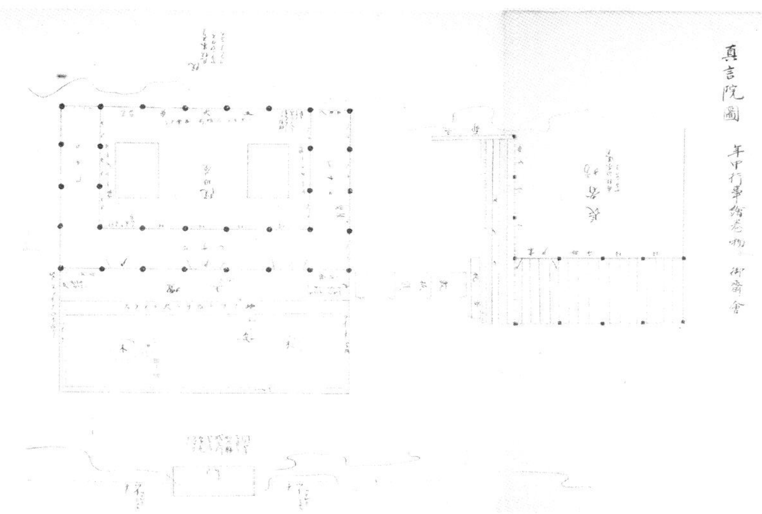


〈都城 48〉

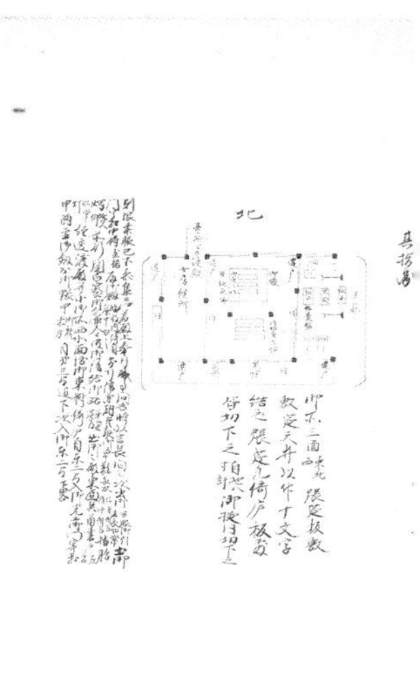

〈都城 47〉

〈都城 56〉

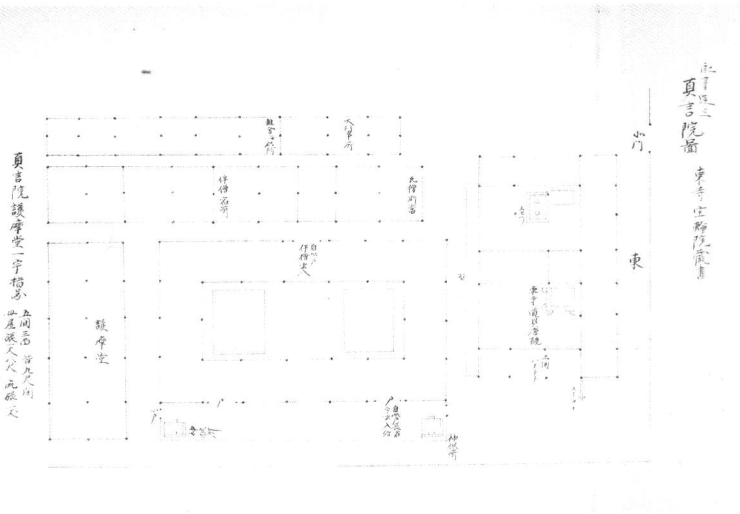


〈都城 55〉

〈都城 54〉

『宮門図』　全一軸

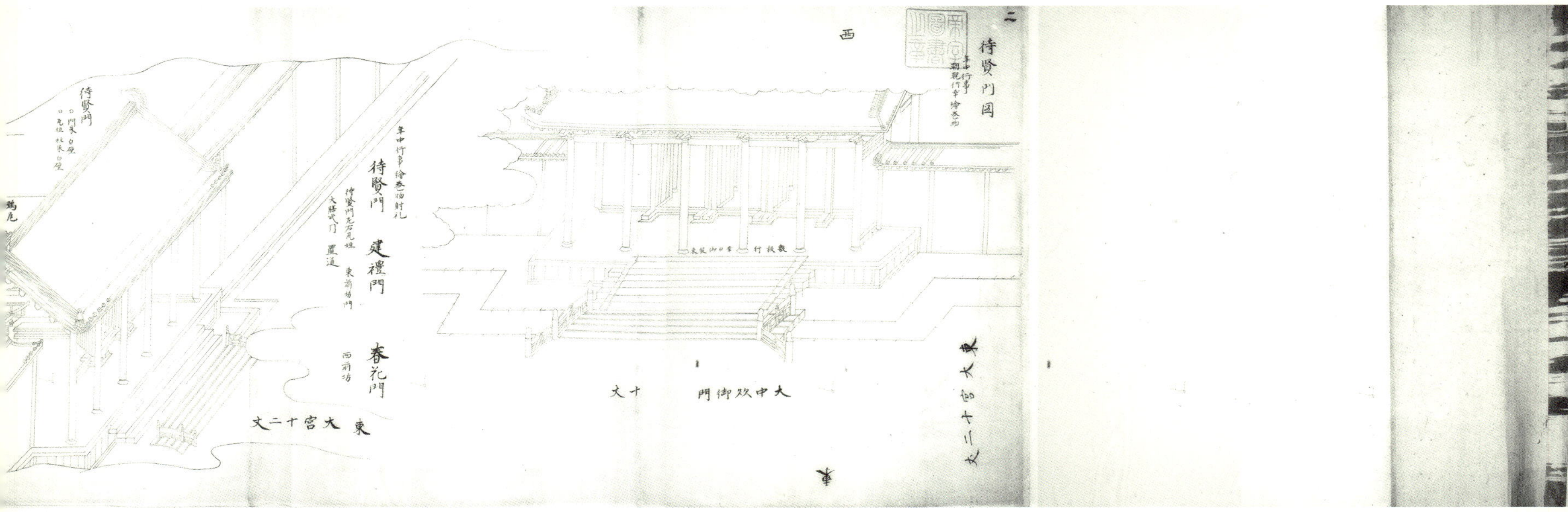


〈3〉 〈2〉

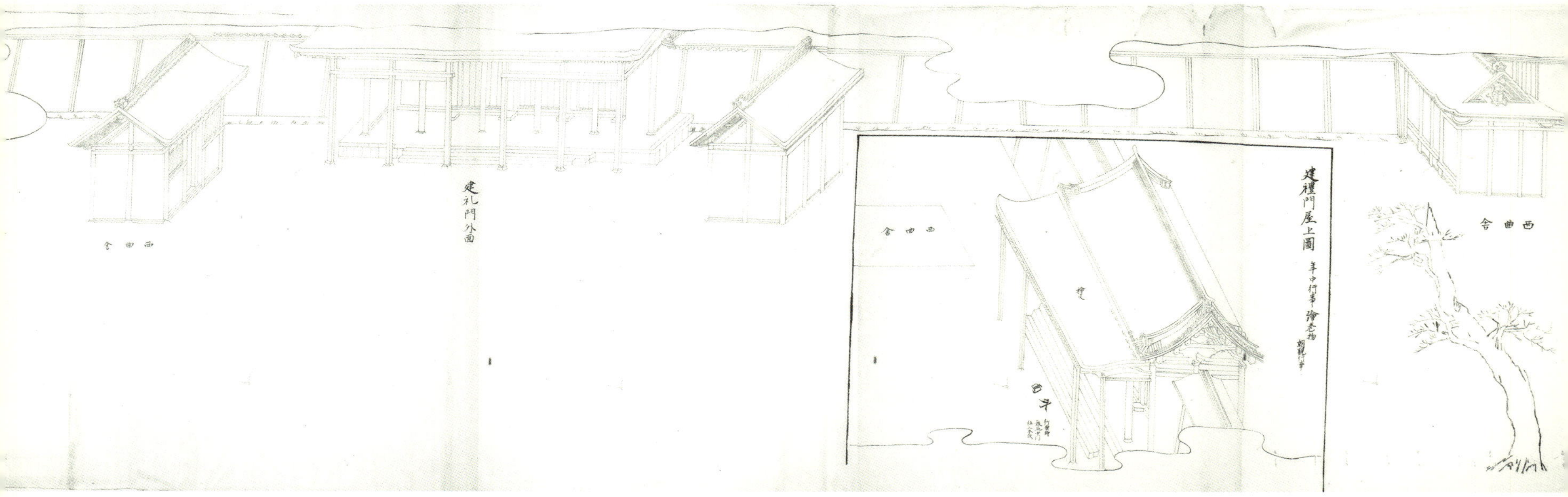


〈3〉 〈4〉

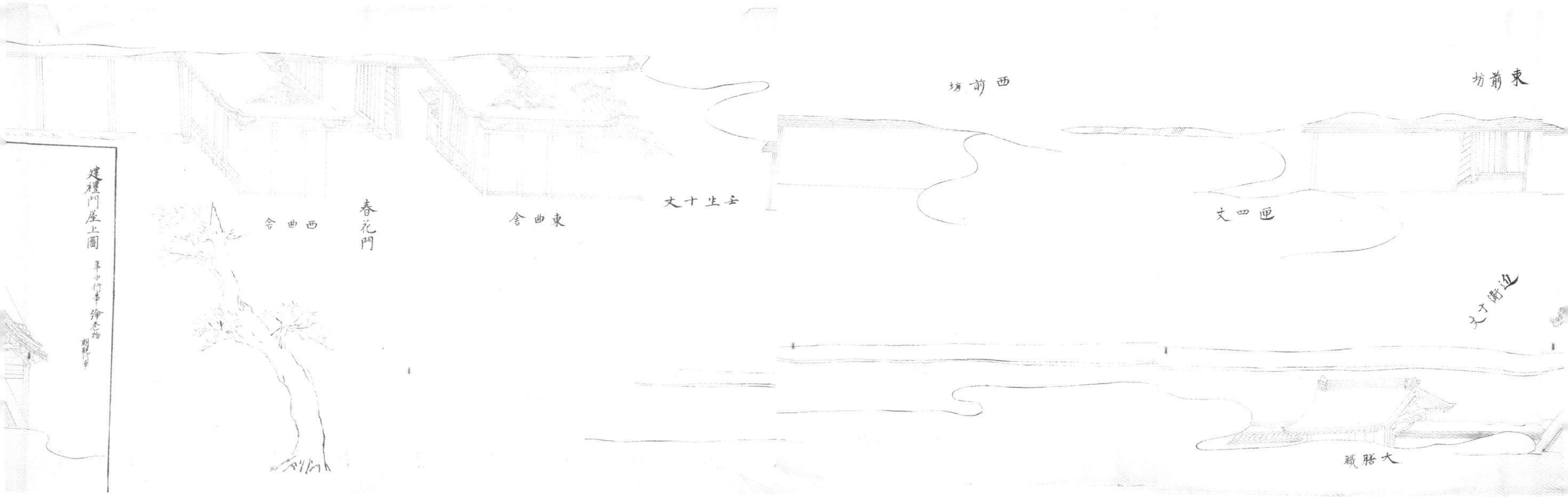


〈3〉

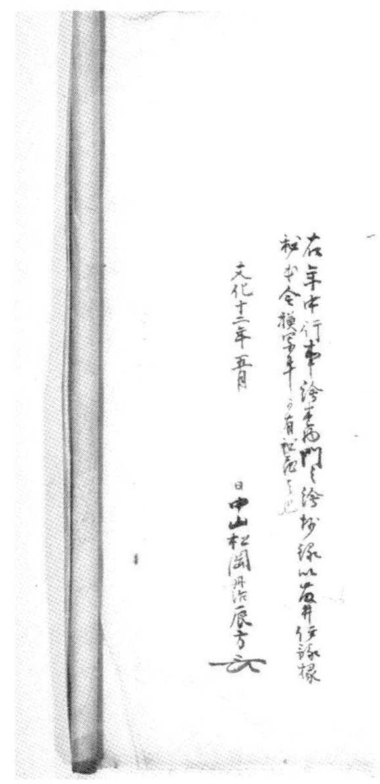

# あとがき

本書と同じ裏松固禅による『院宮及私第図』に関する編著を校了したのは、今から一一年前にさかのぼる平成一八年一二月である。編集、執筆の過程で未解明の課題が少なからずあることを痛感し、その中のいくつかの課題について上辞の後も気に留めながら過ごしてきたのは、とかく雑事に紛れて無為に年月が過ぎ去るのだけは避けようという心持ちによるものであったと思う。課題の一つに本書で取り上げた固禅による『宮室図』もあった。とはいえ『宮室図』の調査作業に着手した直接の契機は、中央公論美術出版の当時の社長（現在、元顧問）小菅勉氏から、刊行を前提に『宮室図』の研究に取りかかることを強く奨められたことにある。それは前編著からおよそ五年の歳月がすでに経過していた平成二三年の春頃であった。以後、同氏からいつもの温かい励ましのことばを間断なくいただいた。そうしてなんとか形だけでも整えられそうな予見を得るに至ったのは平成二八年の春頃で、振り返ってさらに五年の歳月が経過していた。同年一〇月、科学研究費助成事業（研究成果公開促進費）に早速応募したところ、翌二九年四月、ゆくりなくも交付の内定を得て、本書の刊行が実現したという次第である。

このような本書成立までの経緯を顧みるに、結局一〇年を超える歳月を要してしまったのが、ひとえに編著者の力不足によるものであることは間違いない。しかも幅広い分野から多角的な検討と考察が必要なはずの『宮室図』である。編著者だけがその任にあたったのでは、なかんずく建築史学からの視点を重視したものという、とりあえずの言い訳はできても、偏ったひとりよがりの感は、やはり否めないだろう。そしてすべて書き下ろしである。小過に留まらないと思われる過ちに対する責のすべてはむろん編著者にある。

宮内庁書陵部、東京国立博物館をはじめとする関係機関ならびに、多くの方々のご協力、ご支援を賜った。史料の翻刻に際して佐藤健太郎氏（関西大学文学部非常勤講師）より貴重なご教示を得た。東博六巻本のトレース図の作成では、関西大学の学生の皆さんから多大の協力をいただいた。とくに建築史研究室の山中千明さん、前田寛江さんには、たいへんお世話になった。そして本書を世に送り出すことができたのは、前記したように、小菅勉氏のご尽力とご配慮の賜である。末尾ながら、ここに深謝し、厚く御礼を申し上げたい。社長の日野啓一氏には本書刊行に向けてご高配をいただき、編集部の柏智久氏による丁寧かつ厳しい編集・校正作業を経て、本書は生まれた。あらためて深く感謝したい。

本書の内容は、平成二七～二九年度科学研究費（JSPS 科研費　JP15K06413）による成果の一部を含む。

また本書は、平成二九年度科学研究費助成事業（科学研究費補助金）（研究成果公開促進費）（JSPS科研費JP17HP5262）の助成を受けて刊行されたものである。

平成二九年一二月

編・著者　藤田　勝也

【著者略歴】

藤田　勝也（ふじた・まさや）

関西大学教授。
大阪市生まれ。京都大学工学部建築学科卒業。京都大学大学院工学研究科博士課程修了、工学博士。建築史専攻。
おもな著作に、『日本古代中世住宅史論』（中央公論美術出版、単著）、『裏松固禅「院宮及私第図」の研究』（中央公論美術出版、編著）ほか。

裏松固禅「宮室図」詳解 ©

平成三〇年二月一〇日印刷
平成三〇年二月二五日発行

著　者　藤田　勝也
発行者　日野　啓一
印　刷　藤原印刷株式会社
製　本　松　岳　社

中央公論美術出版
東京都千代田区神田神保町一－一〇－一
ＩＶＹビル六階
電話〇三－五五七七－四七九七

製函　株式会社加藤製函所

ISBN 978-4-8055-0797-1